만해 한용운의 기억과 계승

만해 한용운의 기억과 계승

김광식 :: 지음

인북스

머리말

:

만해(萬海) 한용운(韓龍雲)은 시인, 독립운동가, 불교 개혁가로 명성이 높다. 이와 같은 만해의 활동 및 성격에 대한 연구는 그간 적지 않게 이루어졌다. 그래서 그에 대한 저술, 논문 등은 2,000여 편에 달한다. 이와 같은 연구로 '만해학'은 독자성을 갖출 수 있게 되었다. 그러나 성찰적으로 보건대 만해에 관한 연구는 문학 분야에서 주로 추진되어, 만해의 불교 사상이나 독립운동에 관한 연구는 아직도 미진한 측면이 많다.

본 저술은 바로 위와 같은 문제점을 인식한 산물이라고 할 수 있다. 필자는 지난 20년간 외곬으로 만해 연구에 몰두해왔다. 그 결과 만해 한용운에 대한 평전 및 연구서 발간, 논문의 집필, 대중적 글쓰기, 강연 등에서 기대 이상의 성과를 거두기도 했다. 한편으로 백담사 만해마을 연구실장, 만해학회 회장을 역임하면서, 만해사상실천선양회에서 추진한 만해축전 사업에도 관여하였다. 그리고 동국대 교수로 동국대에 개설된 만해 강좌를 담당하였다.

이런 배경에서 필자는『한용운 평전』(역사공간),『우리가 만난 한용운』(참글세상),『한용운 연구』(동국대출판부) 등의 저서를 펴낼 수 있었다. 이 책들은 만해를 사랑하고 연구하는 시민, 학자들에게 관심을 받았다. 지금껏 필자는 만해의 삶, 민족운동, 불교에 대한 문제를 중점적으로 다루었다. 그러나 최근에는 만해의 동지 및 제자, 만해의 기억과 계승에 대한 연구에 유의하였다. 만해가 근현대 한국을 대표하는 인물이 된 것은 신념에 투철한 그의 생애와 선구적인 사상 때문이었다. 그와 동시에 그의 정신을 계승, 실천하려는 인물 및 단체의 활동에 힘입은 측면도 무시할 수 없다.

이와 같은 만해정신의 계승과 실천은 한국 현대사에서는 특별한 사례이다. 한 인물을 주제로 한 전집 발간, 기념사업(만해대상, 만해백일장, 만해축전), 박물관(4개), 학술연구(학회, 연구소)가 이루어지고 있는 것은 만해가 유일한 사례라 할 것이다. 필자는 만해정신의 계승·실천의 역사를 만해학의 범주에 포함시켜야 한다고 본다. 그래서 이 책에는 만해의 동지와 다양한 제자들의 삶에 대한 연구, 그리고 만해사상의 계승에 관련된 단체에 대한 연구 성과를 집중적으로 수록하였다. 그리고 만해를 지나치게 영웅화, 신비화한 측면은 없는지 살펴보았다.

이와 같은 필자의 연구는 '만해학'의 심화에 기여할 것으로 기대한다. '만해학'은 1999년 제1회 만해축전의 학술 행사에서 인권환(고려대)이 제창하였다. 그러나 20년이 지났지만 만해학의 정체성이나 그 내용에 대해서는 진지한 모색이 이루어지지 않았다. 1991년에 출범한 만해학회(역대 회장 한계전, 김광식, 전기철)가『만해학보』를 20호(2020)까지 발간하였지만, 만해학의 정체성에 대한 정립은 이루어지지 못하였다. 만해 연구자는 이런 현실을 냉철하게 직시해야 할 것이다.

최근 만해 연구의 주변 환경이 변하고 있다. 우선 첫 번째로 최근 20년간 만해 연구를 추동하였던 주체인 만해사상실천선양회의 역할과 위상에 변화가 있었다. 만해축전 개최, 만해대상 시상을 통하여 만해 연구의 기반을 구축한 만해사상실천선양회는 사업의 거점이었던 백담사 만해마을을 2013년, 동국대학교에 기증하였다. 그래서 현재의 만해마을은 동국대가 운영하고, 만해축전과 만해대상 시상 행사는 만해축전추진위원회(동국대, 강원도, 인제군, 조선일보)가 담당하고 있다. 이런 변화 속에서 만해사상 선양을 추동하였던 조오현 큰스님이 2018년 5월 입적하였다. 두 번째의 변화는 만해와 연고가 있는 자치단체의 만해 기념사업 공동 추진이다.

충남 홍성군(고향, 생가), 서울 성북구(심우장), 서울 서대문구(형무소), 강원도 인제군(백담사), 강원도 속초시(신흥사), 강원도 고성군(건봉사), 만해연구소(동국대) 등은 '만해 한용운 선양사업 지방정부 행정협의회'를 2016년에 설립하고 다양한 사업을 추진하였다. 세 번째는 동국대 만해연구소에서 '만해 DB 구축사업'을 시작하였다는 점이다. 독지가(이근창)의 후원으로 시작된 이 사업은 만해의 연구, 자료수집, 기념사업의 심화를 촉진할 것이다. 현재는 초기 단계이지만, 만해 DB 구축 완료 이후 만해 연구는 많은 변화가 나타날 것이다.

이와 같은 만해 연구에 대한 학술적 환경의 변화는 만해 연구를 다각도로 추진해야 하는 과제를 학계에 던져주고 있다. 요컨대 만해의 생애와 사상에 대한 자료 해석, 연구, 편찬 등에서 다양한 주문이 이어지리라고 본다. 이런 주문은 곧 만해 연구의 심화를 뜻하는 것이다.

이런 현실을 직시하면서 필자는 기존에 수행한 만해의 '기억 및 계승'에 대한 연구 성과를 정리, 보완하여 본 저술을 펴내게 되었다. 이를 통하여 필자는 만해 연구의 한계와 미진했던 점을 성찰하고자 한다. 동시에 이 책이 만해학의 정립과 지평을 넓히는 데 도움이 되기를 바란다.

끝으로 필자가 지난 20년간 만해 연구를 할 수 있도록 후원해 주신 제방의 '임'들에게 감사의 말씀을 드린다. 그중에서도 2018년에 입적하신 조오현 큰스님의 배려는 결코 잊을 수 없다. 스님의 극락왕생을 빌면서, 스님의 은혜에 보답하기 위해서라도 명실상부한 학자의 길을 위해 부단히 정진할 것을 다짐한다. 이 책의 출간을 넓고 깊은 만해학의 바다에서 내가 기여할 수 있는 바는 무엇인지 겸허하게 성찰하는 계기로 삼고자 한다.

2022년 6월 29일, 동국대 연구실에서
김광식

차례

:

차례

:

차례

:

서설

:

    만해 한용운은 한국인의 자존심이다. 그는 한국 근대사의 중심부를 횡단하면서 독립운동을 하였고, 항일문학을 집필하면서도, 불교 개혁을 선도한 역사적인 인물이다. 그래서 그의 사상과 행적은 한국인의 가슴에 굳건하게 자리 잡고 있다. 이런 만해의 위상은 영원히 지속될 것이다.

    만해가 승려로서 근대기의 중심에서 불교, 문학, 독립운동 등 다방면에 걸쳐 남긴 독보적인 업적은 역사적으로 중요하다. 그렇기 때문에 그의 사상과 정신은 그가 활동하였던 근대뿐만 아니라 그가 입적한 이후 현대에 이르기까지도 시공을 초월하여 큰 주목을 받고 있다. 이와 같은 만해 한용운 정신의 추모, 계승, 실천은 한국 현대사에서는 특별한 경우라고 할 수 있다. 한용운 전집 발간이 이루어졌고, 해마다 기념사업(만해문학상, 만해대상, 만해백일장, 만해축전 등)이 끊이지 않고 진행 중이다. 박물관이 전국에 4개소(백담사, 만해마을, 남한산성, 홍성)에 세워져 있으며, 만해학회와 만해연구소(동국대)를 비롯한 학술연구 단체가 왕성하게 활동하고 있다. 이처럼 전 국민적 차원에서 다양한 방법으로 한 인물의 사상을 계승·

실천하고 있음은 한국에서 만해 한용운이 유일한 사례가 아닌가 한다.

지금껏 만해 한용운에 대한 연구는 문학, 독립운동, 불교 분야에서 다양한 연구가 축적되었다. 이와 같은 연구를 '만해학'이라고 볼 수 있다. 필자는 20년 전부터 만해의 행적, 사상에 관한 연구뿐만 아니라 만해와 연고가 있는 인물, 만해의 사상 및 정신을 계승하고 실천하였던 단체, 기관의 활동을 연구해야 한다고 생각했다. 그래서 만해의 동지, 제자에 대한 연구를 시작, 그 결과를 책으로 묶어 학계에 내놓은 것이『우리가 만난 한용운』(참글세상, 2010)이었다. 이 책을 펴낸 이후에도 필자는 만해 한용운의 동지, 인연이 있는 후배나 제자, 계승 단체에 대한 연구를 지속하였다.

이와 같은 필자의 연구에 투영된 개념은 '기억과 계승'이었다. 만해와 연고가 있는 동지와 제자들은 만해를 만나 영향을 받았고, 가르침을 받았다. 그리고 자신이 보고 들은 '기억'을 후배와 후학에게 가르쳐주고 지면에 소개하였다. 이런 활동을 한 만해의 동지, 후배, 제자들은 만해의 행적, 사상, 정신을 널리 알리기 위해 본격적인 추모 계승 사업에 나섰다. 그들은 만해의 비석을 세우고, 만해의 저술을 책으로 엮어 보급하였으며, 연구 단체를 만들어 활동하였다. 이와 같은 만해의 동지·제자들의 활동에 영향을 받은 학자, 사찰, 지방자치 단체들은 기념사업회와 학회를 만들고, 기념관을 만들었으며, 각종 교과서에 만해의 시를 실었고, 추모 및 계승 사업을 추진하여 만해를 많은 사람에게 홍보하였다. 이 같은 노력으로 만해 한용운의 생애, 정신, 사상, 일화 등은 동지 및 제자에서 학자와 대중들에게 '기억'을 매개로 계승되어 왔다.

최근 학계에서도 '기억'에 대한 연구가 강조되는 추세에 있다. 기억은 구술사(인터뷰, 증언) 사업이 더욱 강화되는 흐름에서 중심적인 개념으로 보편화되었다. 구술은 기억을 회고하고, 증언하는 행위이다. 구술사와 기억이 강조되는 흐름에서『기억과 전망』이라는 학회지도 출현할 만큼, 기억과 증언은 학술적인 트렌드의 하나로 자리 잡았다. 특히 역사 분야에서는 민주화 운동, 4·19 혁명, 3·1운동 등을 비롯하여 주류 역사에서 소외된 계층(정신대, 빨치산, 민중 등)의 연구 개념으로도 중요하게 인식되고 있다. 즉 '기억'에 대한 다양한 학술적인 접목이 시도되고 있는 것이다. 필자가 이와 같은 인식을 하게 된 것은 지난 20년간 불교 구술사의 증언 채록, 증언록 발간의 실무를 담당하였기 때문이다. 요컨대 필자는 증언, 기억, 전승에 대한 문제를 수용하면서 이를 학문적인 주제로 제안하는 것이다. 이런 배경하에서 본 저술은 만해 한용운의 기억과 계승에 대한 역사적인 사실을 정리한 연구 보고서이다.

1. 한용운의 동지

만해 한용운은 불교, 문학, 독립운동 등 다방면에 걸쳐 다양한 활동을 하면서 수많은 인물과 교류하였다. 그러나 만해는 성격이 단호하고, 모질고, 부드럽지 못하였다. 때문에 만해의 교류도 그와 같은 성향을 반영하였을 것이다. 또한 전하는 문건기록과 증언이 많지 않아 그의 동지, 도반에 대한 연구는 수행하기 어렵다.

그래도 필자는 이전 연구에서 만해와 만공, 박한영에 대한 인연을 간단하게 소개한 글을 집필한 바 있다. 만해와 인연이 있는 인물인 정인보, 홍명희, 방응모 등에 대해서는 다른 학자가 정리하였다. 필자는 최근 만해와 인연이 있는 연구를 추가로 추진하였는데, 그 대상은 만공, 김구, 이고경, 박광이었다. 만해는 수덕사의 만공과 많은 인연을 맺었는데, 특히 만공은 만해를 위해 독립자금을 전달하였다. 이에 대한 비사를 수덕사의 비구니 스님 증언을 통해 확보하여, 심도 있게 연구하였다. 그리고 그렇게 전달받은 자금을 바탕으로 만해는 중경 임시정부의 김구와도 비밀 채널을 갖고 있었음을 시론적으로 정리하였다. 만해가 다수의 인물에게서 독립자금을 받았음은 간헐적인 증언으로 확인된 바 있거니와 추후에는 그에 대한 보충 연구가 요청된다.

이고경은 해인사 주지를 역임한 학승이었다. 그는 중앙학림(동국대 전신)의 학감, 해인사 강사를 역임하면서 다수의 학인 승려들에게 민족의식을 고취시켰다. 그런데 그는 1942년 해인사 만당(卍黨) 사건에 연루되어 일제 경찰에 끌려가 고문치사를 당한 인물이다. 만해의 독립사상을 존중하는 항일 비밀결사체 만당은 전국적인 조직이었고, 당원이 80여 명에 달하였다. 따라서 이고경에 관한 연구는 만당 연구에 지평을 넓히는 효과도 있었다. 한편 박광은 만해와 동시대의 가장 친근한 인물로 지칭되었다. 박광도 중국을 무대로 독립운동을 한 당사자였으며, 중국에서 귀국한 1930년대 초부터 만해가 입적한 1944년까지 지근거리에서 동고동락한 인물이다. 그래서 그는 만해가 입적한 이후 만해 유품 상당수를 보관하여 만해전집 출간의 주역이 될 수 있었다. 필자는 박광의 아들을 만나 취재하는 등 그에 관한 자료를 10여 년간 수집, 조사해왔다.

필자는 추후에도 만해와 동지적 연고 관계를 가졌던 인물에 대한 연구를 지속할 것이다. 그 대상은 백용성, 박한영, 오성월, 김동삼 등이다. 그러나 이런 연구는 그에 대한 자료, 신빙성 있는 증언 등의 치밀한 분석이 이루어져야 가능할 것이다.

2. 한용운의 제자

만해 한용운은 불교청년들의 우상이었다. 1932년 교단이 운영하는 잡지사인 불교사에서 그 당시 불교계를 대표하는 인물에 대해 투표를 실시하였다. 그때 만해는 422표를 얻었고 그다음 인물들은 18표, 13표, 8표를 받았다(『불교』93호, 1932. 2). 이를 통해서 당시의 만해의 위상과 인기를 분명하게 파악할 수 있다.

이와 같은 만해의 위상, 영향을 고려할 때 만해의 가르침을 받은 제자들에 대한 관심과 연구는 당연하다. 그래서 필자는 예전의 연구에서 김경봉, 최범술, 석주, 김법린, 조지훈, 김관호, 만해 손자 등에 대한 글을 썼다. 만해의 상좌인 춘성에 대해서는 증언과 문헌 자료를 수집 분석하여 단행본 『춘성』(새싹, 2006)을 펴내기도 하였다. 그런데 이런 글은 대중적인 성향을 띤 글이었기에 필자 스스로도 만족하지 못하였다.

그래서 보다 학술적인 면을 중시한 이번 저술에 포함된 개별 연구는 명망가 부류와 널리 알려지지 않은 부류로 대별할 수 있다. 명망가는 경봉, 백성욱, 김법린 등이다. 경봉은 통도사를 대표하는 뛰어난 선지식이었기에 그의 선 사상에 대한 연구가 주로 이루어졌으나, 이 책에서 필자는 경봉과 만해에 대한 인연 관계를 자료에 근거하여 다루었다. 그래서 경봉의 사상에는 만해사상이 밑바탕에 깔려 있다고 주장했다.

백성욱과 김법린은 만해 제자 중에서 가장 사회적 지명도가 높은 인물이다. 이들에 대한 연구도 적지 않아서, 백성욱에 관하여는 『백성욱박사전집』(김영사)이 출간된 바 있고, 평소 백성욱이 강조한 『금강경』 독송운동을 계승하고자 하는 단체가 여럿 남아 있다. 그러나 백성욱과 만해에 대한 인연 관계를 다룬 글이 전무하여, 필자가 그에 대해 탐구하였다. 백성욱은 3·1운동 당시 만해 지시를 따라 만세운동에 참여하였고, 상해임시정부에 망명하여 독립운동을 하였다. 그 이후에는 독일로 유학을 떠나 박사학위를 취득하고 귀국한 뒤 중앙불전 교수를 역임하고, 금강산에서 수행공동체를 10년간 주도하였다. 그리고 8·15 해방 이후에는 내무부 장관을 역임하였고 모교인 동국대학교에서 총장을 역임하였다. 김법린의 행적도 백성욱과 유사하였는데, 그도 프랑스로 유학을 가서 석사학위를 받았고, 귀국해서는 만당 당원으로 만해의 개혁노선을 적극 지지하였다. 조선어학회 사건으로 일제에 구속되기도 한 그는 해방 직후에는 국회의원, 문교부장관, 동국대 총장을 역임하였다.

그 외에도 이 책에서 만해의 사상을 계승한 인물로 조종현, 김어수, 석주, 화산, 허영호, 박영희, 조영암 등을 조명하였다. 지금까지 조종현, 김어수, 조영암은 시인이었기에 문학 부문에서는 다소간의 연구가 진행된 바 있으나, 근대 한국불교나 만해와의 관계 측면의 학문적 접근은 전무하였다. 그래서 이들의 연고 사찰(선암사, 범어사, 건봉사)에서의 행적, 만해와 연계된 문학 활동을 집중적으로 정리하였다. 또한 석주(범어사, 칠보사), 화산(통도사), 박영희(대흥사)는 불교계에서는 널리 알려진 큰스님이었다. 그러나 그들의 불교사상, 포교 활동 등에 대한 심화된 연구도 진행되지 않은 것은 물론, 만해와의 인연은 거의 주목받지 못하였다. 그래서 필자는 그들의 행적, 만해와의 인연, 독립정신을 근거에 의해 다루었다. 허영호는 범어사의 3·1 운동에 참여하고, 만당 당원이었으며, 해방 직후 동국대 학장을 역임한 인물이었다. 그는 독자적인 불교혁신론을 주장하였는데, 이를 만해와 비교하여 그 특성을 다루었다. 허영호는 언어 분야에서도 귀중한 글을 다수 남겼는데 추후에는 이에 대한 연구가 요청된다.

필자가 다룬 인물 이외에도 만해에게 영향을 받은 제자들은 다수 있다. 그래서 필자는 앞으로도 조명받지 못한 인물들에 대한 연구를 지속할 예정이다.

3. 한용운 계승 단체

한용운의 사상, 정신을 추모하고 계승한 단체에 대해서는 기존의 만해연구에서 거의 주목을 받지 못하였다. 그래서 필자는 만해 계승의 단체 및 만해 콘텐츠에 대한 연구를 심화하고자 이 분야의 관련 자료를 수집하여 왔다.

본 저술에 포함한 주제는 만해 한용운 비석 건립, 실천 단체, 홍성에서의 계승 문제이다. 1960년대 초반, 만해 한용운의 묘지(망우리 공원)가 황무지와 같은 정황이 보도되면서 만해 제자, 만해를 존경하였던 대중들은 분노하였다. 그래서 그들은 이를 계기로 묘지 이장과 비석 건립을 추진하기 위해 선학원에서 추진위원회(회장, 경봉)를 조직했다. 묘지 이장은 후손의 반대로 성사되지 못했지만 비석 건립은 수많은 우여곡절을 거친 이후에 성사되어 1970년, 서울의 탑골공원(서울, 종로)에 세워졌다. 필자는 이런 과정을 면밀하게 정리하여 만해의 계승 문제가 간단치 않았음을 설명하고자 하였다.

그리고 필자는 해방 50년간(1945~1995), 만해 기념사업의 개요를 파악하기 위해 만해사업을 추진한 단체에 대한 정리를 시도하였다. 그 대상은 한용운 전집간행위원회, 대한불교청년회, 대학생불교연합회, 동국대, 만해사상연구회, 만해학회이다. 필자는 이 단체가 추진한 관련 사업을 자료에 근거하여 그 전후 사정을 세밀하게 조사하였다.

한용운 전집의 간행위원회는 해방공간, 1950년대, 1970년대 세 차례에 걸쳐 구성되어 전집 발간을 시도하였다. 만해 제자, 후배들이 추진한 해방공간, 1950년대의 사업은 성사되지 못하고 1970년대 초 신구문화사가 추진한 사업은 결실을 보았다. 이 전집 발간을 계기로 만해 연구는 본격화되었다. 전집 발간의 주역은 조지훈, 최범술이었다. 이때부터 본격적으로 전국의 각 대학에서 만해를 주제로 한 석사학위 논문, 박사학위 논문이 제출되었다.

대한불교청년회와 대학생불교연합회는 만해정신 계승 단체의 중심이었다. 그러나 이에 대한 학술적인 접근, 연구는 전무하였다. 이를 타개하고자 필자가 개척적인 자세로 자료를 모아 정리하였는데, 추후 이 단체에 대한 연구가 심화될 것으로 기대한다. 대한불교청년회는 만해가 조선불교청년회(1920년 설립)의 총재로 추대된 것을 역사적 기념으로 삼고, 단체의 기원을 만해정신으로부터 인식하고 있다. 그래서 청년회는 1980년부터 뿌리 찾기 차원에서 만해를 인식하고 만해백일장 사업을 추진하는 등 현재까지 만해 계승의 선두 단체임을 자임하고 있다. 대학생불교연합회는 1973년 『한용운 전집』 발간을 계기로 만해 기념사업을 추진했다. 대학생들은 만해전집을 보급하여 만해 동상을 세우고자 했고, 만해 강연회를 개최하는 등 만해의 민족정신을 수용, 계승하고자 노력했다. 비록 1980년 대에 이르러 민중불교의 영향을 받으면서 만해정신 계승 사업이 미약해지기는 했으나, 1970년대 대학생들이 만해정신을 계승하고자 노력했던 역사적인 사실로 기억되어야 한다.

동국대에서의 만해의 인식, 계승의 문제도 정리하였다. 만해는 동국대 출신이라는 정설이 있었음에도 불구하고 동국대에서의 만해 인식은 1960년대에 가시화되었다. 이때에는 동국문학의 기원이라는 인식이 주류였다가 1976년의 『동대 70년사』 발간을 계기로 추모 계승 작업이 구체화되었다. 그래서 만해 시비, 만해광장이 1980년대에 건립되었다. 최근에는 동국대에서 만해마을 인수, 만해축전 개최, 만해연구소 설립, 만해 강좌 개설, 만해자료 DB구축, 만해 추모 다례재의 개최 등 중요한 사업이 다양한 분야에서 추진되고 있다.

만해사상연구회와 만해학회의 활동도 간과할 수 없다. 1980년대에 왕성하게 활동한 만해사상연구회는 만해의 재가 제자인 김관호가 주도한 단체이다. 『한용운사상연구』 발간, 망우리 묘지에 만해 묘비 건립, 심우장에서 만해사상 선양, 『님의 침묵』과 『유심』의 영인 보급, 강연회 개최 등 다양한 활동을 하였다. 이 연구회에서 활동한 전보삼은 연구회 활동을 기반으로 남한산성에 만해기념관을 세우고 다양한 추모사업을 지금까지 추진하고 있다. 만해학회는 만해를 학문적으로 연구를 하고자 한 30여 명의 학자들의 결단으로 1991년에 발족되었다. 만해학회는 만해 고향인 홍성에서 출범을 고하고, 『만해학보』를 발간하면서, 만해를 주제로 한 다양한 세미나를 개최하였다. 그러나 도중에 재정 문제로 인하여 많은 어려움을 겪었지만 만해사상실천선양회(이사장 오현스님)의 후원을 받아 난관을 극복하고 학회 창립 30년을 맞이하였다.

홍성에서의 만해 사업도 만해학 연구에서 꼭 다루어야 할 소재이다. 그러나 지금껏 이에 대한 접근이 전무하였다. 홍성에서의 만해는 고향, 사상의 근원, 가족 관계 등에서 반드시 다룰 내용이 많다. 그리고 홍성에는 만해의 동상, 시비, 어록비, 생가, 전시관 등이 있다. 홍성에서는 이를 기반으로 그간 다양한 행사(세미나, 시낭송회, 전시회 등)가 개최되었다. 이런 다양한 행적, 사업에 대한 학술적인 정리가 요청되는 것이다. 그래서 필자가 학술적 접근의 시도를 하였다.

지금껏 필자가 소개한 내용들은 만해학의 확장, 만해 연구 소재의 발굴, 만해 콘텐츠의 구축 등에 참고가 될 것이다. 미진하고, 다루지 못한 주제는 지속적인 연구로 보완할 것이다. 추후에 연구할 대상은 심우장(서울 성북구)과 1996년에 백담사에서 출범한 만해사상실천선양회(이사장, 오현스님)이다. 심우장은 만해가 10년간 머물다가 입적한 장소이고, 현재까지 만해 사업이 구현되고 있는 공간이다. 그래서 심우장의 어제와 오늘, 그리고 심우장에서 개최된 모든 행사(추모법회 및 행사, 세미나, 연극, 시낭송회, 전시 등)에 대한 정리 및 연구가 요청된다. 만해사상실천선양회는 만해대상의 시상, 만해축전의 개최, 만해마을 설립 및 운영 등 다양한 사업을 추진하였다. 필자의 이번 연구에서는 다루지 못하였지만 그 전모를 정리할 예정이다. 인연이 있는 연구자들의 동참을 요청한다.

또한 북한에서의 만해에 대한 제반 문제도 다루어야 한다. 만해의 아들인 한보국이 북한으로 넘어가서 활동하였다. 그는 1976년에 별세하였지만, 그의 딸 5명이 평양에 살고 있는 것으로 알려졌다. 첫째와 둘째 딸은 별세하였다고 전한다. 북한에서도 만해를 학교에서 가르치는지, 만해 시집은 보급되어 있는지, 관련 학술 행사는 진행되었는지 자못 궁금하다.

2006년, 동국대는 북한의 조선불교도연맹과 공동으로 보현사(북한 소재)에서 건학 100주년 기념 법회를 가졌다. 이때 동국대는 김일성대학과 교류를 시도하면서 만해에 대한 공동 연구를 검토하였으나, 그 이후 정치적 사정으로 중단되었다. 추후에는 북한에서의 만해 연구·계승에 대한 문제도 연구 소재로 삼아야 할 것이다.

제1부

한용운의 동지들

만공_이고경_박광

제1장_만공

만해·김구의 독립운동 루트를 연결하다

1. 서언

만공(滿空, 1871~1946)은 근대기, 수덕사에 머물면서 선불교의 중흥, 생활화, 대중화에 기여한 고승으로 일컬어진다. 그는 근대 선불교의 중흥조인 경허(鏡虛)의 법제자로 경허의 행적과 자료를 수집하여 경허 사상의 기반을 정비하였고, 수덕사를 기반으로 수많은 수행자를 지도하였다. 그리고 일본불교의 영향으로 피폐해진 수행 전통을 비판하면서 선불교의 자각을 일깨워 청정 승풍을 진작시킨 선학원(禪學院)의 창건과 운영에도 헌신하였다. 이와 같은 그의 행보는 근대기 불교에서 주목받을 만하다. 선학원은 3·1운동의 영향으로 설립되었기에 선학원에 연고가 있는 승려들의 행보는 3·1정신의 계승, 실천이라는 측면에서 주의 깊게 살펴야 할 내용이다.

그런데 최근 덕숭총림 수덕사와 만공의 법손들로 구성된 경허·만공선양회는 만공의 이와 같은 행적 및 성격의 조명에 그치지 않고 만공의 자주

정신, 독립운동에 대한 행적을 밝히고자 힘쓰고 있다. 2015년부터 만공을 독립유공자로 선정해 줄 것을 국가보훈처에 강력하게 요청한 것도 이 같은 노력의 시작이었다. 이와 함께 관련 학술세미나가 개최되었고,[1] 일부 성과물은 학술지에 게재되었다.[2] 필자도 수덕사의 그 같은 행보에 적극 참여하였다. 그런데도 만공은 현재까지도 독립운동가로 선정되지 못하였다. 국가보훈처와 수덕사가 주고

만공(滿空, 1871~1946)

받은 공문에 의하면 만공의 독립운동을 바라보는 관점과 견해에서 시각차가 크다.

　수덕사는 만공의 1937년 총독부에서의 '할(喝)' 사건, 1941년 유교법회, 1943~1945년 간월암에서의 독립 발원 기도와 함께, 만해에게 전달한 독립자금 등은 정신적인 독립운동의 범주에 포함되는 것으로 주장한다. 그러나 국가보훈처는 활동 당시의 객관적인 자료에 따른 공적과, 옥고 3개월 이상의 공식기록이 확인되는 대상을 기준으로 하는 심사 원칙을 고수하고 있다. 이런 원칙에 근거하여 만공의 활동은 종교적 영역에 국한되어

---

1) 2015년 9월 20일에는 '일제 강점기 만공 선사의 위상'이라는 주제로, 2016년 9월 8일에는 '일제하 만공 선사 항일 사자후'라는 주제로 수덕사 황하정루에서 열렸다.
2) 김광식 「만공의 정신사와 총독부에서의 '禪機 發露' 사건(1937)」『향토서울』91호, 서울역사편찬원, 2015 ; 김광식 「滿空의 민족운동과 遺教法會·간월암 기도」『한국민족운동사연구』89집, 한국민족운동사학회. 2016.

적극적인 독립운동으로 볼 수 없으며, 객관적인 입증 자료의 미확인(독립자금 전달, 간월암 기도 등), 조계종의 일제 협력 사실(조계종 종무고문, 마곡사 주지) 등의 편협한 논리를 내세워 독립운동가 선정을 미루고 있다.

이런 배경에서 필자는 본 고찰에서 만공(滿空) – 만해(萬海) – 김구(金九)로 이어지는 독립운동 자금의 전달, 독립운동의 연결 루트, 민족불교와 대중을 기반으로 한 정신적인 독립운동에 관한 내용을 시론적으로 살펴보고자 한다. 필자의 글에는 관련 자료가 매우 부족하여 논지 입증에 한계가 많음을 인정한다. 그러나 국권을 상실하고, 가혹한 일제의 식민통치가 행해지던 시절에 독립자금의 전달 사실이 객관적 자료로 남아 있기는 어렵다는 것을 수긍해야 한다. 그렇지 않고 객관적 근거를 앞세운 비판적인 관점에서만 역사를 이해한다면 역사의 내면에 있는 진실에 접근하는 것 자체가 배제될 가능성이 농후하다. 그런 관련 자료는 지속적으로 수집해야 하겠지만, 진실에 대한 개연성을 바탕으로 역사적 맥락에서 상상력을 발휘하여 자료를 보완해가는 것도 의미가 있다고 보고 이 논고를 집필하였다.

만공의 독립운동 활동과 그리고 일제하 불교계가 독립운동에 수많은 자금을 제공한 사실을 밝히고자 하는 연구 작업의 하나로 이 글을 집필하였음을 거듭 밝힌다.

2. 만공, 만해에게 독립자금 전달

만공(속명 송도암)과 만해 한용운은 매우 친밀하였다. 만공(1871년생)이 만해(1879년생)보다 8세 연상이었지만, 전하는 여러 자료를 보면 두 고승은 많은 인연을 맺고 있었다. 그런 배경에서 만공은 독립자금을 만해에게 전달하였다고 볼 수 있다. 요컨대 필자는 만공이 만해에게 독립운동 자금을 전달한 것은 우연이라거나 즉흥적인 행보가 아니었다고 본다.

만공이 만해에게 독립자금을 전달하였다는 것은 최근 수덕사 비구니 2인이 증언하였다. 첫 번째 증언은 2017년의 비구니 수범(견성암 선원장, 당시 75세, 2018년 입적)의 증언이다.[3] 1940년대 초반 상황을 전하는 증언 전체를 소개하면 다음과 같다.

원담(진성) 나이 15, 16세 때 만공 큰스님을 모시고 상경했던 당시의 말씀을 원담 방장스님한테서 들은 지 20년이 넘은 것 같다. 원담 방장스님은 수현(90세) 사형님과 세속 나이가 같다. 원담 방장스님은 2008년에 입적하셨다. 방장스님에게서 들은 말을 더듬어 희미하게나마 기억나는 것을 적어보면 대강 이러했다.

1940년대 초반 어느 날이었던 것으로 기억한다. 만공 큰스님을 모시고 다녀왔던 원담(진성) 스님이 이런 말을 했다.

"알고 보니께 노스님(만공)이 숨은 독립지사더라고. 수덕사를 떠날 때 노스님이 나한테 보따리를 하나 주시면서 잘 들고 따라오라고 하셨거든."

청년이라기엔 아직 어렸던 소년승 원담은 경성역에서 기차를 내려 선학원까지 가는 동안 그 보따리를 들고 가다가 머리에 이기도 하고 휘적휘적 저만치 앞서가는 노스님을 따라가느라 땀을 뻘뻘 흘렸다고 한다. 서울을 갈 때 비구니 선복 스님(만공 스님 시자, 궁중 나인 출신)이 이런 말을 했었다.

"큰스님 잘 모시고 다녀와요."

후일 나는 선복 노스님께서 원담 스님에게 '잘 모시고 다녀오라'고 하신 말 속에는 반드시 무사히 다녀와야 하는 나들이라는 사실을 암시하는 의미가 함축되어 있다는 것을 생각해 보았다. 이렇게 경성(京城)으로 갔던 원담 스님은 선학원에서 짐을 풀고 잠시 휴식을 취하다가 큰방 쪽으로 갔는데, 문밖으로 스님들이 나누는 말씀이 흘러나와 듣게 되었다고 한다. "자세한 이야기는 저녁에

---

3) 수범의 당시 법랍은 60세. 그는 15세인 1958년에 출가하였는데, 만공의 시자인 원담 스님과 가까웠다.

삼청공원 그 집에서 만나 나눕시다.”라는 것이었다.

저녁 식사를 하고 나자 원담 스님은 피곤하여 잠에 곯아떨어져 달게 한숨 자고 눈을 떠보니 만공 큰스님이 보이지 않았다. 대뜸 낮에 들었던 말이 떠올랐다. 스님들이 삼청공원 그 집에 모여 있을 것 같았다. 삼청동 그 집은 기와가 아니라 초가집이었고, 언젠가 만공 큰스님을 모시고 한 번 가 본 집이기도 하였다. 원담 스님은 기억을 더듬어 삼청공원을 걸어가며 문제의 초가집을 어렵지 않게 찾을 수 있었다.

그리고 원담 스님의 예상이 맞았다. 그 집에 만해 스님과 만공 스님을 비롯한 스님들이 여럿 동석해 있었다. 그리고 이날도 만해 스님은 만공 스님께서 걸어온 것에 대해 치하하셨다고 한다. 문밖에 서서 그것을 들었던 원담 스님은 후일 나에게 이런 말을 했었다.

“만공 스님이 만해 스님에게 전해 준 독립자금이 든 보따리를 수덕사에서 경성까지 가지고 간 사람은 나여. 나도 알고 보면 독립자금을 운반하는 큰일을 한 사람이랑께.”

원담 스님의 이 말을 들으면서 우리는 몰랐지만 선복 노스님은 만공 큰스님께서 경성 나들이를 하는 이유를 알고 있었다는 생각이 들었다. 돈을 가져가는 중이니까 특별히 '잘 모시고 다녀와라'는 말을 했던 것이라는 심증이 들었기 때문이다.

이때 원담 스님이 나에게 털어놓음으로써 공유한 비밀은 나에게도 평생 벗어 놓지 못하고 안고 다닌 짐이 되었다. 이제 그것을 내려놓는다.[4]

위의 회고 내용은 만공이 1940년대 초반 만해를 서울에서 만나 독립자금을 비밀리에 전달하였음을 단적으로 증언하고 있다.

두 번째 증언은 만공이 입적하기 직전까지 시봉한 원담(1926~2008) 스

---

4) 「새로운 증언 ②」『만공의 항일정신』(자료집) 수덕사, 2015, pp. 20-21.

님으로부터 들은 정황에 대한 수연(수덕사 견성암 비구니 스님, 2017년 당시 90세, 2019년 입적)의 회상이다. 그 전문은 다음과 같다.

만공 큰스님께서 천일기도를 시작한 것은 1942년 8월 초순께였다. 장소는 간월도에 있는 간월암이었다. 나는 그때 견성암에 있다가 주로 만공 큰스님을 비롯해 천일기도에 동참하는 스님들의 차 시중을 들어줄 시봉으로 차출되었다. 원담 스님은 만공 큰스님의 곁에 수족처럼 붙어서 시봉했었다. 비구니와 비구라는 차이는 있었지만 시봉이라는 공통점이 있었던 원담 스님과 나는 눈만 뜨면 마주쳤기에 얼마 지나지 않아 친한 사이가 되었다. 어느 날 원담 스님이 나한테 이런 말을 했다.

"우리 노스님이 사실은 숨어 있는 독립운동가야."

그 말을 할 때, 행여 누가 들을세라 주저하며 목소리를 낮추어 은밀하게 했던 기억이 새롭다. 나는 침을 꼴깍 삼킨 다음 물었다.

"어째서요?"

"노스님이 한양에 가실 때 내가 모시고 다녔잖아."

"그런데요?"

"총독부 회의에 참석했던 그 날도 그랬고, 선학원 고승대회에 참석했을 때도 그랬는데, 밤에는 삼청공원에 있던 은밀한 장소로 가서 한용운 스님을 만났어요. 두 분이 나눈 말을 자세히 들을 수는 없었지만, 우리 스님이 한용운 스님에게 독립자금이 든 돈 봉투를 건네는 것을 내가 두 눈으로 똑똑히 봤다니께. 이런 말을 누구한테 하면 절대 안 돼!"

나는 그 말을 듣고 가슴이 벌렁거려 한동안 진정할 수 없었다. 만공 큰스님과 한용운 스님은 아주 친한 도반이었고, 그런 터에 만공 큰스님이 독립자금을 은밀히 모으고 있던 한용운 스님을 외면할 리 없다는 것은 삼척동자도 다 짐작할 수 있는 일이었다.

나는 만공 큰스님이 독립운동가라는 데 동감한다. 원담 스님의 말이 아니더래도 나 또한 그럴 것이라 짐작 가는 부분이 있기 때문이다. 당시 대한 독립은 목마르게 원해도 언제 될는지 아무도 장담할 수가 없었다. 솔직히 나는 그런 날이 오리라고는 기대조차 할 수 없었다. 그러나 만공 큰스님께서는 독립의 날이 반드시 와야만 하고, 오게 해야 한다는 신념을 가지고 계셨다. 그런 큰스님의 서원 때문에 간월암 천일기도가 이루어진 것이었다.

스님께서는 일본 순사들의 접근이 용이하지 않은 바다 가운데 있는 섬을 골라 천일기도를 입재하셨고, 그것이 대외적으로는 평화 기원을 표방한 것이지만, 실제로는 독립을 기원하는 기도였음을 동참했던 나로서는 자연스럽게 알 수 있었다. 천 일이면 말이 쉽지 3년이다. 큰스님께서 3년을 하루같이 간절하게 독립을 위해 목숨을 바친 사람들이 우리 절 근처에 많다는 것을 상기시키며, 우리도 우리 고장의 자랑인 유관순 열사나 윤봉길 의사 같은 사람이 되어야 한다고 법문하실 때, 나는 숨소리도 제대로 내지 못하고 경청했었다

큰스님이 발끝에서 머리끝까지 간절한 마음으로 부처님께 예배를 올리며 기도를 드리니 동참 제자 누구도 건성으로 임할 수가 없었다. 목탁과 요령 소리, 염불과 축원과 법문이 혼연일체가 되어 법당 안을 가득 채웠다가 법당 밖으로 새어 나와 우주공간으로 널리 퍼져 나갔다. 돌이켜보니 내 평생에 이때가 신심이 제일 장했었다는 생각이 든다. 만공 큰스님 덕분이다. 모든 동참 제자들이 그랬는데 어찌 시방삼세 제불님들의 은총이 답지하지 않겠는가.

우리나라가 꿈에도 그리던 해방이 된 것은 천일기도를 회향한 지 3일 후였다. 해방의 그 날, 동참 제자들은 절 마당에 태극기를 들고 모여 '대한독립 만세'를 목청껏 외쳤다. 나는 이때 우리 스님의 원력이 대단하시어 독립된 것이라는 생각을 했다. 지금도 그날, 환하게 웃으시던 만공 큰스님과 시봉이었던 원담 스님의 모습이 눈을 감은 망막 안에 선하게 어린다. 눈을 뜨자 두 분 다 아득한 저승으로 멀어져 가니, 뒤따라가서 뵈올 날이 멀지 않았지만, 그립고 그리운 마음 금할 길이 없다. (2015.9.1. 견성암 황수연(黃修蓮) 스님)[5]

이상과 같은 수연의 증언은 위에서 먼저 제시한 수범의 증언을 뒷받침한다. 즉 만공이 1940년대 초반 독립자금을 준비하여 서울의 선학원에 간 것, 삼청동의 초가에서 만공이 만해에게 자금을 전달하는 것을 분명히 보았다는 사실을 원담에게서 직접 들었다는 설명이다. 요컨대 만공은 총독부 본사 주지회의(1937. 2. 26~27) 때와 선학원에서 열린 고승대회에 참석했을 때(1941. 3. 4~13) 독립자금을 만해에게 전달했는데, 그 현장을 목격한 원담의 구체적 증언이 있었다는 것이다.

이렇듯이 목격자인 원담으로부터 들은 비구니가 두 명이었다. 그들이 청취한 증언에는 독립자금을 전달한 시점, 장소, 정황 등이 아주 구체성을 띠고 있다. 이런 증언이 나오자 덕숭총림의 방장으로 재직하고 있는 설정(1941~)도[6] 춘성에게서 들은 자금 전달의 내용을 공개적으로 발언하였다. 춘성은 만해의 상좌였지만, 만공을 존경하여 수덕사 정혜사 선원에 잦은 출입을 하면서 수행하였다.[7] 다음은 설정의 증언이다.

1959년도 춘성 스님(만해 한용운 스님 상좌, 1977년 입적)께서 만공 스님 탄신 추모일(음 3.7)에 "만공 스님의 숨은 밀행이 아니었으면, 우리 스님(만해 스님)은 한 발자국도 움직일 수 없었을 뿐만 아니라 어떻게 내가 옥바라지를 했겠어. 1937년 일갈(一喝)로 남차랑 총독을 호통친 후 전국에서 승속을 막론하고 스님(만공)을 더욱 흠모하게 되었었지. 나는 옥바라지를 하루도 거르지 않고 스님(만해) 면회를 다니면서 법사(法師)이신 큰스님(만공)의 그 은혜를 잊을 수가 없지(중략)……"라고 말씀하신 적이 있다.

---

5) 위의 「새로운 증언 ①」『만공의 항일정신』(자료집) pp. 18-19. 만공과 원담, 수연이 함께 찍은 사진이 『滿空法語』(능인선원, 1982) 화보에 나온다. 이 관련 내용은 〈동아일보〉 2015. 9. 15, A20쪽 「만공 스님은 독립운동가 한용운에 독립자금 전달했다」. 〈중앙일보〉 2015. 9. 18 「만공, 밤중에 만해에게 독립자금 전달」에도 보도된 바 있다.

6) 설정 스님·박원자『어떻게 살 것인가』나무를 심는 사람들, 2016.

7) 김광식『춘성 – 무애도인·만해 제자』중도, 2010. 춘성은 만공의 懺悔弟子였다.

나는 이와 같은 말을 1959년 음력 3월 초에 만공 대선사 탄신 추모 다례일에 당시 수덕사 주지 벽초 스님(1985년 입적), 금봉 스님(수덕사 조실), 금오 스님(구례 화엄사 주지, 1967년 입적) 강고봉 스님(정혜사 입승, 1960년대 입적), 원담 스님(정혜사 선원장, 2008년 입적), 보산 스님(수덕사 도감, 1969년 입적), 수일 스님(수덕사 원주 1980년 입적) 등 대중 스님들이 모인 자리에서 들었다. 춘성 스님께서 "만공 선사께서 일본 강점기에 돈이 좀 생기면 은밀히 선학원으로 가서 만해 스님을 오시라고 해서 주시곤 하였는데 그것은 항일 독립자금이었다. 대단하셨다."라고 하시면서 "우리 스님(만해 스님)께서 항일 운동을 적극적으로 일선에 나선 것은 만공 대선사 같은 분의 숨은 밀행이 아니었으면 어림도 없는 일이지."라고 말씀하셨다.

이와 같은 춘성 스님의 말씀이 나중에 어렴풋이 생각나서 지난 2015년 9월 20일 '일제 강점기의 만공 선사 위상' 학술세미나 법어 중에 말했는데, 수덕사 종무실과 선양회 측에서 녹취를 하지 않아 그날 한 말을 다시 서술한 것이다. 아울러 만공 대선사께서 총독에게 불교진흥책의 부당함을 말하고 총독에게 호통친 것 이외에도 음으로 양으로 조선인의 자존심을 잃지 않고 초지일관 창씨개명을 못 하게 하여 덕숭산 스님들은 갖은 압력에도 불구하고 어느 누구도 창씨개명을 하지 않은 것으로 전해져 온다.[8]

이처럼 춘성 스님의 말씀을 전한 설정의 증언에서도 만공은 돈이 생기기만 하면 밀행으로 만해에게 '항일 독립자금'을 전달하였다는 내용이 나온다. 그런 만공의 후원, 자금 전달이 있었기에 만해가 항일 활동을 할 수 있었다는 것이다. 필자는 이전 논고에서 만공의 민족정신, 독립정신에 입각한 간월암 기도의 개요, 성격을 살핀 바가 있다.[9] 그 이후에도 필자는

8) 「새로운 증언 ①」『제8회 만공 대선사 학술대회 자료집』(주제: 日帝下 만공 선사 抗日 사자후) 2016, p.9.
9) 김광식 「滿空의 민족운동과 遺教法會·간월암 기도」『한국민족운동사연구』 89집, 한국

만공의 독립정신 자료를 찾던 중에 당시 기도의 내용을 파악할 수 있었다.

만공은 일제가 태평양전쟁을 일으키고, 가혹하게 식민통치를 하기 시작하자 한국의 독립이 조속히 이루어지길 발원하는 천일기도를 단행하였다. 그는 우선 관촉사(논산)를 찾아, 은진미륵석상에 발원하였다. 그 직후 독립을 발원하는 관음기도를 서해의 간월도에 자리한 간월암에서 은밀하게 시작하였다. 이때 만공은 일제의 죄목 7개조를 제시하였다. 그는 다음과 같다.

    － 한민족 고유의 미풍양속과 문화의식을 말살한 죄
    － 우리말 사용을 금지시킨 죄
    － 한글 사용을 폐쇄시킨 죄
    － 왜식이름, 창씨개명을 자행한 죄
    － 강제로 징용, 징병을 자행한 죄
    － 종교와 신앙생활을 탄압한 죄
    － 겨레의 재산을 강탈한 죄[10]

항일 의도가 분명했던 간월암 천일기도에는 만공의 제자들(고봉, 적음, 진오, 수연)도 동참하였다. 대중들은 기도를 수행하면서 "일본이 하루속히 패망하고 조선의 독립을 이루게 하여 주소서"라고 발원하였다.[11] 만공이 이처럼 독립정신 구현에 노력하였기에 만해에게 독립자금을 제공하였음을 더욱 확신할 수 있다.

지금까지 살펴본 수범, 수연, 설정 등 수덕사 승려들의 증언과 만해의 상좌인 춘성의 증언을 통해서 만공이 만해 한용운에게 독립자금을 주었음

민족운동사학회, 2016.
10) 김대은 『觀音信仰』 삼장원, 1978, pp. 267-269.
11) 위와 같음.

을 알 수 있었다.

한편 그 무렵 김일엽의 아들 김태신은 최범술, 박광, 김봉율 등의 독립운동가들이 만해에게 제공하는 자금을 전달하였다는 회고가 있다.[12] 통도사의 김구하는 생전에 그가 상해 임정에 독립자금을 전달한 영수증을 남겼다.[13] 그런데 그는 만해에게도 자금을 제공하였다. 그 자금의 성격을 단정적으로 말할 수는 없지만, 일부에서는 구하는 상해 임정의 자금 출연 문제로 만해에게 자문을 하였다고 한다.[14] 이를 볼 때 만해에게는 불교계의 다양한 채널에서 독립자금이 전달되었음을 추론할 수 있다.[15] 다만 이런 증언들이 구술로 이루어져, 객관적인 기록 자료로는 남아 있지 않음이 아쉽다. 한밤중에, 비밀리에 전달하는 일이 어떻게 기록이 되겠는가? 그를 기대하는 것 자체가 어불성설이라 하겠다. 만공과 만해는 상호 신뢰 속에서 공통적으로 항일정신을 지니고 있었기에 독립자금 전달이 이루어졌다고 본다.

3. 만해와 만공의 인연

이 장에서는 만공이 만해에게 왜, 어떤 인연으로 독립자금을 제공했는가에 대해서 살핀다. 거기에는 그럴 만한 인연이 개재되었을 것이다. 지금부터는 만공과 만해 사이에 있었던 인연의 매듭을 풀어 보고자 한다.

필자는 예전부터 만공과 만해는 가까워진 계기는 무엇인지 유추한 글을

---

12) 김태신 『라홀라의 사모곡』 상권, 한길사, 1991, pp. 178-179, pp. 193-194.
13) 한동민 「일제강점기 통도사 주지 김구하와 독립운동 자금 지원」 『대각사상』 15집, 대각사상연구원, 2011.
14) 『만해 한용운과 심우장 사람들』 남한산성 만해기념관, 2016, p. 73.
15) 통도사의 구하도 만해에게 자금을 제공하였다. 김광식 「만해 한용운과 통도사」 『정인 스님 정년기념논총』 2017, pp. 900-902.

집필한 바 있다.[16] 그 글에 의지하면서 독립자금을 수수하게 된 인연의 배경을 들추어 보고자 한다. 만공과 만해와의 인연의 첫 시작은 1918년 무렵으로 볼 수 있다. 만해 한용운은 1911년부터 임제종 운동, 불교 대중화 운동, 대중 계몽운동을 하다가 1917년 겨울, 그의 출신 사찰인 백담사로 복귀하여 오세암에서 동안거 수행을 하였다. 만해는 이 동안거의 참선 도중에 깨달음을 얻었고, 그 경지를 오도송으로 남겼다. 만해의 이 오도송이 만공에게 전달되었고, 만공은 회상의 대중들에게 보였다고 한다. 『만공법어』에 전하는 그 내용은 다음과 같다.

눈 속에 도화(雪裏桃花)
－ 용운 법사(龍雲法士)

서울에 있는 만해(萬海) 한용운(韓龍雲) 스님이 오도송(悟道頌)을 지어 와서 (作悟道頌而送來) 이르되,

男兒到處是故鄉　남아가 이르는 곳마다 다 내 고향인데
幾人長在客愁中　몇 사람이나 객의 수심 가운데 지냈던고!
一聲喝破三千界　한 소리 큰 할에 삼천 세계를 타파하니
雪裡桃花片片飛　설한에 도화가 조각조각 날으네.

스님이 반문하여 이르되, "나르는 조각은 어느 곳에 떨어졌는고?(飛者 落材 什麼處)" 하였다. 용운 스님이 답하여 이르되, "거북 털과 토끼 뿔이로다(龜毛 兎角)" 하였다.
스님이 크게 웃으며 다시 대중에게 이르되, "각기 한 마디씩 일러라" 하니, 법

16) 김광식 「만해와 만공」 『우리가 만난 한용운』 참글세상, 2010, pp. 35-50.

희 비구니가 나와서 이르되, "눈이 녹으니 한 조각 땅입니다." 하거늘, 스님이
이르되, "다만 한 조각 땅을 얻었느니라." 하였다.

　　評: 도는 재주와 지혜로는 얻을 수 없다[17]

　위의 기록에 따르면, 만해는 오도송을 지어 들고 만공을 만나러 왔다.
위에 나온 "지어 와서(作悟道頌而逐來)"라는 문구만으로는 만해가 직접
왔는지, 혹은 만해 제자가 심부름을 왔는지 단언할 수 없다. 또 구체적인
시점과 장소가 나오지 않는다. 추측하건대 장소는 수덕사였겠지만, 시점
은 알 수 없다. 1919년 3월, 3·1운동 이후에는 그럴 여건이 없었을 것이었
기에 1918년으로 이해하였다. 그러나 일부 기록에서는 3·1운동으로 일제
에 피체되어 수감 생활을 마친 1920년대 초반에 만해 수제자인 김용담이
오도송을 가지고 와서 만공에게 보였다는 구전도 있다.[18]

　어쨌든 만해는 자신의 오도송에서 애초에 지었던 '편편비(片片飛)'라는
문구를 만공의 지적을 받아들여 '편편홍(片片紅)'이라고 수정하였다고 한
다.[19] 만해가 왜 오도송을 만공에게 보여주었는가에 대해서는 전하는 내
용이 없다. 추정하건대 만해는 1910년부터 수덕사에 능인선원을 세워 후
학을 지도하였던 만공의 명성이 고양되자, 자신의 오도 경지를 과시하고
싶은 충동이 있었을 것으로 보인다.

　이상과 같은 내용을 20년 전부터 파악하였던 필자는 약간의 의아심을
가졌으나, 현재까지 그에 대해 응답할 수 있는 보다 분명한 자료(문건, 증
언)를 얻지 못하였다. 그러다가 최근 몇 년 전에 만공의 독립운동에 대한
글을 쓰기 위하여 관련 자료를 찾던 중, 만공의 가르침을 받은 수행자인

---

17) 『滿空法語』 수덕사 능인선원, 1982, pp. 134-135.
18) 〈법보신문〉 21호(1988. 10. 18.) p. 4, 「근세 한국선사 재조명: 송만공 ④ 일화」.
19) 김광식 『만해 한용운 평전』 장승, 2007, p. 100. '편편비'로 쓴 만해의 친필 오도송 사진
　　을 수록했다.

덕산(德山,?~1981)[20] 의 글에서 다음과 같은 단서를 만나게 되었다.

　鏡虛, 그는 韓民族의 얼이 오랫동안 얼음장 밑으로만 흐르다가 돌연 우릿소리와 함께 솟구친 民族精神의 극치이다. 鏡虛는 많은 哀話를 남기고 그의 제자 滿空에게 法을 傳한 후 방랑길에 올랐다. 뒷날 滿空은 鏡虛가 개척한 개척지에 禪의 불씨를 심는 일에 一生을 버린 禪師였다.

　우리가 너무나 잘 아는 詩人이며 또한 革命家이기도 한 萬海 韓龍雲은 실은 鏡虛를 밑받침으로 하여 滿空이라는 거대한 바닷물의 한 파도 침에 불과하다는 것임을 똑똑히 알아야 한다. 언제나 찬란한 이름 뒤에는 그 이름을 있게 한 泰山이 말없이 서 있음을 우리는 잊어서는 안 되겠다. 鏡虛와 滿空의 禪의 뿌리가 韓龍雲의 잎으로 삐져나와 소란을 피운 것에 지나지 않음을 우리는 분명히 알아야 된다. 名相의 세계는 無形의 한 호흡에 불과하다.[21]

　이렇듯이 덕산은 한용운의 행동은 경허를 밑받침으로, 만공이라는 바닷물의 한 파도에 불과하다는 파격적인 발언을 하였다. 요컨대 만해는 경허–만공의 선맥에 큰 영향을 받았다는 것이다. 이런 지적을 접한 필자는 만공이 제공한 독립자금의 본질, 성격을 단순한 자금 전달이라는 것으로만 볼 수 없다고 보았다. 그렇다면 그 성격을 어떻게 보아야 할 것인가의 문제가 남는다. 이런 전제에서 만공과 만해는 어떤 사이였다고 보아야 하는가?

　우선 두 인물을 지근거리에서 지켜본 고송(古松, 1906~2011, 파계사)의

---

20) 위의『滿空法語』p.310에는 만공의 受法弟子 명단이 나온다. 德山宗睍도 수법제자로 나오는데, 그는 말년에 화계사 조실로 있었다. 법주사 출신인 그는 1928년 정혜사 선원에서 悅衆 소임을 봤다.

21) 덕산「滿空禪師의 無碍行」『월간 중앙』6권 10호(1973.10), p.101. 이 글은 덕산이 집적 쓴 글은 아니다. 당시 화계사에 머물던 학승인 釋智賢이 받아쓰고 간추린 것이다.

증언이 참고된다. 고송은 1937년 동안거 수행을 능인선원의 입승(立繩)으로, 1946년 하안거·동안거 수행을 능인선원에서 하면서 병법(秉法) 등의 소임을 보았다.[22] 그런데 그는 선학원에 거주하던 1930년대 초반, 『불교』 잡지 발간 시에 심부름하면서 만해를 지근거리에서 살펴보았기에[23] 그의 회고는 신뢰가 간다. 고송은 다음과 같이 증언하였다.

여연 스님: 당시 만공 스님과 만해 스님은 굉장히 친했다면서요?
고송 스님: 서로들 호형호제하였지. 만공 스님이 나이가 좀 많아, 만해 스님이 형이라고 불렀지. 만해 한용운 스님, 그이는 참으로 무서운 사람이고 괴짜였어.[24]

호형호제하였던 두 인물은 어떤 관계를 맺었을까. 1918년에 오도송으로 시작된 인연, 경허 – 만공의 선맥에서 만해가 영향을 받았다는 사실 외에, 이제는 만공과 만해의 인연을 역사 속에서 찾아보자. 만해는 주지하는 바와 같이 1919년 3·1운동을 최일선에서 주도한 그는 불교계를 대표하는 역할을 하였다. 그런데 여러 기록, 논문 등을 고려하면 만해가 3·1운동의 중심 진영에 들어가서 본격적으로 일하게 된 것은 1919년 2월 초부터였다. 만해가 1908년 일본 유학 중에 알게 된 천도교 측 실무자인 최린을 만나 민족운동을 하자고 합의하게 된 것은 1919년 1월 말이었다. 그러나 미리 3·1운동을 준비, 추진하였던 천도교와 기독교는 그들의 연합을 통한 운동 추진이 가장 큰 관건이었다. 따라서 만해는 1919년 2월 중순 무렵에야 불교의 민족대표 선정에 착수하였다. 통신과 교통이 열악한 상황에서 비밀리에 진행된 거족적인 민족운동인 3·1운동을 추진한 만해가 불교의

---

22) 『근대선원 방함록』 조계종 교육원, 2006, p. 408, p. 438.
23) 불교신문사 『한바탕 멋진 꿈이로구나』 삼양, 1999, p. 125.
24) 「선지식을 찾아서, 팔공산의 늘푸른 소나무 고송스님」 『선우도량』 6호, 1994, p. 421.

대표까지 인선하는 것은 그리 간단하지 않았다. 더욱이 만해 혼자서 인선을 추진하였다. 그런 정황의 내막을 전하는 기록을 살펴보자.

만해는 불교 측 인사 3, 4인을 민족대표에 포함시키고자 하였다는 발언을 하였다고 전한다.[25] 만해의 말년 거처인 심우장(尋牛莊, 서울 성북동)[26]을 드나들었던 불교 청년이었던 김관호[27]의 증언 기록을 보자.

> 3·1 독립선언 인원 구성에 선생의 희망은 불교인을 다수로 하려고 白初月, 宋滿空 두 스님과 密約이 있었으나 너무나 허무하였으니 壬辰 歷史를 회고하고 他敎 奮起를 비교하면 불교의 존재는 文子 그대로 無明이었다. 당시 선생의 야심은 불교인을 다수로 하여 壬辰 歷史와 같은 제2의 구국운동으로써 불교사 회주의를 포부하고 宋滿空 스님과 활동하였으나 소위 高僧大德이 다수이면서도 모두 무관심하여 겨우 白龍城 1인만의 합의를 얻었을 뿐이니[28]

위와 같은 전언을 참고하면, 만해와 만공은 민족대표 가담, 3·1운동 참여 등을 함께 논의하였던 것으로 추측된다. 여기에서 나온 "백초월, 송만공 두 스님과 밀약"이란 무엇인가? 이에 대한 만공의 생각을 전하는 구체적인 기록이나 증언이 없어 단언하여 말하기는 어렵다. 필자가 보건대 만해는 1918년 10월 중순에 해인사를 방문하여 특강을 하였다고 하는데,[29] 그때 해인사 지방학림의 강사로 백초월이 있었다.[30] 아마 그때 두 사람

25) 고재석『한용운과 그의 시대』역락, 2010, p. 361.

26) 김광식「만해와 심우장의 정신사」『만해축전 자료집』만해축전 추진위원회, 2014.

27) 김광식「한용운과 김관호」『우리가 만난 한용운』참글세상, 2010.

28) 김관호「심우장 견문기」『한용운사상연구』2집, 한용운사상연구회, 1981, p. 283.

29) 최범술「만해 한용운 선생」『신동아』75호(1970.11) ;『효당 최범술 문집』1권, 민족사, 2013, p. 404.

30) 최범술「三·一運動과 海印寺 ②」〈대한불교〉1969.2.23 ;『효당 최범술 문집』1권, 민족사, p. 393.

사이에 추후의 민족운동에 대한 언질(약속)이 있지 않았을까 한다. 백초
월은 1919년 4월에 상경하여 불교 독립운동을 진두지휘하였다.[31] 그리고
만공과는 1918년 어느 시점에 만해가 수덕사에 와서 오도송을 두고 대화
를 할 때 장래의 민족운동에 관한 대화를 하면서 추후에 민족운동이 전개
될 시에는 함께하자는 약속을 하지 않았을까 한다. 그런 정황을 만해에게
전해 들은 김관호가 밀약이라고 표현한 것이라고 본다.

그런데 밀약까지 있었는데 왜, 민족대표에 만공을 포함시키지 못하였는
가. 이에 대해서는 만해와 3·1운동을 같이 추진한 최린의 재판정 신문 과
정의 답변이 참고된다.

> 문_韓龍雲에게는 피고인이 운동의 방법 등을 말하여 2월 20일경에 찬동하게
> 했고, 白相奎에게는 韓龍雲이 같은 말을 하여 찬동하도록 했다고 전회에 진술
> 했는데 그것은 틀림이 없는가.
>
> 답_그 무렵에 韓龍雲이 가끔 내 집에 놀러 왔다가 어떤 말 끝에 독립운동을
> 일으키자고 나에게 동의를 구했으나, 그때까지는 아직 예수교 측과 합동하는
> 것이 확정되지 않았으므로 나는 아무 말도 하지 않았었다. 도리어 세상의 여론
> 이 어떠하냐고 묻는 정도로 진의는 말하지 않고 지냈었다. 드디어 예수교 측
> 과의 합동이 확정된 후에 비로소 우리 운동의 주지를 말했더니 韓龍雲은 조금
> 도 이의 없이 그것에 찬동하고 그 사람이 불교도를 규합한다는 것이었다. 그런
> 데 일이 진척되어 기명할 단계에 이르러 불교도는 너무 진용이 갖추어지지 못
> 하였으므로 韓龍雲에게 그것을 추궁하였더니 그 사람은 하여튼 자기와 白相奎
> 만이라도 기명하게 해달라는 것이었다. 이렇게 韓龍雲에게는 합동이 확정된
> 뒤에야 제반의 말을 했었다. 그리고 그 말을 한 시기는 확정된 날, 곧 24일에서
> 27일까지의 사이였으므로 지방법원 예심에서 그것을 2월 20일이라고 진술한

---

31) 김광식 『백초월』 민족사, 2014.

것은 명백히 잘못이었다. [32]

최린의 발언에서 주목할 것은 천도교와 기독교의 3·1운동 합동이 확정된 후에 불교 측의 만해에게 불교 측 대표를 기명(記名)할 것을 요청하였는데, 그 시점이 2월 24~27일이었다는 것이다. 이렇듯이 긴박하고, 엄중한 상황에서 3일 만에 만해는 만공의 동의를 받을 수가 없었던 것이다. 더욱이 만해는 민족적 거사에 유교 측이 가담해야 한다는 판단으로 거창까지 내려가서 유림의 대표 격인 곽종석을 만나고 24일에 서울에 도착하였다. 그 이후 만해는 3·1운동 중앙 지휘부를 한시도 떠날 수도 없었다. 그래서 만공을 만날 수 없었을 것이다.

위의 김관호 증언처럼 생각은 있었지만 제반 여건이 따라주지 않았음을 알 수 있다. 다행히 백용성은 만해의 거처(유심사, 종로 계동)에서 10여 분 거리에 있는 포교당(대각사, 종로구 봉익동)에 머물렀다. 그래서 만해는 2월 26일 백용성을 만나 민족대표로 동의를 받고 그의 도장을 인수하여, [33] 2월 27일 최린의 집에 가서 독립선언서에 자신의 도장을 찍고 백용성의 것도 그가 날인하였다. [34] 이와 같은 긴박한 상황이었기에 만해는 만공의 동의를 받지 못하였다.

이제부터는 만해가 3·1운동으로 3년간의 수감 생활을 마치고 나온 이후의 만공과 만해의 인연을 더듬어 가보자. 만해는 1921년 12월에 출옥 후, 선학원(종로구, 안국동)에 머물렀다. 그런데 선학원은 만공의 주선으로 선풍진작, 민족불교 지향을 위해 1921년 11월에 창건된 사찰이었다. 만공은 선학원의 창건 정신을 극대화하기 위해 전국 수좌들의 자주, 자립을 지

---

32) 「三·一 獨立宣言 關聯者 訊問調書(高等法院)(國漢文): 崔麟 신문조서(제3회)」『韓民族獨立運動史資料集』12권(三一運動 II).

33) 『백용성대종사 총서』7권(신발굴자료), 대각회, 2016, pp. 586-587.

34) 「白相奎 신문조서」『한민족독립운동사자료집』.

향하는 조직체인 선우공제회(禪友共濟會)를 1922년 4월에 발족시켰다. 그 취지서에 보면 만공과 만해가 발기인으로 나온다. 출범 직후 만공은 공제회의 수도부 이사(修道部 理事)를 맡았고 운영 자금으로 상당한 토지를 기부하였다. 흥미로운 것은 만해가 1924년에는 선우공제회의 수도부 이사를 맡았다는 사실이다.[35] 즉 만공의 후임을 담당하였다. 그래서 만해는 만공이 만든 선학원에 머물면서 민족운동을 지속하였다. 선학원이 재기를 한 1930년대 초반 만공과 만해는 선학원을 무대로 법문, 특강 등을 하면서 인연을 지속하였다.

한편 만해는 1930년대 초반에는 그 당시 불교계의 유일한 잡지였던『불교』의 편집 책임을 맡았다. 바로 그 시절에 만공은 만해에게『경허집』의 편집을 의뢰하였다.

내가 7년 전 佛敎社에 있을 때 畏友 滿空이 초고 하나를 가지고 와서 내게 보여주며 말하기를 "이것은 나의 스승 鏡虛 스님의 遺稿인데 장차 간행하려 하오. 그런데 이 유고는 본래 각처에 흩어져 있던 것을 수집했고 보면 誤脫이 없을 수 없으니, 교열해 주기 바라오" 하고 서문을 부탁하였다. 나는 감히 사양할 수 없어 그 초고를 재삼 읽어 보았더니, 그 저술이 시문에 공교할 뿐만 아니라 대체로 禪文이요 法語이며, 玄談이며 妙句였다. (중략)

나도 이 책이 속히 세상에 간행되기를 간절히 바랐다. 그런데 그 후 그 문도와 뜻이 있는 이들이 "경허가 지은 글이 이 정도에 그치지 않고, 아직도 만년에 자취를 감추고 살던 지역에 남아 있는 것이 적지 않을 것이다." 하여 기어코 완벽하게 유문을 수습하고자 하였다. 그래서 이 책을 간행하자던 논의가 일시 중지되었다. 올봄(1942년─필자 주)부터 후학 김영운, 윤등암 등이 이 일을 위해 발분하고 나서서 갑산, 강계 및 만주 등지로 직접 가서 샅샅이 조사하여 거의

---

35) 김광식「일제하 선학원의 운영과 성격」『한국 근대불교사연구』민족사, 1996, pp.108-113.

빠짐 없이 수습하였다. 내가 다시 원고를 수정하였으나 연대의 선후는 알 길이 없었기 때문에 수집한 대로 편찬하였다. (하략)[36]

1933년 무렵, 만해는 만공의 부탁으로 만공의 법사인 경허의 자료를 분류 편집을 시작하여 1942년 봄까지 작업하였다. 그런 연유로 만공과 만해는 1933년부터는『경허집』(1943, 중앙선원)을 매개체로 더욱더 친근한 만남을 이어 갔다.

만해는 1930년대 초반에는 조계사 인근에서 방을 얻어 홀로 지내다가, 1933년에는 결혼하여 서울 외곽인 성북동의 초가집에 세를 들어 살았다. 그러다가 성북동 골짜기에 자기 집을 지어 1935년에 입주하였으니 그것이 심우장이었다.[37] 그래서 만공은 상경하여 시간이 날 때는 심우장을 찾아갔다. 만해와 밤새 곡차를 먹으면서 불교, 시국 등의 주제를 놓고 대화를 하였다. 이런 이야기는 만해 딸의 회고,[38] 그리고 당시 혜화불전을 다니던 학승 설산의 회고에도 나온다.[39]

이런 인연을 맺어가던 때인 1937년 2월 26일 총독부에서 열린 31본산 주지회의 석상에서 '할' 사건이[40] 일어났다. 그 사건의 내용과 성격에 대해서는 필자의 논고에서 세부적으로 밝혀 놓았다. 만공은 총독부 청사, 총독이 있는 자리에서 '할'을 하면서 식민지 불교 통치책 및 당시 한국불교의

---

36)『경허집』동국대출판부, 2016, p.351.

37) 김광식「만해와 심우장의 정신사」『만해축전자료집』만해축전추진위원회, 2014, pp.615-626.

38) 한영숙「아버지 만해의 추억」『나라사랑』2집, 1971, p.91. 만공, 박광 등이 오면 밤새도록 환담을 나누었다고 한다. 朴洸(1882~1970)은 대동청년단 출신으로 임정에 독립자금을 모금하여 보낸 공로로 독립운동가 포상(애족장, 관리번호 2964)을 받았는데, 만해와 생전에 친근한 동지였다.

39) 박설산「만해선사의 오도송과 일화」『만해학보』2집, 1995, p.181.

40) 이에 대해서는 필자의 논고를 참고 바란다. 김광식「만공의 정신사와 총독부에서의 '禪機 發露'(1937) 사건」『향토서울』91호, 2015.

부조리를 꿰뚫은 불교의 자주 독립선언 발언을 하였다. 그는 일제의 불교 정책에 대한 비판을 분명히 개진하겠다는 결심에서 평소의 소신대로 할을 하고 입장을 표명했다. 그날 오후, 만공의 총독부 '할' 소식을 들은 만해는 심우장(성북동)을 떠나 선학원(종로, 안국동)에서 기다리고 있었다. 만공이 선학원으로 돌아오자,[41] 만해를 비롯한 대중들은 만공을 지극한 마음으로 환대하였다.[42] 특히 당시 그 정황은 그때 서울에서 중앙불전을 다녔던 김어수(범어사)의 회고에서 확인할 수 있다.

범어사 주지 차상명(車相明) 스님이 선학원에 오셨다기에 찾아뵙고 싶어서 갔던바 만공(滿空) 스님이 회의장에서 막 돌아오시는 것을 한용운 선생은 벌써 소문을 듣고 기다리다가 만공 스님의 등을 두드리며 "우리 만공이 정말 만공이야." 하면서 기뻐서 덩실덩실 춤까지 추는 것을 보았다. 그러자 설석우(薛石右) 스님 김적음(金寂音) 스님 김남전(金南泉) 스님 등이 맨발로 뜨락에 뛰어내려 만공 스님을 둘러싸고 조선은 죽었어도 불교는 살아 있다고 고함을 질렀다. 생사를 초월한 출세 대장부가 아니고서는 감히 엄두도 낼 수 없는 노릇이었다.[43]

이렇듯이 만해는 만공의 '할' 사건에 대한 높이 평가하였다. 만해는 그

---

41) 만공이 도착한 시간은 정확하지 않다. 만공은 총독이 주관하는 만찬 자리에 가지 않고 귀가하였다는 증언을 유의하면 저녁 무렵이 아닐까 한다.

42) 그런데 조지훈은 만해와 만공의 만남에 대하여, 만공이 심우장으로 찾아와서 만났다고 했다. 조지훈 「放牛閑話 2」『신동아』1966년 4월호, p. 258.

43) 김어수 「獨立資金 모아 臨時政府에 送金」〈불교신문〉178호, p. 4. 당시 그 주지회의에 해인사 주지의 대리로 참석한 최범술은 이에 대해서 만해가 "만공의 거구를 쓰다듬으며, 그래도 만공이 제법이야! 불알이 생겼어 하며, 농조이지만 참된 동지로서 의허(意許)하는 환희를 보았던 것이다. 이처럼 두 분 사이에는 그 무엇인가를 짐작할 수 있었다"고 서술했다. 최범술 「철창철학 – 만해 선생으로부터 보고 들은 이야기」『나라사랑』 2집, 1971, p.85. 이 글의 '만해 선생과 송만공 스님' 부분에서 소개하였다.

사건을 한국불교사를 빛낸 역사적인 사건, '선기의 발로(禪機의 發露)'라고 명명하면서 『불교』 1937년 12월호에서 다음과 같이 서술하였다.

작년 二月 二十六日에 朝鮮 總督府內에 三十一本山 住持를 會同하고 總督 以下 關係 官憲이 列席한 中에 各 本山 住持에 對하야 個別的으로 朝鮮佛敎 振興策에 對한 要旨를 무럿다. 公州 麻谷寺 住持 宋滿空 和尙이 至하매 和尙이 起立하야 『淸淨本然커니 云何忽生山河大地오』하고 大聲으로 『喝』을 하얏다. 이것은 禪機法鋒의 快漢이 아니면 到底 不可能이다. 『義理』로 解釋할지라도 그 座席 그 時期에 가장 適當한 對答이다. 그러나 나는 그 後에 滿空을 만나서 『鋒』을 써야 마땅할 데에 『喝』을 쓴 것이 法을 誤用한 것이라고 責하얏다. 그러나 臨濟의 喝은 喝中有棒이오 德山의 棒은 棒中有喝인즉 棒喝互用도 無妨하거니와 棒을 쓸 데에는 喝을 誤用하얏다는 말은 凡夫俗子의 容啄할 수 없는 것은 勿論 三世諸佛의 干涉도 斷然不許하는 것이다. 朝鮮佛敎史의 한 페지가 여기에서 빛나는 것을 아는가?[44]

만해는 사건에 담긴 뜻을 설명하면서 '선기법봉(禪機法鋒)의 쾌한(快漢)이 아니면 도저 불가능(到底 不可能)하다'면서 만공의 선기를 극찬하였다. 그는 한국 불교사의 한 페이지가 여기에서 빛이 난다는 말로 단언하면서 '할' 사건을 1937년 불교의 3대 사건의[45] 하나로 자리매김하였다. 만해의 이와 같은 평가에 대해 만공은 더욱더 만해의 가치를 인정하였을 것이다. 20년간 이어져 온 인연의 바탕 위에서 자신을 알아주는 '지음자(知音者)'로 대하였을 것이다.

그래서 필자는 만공이 만해에게 독립자금을 준 것은 결코 우연이 아니

---

44) 한용운 「朝鮮佛敎에 對한 過去 一年의 回顧와 新年의 展望」 『불교』 신9집(1937.12), 불교사, p.6. 당시 만해는 『불교』의 고문 자격으로 이 글을 썼다.

45) 만해는 추가 2건의 사건으로 總本山 건설운동과 『불교』 속간을 뽑았다.

라는 생각이다. 그는 자신을 알아주는, 자신의 자주·독립정신을 이해할
수 있는 지성인이 만해라고 판단하였을 것이다. 만공은 정신적인 독립운
동을 하고 있었지만, 만해는 그보다 한발 더 나아가, 일반 대중들과 교섭
하면서 활동적인 독립운동을 전개하였다. 바로 이 점을 만공은 파악하고,
만해의 활동을 후원하고 격려하는 차원에서 자금을 제공하였을 것이다.
독립 자금은 절대적인 신뢰가 없으면 제공할 수 없다.

　만해가 입적하자, 만공은 만해가 없는 서울은 가고 싶지 않다고 하면서
그 이후에는 상경치 않았다.[46]

4. 만해와 김구의 비밀 연락

　만해는 심우장에서 말년 10여 년을 보내면서 일제 식민통치에 저항하였
다. 그리고 청년, 대중들에게 민족독립에 대한 희망을 고취하고 있었다.
그래서 그런지 그의 거처인 심우장은 수많은 대중들이 찾아오는 국내의
민족운동 성지(聖地)였다. 국외 민족운동의 성지가 임시정부라면 국내의
성지는 심우장이었다.[47]

　그런데 그 무렵 만해는 중경 임시정부의 책임자인 김구(金九)와 연락을
주고받고 있었다. 요컨대 만해와 김구의 독립운동에 대한 비밀 채널이 있
었던 것이다. 그에 대한 객관적인 자료는 아직 찾지 못하였으나 그를 방
증하는 김구의 증언을 전하는 기록이 있다. 김구는 청년 시절, 일본군 장

---

46) 만해 입적 이후, 만해 아들인 한보국이 수덕사로 만공을 찾아와 인사를 하였다고 한
　다. 그때 만공은 조금만 지나면 희소식(해방?)이 올 터인데, 만해는 그것을 못 보고 입
　적한 것에 아쉬움을 표하면서 자신과 만해는 '同心一體'라고 발언하였다고 전한다.
　〈법보신문〉 23호(1988. 11. 1.), p. 4, 「근세 한국선사 재조명: 송만공 完」.
47) 이에 대해서는 졸고 「만해와 심우장의 정신사」를 참고하길 바란다.

교를 '국모보수(國母報讐)'라
는 명분으로 처단하고 살인형
을 구형받았다. 고종의 특사로
감형되었으나 수감 도중 탈옥
하여 방랑하다가 갑사를 거쳐
마곡사에 들렀다. 그는 22세였
던 그때(1898년), 그곳 마곡사
에서 원종이라는 법명을 받고
2년간 승려 생활을 하였다.[48]
그리고 해방 후 귀국한 그는 자
신이 출가하였던 마곡사를 찾
아 기념 식수도 하였다. 이 밖
에도 김구는 불교에 대한 인연

김구(金九, 1876~1949)

이 많았다.[49]

　승려 출신의 독립운동가인 김구와 만해의 인연도 관련 내용이 전한다. 지금까지는 이런 사실을 찾아내거나 해석하려는 연구가 드물었다. 여기에서 김구의 발언을 전하는 기록을 소개한다. 김구 자신이 직접 만해와의 인연을 회고한 시점은 1945년 8·15 해방 이후이다. 8·15해방 이후에 귀국한(1945.11.23) 임정요인을 불교 교단 책임자인 김법린 총무원장 일행이 1946년 1월경 경교장에서 만났을 때였다. 불교 교단 간부들이 김구를 만나 대담하였는데, 다행히도 그 내용이 불교 기관지인『신생』창간호(1946)에 게재되었다.

　그 관련 내용을 전재한다.

---

48) 한시준『김구』독립기념관, 2015, pp.35-36 ; 윤병석 직해『백범일지 - 직해 김구 자서전』집문당, 1995, pp.112-116.
49) 한상길「백범 김구와 불교」『대각사상』29집, 2018.

드러가는 順序로 앉었기에 맘서로 對話를 責任진 金法麟氏가 主席의 右側에 바루 接近히 안게 되었다. 좀 正面으로 對하게 되었으면 어떨가 하였다.

宣傳部長이 佛敎側에서 왔다는 紹介를 하자 一同이 차례로 幄手를 하고 着席하여서 座談으로 드러가게 되었다.

金九 主席 談. 佛敎 여러분을 한번 만나려고 하였던 次 잘 오셨습니다.

金法麟 氏. 예 迅速히 와서 뵈려구 하였습니다만 일로 만연해 오셨고 하루바삐 政界에서 기다리던 다음이라 必然 말할 수 없이 奔走하고 忽忽하실듯 하야 바쁜 政事를 보신 뒤에 間機를 타서 뵈이려구 기달렸던 터입니다. 그런데 敎正 朴漢永 先生은 年老하시고 在鄕하서서 不肯하나마 代身 佛敎를 代表해 왔습니다.

問. 佛敎會期가 近間 없으십니까.

答. 예 있습니다.

問. 年中行事로 모이는 會合인가요

答. 예 그랬습니다. (이어서) 그리고 우리 佛敎側 저들은 今番 臨時政府 여러 諸位가 오심에 對하야 다시 己未를 回想하지 않을 수 없습니다. 이 己未를 생각할 때 己未 後 二十七年間을 우리 政府라 하고 依然 그 命脈을 이어 계승해 왔고 피로써 싸워 피로써 지켜왔다는 것이 臨時政府 여러분 제위를 대하는 感謝의 하나이고 둘째는 海外에서 光復의 曙光에 이르기까지 聯合諸國과 손을 잡어 이 光復의 날을 얻기에까지 피로써 貢獻하여 왔다는 것이 앉은 저들도 잊지 못하는 感謝입니다. 그러므로 해서 健康한 몸으로 國內 모든 문제와 일에 힘있는 指導를 해주시고 우리는 힘껏 建國에 힘쓰겠습니다. 그리고 제일 未安한 것은 國內事는 잘 모르시겠지만 光復 후에 너무 위대한 指導者를 접하지 못해 統一되지 못한 감은 있습니다만 그것은 지도자 및 高所를 求하는 의미로 보아 政治的 刺戟에서 온 求心의 旅露이라면 求하던바 諸位가 還國하였으니 無言中 다-灰地로 도라가 다시 좋은 機運이 떠리라고 생각합니다만 이번에 韓龍雲 先生이 계셨던들 얼마나 여러 선생을 마지하는 데 반겨하시겠습니까. 光

復의 날에 또 이 還都하신 우리 政府를 마지하는 날에 얼마나 반가워 하시겠습니까. 感慨亦然 禁할 수 없습니다.[50]

이렇게 김법린은 김구를 만나 임시정부의 공로를 높이 평가하고, 3·1운동의 의의를 되새기면서 한용운의 부재가 안타깝다고 고백하였다. 이런 김법린의 말에 김구는 다음과 같이 응답하였다.

金九 主席 談. 金 先生이 上海 왔을 때 우리가 만난 것을 잘 記憶하실 터이지요. 그리고 弱小民族大會에 간 이야기도 上海 있으면서 다―듣고 있었소이다. 그리고 洪原事件에 國內에서는 대단히 騷亂하였던 모양인데 3년이나 애를 많이 썼소. 국내 여러분이 그 壓政 앞에 큰 苦生을 많이 하셨소. 그리고 韓 先生 말슴을 하니 말이지 墓所를 무러보라고 傳囑하고 있는 中입니다. 그런데 韓 先生 前에 年前 密使를 보낸 일이 있었는데 內容은 무르신 말에 答도 하길 겸 進言할 말이 있어서 보냈습니다. 아무 기별이 없었습니다. 그 內容이라 하면 罪日月을 멀리하고 辱의 政率下에서 骸骨을 더럽히지 마시고 自由天地인 重慶으로 와주시라고 進言하였더니 密使는 반드시 傳했을 터인데 終始 消息이 없기로 事情이 계신 줄 알았더니 究竟 別世를 하시게 되었습니다그려. 韓 先生은 우리 海外의 同胞의게 하늘이 놀란 만한 말슴을 전하고 가신 어른이신데 우리는 只今도 새롭게 記憶하고 있습니다. 그 말을 옮기면 ○○무관학교에 오셨다가 우리 武官學校 守衛들에게 彈丸 五發을 마즈시고 넘어저서는 이 彈丸이 나를 日本 密偵으로 알고 쏜 朝鮮軍人의 彈丸이라니 나는 이러한 獨立勇士의 군군한 守衛에 五個의 彈丸보다 더 큰 선물을 받을 수가 없다. 죽어도 遺恨이 없다고 피투성이로 병원에 가시였다는 말입니다. 얼마나 알들한 아니 거룩한 愛國者의 말입니까. 墓所를 다음날 참배할 때 案內 좀 해주십시오.

---

50) 유엽 「臨時政府 要路 諸公의 會見記」『신생』 창간호, 1946, pp.24-25.

金 院長. 예 日程을 알려 주십시오

金九 主席 談. 내가 佛家 여러분들을 보면 日常 回顧 憧憧함을 禁하지 못합
니다. 나도 얼마間 佛敎에서 중노릇을 했습니다. (중략) 깊은 敎義中에서도 禪
思想의 一面은 日常 잊지 않고 있습니다. 중국을 가니 불교가 都市化 民衆化
大衆化하야 있음을 보앗습니다. (중략) 朝鮮佛敎도 民衆化 할 수 있나요?

金 院長. 예 있습니다. 全佛敎運動이 古風을 지키는 叢林道場이 있는 一方
大衆化 都市化에 힘쓰고 着着 進行됩니다.[51]

위의 내용에서 중요한 사실이 몇 가지 드러난다. 우선 첫 번째로 김구는
김법린의 독립운동 행적(상해 망명, 벨기에 피압박민족대회,[52] 조선어학
회 사건 등)에 대해서[53] 파악하고 있었다. 두 번째는 김구와 만해는 접촉
과 연락을 하였다는 점이다. 김구는 이에 대하여 만해가 자신에게 질문하
였고, 당신은 그에 대한 답변을 밀사(密使)를 통하여 만해에게 전달하였
다고 했다. 요컨대 만해와 김구 사이에는 비밀 채널이 있었던 것이다. 세
번째는 김구는 만해에게 일제의 압정을 받는 국내에서 고생하지 말고 임
정이 있는 자유의 무대인 중국 중경으로의 망명을 요청하였으나 거절하
였다는 것이다. 임정이 중경으로 간 시점이 1940년 9월이었으니, 그 직후
의 일이라 하겠다. 그러면 만해는 왜 중경으로 가지 않았는가. 이 점이 본
장의 초점이거니와 만해의 노령, 병환 등의 이유도 있었을 것이다. 그러나
만해는 자신의 독립운동 기조를 지키고자 했기에 국내를 떠나지 않았을
것으로 필자는 본다. 그는 국내에서 대중들과 함께 고락을 같이하면서 일
제에 항쟁하는 정신적인 독립운동을 30년간 관철하였다.[54]

51) 위의 자료, p. 25.
52) 김광식 「김법린과 피압박민족대회」『민족불교운동의 이상과 현실』도피안사, 2002.
53) 강미자 「김법린의 민족운동과 대중불교운동」『대각사상』14집, 대각사상연구원, 2010.
54) 김광식 「한용운의 만주행과 정신적인 독립운동론」『한국민족운동사연구』93, 한국민

이상과 같은 내용은 그동안 다른 연구자들은 주목하지 않았다. 여기에서 우리는 김구가 만해의 언행으로 높이 평가한 신흥무관학교에서의 저격사건을 파악해야 한다. 이 사건은 만해가 1912년 가을 만주 일대를 시찰하고 귀국하던 도중에 밀정이라는 오인을 받아 무관학교 학생들에게 저격을 받았지만 구사일생으로 살아남았던 일을 의미한다. 만해는 이 사건을 일제하 잡지에서도 회고하였다.[55] 이 일로 만해는 평생을 체두증에 시달렸다. 그런데 왜 만해는 김구의 망명 초청을 거절하였는가. 이에 대한 궁금증을 풀어줄 증언 기록이 있다.

전후 사정을 증언한 당사자는 만해에게 감화를 받았던 불교 청년들이 1930년에 만든 항일적인 비밀결사 단체인 만당(卍黨)의 당원이었던[56] 이용조이다. 그의 기고문은 해방공간의 『불교』에 게재된 글 「만해대선사 묘소를 참배하고」이다. 이용조는 만해를 존경하였으며, 1930년대 중반부터 해방 당시까지 중국 길림에서 의사로 활동하였기에[57] 그의 기록은 신뢰성이 높다.

只今부터 三十여 년 전 三一運動 以前에 先生은 독립운동 상황을 시찰하기 위하여 간도를 거쳐서 길림성 유하현 고산자에 있는 獨立軍 養成所인 新興武官學校를 가셨다. 각지에서 독립운동 영수를 만나 독립운동 기본 방침에 대하여 선생의 포부를 설교하신 것과 마찬가지로 신흥학교에서도 하룻밤을 쉬시며 그곳 선생들과 밤늦도록 토론이 있었다. 만해 선생의 주장은 大要는 다음과 같다. 日清戰爭, 日露戰爭에 이기고 名實공히 동양의 패자가 된 일본을 상

죽운동사학회, 2017.
55) 한용은 「죽었다가 다시 살아난 이야기」 『별건곤』 8호, 1927.
56) 김광식 「조선불교청년총동맹과 만당」 『한국 근대불교사 연구』 민족사, 1996, p. 268.
57) 夢庭生 「北國行」(2회), 『불교』 103-104호, 1933 ; 〈불교시보〉 63호(1940.10), p. 4, 「滿洲國 吉林醫院長 이용조 씨 환영회」 ; 이용조 「卍海先生의 回憶」 『불교』 4호(1970.9), pp. 26-29.

대로 滿洲에서 이같이 소수 청년들을 훈련하여 무력으로 왜적과 싸워 독립을 戰取하겠다는 것은 그 기개만은 壯快하나 此 所謂 螳螂拒轍格으로 實效는 기대하기가 어렵다. 죽으나 사나 우리는 大多數인 국내 동포의 群衆 속에 들어가서 그네들과 苦樂을 같이하면서 精神的으로 獨立思想을 고취하여 全民族的 反日戰爭을 전개하는 것이 보다 실효적이다. 이 같은 선생의 주장에 대하여 在滿 지도층의 주장은 혹독한 일제 압박하에 국내 운동을 불가능한 것이니 한 사람이라도 더 많이 국외로 나와서 실력을 양성하여 成不問 武力鬪爭으로 원수를 갚아야 된다는 것이다.

　지도층은 선생이 국내의 유명한 사상가인 것도 알았고 선생의 주장이 일리가 있다는 것도 알았지만, 이 같은 論戰을 밖에서 들은 血氣方壯한 학생들은 선생을 왜놈의 밀정으로 誤認하게 되었다. 그래서 학생 自治會에서 선생을 淸算하기로 결의하고 찚日 선생이 학교를 떠나 통화현성으로 가는 뒤를 쫓게 되었다. 집행대원은 만일을 염려하여 삼소대로 나눠서 가게 되었는데 학교서 통화 가는 데는 중간에 '굴나스'嶺이라고 상당히 높은 산재가 있다. 선생이 그 재를 넘어서 내려가는 도중에 김동석, 김영윤 두 사람이 선발대원으로 무심코 가는 선생의 뒤를 향하여 권총을 쏘았다. 선생은 명중되어 깊은 골짜기로 떨어져 굴러가는데 다시 쏘려고 굴러떨어지는 선생을 향하여 見樣을 하고 막 쏘려는데 때마침 이상하게도 산 위에서 벌목하는 도끼 소리가 쿵쿵 들려왔다. 학생들은 뒤에 문제가 될가 두려워하여 다시 쏘지 못하고 시체검증도 처치도 않고 의례히 죽었거니 하고 돌아서 왔던 것이다.[58]

위의 글에 만해의 피격 사건에 대한 전후 사정이 잘 묘사되고 있는데, 당시 신흥무관학교 학생들이 만해를 제거하기로 한 연유가 구체적으로 나온다. 즉 만해는 무관학교를 운영하는 지도자들에게 만주에서 준비하는 무력항쟁에 담긴 기개는 장하나, 동양의 패자가 된 강대국 일본을 상대로

---

58) 『불교』 신년호, 1947, pp. 25-26.

무력투쟁을 한 것은 부적절하다고 보았다. 그 대신 만해는 그런 무력투쟁보다는 "죽으나 사나 우리는 대다수인 국내 동포의 군중(群衆) 속에 들어가서 그네들과 고락(苦樂)을 같이하면서 정신적으로 독립사상을 고취하여 전민족적 반일(反日) 전쟁을 전개하는 것이 보다 실효적"이라는 입장을 갖고 있었다. 이러한 만해의 주장은 국내의 군중과 함께 고락을 같이하면서 독립사상을 고취해, 전민족적 반일전쟁을 전개하자는 것이었다.

만해의 이런 발언을 들은 무관학교 학생들은 만해가 그렇게 당당히 논리를 피력하는 것에서 밀정으로 단정하고 처단을 실행하였던 것이다. 그렇지만 만해는 구사일생으로 살아나면서 학생들의 그 행동을 애국으로 높이 평가하였거니와, 이런 만해의 어록이 국외에 알려졌다.

어쨌든, 만해는 국내의 군중과 함께 고락을 같이하면서 정신적인 독립운동의 노선을 꿋꿋이 전개하였다. 3·1운동 당시 만해가 민족대표로서 지도부에서 활약한 것도 이런 시각에서 바라볼 수 있다. 만해는 일제에 피체되어 고등법원의 신문(1919. 8. 27)에서 독립선언서를 인쇄하여 배포한 이유를 답할 때, "독립선언과 동시에 정신적으로는 독립국이 된 것"이라고 발언하였다.[59] 대중이 활동하고 있는 삶의 현장에서 대승불교 및 민족불교를 실천하는 것이 만해의 지론이었다.[60] 만공이 제공한 독립자금은 바로 이와 같은 만해의 노선에 대한 열렬한 지원과 후원이라 하겠다.

그러면 여기에서 임시정부의 김구와 만해 사이에 오간 밀사나 연락책에 대하여 생각해 볼 필요가 있다. 임정 주석인 김구가 고백하였으니 당연한 사실이라고 믿어야 할 것이다. 그래서 필자는 이런 사실을 입증한 문건 기록을 찾다가 임정 36호라는 김형극의 증언을 보도한 기사를 접하게 되었

---

59) 「三 · 一 獨立宣言 關聯者 訊問調書(高等法院)(國漢文) ; 韓龍雲 신문조서」『韓民族獨立運動史資料集』12권(三一運動 II), 국사편찬위원회.

60) 김광식 「한용운의 대중불교·생활선과 구세주의·입니입수」『한용운연구』동국대출판부, 2011.

다. 1970년대에 그의 증언을 보도한 내용 중에서 만해와의 연관 내용을 간추리겠다.

　　항일첩보 36호의 유일한 생존자인 金澄極 선생은 이 강연에서 항일첩보 36호의 비화와 관련, (중략) 일제의 발악이 극에 달한 1938년 8월 상해임시정부의 밀명을 받고 국내에 잠입한 김형극은 경남 사천군 곤명면에 있는 다솔사에서 만해의 회갑연을 맞아 白山(안희제, 필자 주)과 자리를 함께했었다. (중략) 그 후 김형극이 1944년 2월 서울 성북동 심우장에 와병 중인 만해를 찾아갔을 때 만해는 年下의 백산이 먼저 간 것을 비통해하면서 陽36 陰36에 근거한 일제 36년 敗亡의 적중을 다시 강조했다.[61]

　　많은 死線을 넘으면서 많은 독립운동가를 접해 본 김 투사는 33인 중의 한 사람인 萬海 韓龍雲을 단연 최고로 꼽는다.[62]

　　김씨는 항일 운동에 관련된 일들을 돌이켜 볼 때마다 萬海 韓龍雲 先生의 철저한 處身과 함께 豫言이 되새겨지곤 한다고 했다. 만해는 해방되기 전해인 44년 양 36년, 음 36년설을 내세워 이 기간 동안 우리 민족의 고통은 宿命이나 그 뒤에 큰 轉機가 온다고 하였다.[63]

임시정부의 비밀첩보원이었던 김형극의 증언을 보도한 내용에서 주목할 것은 임시정부의 밀명을 받고 그가 만해와 접촉하였다는 사실이다. 그

---

61) 〈동아일보〉1975.6.25, 「스케치: 음양역학으로 일제 패망을 예언한 한용운 선생, 김형극 씨가 항일 첩보 36호 비화 처음 공개」.
62) 〈동아일보〉1975.8.16, 「인터뷰: 임정 첩보 36호의 유일한 생존자 김형극 씨, 독립투사 후손의 가난은 가슴 아파」.
63) 〈동아일보〉1977.8.1, 「인터뷰: 상해임정 항일첩보원 김형극씨, 독립유공자를 재정리해야」.

는 만해를 심우장(서울)과 다솔사(경남 사천)에서 만나 일제의 패망에 대한 예언, 임시정부에 상당한 군자금을 제공한 백산 안희제 등을 소재로 대화하였다고 한 것이다. 김구가 말한 밀사가 김형극인지는 단언할 수는 없지만, 그가 김구와 만해 사이의 비밀 연락을 담당했음은 분명한 사실이다. 그러나 지금껏 학계에서는 김형극의 구술 증언을 신뢰하지 않았다. 그러나 다음의 증언을 보면 김형극의 회고를 무작정 배척만은 할 수 없다.

> 萬海 先生을 처음 뵌 것은 1939년 9월 1일, 경남 사천에 있는 多率寺에서였다. 그 당시 부산서 백산상회라는 상호로써 무역상을 경영하면서 독립운동을 하던 애국지사들에게 자금을 지원해 주고 있던 백산 안희제 선생의 소개로 필자는 처음 선생의 溫容에 접한 이래로 기회만 있으면 이를 놓치지 않고 그의 가르침을 받고자 그를 찾았다. (중략) 이른바 '임정 36호'조의 여러 동지들에게도 그들의 좌절과 절망을 비밀리에 달래주고 고무해 주고자 애쓰던 모습이 지금도 눈앞에 선한 것을 느낀다.
>
> 솔직히 말하면 만해 선생과의 연락은 필자가 맡았는데 선생이 나의 조부(金鐸)와 절친했던 경허 선사의 수제자였고, 홍범도 장군도 나의 조부와 동지 간이었다는 인연 때문이었을 것 같다. 왜정 말기 아마도 43년 9월로 기억되는데 필자가 성북동 尋牛莊으로 선생을 拜訪하여 홍 장군과 백산 두 거성의 부음을 전했더니 선생은 한참 동안 放聲痛哭 형을 하시다가 「今年永別奇男子 何處更逢大丈夫」라고 한 詩 一數를 지어준 것을 지금까지 간직하고 있다.[64]

위와 같이 김형극의 회고는 아주 구체적이어서 신빙성이 높다고 필자는 본다. 요컨대 필자는 상해 임정과 만해의 비밀 연락을 김형극이 담당하였을 것으로 생각한다.

---

64) 김형극 「만해 한용운 선생의 추억―3·1절이면 새로와지는 경세의 편모」〈동아일보〉 1976. 3. 1.

한편 만해는 1923년 2월에 이상재, 오세창 등과 함께 임정의 계승과 옹호를 지지한 문건을 만들어 임정과 연관이 많은 상해 교민단에 성명서(「敬告 海外各團體」)를 발송하였다.[65] 이는 만해도 임정을 의식하였음을 짐작게 한다.

필자는 김형극이 전한 내용 즉 만해가 해방 시기라든지 한국의 미래에 대한 걱정 등을 했다는 말을 신뢰한다. 왜냐하면 만해의 상좌인 춘성이 전한 것과 유사하기 때문이다. 춘성의 발언을 전한 설정(덕숭총림 방장)에 의하면[66] 만해는 항상 '광복은 필연적으로 온다. 광복 후를 대비해야 한다. 그렇지 않으면 민족의 수난·환란이 온다'고 발언하였다고 한다. 그런데 만공이 제공한 독립자금이 임시정부에까지 전달되었는가에 대해서는 단언할 수 없다.[67] 그런데 최근 만공의 문손인 옹산은 만공이 제공한 재원이 임정으로 보내졌다고 주장하였다.[68] 여러 정황상 만해와 김구 사이에는 독립운동의 루트가 있었다고 짐작된다.

한편, 김구는 김법린을 비롯한 불교 교단 간부들과 대담을 할 때, 만해

<hr>

65) 「不逞團關係雜件－朝鮮人의 部－上海假政府 4(上海情報)」(1923.2.15)『국외 항일운동 자료, 일본 외무성』국사편찬위원회 한국사데이터베이스.

66) 설정은 2015년 9월 20일 수덕사에서 열린 만공 세미나 행사장에서 법어를 하면서 춘성의 발언을 대중들에게 전달하였다.

67) 백산상회 계열의 안희제, 최준은 독립운동 자금을 임정 김구에게 전달했다. 이동언 『안희제』독립기념관, 2010, p.166. 해방 직후 최준을 김구에게 안내한 인물이 김형극이었다.

68) 옹산『만공』충남역사문화연구원, 2017, p.305. 여기에서 옹산(전 수덕사 주지, 경허·만공선양회 회장)은 만해가 만공에게 "이 돈은 상해로 보내져서 독립자금으로 쓰이도록 할 것입니다. 수고 많으셨습니다."라 하였다고 기술하였다. 이 증언은 수연 스님(수덕사 견성암)의 구술에는 없었는데, 추가된 것이다. 이 사정을 필자가 옹산 스님에게 질문하였다. 이에 대해 옹산 스님은 그 내용은 김일엽의 아들인 일당 스님에게 들은 것이라고 하였다. 1990년대에 옹산과 일당은 함께 일본에 갔는데, 그때 들은 것이라고 하였다. 일당의 그 발언은 원담(만공의 손상좌, 만공 상경 시 시봉)에게서 들은 것으로 옹산은 판단하였다(2019년 6월 8일, 충남 덕산 음식점).

묘소의 위치에 대하여 물은 바가 있었다. 그는 그 대담의 약 2개월 후인 1946년 3월 10일에 망우리에 있는 만해 묘소를 참배했다.[69] 그리고 김구는 해방된 다음 해인 조계사에서 열린(1946.6.7) 만해 기제사에 참석하여,[70] 만해의 민족정신을 추모하기도 했다.

불교와 인연이 많은 김구는 1946년 4월 23일, 그가 출가했던 마곡사를 찾아 기념 촬영을 하고,[71] 하룻밤을 지냈다. 그리고 4월 26일 윤봉길 의사의 생가(예산군, 덕산면)를 들렀다. 윤봉길 고택에서 하룻밤을 지낸 그는 윤봉길 유족들과 대화를 하고, 4월 27일 고택 인근에서 의거 14주년 기념식을 가졌다. 군중 2천여 명이 참가했는데 수덕사 승려도 동참하였다. 김구는 그날 오후 상경하였는데, 급한 정치적 사정으로 인근에 있는 수덕사의 만공은 친견하지 못하였다.[72] 그래서 백범은 그를 송구스럽게 여겼으며, 이런 사정을 수덕사 승려들이 만공에게 전달했다는 구전이 있다.[73] 그리고 만공은 1946년 10월 20일 입적하였다.

그 후 1948년 5월, 김구는 휴식을 위해 마곡사행을 기획하였으나 긴박

---

69) 〈자유신문〉 1946.3.18,「嚴恒燮, 李東寧先生을 追慕하며(下) ─ 六週忌를 맞고서」.

70) 〈동아일보〉 1946.6.9,「故韓龍雲氏 法要 太古寺에서 執行」.

71) 마곡사와 김구에 대한 내용은 아래의 기록에서 찾을 수 있다. 〈동아일보〉 1946.4.23「金九氏 공주시찰」. 또한 〈불교공보〉 2호(1949.7.30)에서는 김구의 서거 특집을 다양하게 다루었다. 「사설」哭 白凡先生」「嗚呼! 民族의 巨星 白凡金九先生 萬古恨 품은 채 兇彈에 急逝」「先生의 四九齋」「麻谷寺 圓宗大師로 佛緣 깊은 金九先生」 등이다. 김구는 『백범일지』에서 마곡사를 다시 찾은 감회를 "해방 후 마곡사를 찾았을 때, 마곡사 승려 대표가 공주까지 마중 나왔고, 정당·사회단체 대표로 마곡사까지 나를 따르는 이가 350여 명에 이르렀다. (중략) 마곡사 동구에는 남녀 승려가 도열하여 지성으로 나를 환영하니, 옛날에 이 절에 있던 한 중이 일국의 주석이 되어서 온다고 생각함이었다."라고 썼다.

72) 『백범의 길』 아르테, 2018, p.72-73.

73) 〈법보신문〉 23호(1988.11.1.) p.4,「근세 한국선사 재조명: 송만공 完」. 그때 만공은 백범이 나라의 주인 노릇을 할 수 없을 것이라는 탄식을 하였다고 한다.

한 사정으로 성사되지는 못하였다.[74] 1949년 6월 26일 김구가 서거하자 전국 주지회의에서는 김구의 사십구재 거행을 결의하여, 마곡사에서 49재를 올리고 그의 명복을 빌었다. 마곡사에는 백범당이 건립되었고, 김구가 심은 향나무를 그 옆에 이식하였다.

5. 결어

이 글에서 살핀 만공·만해·김구의 독립운동 루트에 대한 개요와 성격을 정리하는 것으로 맺는말에 대하고자 한다.

첫째, 만공은 만해에게 항일 독립자금을 전달하였다. 그 시점은 1930년대 중반부터 만해가 입적하였던 1944년까지 지속되었을 것이라고 판단된다. 1930년대 중반부터라고 추론한 것은, 자금 전달을 지켜본 당사자인 만공의 손상자 원담은 1926년생인데 그는 10세 때인 1933년에 수덕사로 출가하여 만공을 시봉하였기 때문이다.[75] 즉 원담은 1930년대 중반부터 자금 전달을 지켜보았을 것으로 생각된다.

둘째, 만공이 만해에게 자금을 전달한 것은 우연이 결코 아니었다. 만공과 만해 사이에 오랫동안 절친하게 지내며 이어온 인연, 신뢰와 함께 역사의식에 대한 공감에서 비롯된 것이다. 1918년에 지은 만해의 오도송에 대한 자문, 1919년 3·1운동의 민족대표 추천 관련, 1922년부터 1930년 무렵까지 선학원에서 함께 활동, 『경허집』 편집 부탁(1933), 총독부의 선기발로 사건(1937) 등을 거치며 상호 신뢰가 굳건히 형성되었기에 가능한 일이었다.

---

74) 『백범의 길』아르테, 2018, p.50.

75) 박원자 『나의 행자 시절』다할미디어, 2001, pp.208-212에서는 12세에 입산하였다고 나온다. 출가 시점은 중요한 문제이기에 신중을 기해야 한다.

셋째, 만해와 김구 간에도 신뢰성을 바탕으로 비밀 채널이 가동되었다. 그런 신뢰는 만해가 1912년 만주 신흥무관학교의 탐방 과정에서 나온 무관학교 학생들의 만해 저격 사건에서 비롯되었다. 당시 만해는 구사일생으로 목숨은 건졌고, 자신을 저격한 학생들의 행동을 애국적이라는 평가를 하였다. 이때 행한 어록은 국외에 널리 퍼져 나가 만해와 김구의 연결 촉매제가 되었을 것이며, 1930년대 중반 무렵부터 밀사(김형극)가 왕래하는 연락 채널이 구축되었을 것이다.

지금까지 만공(滿空) ─ 만해(萬海) ─ 김구(金九)로 이어지는 독립자금의 전달 루트를 살펴보았으며, 민족불교 정신과 민중을 기반으로 한 불교계 독립운동의 일단을 만해와 만공을 중심으로 탐구해보았다.

제2장_ 이고경

불교개혁, 독립운동에 헌신한 만당(卍黨) 당원

1. 서언

근대 불교사에는 승려로서의 정체성과 불교의 역사적 사명을 인식하면서, 불교계의 발전과 국가를 위해 헌신한 승려가 많았다. 그러나 파란만장한 근현대 불교라는 질곡 속에서 역사의 뒤안길에 묻힌 대상자가 적지 않다. 이 장에서 서술하려는 인물인 이고경(李古鏡, 1882~1943)도 바로 그런 승려였다

이고경은 일제하의 불교에서 조선불교청년회 간부를 역임하면서 사찰령 철폐 운동을 비롯한 불교개혁 운동을 추진하였다. 또 불교 자주화의 차원에서 승려대회(1929.1) 개최 및 종헌·종법 제정에 관여하였고, 해인사 강사와 주지를 역임하였다. 나중에 그는 해인사 강원에서 후학들에게 민족의식을 고취했다는 이유로 일제 경찰에 의해 합천경찰서로 끌려가 갖은 고문을 당한 끝에 그 후유증으로 1943년 입적하였다. 그의 활동과 업적은 일찍이 그의 상좌인 민동선, 해인사 주지를 역임한 독립운동가 최범술, 동

국대 총장 및 총무원장을 역임
한 지관에 의해서 역사의 기록
에 남겨졌다. 또한 그는 한용운
이 조직하여 불교대중화와 항
일불교 운동을 이끈 비밀결사
만당(卍黨)의 당원이었다.

이고경(李古鏡, 1882~1943)

이와 같은 그의 행적은 해인
사, 조계종단, 국가 등에 의해
서 주목을 받는 것이 당연하였
다. 또한 그의 공적에 걸맞은 평
가(독립유공)를 받아야 했지만,
후인들의 노력 미비와 종단의
무관심 등으로 방치되어 있었
다. 그러다 2006년 무렵부터 해인사와 후손은 적극적인 자료수집, 포상 신
청에 나섰다.[1] 그리하여 마침내 2011년에 국가유공자(애족장)로 선정되
었다.[2]

이런 배경에서 필자는 이고경의 삶을 문헌 기록, 증언 등에 의지하여 복
원하고자 한다. 객관적인 자료를 통한 복원으로, 이고경의 삶에 담긴 민족
의식과 그의 독립운동 성격을 파악하려는 것이다. 필자의 이 고찰이 이고

---

1) 〈불교신문〉 2006.3.22, 「해인사, 독립유공자 발굴 본격화 - 8대주지 고경스님 옥사 .. 보
   훈처에 포상 신청」; 〈불교신문〉 2011.3.2, 「3·1절 발굴, 일제강점기 옥사한 고경스님 자
   료」; 〈불교신문〉 2011.8.13, 「고경스님 '독립유공자' 선정, 본지 3·1절 특집 후 변화, 국
   가보훈처 "광복절 포상"」; 〈경인일보〉 2011.8.15, 「불교계 독립운동의 주역, 가까스로
   세상에 나오다: 해인사 사건으로 입적한 고경스님」.
2) 국가보훈처 유공자인데 관리번호는 32642, 운동 계열은 국내 항일, 공적 개요에는
   "1922년 서울에서 조선불교청년회 상무간사로 선임되었으며, 1942년 12월 24일 경남
   합천에서 치안유지법 위반으로 체포된 후 28일 만에 사망한 사실이 확인됨"이라고 나
   온다.

경의 삶을 온전히 복원하여 그의 생애와 사상을 새롭게 조명하는 토대를 구축함에 도움이 될 수 있기를 기대한다. 동시에 이 글이 해인사의 근대사, 불교 독립운동사 등에 활용될 수 있기를 바란다.

2. 이고경의 출가, 수행과 민족의식의 접목

이고경의 행적은 지금껏 그에 대한 기록이 많지 않은 탓에 객관적으로 정리된 논고가 없다. 따라서 필자는 그의 행적을 전하는 관련 문헌을[3] 종합하여 서술하고자 한다.

이고경은 1992년 11월 20일, 충남 부여군 상서면 가천리에서[4] 태어났다. 그의 부친은 이광회(李光會)이고 모친은 전주 이씨로, 그는 3남이었다. 9세 때부터 동리의 한문 사숙에서 한학(통감, 고문, 사서 등)을 배웠고, 11세 때 서천군 한산면으로 이주하였다. 10대 중반에 그의 부친과 모친이 별세함에 따라 그는 삶에 근원적인 의문을 품게 되었다.

그는 1904년(23세) 3월 13일 해인사로 입산하여, 최일하(崔日荷)를 은사로 삼고 출가하였다. 법명은 덕원(德元), 사미계사는 박보담(朴寶潭)이었다. 1909년 해인사에서 구족계와 보살계를 받았는데, 계사(戒師)는 김남전(金南泉)이었다. 그는 입산하던 그해 해인사 강원(홍제암)에서 사집과 과정(師 任晩聖)을 마쳤다. 1905년에는 사중(寺中)으로부터 서울에서 개교하는 명진학교의 유학생으로 추천받았으나, 고사하고 가지 않았다.

---

3) 그가 자필로 남긴 「李古鏡 行蹟」이 있다. 필자는 이의 사본을 후손(이고경 아들의 처제, 김은혜: 경남 양산시 거주)으로부터 입수하였다. 그리고 이고경의 「海印寺 僧籍牒」, 그리고 그가 해인사 주지로 취임한 1933년 7월에 총독부에 주지 취직인가 서류에 첨부된 「이력서」를 국가기록원에서 입수하였다. 이상과 같은 3건의 자료를 활용하여 서술하고자 한다.
4) 지금은 부여군 옥산면 안서리이다.

그는 사교과 과정(師 李東隱)을 1906년에 수료하였다. 1908년(27세)에는 대교과 과정을 마쳤고, 이경산(李敬山)으로부터 법맥을 상속받았다. 이렇듯 소정의 강원 과정을 마치고 법맥 상속도 하자,[5] 그는 서울에 있는 원종(圓宗, 원흥사) 종무원의 서기로 가게 되었다. 서기로 근무하면서 1909년 3월 23일에는 원흥사에 세워진 불교사범학교를 졸업하였다. 그는 1910년 해인사 보통학교(海明學校) 교사, 1912년 통도사 금강계단에서 소임을 보다가, 1916년 4월 해인사에서 대교사(大敎師) 법계를 받았다.

불교사범학교 졸업 이후 그가 맡은 10여 년간의 소임은 다음과 같다.

 - 1910년 해인사 海明學校[6] 강사
 - 1912년 통도사 금강계단 갈마 아사리[7]
   『조선불교월보』10호(1912.11)에 「住持諸氏에게 進呈」[8] 기고
 - 1913년 해명학교 학감
 - 1914년 남해 花芳寺 주지[9]
 - 1916년 석왕사 원산포교당 포교사[10]
 - 1918년 중앙학림 강사 겸 학감[11]

---

5) 그는 1908년에 해인사 강원의 강사를 지냈다고 『海印寺略誌』(해인사, 1933), p.38에 나온다. 그러나 강사 소임은 일시적인 것으로 생각된다. 1908~1918년까지의 강사로 渾虛, 古鏡, 雪醐, 初月, 混元, 日宇, 寶海 등이 나온다.

6) 靑柳綱太郞 『朝鮮宗敎史』1911, p.64. 여기에 해명학교의 개요, 성격 등이 나온다.

7) 그는 1912년 4월 초파일에 거행된 통도사 금강계단의 戒塔 준공식에서 취지 설명을 하였다. 『조선불교월보』4호(1912.6), p.71, 「戒塔洛城」.

8) 불교 내부의 人心化合이 제일 시급한데, 그는 주지 스님들에게 달려 있다고 강조하는 글이다. 대중화합을 한 연후에 청년 교육, 포교, 개혁 등을 실행할 수 있고, 그것이 조선 불교 사원 중흥의 지름길이라고 주장했다.

9) 『조선불교계』1호(1916.5), p.73, 「末寺住持 移動」.

10) 『조선불교총보』3호(1917.5), p.53, 「布敎擔任者 提出」.

11) 그의 자필 행적(1920년대 초반)에는 學監으로만 나오지만, 그가 해인사 주지 취임 당시 제출한 이력서에는 강사 겸 학감으로 나온다. 기존 학감 金寶輪이 辭免하고, 이고

- 1919년 마곡사 불교전문강원 강사
- 1921년 불교학원(경성, 사립) 학감 및 강사

이상과 같은 행적에서 주목할 것은 중앙학림 학감 및 불교학원 강사이다. 그가 중앙학림의 학감으로 간 것은 1918년 7월 1일이고, 사면((辭免)한 것은 1919년 3월 30일이었다.[12] 즉 그는 3·1운동 전후에 중앙학림에 근무하고 있었던 것이다. 그의 근무로 중앙학림이 발전하였다는 당시 평가를 보면[13] 그는 헌신적인 자세로 근무하였을 것이다.

그런데 그가 3·1운동에 참여하거나 관련이 있는지에 대해서는 구체적으로 전하는 기록이 없어 당시의 행적이나 입장 등을 알 수 없다. 그의 사면을 전하는 내용이 '사정(事情)'이라고 나오기 때문이다.[14] 그러나 현전하는 기록이 없다고 해도, 그는 3·1운동에 큰 자극을 받았을 것이다. 더욱이 그가 책임을 맡아 교육을 하였던 중앙학림 다수의 학인들이 만세운동에 동참하였던 것이 목격되었기 때문이다. 또한 그는 3·1운동 직전 한용운을 범어사 포교당 혹은 중앙학림에서 만났을 것으로 보인다. 한편 해인

경이 취임했다. 이고경이 중앙학림 학감으로 나오는 자료는 다음과 같다. 『조선불교총보』11호(1918.5), p.52, 「彙報: 中央學林 敎員 交遞」; 『조선불교총보』12호(1918.11), p.55, 「彙報: 學林 新任敎職員의 歡迎會」; 『조선불교총보』13호(1918.12), p.67, 「휘보: 中央學林의 紀念式」.

12) 『조선불교총보』15호(1919.5), p.100, 「彙報: 中央學林 敎職員의 移動」. 중앙학림은 1919년 5월 5일부로 개학하였다. 이고경은 '事情'으로 사면하고, 후임으로 金晶海가 부임하였다.

13) 『조선불교총보』12호(1918.11), p.55, 「彙報: 中央學林의 發展」. 여기에서는 일본에서 5년간 유학한 이지광, 이혼성이 학림에 부임하고 그리고 "다년간 지방에서 교육과 포교에 종사하던 이고경 씨가 중앙학림의 교직원으로 부임한 후로는 敎務가 일직 발전되었다"고 나온다.

14) '事情'은 3·1운동에 학림의 학승들이 적극 참여한 것을 막지 못한 것에 대한 책임인지, 참여를 묵인한 것에 대한 내용인지 단언할 수 없다. 양 측면이 혼재된 것이 아닌가 한다.

사와 후손이 만든 이고경의 독립유공자 신청서류에 "고경 스님은 해인사 스님들과 함께 3·1운동에 적극 가담했다"고 나온다. [15] 그러나 이에 대해서도 아직 그와 관련된 일차자료를 확보하지는 못하였다. [16]

이상과 같은 사실에서 필자는 이고경은 3·1운동을 지켜본 당사자이며 한용운과 인연을 맺었던 인물로서, 3·1운동 단계에서 민족의식이 확립되었을 것으로 추정한다. 그는 마곡사 강사를 하다가, 1921년 9월에 개교한 중앙의 불교학원(佛敎學院, 경성, 사립)에[17] 4월 1일부터 학감 및 강사로 오게 되었다. 당시는 3·1운동 후유증이 만만치 않아 구설이 많았기에 설립 초기 학교였던 불교학원의 책임자로 온다는 것은 책임의식이 동반되지 않으면 불가한 결단이었을 것이다. 비록 불교학원의 근무가 1922년 3월 말에 종료되었지만[18] 거기에서 민족의식에 대한 자각과 독립운동에 대한 의지가 싹텄을 것으로 생각된다.

그런데 이고경이 중앙 불교계로 복귀한 그 무렵에는 불교청년운동이 본격적으로 전개되던 시기였다. 불교청년운동의 중심 단체는 조선불교청년회였는데, 1920년 6월 20일 각황사에서 출범하였다. 3·1운동에 강렬한 자극을 받아, 불교의 진로와 정체성을 새롭게 모색한 결과였다. [19] 조선불교청년회는 중앙 본부와 지회를 두고 활동하였다. 회의 본부는 중앙학림, 범

---

15) 해인사 승려들은 고경이 1920년, 해인사 법당에 신발을 신고 들어와 행패를 부린 합천 경찰서 정보부장을 끌어내서 인근 연못(해인사 일주문 옆)에 던져 혼을 낸 일이 있다고 구술 증언을 하였다.

16) 『독립유공자 공훈록』 제2권(3·1독립운동 편)(국가보훈처 발간)에는 3·1운동 만세 관련자로 이고경이 나온다. 그러나 어떤 근거에서 그렇게 작성되었는지는 알 수 없다.

17) 『불교』 73호(1930.7), p.20, 「學校沿革表」. 이 표에서는 이 학원이 '佛敎專門' 수준이고, 총무원에서 경영하였으며, 교장은 李萬愚, 소재지는 諫洞敎堂이라고 나온다.

18) 당대 강백이었던 박한영은 1923년 초에 불교학원 강사로 근무하였다. 『동명』 2권 2호 (1923.1.7), 「佛種을 隆盛하라」.

19) 김광식 「조선불교청년회의 史的 고찰」 『한국 근대불교사연구』 민족사, 1996, pp.194-196.

어사 포교당, 간동 112번지, 인사동 138번지 등으로 이전하였다. 출범 초기에는 간사제(幹事制)를 채택하였다. 초창기 간사는 31명을 선출하였다고 하나, 그 내용을 전하는 기록이 없어 초창기의 구성원이 누구인지는 알 수 없다. 그러나 1922년 5월경의 내용을 전하는 보도기사가 있다. 여기에 이고경의 이름이 등장한다.

　5월 28일 하오 8시에 경성 시내 간동 112번지에서 朝鮮佛敎靑年會 定期 總會를 開催하였는데 當日 選定된 任員은 如左 庶務部 專務幹事 金智玄 理財部 專務幹事 金雲岳 常務幹事 李古鏡 黃耕雲 林錫珍 曺學乳 河敏昊 金光文 卞善乳[20]

즉 이고경은 상무간사(常務幹事)였다. 상무간사는 회의 실무 조직체의 일원이었기에, 조선불교청년회의 핵심 주체였음을 알 수 있다. 그런데 조선불교청년회는 1924년 1월경에 간사제에서 총재제로 전환되었는데, 총재로 추대된 인물은 만해 한용운이었다.

　시내 인사동에 있는 조선불교청년회에서는 재작 류일 오후에 사내 수송동 각황사에서 총회를 열고 규칙을 개정하고 임원들을 개선하였는데 幹事制를 總裁制로 개정하여 오랫동안 침묵을 지키고 있든 韓龍雲 씨가 그 총재가 되었는데 한용운 씨가 이번 총재가 되어 활동을 하게 된 것은 불교의 유신을 위하여 가장 감사할 일이더라.[21]

이렇게 한용운이 조선불교청년회의 총재가 된 시점은 1924년 1월 초

---

20) 〈동아일보〉 1922. 5. 31, 「불교청년회의 총회」.
21) 〈동아일보〉 1924. 1. 8, 「韓龍雲氏 出陣」.

였다. 그런데 이고경이 청년회 간사를 그만두고 해인사로 복귀한 시점은 1924년 3월이었다. 그렇다면 이고경은 1924년 전반기에는 한용운을 자주 접촉하였을 것이다. 물론 한용운이 총재로 추대되기 이전에도 접촉하였을 가능성은 농후하다.

필자가 이고경과 한용운과의 접촉 가능성을 살피려는 이유는 1930년대 이고경의 민족의식 성향을 만당(卍黨) 즉 한용운 계열로 볼 수 있는지 가늠해보기 위함이다. 이고경은 1920년대 전반기를 중앙 불교의 무대에서 4년간 활동하면서 불교청년운동의 이념, 지향 등을 체득하였음이 분명하다. 그렇다면 당시 불교청년운동의 지향점은 무엇이었는가? 그것은 식민지불교의 극복, 교단 건설, 사찰령 철폐, 불교혁신 등으로 볼 수 있을 것이다. 그런데 당시 이고경은 청년회 산하의 조선불교유신회가 추진한 사찰령 철폐 건백서를 제출한 주역 15명의 일원이었다.[22] 따라서 그 건백서에서 지향하는 불교 혁신, 일제의 불교정책 비판이 이고경의 신념이라고 보아도 무방할 것이다. 그 건백서는 다음과 같다.

朝鮮佛教는 自來로 叢林淸規에 의하여 自治를 保存하며 禪刹과 講院이 諸山에 羅列하고 內으로 敎理를 鍊達하며 外로 風化를 協贊하야 一大宗敎의 위치가 堅固하게 된 것은 千六百餘年의 歷史가 彰著하나이다. 其間에 宗派가 或殊하고 理論이 ○○하다 할지라도 宗門 內訌으로 小數에 不過하얏나이다. 前韓 近代에 至하야는 異敎黨의 排軋과 專制政의 壓迫하는 影響을 受하야 佛敎의 形式은 衰頹하다 稱道하지만은 佛敎徒의 信念이 愈篤愈强하고 寺院 內의 風紀는 平穩不波홈으로 月朗禪窓에 溫詁가 自若하고 花兩講樓에 文敎가 炳然하얏슴은 一世人이 共知共見하는 바이외다. 무엇을 原大홈인지 歷史上 統一的으로

---

22) 『불청운동』 9·10호, p.4. 『한국근세불교백년사』 3권, 「단체편년」, p.9. 그 대표는 박한영, 유석규, 김규현, 임석진, 조학유, 정황진, 김태환, 강도봉, 조영해, 김해은, 기석호, 金太泰, 김운악, 김석두 등이다.

管轄하여 傳來하든 朝鮮佛教를 距今 十四年 前에 三十本寺로써 朝鮮佛教의 句管所를 制定 施行혼 後 今日까지로ᄂ 公然히 本寺 住持된 者의게 權威 及 勢力만 培養홀 뿐이오. 內容의 敎體ᄂ 破裂無餘하고 外飾의 敎堂은 塗名虛設되얏고 그를 따라 조선불교ᄂ 愁雲慘霧中에 沈在한 것이 반듯이 尋常事로 放置키 不能한 것이니다. 하물며 東西文化가 日夜로 交集하여 모던 宗敎와 學識이 鬱鬱勝進하는 現 時代에 在하야서 唯獨 조선불교만 점점 鬼窟裡에 深入不出하게 됨은 當의 三十本山 制度 制定의 本意가 엇지 此에 至하리오 만은 至今에 弊害가 百出하고 본즉 制度 不善이라고 不請키 不得하나이다.

天地의 範圍 內에 一桓月昇의 軌道는 四時運行에 隨하야 不遷不易의 常軌가 有하다 하지만은 다맛 人事人爲로 된 制度가 弊害가 生하는 同時에 改良 變革하는 것은 古今의 通例어늘 三十本寺의 制度가 不完全홈을 因하야 朝鮮佛敎 全體ᄂ 危急存亡의 際에 陷在홈을 見하고도 三十本寺의 制度는 神聖不敢犯으로 推測하고 七千餘名의 僧侶ᄂ 哀號莫訴하게 됨은 엇지 正義公道라 稱謂하릿가. 是가 朝鮮佛敎 維新의 最先의 要求이외다. 그럼으로 朝鮮佛敎의 現狀을 別紙에 添附하야 玆에 建白하오니 洞照明査 하오서 現行하는 三十本寺 制度를 特히 變革하고 다시 一般 敎會 通規에 任付하야 全鮮 寺刹을 直轄하는 一切의 實權을 握하야 自立自治홀 朝鮮佛敎의 統一機關을 組織하심을 千萬敬要.[23]

이와 같이 건백서는 일제 사찰령 체제에서 나온 30본산 제도를 신랄히 비판하였다. 그 제도로 인해 주지층의 권력 집중, 불교도의 분열, 폐해 등이 생기기에 당연히 그 제도를 변혁하고 통규(通規), 청규(淸規)에 의하여 자립 자치하는 통일기관을 조직할 것을 강조하였다. 그러면 여기에서 이고경을 비롯한 조선불교청년회, 조선불교유신회에서 당시 불교의 모순, 질곡 등을 어떻게 인식하였는가를 살핀다. 위의 건백서에 첨부된 「조선불

---

23) 〈매일신보〉 1922. 4. 29, 「佛敎革新 建白」. 이 건백서는 『불청운동』9·10호, p.4에서도 찾아볼 수 있다.

교의 현상」이라는 문건을 제시한다. 1920년대 초반 당시 불교계 모순을 이와 같이 단적으로 요약한 글이 찾기 어려운 현실을 고려하면 이 글의 가치는 매우 귀하다.

朝鮮佛敎의 現狀

一, 歷史上으로 自證하는 統一的의 朝鮮佛敎는 三十本山으로 組織된 以來 隨히 今日에 至하야는 可隨 三十派의 現狀에 在하야 左와 如한 弊害를 生홈에 不得已하얏다.

(一) 三十本은 各各 堂堂한 同一의 權利임으로 各字 爲大將으로 用乙이 互相 壓倒코자 하야 勢力 鬪爭 地位堅固를 任으로 하야 遂히 嫉妬猜忌호 互相 軋轢하야 小分도 團口親結을 缺如혼 것.

(二) 本山 住持中 財産處分 公務執行에 對하야 巧히 官口을 暗欺하야 不法의 行動을 敢爲하야도 각 本山 互相의 關係가 無홀 뿐 不口라. 위원장까지라도 此에 對혼 절대의 權이 無홀뿐더러 此에 服從할 絶對의 義務가 無하야 今日의 朝鮮佛敎는 亂麻와 如한 境遇에 處在하얏다.

二, 朝鮮佛敎는 同一한 太古和尙의 一派로써 故이 此를 三十區에 分하얏스며 또흔 此에 附加하기로 三十區의 本末制度를 組織홈에 대하야 左와 如한 理由로써 本末間 軋轢을 生홈에 不得已하얏다.

(一) 조선사찰의 본말 관계는 內地와 異本하야 本山의 開祖와 말사의 開祖와는 全혀 異脈일 뿐 아니라 또한 同年代의 創建에 屬한 者도 잇서 또한 前者에는 甲의 支配를 受홀 만큼 된 乙寺 又는 事蹟에 對하야 誇張홀만흔 寺刹을 當時 寺法 編制者의 任意로 此를 能所의 關係에 結合케 혼 者

(二) 如斯한 제도에 本山 住持는 絶對 橫暴한 權勢를 振하야 각 말사의 惡感을 買홀뿐더러 此 制度로 因하야 生혼 結果는 年前 華嚴 仙岩 兩寺의 事件이 其의 一例가 될지라.

三, 각 本山 住持는 當局과 密接흔 關係가 有홈으로　自己의 地位를 利用하

고 勢力을 賴하야 上으로 狡猾혼 手段으로 當局의 權威를 假하고 下으로 辛辣한 方法을 弄絡하야 一般 僧侶에 向하는 等 奇怪의 行動을 盡하야 佛敎發展의 道는 不顧하고 勢力의 爭으로 事를 삼고 私腹의 充用을 業을 삼아 遂히 今日의 壓態를 致한 것이다.[24]

위와 같이 개진한 1920년대 초반의 한국불교 현실은 사찰령 체제에서 구현된 본말사 제도에서 나온 것이다. 그를 대별하여 이해하면 다음과 같다. 첫째는 본말사 제도에 의해서 각 본산이 대등한 지위라는 인식하에서 본산 간의 갈등, 대립이 심각하였다는 것이다. 나아가서는 본사 주지의 부정, 부조리가 관(官)을 빙자하여 자행되어도 그를 통제할 시스템이 부재하다고 분석하였다. 둘째는 조선불교는 태고국사의 계승의식으로 한 개의 종파이지만 내면적으로 각 본산의 개조는 다름에도 불구하고, 현실적으로는 본말사 제도로 인해 본말사 간의 알력이 심하다는 것이다. 구체적으로 역사적인 이질성이 있음에도 동일한 본말사로 관리·운영이 된 결과, 본사가 말사를 행정적으로 지배하는 성향이 노골화되었다. 셋째는 본사 주지가 본말사 제도에서 얻어진 권력을 이용하여 사적인 이익을 추구하고, 일반 승려들을 농락하여 불교 발전을 기대할 수 없다는 것이다.

이런 분석을 통하여 1920년대 전반기 이고경은 위에서 지적된 문제점과 모순을 극복하기 위한 불교혁신 운동을 시도했다고 본다. 불교유신회는 1923년 5월 사찰령 철폐 운동을 재차 추진하였지만, 일제 당국과 친일적인 주지층의 비협조로 성사시키지는 못하였다. 이처럼 그가 추진한 사찰령 철폐 운동이 실패하였지만, 식민지 불교 체제의 극복, 한국불교 전통 회복을 통한 민족불교 지향 등은 이고경의 현실 인식으로 자리 잡았다고 할 수 있겠다.

---

24) 위와 같음.

3. 해인사 중견 승려로 활동: 전통 회복, 불교 자주화

이고경은 1924년 초반 해인사로 복귀하였다. 이고경이 그 무렵 출신 사찰인 해인사로 복귀한 것은 불교청년운동이 1923년 후반부터 점차 퇴조의 길로 접어든 현실과 무관치 않았을 것이다. 이고경이 해인사로 복귀하여 맡은 첫 번째 소임은 1925년 3월 19일에 발령된 해인사 불교전수강원(佛敎專修講院) 강사였다. 1910년대에 신식교육의 조류에 의해 폐지, 변질되어 지방학림(극락전)으로 전환되었던 강원이 1920년대 중반, 복구되는 흐름이[25] 있었다. 이에 발맞추어 해인사도 지방학림이 1923년에 폐지되고 1925년에 해인사 강원(궁현당)이 복구되었는데, 강원 강사로[26] 이고경이 활동하였음은 그의 강학 실력을 가늠할 수 있는 사례라 하겠다.

이고경은 1925년 1월, 해인사 정리위원으로 선임되었다. 그는 이 소임을 그해 12월까지 담당하고, 1927년 1월 7일에는 해인사 법무(法務) 소임에 추천되었다. 그 직후 그는 해인사 강원 학인들의 친목단체인 불지회(佛地會)의 고문에도 추대되었다.[27] 그는 이 무렵 『불교』지면에 「부사의(不思議)」라는 칼럼에 불교의 전설, 구전 등을 소개하였다.[28]

한편 그는 기존의 교학 소임에서 점차 행정적, 정치적인 소임을 맡기 시작했다. 1927년 9월 21일에 개최된 해인사 제6세 주지 선거에 그도 후보로 추천되었지만 백경하가 당선되었다.[29] 그리고 1927년 11월 18일 해

---

25) 박승주, 「專門講院 復舊에 就하야」 『불교』 32호(1927. 2), p. 31.
26) 강사로 함께 활동한 인물은 변설호, 東山이다.
27) 『불교』 32호(1927. 2), p. 49, 「불교휘보: 海印寺 講院에 成道記念式과 佛地會 定期總會」. 함께 고문에 추대된 인물은 당시 강원의 講主이었던 卞雪醐였다.
28) 『불교』 26호(1926. 8), 28호(1926. 10), 38호(1927. 8), 40호(1927. 10)에 각각 기고했다.
29) 『불교』 41호(1927. 11), p. 49. 白景霞는 30점, 이고경은 15점을 얻었다. 흥미로운 것은 백용성도 2점을 얻었다는 것이다. 백경하는 백용성의 비문에 의하면 백용성의 율을 전수한 인물로 나온다. 백경하에 대한 종합적인 이해가 필요하다.

인사 본말사 임시총회에서는 해인사 본말사 평의원,[30] 해인사 본말 사지(寺誌) 편찬위원,[31] 해인사 사법(寺法) 시행세칙위원[32] 등에 선출되었다.[33]

또한 1928년 1월 1일에는 해인사 감무(監務), 1928년 8월에는 해인사 불교학회의 이사,[34] 1931년경에는 해인사 장경각 관리 책임,[35] 1932년 2월부터는 해인사 전수강원의 불교 강사 소임을 다시 보면서 후학 교육에 나섰다. 그리고 1932년에 중앙불전 폐지 주장이 나오자, 그는 선배 입장에서 절대 불가라는 소신을 피력하였다.[36]

이처럼 이고경은 1920년대 중반부터 1930년대 초반까지는 해인사의 중견 승려로 해인사에서 다양한 소임을 맡았다. 이 기간에 그는 신문명, 신학문의 등장으로 인해 위축되었던 불교의 전통을 회복하면서 해인사의 정체성을 모색하는 활동을 했다고 볼 수 있다.

이와 같은 다양한 활동으로 인해 그는 자연스럽게 해인사를 대표하는 중견 승려로 성장했다. 그가 해인사를 대표하여 중앙 불교계에서 많은 활동을 했는데, 가장 주목할 것은 1929년 1월 3~5일, 각황사에서 열린 승려

---

30) 이고경 9점, 許尙玄 3점, 白采成 3점이었다.

31) 金映遂(포광)와 함께 선출되었다. 이고경이 1933년 10월에 『해인사약지』를 펴냈는데, 필자는 이 책을 사본으로 열람하였다. 〈불교신문〉 2009.12.9,「근현대 선지식 77: 덕원 고경」참조. "▪ 1900년: 해인사 홍제암에서 강원 개설. 강사는 혜옹, 금파, 만성, 동은, 월제, 만응 ▪ 1907년: 해인사 四雲堂에서 강사는 만암. ▪ 1908년: 해인사 窮玄堂에서 강사는 서응, 고경, 설호, 초월, 혼원, 일우, 보해. ▪ 1918년: 해인사 강원이 지방학림으로. ▪ 1923년: 해인사 지방 학림 폐지. ▪ 1925년: 해인사 강원 개설, 강사는 東山, 古鏡."

32) 金大雲, 김영수와 함께 선출되었다.

33) 『불교』 43호(1928.1), p.71,「불교휘보: 海印寺臨時總會」.

34) 『불교』 52호(1928.10), p.98. 회장은 해인사 주지인 백경하, 이사는 임환경, 백채성이었다.

35) 『불청운동』 9·10합호(1932.2). p.46에 그는 "海印藏閣侍案"이라고 나온다.

36) 『일광』 4호(1933.12), p.60. 그는 폐지 주장을 妄說이라고 하면서, 보성고보까지도 중앙불전 재단으로 양도되어야 한다고 주장했다.

대회였다.[37] 이 대회는 불교 자주화, 불교 통일운동 차원에서 매우 중요한 모임이었다. 즉 일제 사찰령 체제의 극복을 지향하면서 자주적인 종헌과 종법을 제정한 역사적인 대회였다. 불교 청년들이 주체가 되고, 민족의식이 개재된 중견 승려들이 동참하여 성사시킨 기념비적인 대회였는데, 이 대회에서 이고경도 참가하여 일정한 역할을 하였다.

각황사 승려대회는 1928년 11월, 서울에서 열린 대회준비위원들 모임에서 사전 기획이 이루어졌는데, 준비위원은 '재경유지 승려(在京有志 僧侶)'(17명)로 지칭되었다. 그들은 권상로, 김포광, 도진호, 백성욱, 오리산, 김상호, 김정해, 조학유, 김경홍, 김태흡, 김법린 등이었다. 이들에 의해 1928년 11월 30일 발기대회가 각황사에서 개최되었고, 44명이 참가한 발기대회에 이고경도 참가하였다.[38] 이고경은 그 발기대회에서 대회 준비위원을 선출하는 11명의 전형위원으로[39] 선출되고, 30인의 대회 준비위원에 선정되었으며,[40] 지방선전부에 소속되어 활동했다.[41] 대회 당일, 이고경은 해인사 대표로 올라온 백경하(白景霞), 허상현(許尙玄), 임치수(林致洙)와 함께 참가하였다. 이고경은 대회에서 각종 의안 제정위원, 교정(教正) 선거 전형위원으로 활약하였다.

그런데 근대 불교사에서 역사적인 의의가 있는 승려대회에서 제정한 종헌 체제는 뜻은 깊었지만, 실제 교계에서 실행되기까지는 그리 간단한 일이 아니었다. 그래서 종헌제정을 추진한 주체, 불교청년운동 단체는 그 실

---

37) 이 대회의 전모, 과정, 성격은 김광식 「조선불교선교양종 승려대회의 개최와 성격」『한국 근대불교사연구』 민족사, 1996 참조.
38) 『불교』 54호(1928. 12), pp. 109-116, 「발기회 회록」.
39) 그들은 백성욱, 기석호, 박운제, 강성인, 이응섭, 김태흡, 조학유, 오시권, 김정해, 이경명 등이었다.
40) 위의 「발기회 회록」.
41) 『불교』 56호(1929. 2), 「조선불교 선교양종 승려대회 會錄」 ; 위의 졸고, p. 322.

행을 위해 부단히 노력하였다.[42] 추진 주체는 종헌 실행의 부진, 대책 등을 묻는 '지상종회(誌上宗會)'를 『불교』 지면에서 추진하여, 다양한 의견을 수렴하였다. 이에 대하여 이고경은 해인사 종회의원의 자격으로[43] 자신의 의견을 다음과 같이 개진하였다.

一, 宗憲의 잘 實施되지 못하는 原因

此에 對한 原因은 多端이 잇것지만은 나는 이러케 생각합니다. 宗憲이 잘 實施되지 안는다는 것보다 잘 實施를 아니하여 왓다합니다. 그것은 中央이나 地方의 敎政 當局者의 不努力 無誠心한 所致이것지오. 地方 形便을 보면 宗憲의 趣旨는 姑舍하고 宗憲 發布된 것까지도 記憶지 못하는 者가 十常八九이외다. 이것이 實施에 努力을 徹底히 못한 證據일가 합니다.

二, 宗憲 實施의 方法

이것은 別 道理가 없오. 三年之病에 七年之口를 求함과 갓치 인제라도 印刷物노든지 言說노든지 宗憲데로 定하야 中央 地方이 徹底하게 宣傳하고 實施 잘 하는 寺院에는 模範 寺院으로 定함도 便當할가 하오.

三·四(종헌 및 제 규약 개정 여부와 종헌에 의한 기관 조직의 가부—필자 주)

그리고 宗憲 及 제 規約의 改正 及 機關組織體 可否를 論함에 至하야는 아즉 從前데로 하는 것이 可할가 하오.[44]

이와 같이 그는 종헌 실행의 부진을 중앙과 지방의 교정 당국자의 무성의에서 찾았다. 이런 판단하에 그 대안으로 종헌의 선전, 종헌의 실시를

---

42) 김광식 「1930년대 불교계의 宗憲 실행 문제」 『한국 근대불교사연구』 민족사, 1996 참조.
43) 그는 1929년 3월부터 해인사 종회의원이었다. 그가 1929년 3월, 제1회 종회에 참석하였다는 일제 비밀 문건이 있다. 국사편찬위원회 한국사데이터베이스의 「思想問題에 關한 調查書類 7: 조선불교 禪敎兩宗 제1회 宗會의 건」.
44) 『불교』 105호(1933. 2), p. 46, 「誌上宗會: 議案」.

잘하는 모범 사원(寺院)의 선정을 제시했다. 그리고 그는 종헌 및 규약의 개정 등은 필요가 없고, 당초 종헌에서 정한 기관을 잘 운영하면 될 것이라는 의견을 피력하였다.

이와 같이 이고경은 승려대회에 적극 참여하였고 종헌 실행을 강조하였다. 이는 그가 1920년대 전반기 서울에서 불교청년운동의 핵심 주체로 활동한 이력이 도움이 된 것이라 하겠다. 또한 그가 해인사로 복귀하여 불교 현실을 파악하고 제도의 모순을 해소하려는 강력한 의지가 뒷받침되었을 것이라는 점도 간과할 수 없다. 결국 이고경의 불교 발전에 대한 인식은 식민지불교의 극복, 민족불교 지향 등에 초점이 모였음을 파악할 수 있다.

4. 민족의식 고취로 일제에 피체, 입적

이고경은 1942년 12월, 해인사 강원에서 민족의식을 고취했다는 빌미로 합천경찰서에 구속되었다. 28일간 갖은 고문을 받던 그는 1943년 1월 합천경찰서 인근 창성여관에서 입적하였다. 그는 왜 일제 경찰에 구속되어 잔인한 고문을 받아야만 했는가. 해인사 승려로서 그의 행적을 더 상세하게 들여다보자. 이고경은 1933년 7월 7일, 해인사 주지에 당선되었다.

경남 합천군 가야산 해인사(陜川郡伽倻山海印寺)에서는 주지 허상현(許尙玄)씨의 임기 만료로 지난 七일 오전 十시경 해인사 대적광전(大寂光殿) 내에서 본말사 주지 유권자 八十四명이 출석하야 신주지를 선거한 결과 절대 다수로 이고경(李古鏡, 52)씨가 六五표에 당선되었다 한다.[45]

---

45) 〈동아일보〉 1933. 7. 14, 「해인사의 주지 이고경씨 당선」. 〈매일신보〉 1933. 7. 21, 「합천 해인사 주지 만기 개선, 이고경씨 피선」도 같은 내용을 전하고 있다.

그는 해인사 주지 선거 결과, 다수의 찬성으로 당선되었다. 이고경의 주지 활동에 대해서는 전하는 기록이 소략하여 그 내용을 파악하기는 어렵지만, 1933년 10월 19일에 발간된『해인사약지(海印寺畧誌)』에는 그가 저술자로 나온다. 이 책의 발행소는 해인사로, 인쇄는 한성도서주식회사이다. 이 사지는 그가 개인적인 작업으로 출간한 것인지, 아니면 해인사의 공식적인 인쇄물인지는 명확하지 않다. 그 책 목록의[46] 도입부에 이고경의 머리말이 없고, 발간 몇 년 전에 해인사 사지 편집위원회가 구성된 것을 보면 사찰 차원에서 발행이 추진된 것으로 보인다. 이고경이 편집 및 발간의 책임자였기에 저술자로 기록된 것이 아닌가 한다.

이고경은 특별한 문제가 없이 해인사 8대 주지를 무사히 마쳤을 것이다. 그래서 해인사는 1936년에 9대 주지 선거를 실시했지만, 내분이 일자 일제는 이를 인정하지 않았다. 재차 선거를 하였으나 일제 당국은 역시 인가를 해주지 않았다. 그러자 이고경이 주지를 다시 맡지 않고 장제월이 주지 직무대행으로 근무하였다.[47] 그 내분의 내용에 대해서는 자세히 전하는 기록이 없다. 그래서 전말을 알 수 없지만, 해인사는 1938년 3월에 가서야 주지 선거를 실시하여, 해인사 강원의 강주 출신인 변설호가 다수표를 얻어 주지에 선출되었고,[48] 1938년 4월 25일 자로 총독부의 인가를 받았다.

---

46) 그 책의 목록에는 位置, 所依 山名, 寺額, 沿革, 堂宇, 寺格 宗派 및 寺統, 本尊佛, 大藏經版 및 印經, 大塔, 高僧, 貴重品, 山內 屬庵 附 直末寺, 名所, 禪院 講院 및 念佛堂 등 14개 주제가 서술된 소책자(40면?)이다.

47) 『불교』6집(1937.8), p.41, 「교계 소식」에는 해인사 주지가 이고경으로 나온다. 그런데 『불교』신8집(1937.12) p.35, 「경남삼본산 종무협회 제4회 정기총회기」에는 해인사 주지는 張霽月, 감무로 이고경이 나온다. 그리고 『불교』신9집(1938.1)의 근하신년에도 해인사 주지(사무취급)는 장제월로 나온다. 이를 보면 1937년 9~10월경에 임시 주지로 장제월이 취임, 근무를 한 것으로 보인다.

48) 〈매일신보〉 1938.3.10, 「해인사 주지로 변설호씨 當選」. 변설호가 54표, 백경하가 24표이었다.

이 무렵 이고경은 해동역경원(海東譯經院)의 도감(都監)을 맡고 있었으며,[49] 『불교와 예수교』(卍商會, 1938)라는 특별한 책을 발간하고,[50] 해인사 강원의 강주로 후학을 가르치고 있었다. 당시 이고경의 교육은 후학들에게 민족의식과 애국사상을 고취하는 것이었다. 이에 대해서는 지관이 찬술한 글이 도움이 된다.

당시 講伯 李古鏡 스님은 일제의 皇國臣民化 敎育이 도저히 있을 수 없는 民族抹殺政策이라는 것을 너무도 잘 알고 있었으므로 院生들에게 民族魂을 일깨워주기 위해 佛敎專門 講院의 이름을 당시 中·高等學校 수준으로 끌어올리고 內·外傳를 겸비 교육하기 위해 이름을 法寶學院으로 고쳐 佛典을 중심으로 하되 역사·수학·지리·영어 등 一般科目도 講義하고 있었다.

古鏡 講伯의 民族史에 입각한 愛國思想이 일제의 皇民敎育에 어긋남은 不問可知의 일로서 이를 알게 된 일제 走狗들은 高等刑事 10명을 대동하고 海印寺에 찾아와 古鏡 講伯과 法寶學院 院生들을 모아 놓고 講義室에서 좌담회를 열었다. 그러나 좌담회는 형식적이었고, 刑事들은 院生들의 책상과 책가방을 뒤져 필기장을 들추어 보니 거기에는 반만년의 유구한 民族史와 賢人·名士를 비롯한 殉國先烈들의 사적이 적혀 있었고 日帝가 가장 싫어하는 西山大師·四溟堂·安重根·尹奉吉 등 偉人의 업적이 기록되어 있었다.

또한, 院生들에게 개별적으로 對話를 유도하여 確認하니 모두 日帝를 증오

49) 『불교』 신9집(1937.11), p.58, 「해동역경원 임시도감회」. 원장은 김구하이었고, 도감에는 김경산, 임환경, 김경봉이었고 주임 역경사는 허영호이었다. 이 도감회에서 불교사 보조의 건을 결정하였다.

50) 지금까지 이 책에 대한 설명, 분석, 논고 등이 전혀 없었다. 관련 연구자들의 관심을 촉구한다. 불교와 여타 종교를 비교 정리한 책은 백용성이 1911년에 발간한 『歸源正宗』(중앙포교당)이 있다. 『불교시보』 38호(1938.9) p.5의 '신간 소개'에 이고경 선생이 지은 책으로 소개되어 있다. 불교와 야소교와의 상이점, 深淺을 비교하여 간명하게 기술한 책이라고 설명하였다.

하며 民族史에 대해 信賴하고 偉人들을 숭배한다는 의미로 대답을 하자 走狗들은 대경실색하여 法寶學院을 즉각 폐쇄하도록 슈을 내리고 古鏡 講伯과 幻鏡 學院長의 居室을 수색하였다.

거실 수색 결과 古鏡 講伯은 壬辰錄이, 幻鏡 學院長은 불온서적이 다량으로 나왔다는 핑계로 그 즉시 합천경찰서로 연행 구속하고 온갖 고문과 惡刑을 계속하니 10여 일 만에 古鏡 講伯은 重病을 얻어 生命이 위독하게 되었다.[51]

이와 같은 지관의 서술에서 주목할 것은 다음과 같다. 첫째, 이고경은 해인사 강원에서 진일보한 교육을 시키고 있었는데, 내외전을 겸비한 인문교육이었다. 둘째, 인문교육은 민족사, 애국혼을 고취하는 것이었는데 호국불교의 고승과 독립운동가들의 행적과 사상이 중심이었다. 셋째, 법보학원의 원장인 임환경의 민족의식도 주목할 내용이다. 넷째, 일제는 법보학원을 폐쇄하고 이고경과 임환경에 대해 조사한 후, 이들을 합천경찰서로 연행, 구속하였다.

여기에서 이고경의 제자로 합천경찰서에 끌려간 민동선의 회고 기록을 참고하자. 이 기록은 그 당시 실제 상황을 정리한 것으로 신뢰성이 높은 회고이다.

一九四二年 十二月 어느 날이었다. 때마침 冬季放學이라 學院生들도 대개 歸鄕하고 深冬이라 外來客도 없는 조용한 山中이었다. 별안간 陝川 警察署 刑事隊 五, 六名이 들이 닥치더니 우리 一同 五, 六名을 트럭에 쳐실고 警察署를 向하여 疾走하는 것이다. 트럭에 실려가는 몸이 백여리를 다가도록 千思萬慮하여 보아도 이렇다 할만한 推測도 안 나섰다. 電燈이 켜지고 밤이 되었다. 署長室이 온통으로 問招大部가 되고 竹浦署長이 直接 陳頭에서 법문을 시작하

---

51) 이지관 『가야산 해인사지』 가산문고, 1992, pp. 1159-1160.

는 것이었다. 네가 閔東宣이냐? 學生들에게 무슨 思想을 注入시키느냐? 朝鮮
말로 作文을 지으라고 朴某先生이 朝鮮 말 作文 시키지 말라 하니 그대는 日本
놈의 똥이라도 막겠느냐? 그런 말 한 일이 있지 또 학생들에 조선 역사를 가르
치고 壬辰亂 때 四溟堂이 일본놈 대가리를 삼대 베어 넘기듯 베어 넘기었다고
말한 일이 있는가?

李古鏡 그대가 李古鏡인가? 傍人莫道松低塔하라, 松長他(鄭仁弘 少年 作)
이 詩는 무슨 생각으로 學生들에게 일러주었는가? 松은 朝鮮이요 塔은 日本이
라 말하였다면서.

林幻鏡 그대가 林幻鏡인가? 四溟大師가 加藤淸正에게 以汝頭爲寶라 너의
대가리로써 우리나라 보배를 삼는다라고 한 말을 外來觀光客들에게 말하여 주
었다면서.

이 밖에 사람들에 대한 問招 內容도 大同小異하였다. (중략) 一問十打 한 번
물으면 열 번은 차고 밟고 갈기고 올라서고 비틀고 불로 지지고 물 퍼붓고 等
等의 노름이었다. 完全히 鬼畜의 世界요 人間 喪失의 世界이었다.

人間 人權이란 개, 도야지 및 그것들이 밟고 똥과 오줌을 마구 놓아 문지르
는 길가의 잡초만도 못하였다. 이리하여 세 監房에 分置된 一行은 鬼哭聲 같은
呻吟 소리로 밤을 새웠다. 그 이튿날 또다시 불려 나가는 것이다. 물론 말의 줄
거리는 내내 그런 종류였다. 이리하여 날짜가 경과함을 따라 外處에 나가 있는
幻鏡 스님의 권속 및 海印寺와 因緣 關係가 있는 사람들을 묶어 들이기 시작하
는데 며칠 후에 晉州에 吳濟峰氏가 잡혀오고 泗川에 金凡夫씨 李元求氏 山淸
에 朴仁峰氏 三千浦에 金重◯氏 巨昌에 金貞泰氏 臨時留置場을 二房이나 增設
한 정도로 그득히 잡혀 왔다.

이것만으로 끝나는 것은 절대 아니다. 맨 끝으로 再次 海印寺에 가서 弘濟庵
表忠祠에 奉安한 弘濟尊者 四溟大師 眞影을 잡아 오는 것이 아니던가! 四溟 스
님은 竹浦한테 잡혀서 警察署 倉庫에 幽閉當하시다. 順應 利貞 二大德이 開山
一千二百年 以來로 海印寺에 住錫하시던 祖師 스님이나 功臣의 影幀이나마 刑

政에 處하였던 일이 단 한 번이라도 있었던가? 嗚呼라는 末世法侶之奸惡이 이에 이르도다. [52]

민동선의 증언에는 당시 일제가 이고경 일행을 구속, 취조, 고문하였던 상황이 적나라하게 나온다. 이 증언을 정리하면 첫째, 이고경과 임환경은 사명대사가 일본에서 구현한 애국적 일화를 학인들에게 가르쳤다는 것이 핵심이었다. 둘째, 이고경, 임환경과 연고가 있는 승려, 애국지사 등 10여 명이 함께 고초를 겪었다는 것이다. 셋째, 이를 빌미로 해인사 홍제암에 있었던 사명대사 진영도 함부로 훼손·방치하였다는 것이다.

구속과 고문으로 고초를 겪던던 이고경은 구속 10여 일 만에 몸을 가눌 수 없게 되자, 일제 경찰은 합천경찰서 인근의 창성여관으로 옮겼다. 그러나 이고경은 "민족을 위해 역사의 진실을 교육한 것이 무엇이 잘못되었냐"라는 말을 하다가, 끝내 입적하고 말았다. 이고경의 입적은 속가의 후손에게 전해진 것으로 보인다. 당시 이고경 유족인 이용수(2011년 당시 81세)는 국가보훈처에 전달한 진정서에서 다음과 같이 증언했다고 신문기사는 전한다.

국가보훈처에 제출한 진정서에서 "종조부(宗祖父, 작은할아버지)가 추운 어느 날(1942년 12월 5일) 별세하셨다는 말을 듣고 합천 읍내 여관을 갔다."면서 "나중에 알고 보니 창성여관인데 지금은 어딘지 모르겠다"고 밝혔다. (중략) 이용수 옹은 "(고경 스님) 다비식은 연호사에서 거행했는데, 합천경찰서에서 진주 쪽으로 가는 남진교 오른쪽에 있었다"고 회고했다. 이 옹은 "종조부(고경 스님)의 시신을 장작으로 둘러싸고 다비를 했는데, 설달의 무서운 강바람이 몰아치고 진눈깨비가 휘날렸다"면서 "장작불로 튀는 불똥이 옆으로 번져 마른나무

---

52) 민동선 「倭政末期의 海印寺 事件」 〈대한불교〉 1964.9.20.

에 옮겨붙어 산불이 날 뻔했다"고 증언했다. 고경 스님 입적 당시 13세였던 이 옹은 가산초등학교 5학년에 재학하고 있었다.[53]

이처럼 입적 직후의 다비식 정황이 생생하게 나와 있다. 이 증언에 의해 이고경은 1942년 12월 5일 이전에 입적하였다고 하였으나 이는 70년 이전의 상황에 대한 기억의 오류이다. 다비는 진주 연호사에서 거행하였음은 신뢰할 수 있다. 이고경의 입적 일자에 대해서『불교시보』91호(1943. 2. 15)에서는 다음과 같이 보도하였다.

圓寂界

大本山 海印寺 講主 李古鏡大宗師 化緣已盡 去一月 二十一日 於 本寺 入寂
法弟者 性眞 東宣 炳珪 等[54]

즉 입적일은 1943년 1월 21일이라는 것이다. 국가보훈처도 이를 신뢰하여 이 날짜를 유공자 정보란에서 사망 일자로 적시했다. 입적 시점은 다비 시점과 맞물려 있어, 세심한 검토가 요청된다. 한편 임환경, 민동선 등은 1943년 10월경에 가서야 무죄로 석방되었다. 이와 같은 이고경에 대한 일제에 의한 구속, 고문, 입적이라는 일련의 사실을 국가보훈처는 2011년에야 인정하고, 국가유공자로 추서하였다.[55]

그런데 이 사건은 해인사 운영 주도권 쟁탈 과정에서 노정, 확대되었다. 그 당시 해인사 내부의 양대 세력은 임환경과 장보해(張寶海)였다. 이 양

---

53) 〈불교신문〉 2011. 8. 13, 「고경스님 '독립유공자' 선정」.
54) 『불교시보』 91호(1943. 2. 15), p. 4, 「佛敎消息: 圓寂界」.
55) 〈경인일보〉 2011. 8. 15, 「불교계 독립운동의 주역, 가까스로 세상에 나오다」. 이 기사에는 이고경의 아들인 이종래(2011년 당시 74세)를 비롯한 후손들의 고초와 안타까움 등이 드러나 있다. 이고경은 1930년대 중반에 결혼하였음을 알 수 있다.

측의 갈등 과정에서 어부지리로 주지에 오른 변설호가 그의 세력을 늘리려는 차원에서 임환경 세력을 거세하기 위해 일제 당국(합천경찰서)과 공모한 것이라고 이해되어 왔다.

한편 1966년 무렵 불교 근대사를 정리한 정광호는 〈대한불교〉에 기고한 「해인사 사건」에서[56] 이 사건의 배경과 전개를 다음과 같이 정리하였다. 즉 해인사 주지였던 이고경은 해인사 재산 1만 원을 탕진한 전임 주지 허상현을 체탈시켰다. 그러자 변설호의 외숙이 허상현이라는 연고로, 변설호는 이고경에 대한 보복을 의도하여 그에 대한 자료를 수집하여 일본 경찰(죽포서장)에 제공, 이 사건의 이면 배경으로 작용하였다고 한다. 변설호는 이고경이 연관된 내용으로 ① 강원의 모(某)가 학인들에게 조선어로 작문 교육 ② 조선 역사와 사명당 스님 행적 소개 ③ 고인들의 불온한 시 교육 ④ 사명당이 일본 장수 가등청정에게 한 발언(너의 머리를 보배로 생각한다 운운)을 관광객에게 소개 ⑤ 독립운동 모의 등을 제보했다는 것이다. 그래서 이고경, 임환경 등 일행을 구속하여 조사하고 고문하였다. 몇 달간 조사하였지만 4명은 합천경찰서에서 무죄 석방, 6명은 부산 검사국으로 이첩했음에도 역시 무죄 석방되었다고 한다.[57]

일제는 그 과정에서 사명당의 비석을 4등분으로 파괴하여 방치하는 만행을 저지르기도 했다.[58] 그런 악질적인 행적에도, 변설호는 1941년 2월 주지로 선출되어 그해 5월에 총독부로부터 주지 인가를 받았다. 그러나 1944년 초의 주지 선거에는 낙선하였다. 이때 주지에 오른 인물은 백경하

---

56) 〈대한불교〉 1966년 6월 5일과 동년 6월 12일에 기고된 「불교 최근대사 자료」 (12~13), 「해인사 사건」.
57) 정광호는 이 서술을 위해 『임환경 회고록』, 경남교무원 발급 자료(징계 처분에 관한 첩), 『해인사지』를 열람하고 사건을 지켜본 당사자인 민동선을 면담 인터뷰하였다.
58) 그중 일부는 해인사 내에 있었던 주재소 정문의 디딤돌로 사용하였다. 그리고 여타는 해인사 구광구, 명월당 등에 방치하였다고 한다.

(白景霞)였다. 변설호는 해방 후 1946년 7월 체탈도첩을 당하고[59] 경남 반민특위에 체포되었다. 그러나 그는 그 이후에도 승려 생활을 계속하였다.[60]

한편 해방공간의 해인사 주지였던 임환경은 사명당의 비석을 1947년에 해인사 홍제암에 재건립하였다. 변영로(卞榮魯)가 새로 지은 비문에는 "왜놈들과 절 내의 일부 벌레가 통모(通謀)하여 울분을 품은 사람이 적지 않았다"는 표현이 있다. 그리고 4등분으로 파괴되었던 원래의 사명당 비석은 1958년 당시 해인사 주지였던 이청담에 의해서 재조립되어, 원래 자리인 해인사 홍제암에 세워졌다.[61]

5. 이고경과 만당(卍黨)

지금부터는 이고경이 만당(卍黨) 당원인지에 대해 살피고자 한다. 필자는 만당 연구를 하던 20년 전에는 이고경의 존재를 잘 몰랐고,[62] 80여 명까지 확대된 당원 존재에 대한 관심이 적었다.[63] 그래서 그가 만당 당원인지에 대해서는 언급할 수 없었다.

그런데 이고경에 대한 대중적인 글쓰기에서는 이고경을 만당 당원으로

---

59) 이고경 제자인 민동선은 1945년 10월, 변설호를 찾아가 보복 차원에서 변설호에게 칼을 휘둘렀다. 하지만 변설호는 목숨을 부지하였다. 민동선은『불교』1948년 신년호, pp. 48-49의「깨어난 성림과 영원히 빛나라」에서 그에 대한 역사적 사실을 은유적으로, 간단명료하게 표현하였다.

60) 임혜봉「변설호: 일본경찰과 통모해 사명대사의 표충비를 깬 해인사 주지」『친일승려 108인』청년사, 2005, pp. 204-217.

61) 2009년 9월, 사명대사 부도 및 석장비(石藏碑)는 보물(제1301호)로 지정되었다.

62) 김광식「조선불교청년총동맹과 卍黨」『한국근대불교사연구』민족사, 1996.

63) 최근 필자는 80명에 포함된 것으로 이해되는 조종현의 성향에 대한 글을 기고하였다. 김광식「조종현의 불교사상과 한용운」『불교학보』75집, 2016.

언급했다. 이에 대한 일차적인 사료에는 그에 대한 문헌 증거가 없다. 여러 정황을 고려하면서 이를 서술하겠다. 이고경을 만당 당원으로 비정한 최초의 글은 최범술의 회고이다. 1970년대 중반 〈국제신보〉에 기고한 「청춘은 아름다워라: 효당 비망록」의 연재물 제50회 「우국지사 검거 선풍, 유치장 감방이 부족」에 관련 내용이 나온다. 최범술의 글은 다음과 같다.

이때의 陜川署에는 竹浦라는 者가 泗川署長에서 陜川署長으로 전임되었다. 이 자는 당시 해인사 주지 星下榮次라고 創氏한 卞雪醐와 서로 심기 상통한 모의가 성립되어 卍黨의 근거를 이룬 나의 스님 林幻鏡 前 住持, 李古鏡, 閔東宣, 朴仁峰, 金周成, 金貞泰, 崔性觀, 吳濟峰, 李元九, 李實均 등 16명과 그 외 김범부 선생이 첨가되어 감옥으로 들어가게 되었다. 이분들은 나와는 法緣의 師僧 또는 叔伯, 형제, 조카 제자인 것이며, 俗族으로는 나의 姪兒 垣景 등 3명이었는데 경찰서 유치장 감방이 부족하므로 임시 감방을 3개 지었다. 그것도 부족하여 쇠사슬에 番犬 매듯이 손목 발목 허리를 매어 警察署 기둥에 달기도 했다.

그리고 해인사에 있는 四溟大師碑는 과거 일본과 맞서서 싸웠던 사람의 불온한 碑石이므로 부숴 버리고 西山大師, 四溟大師의 尊影마저 낱낱이 후면을 칼로 그려 불온 문서가 있나 의심하여 경찰서에 가져갔다.

또한 해인사에는 卍黨分子들의 소굴로서 四溟堂 思想을 고취하고 있다는 등으로 이 竹浦者의 난폭한 지휘하에 裵巡査部長이라는 자의 횡포가 극심했다. 그 횡포 무도한 拷問 加刑은 이루 다 말할 수 없었다. 이 같은 만행으로서 李古鏡 스님 같은 학덕이 겸비하신 큰스님은 드디어 그곳에서 처절한 최후를 마쳤다. 실로 나의 僧門 俗族은 이 같은 혹형에 처하여졌다.[64]

최범술은 당시 일제에 피체된 당사자였고, 해인사 출신이었다. 한용운

64) 최범술 「憂國之士 검거선풍, 留置場 감방이 부족」 『효당 최범술문집』 1권, 민족사, pp.657-658,.

과 함께 독립운동을 하였으며, 다솔사를 근거로 한 만당의 핵심 주체였기에 신빙성이 높은 진술이라고 볼 수 있다.[65] 최범술은 그 당시 합천경찰서에 구속된 인물들을 묘사하면서 '만당(卍黨)의 근거를 이룬' 사람들로 보았다. 그런데 만당 당원들이 17명 전체인지, 자신의 은사인 임환경과 이고경만 포함되는[66] 것인지는 애매하다. 그리고 일제 당국은 해인사를 만당 분자의 소굴로서 사명당 사상을 고취하고 있는 것으로 보았다는 표현도 주목된다. 그런데 당시 일제에 끌려간 오제봉이 자신은 만당 당원이라고 회고했다는 기사가 보도된 바 있다.

萬海 韓龍雲의 영향이 가장 컸다. 만해는 해인사에서 '禪과 人生'을 강의했고 강원의 학생들에게 "옥은 부서져도 또한 아름답다"고 항일정신을 일깨웠다. 오옹(오제봉을 칭함-필자 주)은 해인사 출신 승려들이 그러했듯 萬海黨에 가입했고 옥고도 치른다. 오 옹이 합천경찰서에 잡혀간 것은 39년 겨울이다. 함께 수감된 李古鏡 스님은 모진 고문 끝에 옥사했고 오 옹은 8개월 후 풀려났다. 출옥 후에도 의곡사 지붕의 기왓장과 법당 문에 태극 무늬가 있다고 트집을 잡는 등 일본 경찰의 간섭이 심했다.[67]

오제봉이 전하였던 정황을 고려하면 이고경을 만당으로 단정하는 결정

---

65) 김광식 「朝鮮佛敎靑年總同盟과 卍黨」『한국근대불교사연구』 민족사, 1996 ; 김광식 「만해와 최범술, 그리고 다솔사」『우리가 만난 한용운』 참글세상, 2010 ; 김광식 「卍黨과 최범술」『민족불교의 이상과 현실』 도피안사, 2007 ; 김광식 「조종현의 불교사상과 한용운」『불교학보』 75집, 2016 ; 김광식 「다솔사와 항일 비밀결사 卍黨 - 한용운, 최범술, 김범부, 김동리 역사의 단면」『불교연구』 48, 2018.

66) 이고경이 결혼하였다는 점에서 결혼을 자유롭게 하자는 한용운 주장을 수용, 대중불교 노선을 따랐음을 짐작할 수 있다. 이런 측면에서도 그는 만당 당원이었을 가능성이 높다 하겠다. 김광식 「불교의 근대성과 한용운의 대중불교」『한용운연구』 동국대출판부, 2011.

67) 〈동아일보〉 1991. 8. 13, 「釜山書道 지켜온 墨香, 원로 서예가 吳濟峰氏」.

적인 문헌 단서는 없지만, 만당 당원으로는 볼 수 있다. 만당 당원은 1930년 출범 시에는 중앙에서 활동하였던 인사들이 중심이 된 18명이었지만, 출범 이후 수년이 지난 무렵에는 전국적으로 80여 명으로 증가하였다. 요컨대 필자는 이런 논리에서 이고경을 만당 당원으로 본다. 그는 1920년대 전반기 불교청년운동의 주역이었고, 자주적 승려대회를 추진했으며, 민족의식을 고취하는 교육을 추구한 인물이라는 점 등을 고려하여, 당원으로 보는 것이 타당하다 하겠다.

6. 결어

지금까지의 내용을 정리하면서 서술에 담긴 의미를 다시 한번 짚어보겠다. 그리고 추후에 천착할 주제에 대한 필자 의견을 개진하고자 한다. 우선 본 고찰에서 정리한 요체는 다음과 같다.

첫째, 이고경은 해인사에서 출가하여, 해인사 강원의 전통 과정을 이수한 승려였다. 이는 그가 전통교학을 정상적으로 이수한 엘리트였음을 의미한다.

둘째, 그는 전통교학을 공부했을 뿐만 아니라 1910년대~1920년대 전반기에는 원종 종무원 서기, 불교사범학교 수료, 통도사 금강계단 소임, 해인사의 해명학교 교사, 중앙학림의 강사 및 학감, 마곡사 강사, 불교학원 강사, 조선불교청년회 간부 등으로 다양한 활동을 하였다. 그는 이처럼 불교계의 중심부에서 활동하면서 불교 교단의 문제점과 제도의 모순 등에 대하여 인식하게 되었고, 이를 해결하고자 식민지불교 극복과 민족불교 지향에 대한 결심을 굳히게 되었다.

셋째, 1920년대 중반 해인사로 복귀한 그는 해인사의 강사, 법무, 감무, 평의원, 종회의원, 사지 편집위원, 주지 등을 역임하여 해인사 중견 승려로 활동하였다. 나아가 그는 해인사를 대표하여 중앙 교단에서도 활동하였거니와 그 대표적인 사례가 1929년 1월 각황사에서 개최된 승려대회였다. 자주적인 종헌·종법 제정을 통한 불교 통일기관 수립의 주역으로, 민족의식의 기조하에서 정립된 불교 활동을 펼쳤다.

넷째, 해인사 주지 소임을 마친 그는 해인사 강원, 즉 법보학원에서 후학들에게 민족의식, 애국혼을 고취하는 교육에 헌신하였다.

다섯째, 이고경은 이와 같은 민족의식 고취 교육을 하였다는 빌미로 1942년 12월 일제 경찰에 구속, 고문을 받아 1943년 1월 순국하였다. 그러나 그의 애족적 행보에 대한 평가는 2000년대에 접어들어서야 주목을 받았다. 그 결과 2011년에 국가로부터 독립유공자로 선정되었다. 민족적 행보로 인해 순국한 이고경의 헌신은 근대한국의 불교사에서 결코 간과할 수 없는 사실로 뚜렷하게 자리매김하였다. 또한 그의 생애와 사상으로 유추해볼 때 그를 만당 당원이라고 볼 개연성이 있다.

이고경의 생애와 업적에 관하여 추후 연구가 필요한 주제들은 다음과 같다. 이고경의 저술인 『불교와 예수교』 분석, 그가 편집한 『해인사약지』의 발굴 및 분석, 만당과의 연관성, 해인사 강원의 개요 및 성격,[68] 이고경이 해인사 강원에서 교육한 구체적인 내용, 이고경에 관한 연구가 부진하였던 연유[69] 등이다.

특히 『불교와 예수교』[70] 분석은 비교종교학적 측면에서 긴요한 연구이

---

68) 해인총림 등장 및 성격, 선승 성철의 역할 등에 대한 연구는 나왔지만 해인사 강원 전모에 대한 연구는 전혀 이루어지지 않았다.

69) 이고경에 대한 독립운동가 포상 작업을 시작한 홍제암 종성스님에 대한 증언, 구술을 채록해야 한다. 그리고 해인사 차원에서 이고경에 대한 관심이 미약한 것은 혹시 그가 대처승이라는 이력에서 나온 것이 아닌가 한다. 그의 법맥, 문손이 계승되지 못한 이유가 되었을 것이다. 그러나 이제는 해인사의 역사 및 문화를 정리한다는 차원에서 접근해야 한다.

70) 원본은 동국대 불교학자료실에 희귀도서로 보관되어 있다.

다. 이고경의 은사 격인 독립운동가 백용성이 1913년에 발간한『귀원정종 (歸源正宗)』과 비교 분석이 필요하다.『귀원정종』은 개신교가 성장하던 시점에 불교가 개신교 등 여타 종교보다 사상적으로 우월하다는 것을 입증하기 위한 저술이었다. 2016년에 이르러 백용성을 연구하는 단체인 대각사상연구원에서 한문으로 집필된 이 책을 번역하여 발간하였다.[71] 또한 이 책에 대한 연구도[72] 시작되었음을 유의할 수 있다.

<hr />

71) 2016년 동국대 출판부에서 제작, 보급하고 있다. 백용성대종사 간행위원회『귀원정 종』(『백용성대종사 총서』1권) 동국대출판부, 2016.

72) 이경이「백용성 선사의『귀원정종』에 나타난 설득커뮤니케이션 고찰」『대각사상』28 집, 2017.

제3장_박광

만해사상 선양에 앞장선 만해의 동지

1. 서언

만해 한용운은 근대기 불교를 대표하는 지성인이며 시인, 불교개혁가, 독립운동가로 불릴 정도로 다면적인 정체성을 갖고 있는 그의 성격과 활동을 조명하기 위한 학문적 연구가 지금껏 다양하게 전개되어 왔다. 이런 연구를 만해학이라고 부를 수 있다.[1]

그러나 만해학에서는 아직도 탐구할 주제가 많다. 이런 전제하에서 필자는 만해 한용운에게 영향을 받은 인물에 관하여 만해 사상의 계보학이라는 주제하에 그의 제자군을 광범위하게 탐구하여 왔다.

이 장에서는 그와 동지적인 관계를 맺은 박광(朴洸, 1882~1970)에 대해서 살피고자 한다. 경북 고령 출신인 박광은 1910년대에 중국에 건너가서 비밀결사(대동청년단) 조직, 임정 후원, 의열단 활동 등으로 독립운동에

---

1) 김광식 『우리가 만난 한용운』 참글세상, 2010.

박광(朴洸, 1882~1970)

투신한 인물이다. 그는 1930년대 초에는 국내에 돌아와서 만해와 동지적인 연고를 맺었다.[2] 만해가 입적하였던 1944년까지 친구 사이였던 그는, 만해가 입적한 이후에는 만해의 자료를 보관하였다. 이런 연고로 그는 1946~1957년에는 『만해 한용운 전집』의 발간 책임을 맡기도 하였다.

만해를 연구하던 필자는 박광이 만해를 "자유 정신, 위대한 품격, 애국애족, 절의(節義), 천재적 문예, 불교 유신의 대선각자" 등의 표현을 사용하여 평가한 것에[3] 주목하였다. 그래서 어떤 연유로 그런 평가를 할 수 있었는지 탐구하는 글을 쓰려고 오랫동안 준비하였다. 즉, 박광 그가 만해 한용운과 친근한 동지 관계를 맺었던 연고, 만해와의 공동 활동, 만해 사후에 만해 관련 사업을 추진했던 내용에 주목하였다.

이에 관해 설명하려면 그에 걸맞은 자료수집과 분석이 선행되어야 가능하다. 최근 그의 독립운동의 개요에 대한 논고가 발표되어,[4] 그의 독립운

---

2) 정광호 「한용운전」『신동아』1969년 8월호, p.252. 고은은 박광을 만해의 제자라고 하였으나, 이는 오류이다. 고은 『한용운 평전』민음사, 1975, p.379. 김관호는 박광을 만해와 가깝게 지낸 사이라고 증언하였다. 『법시』46호(1969.2), p.45, 「佛子探訪: 아침의 念佛 저녁의 讀經 − 海於 김관호 거사를 찾아서」.

3) 박광 「서문」『한용운연구』통문관, 1960, p.2.

4) 이동언 「박광의 생애와 민족운동」『한국 호국불교의 재조명』7권, 조계종 불교사회연구소, 2018.

동 활동은 파악할 수 있게 되었다. 그러나 박광과 한용운과의 관련성에 대한 설명은 충분한 자료수집이 뒷받침되어야 가능하다. 그렇지만 필자는 그에 대한 단서라도 제공하겠다는 의도에서 필자가 찾은 자료와 구술 인터뷰의 내용을 소개하고자 이 글을 집필하였다.

필자는 만해 한용운을 연구하면서 박광과 관련이 있는 인물인 임종국, 인권환, 박노준과 약간의 인연을 맺을 기회가 있었다.[5] 이들은 1950년대 말, 만해 한용운 전집의 최초 작업을 한 주역으로 고려대 국문과 출신이었다. 그래서 필자는 박광에 대한 삶을 정리해야 한다고 생각하게 되었다. 보다 진일보한 글이 후학에 의해서 나오길 기대한다.

2. 박광의 독립운동

박광은 1882년에 태어났는데, 경북 고령군 고령면 외동 출신이다. 그의 유년·청년 시절에 대한 정보는 아직 없다. 유학을 공부한 것으로 추측되고, 신식교육을 받지 않은 것으로 이해된다.[6] 1921년 11월, 일제 당국의 검찰 기록에 따르면 그는 고향에서 미곡상을 하다 1910년대 초반 국내에서 대동청년단에 가입하고 나서 안동현으로 이주하여 상점을 열었다. 1916년부터는 본격적으로 곡물 무역상을 하였다.[7] 외형적으로 장사(미

---

5) 임종국은 친일파 연구자로 명성을 떨쳤는데, 그는 말년(1980년대)에 천안에 거주하였다. 그 무렵 필자는 독립기념관 교육과장이었는데, 임종국을 독립기념관 직원 교육의 특강 강사로 초빙하였다. 박노준과 인권환은『한용운 연구』(통문관, 1960)의 저자로 만해 연구 1세대 학자였다. 그래서 필자는 필자의 저서인『한용운 연구』(2011, 동국대출판부)를 증정한 연고로 약간의 친분이 있다.

6) 그의 손자(박인용: 연세대 의과대학 명예교수, 전문의, 1935년생)가 필자에게 한 증언이다. 그러나 이것도 확실치 않다.

7) 『韓民族獨立運動史資料集』28권(義烈鬪爭 1), 국사편찬위원회「검사신문조서(國漢文): 증인 朴洸 신문조서」. 상회의 점원으로 조선인 1명, 중국인 3명이 있었다. 그리고 박광

곡상, 정미업, 잡화상 등)를 하면서, 실제로는 독립운동을 전개하였다. 그
래서 일제 기록에도 "평소 배일(排日) 조선인과 기맥을 통하여 그들에게
숙소를 제공한 혐의가 있으므로 대정 사년 구월 20일부터 「제1종 요시찰
자」로 편입하여 감시 중이던 자임"이라고 나와 있다.[8)]

그는 1977년에 국가유공자(대통령 표창)가 되었다가, 1990년에 건국훈
장 애족장으로 훈격(勳格)이 상향되었다. 국가보훈처의 공적 조사에는 다
음과 같이 나온다.

> 1910년부터 安東縣에 무역상을 경영하면서 상해임시정부 및 독립운동가에
> 게 15년간 운동자금을 제공함.

즉 그는 1910년대부터 1925년까지 15년간 중국 안동현 일대에서 임시
정부 및 독립운동가를 후원하는 활동을 하였다. 그렇다면 박광의 독립운
동은 구체적으로 어떤 내용이었는가? 이에 대한 국가보훈처의 공훈록에
는 다음과 같이 나온다.

> 경북 고령(高靈) 사람이다. 1909년 안희제(安熙濟)·윤세복(尹世復)·김동삼
> (金東三)·신팔균(申八均) 등 80여 명의 동지와 함께 비밀결사 대동청년당(大同
> 靑年黨)을 조직하여 항일활동을 폈다. 그 후 중국으로 건너간 그는 1918년 문
> 상직(文相直)·이남기(李南基) 등과 함께 안동현(安東縣)에서 표면상 신동상회
> (信東商會)라는 곡물 무역상을 경영하면서 이를 독립운동의 거점으로 삼아 백
> 산상회(白山商會)와 연계하여 독립운동자의 은닉과 여비 등의 편의를 제공하
> 였다. 또한 신규식(申圭植)·조성환(曺成煥)·박은식(朴殷植) 등을 통해 미국 샌

의 부인, 장남 박암도 함께 있었다고 한다.
8) 『韓民族獨立運動史資料集』28권(義烈鬪爭 1), 국사편찬위원회 「검사신문조서(國漢文):
범죄 수사에 관한 건」.

프란시스코와 하와이 호놀룰루 동포들의 기관지인 〈신한민보(新韓民報)〉〈국민보(國民報)〉 등을 입수하여 국내에 배포하며 항일독립의식 고취에도 힘썼다. 1919년에는 영남과 호서지방 유림 137인이 서명한 독립청원서를 파리강화회의에 제출하기 위해 만주에 건너온 김창숙(金昌淑)·박돈서(朴敦緖)에게 여행 편의를 제공하고 국내외의 연락을 맡아 활동하였다. 1919년 7월 그는 임시정부 통신원 황대벽(黃大闢)으로부터 고유문(告諭文)·독립신문·임시정부 각원개조서(閣員改造書) 등의 문서를 교부받아 송재기(宋載基)를 통해 국내에 배포하였다. 그 후 그는 김원봉(金元鳳)이 주도·조직한 의열단(義烈團)에 가입하여 자신의 상점을 독립운동 거점으로 제공하며 활동하였다. 1923년 11월에는 김원봉으로부터 무기와 신임장을 인수하여 강홍열(姜弘烈)·이상쾌(李相快)에게 교부하여 이들로 하여금 국내로 잠입하여 김정현(金禎顯)·구여순(具汝淳)·오세덕(吳世悳)·문시환(文時煥) 등과 함께 군자금 모집 활동을 펴도록 하였다. 정부에서는 고인의 공훈을 기리어 1990년에 건국훈장 애족장(1977년 대통령 표창)을 추서하였다.[9]

이와 같은 내용을 바탕으로, 박광의 독립운동 활동을 연구한 학자의 논고를 참고하여 요약하면 다음과 같이 정리할 수 있다.

  – 대동청년단(비밀결사) 활동

    1909년 10월 조직, 서울에서 조직화되어 국내외 걸쳐 활동

    1925년까지 활동, 일제 강점기 초기 독립운동 단체

    17~30세의 청년들이 가입, 영남 출신 다수, 신민회 계열

---

[9] 『대한민국 독립유공자 공훈록』 7권, 국가보훈처, 1990, pp.461-462. 이에 대한 참고문헌은 다음과 같다. 『벽옹김창숙 일대기』 p.101 ; 『고등경찰요사』 p.85, 101, 266, 267, 279 ; 『한국민족운동사료』(중국편)(국회도서관) p.17 ; 『명치백년사총서(김정명)』 제1권 분책, p.289, 302 ; 『한국독립운동사(문일민)』 p.91 ; 『한국독립사(김승학)』 하권 p.153 ; 『독립운동사(국가보훈처)』 8권 p.927 ; 『독립운동사자료집(국가보훈처)』 11권, p.86.

27세에 가입, 운허 스님(봉선사, 이학수라는 이름으로)도 단원

남형우, 안희제, 김동삼, 신채호, 윤세복, 이극로 등이 주역

- 신동상회 경영

1913년 망명 중국 안동현 2번통에서 1916년부터 곡물상(쌀, 종이 등)인 신
동상회 경영

신동상회는 외형으로는 상회이지만, 독립운동의 연락 거점의 역할 수행

상해 김규식과 채널 유지

조선국민회 외교통신원, 안동현 조선인 조합본부 임원

거점 및 중개 역할을 하면서, 조선국권회복단에도 가입

- '파리장서' 지원 활동

1919년 파리강화회의에 유림들의 독립청원서 전달

만주에 온 김창숙 일행에게 편의 제공

상해 임정 자료를 국내에 제공

- 의열단 활동

1919년 11월 김원봉 등 13명 창단(중국 길림)

의열단에 가입하고,[10] 신동상회를 연락 거점으로 제공

요컨대 박광은 안동현에서 개설한 상점을 거점으로 국내 독립운동가의
망명 통로, 연락 거점을 운용하였다. 즉 임시정부 후원, 국내와 국외의 독
립운동 연결을 위주로 독립운동을 하였다.

그런데 박광은 1928년 직전 무렵에 독립운동의 최일선에서 떠난 것으로

---

10) 가입 시점은 알 수 없다.

보인다. 중국 안동현에서 사업체(艮盛德)를[11] 1928년 직전까지 경영하던 그는, 이후에는 중국 요녕성 봉황성에서 1930년대 초반까지 농장 경영을 하다가 귀국한 것이다.[12] 그러나 귀국한 배경, 시점 등은 정확하게 알 수 없다.

3. 만해 한용운과의 인연

만해 한용운과 박광은 언제, 어디서, 어떻게 만나 동지가 되었는가? 이에 대해서는 정확하게 알 수 없다. 국내로 귀국한 박광은 평양을 거쳐 서울에서 근거지를 마련하였을 것이다. 박광의 국내 이주는 대동청년단의 국내 활동과 연계가 있을 것으로 추정된다. 대동청년단은 1945년 8·15해방까지 존속하였기 때문이다. 하지만 현재로서는 어떤 추측도 가능하지 않다. 대동청년단의 단원에 유교적인 소양을 가진 인물들이 적지 않았을 것으로 생각된다. 만해 역시 청소년 시절에는 한학에 대한 소양이 상당했으며, 입산 이전에는 서당 훈장을 지낸 인물이었다. 비록 그가 입산하여 승려가 되었지만, 그의 내면에는 유교적 가치관이 짙게 깔려 있었다.[13] 그리고 대동청년단은 광복 이후인 1952년까지 유지되었는데, 봉선사 출신인 운허(이학수, 혹은 이시열로 지칭) 스님도 입산하기 이전에는 대동

---

11) 이에 대해 이동언은 특별한 설명을 하지 않았다. 간성덕은 박광이 경영한 대형상회로 이해된다. 신동상회가 艮盛德의 정미부라는 것은『韓民族獨立運動史資料集』29권(義烈鬪爭 2)「조선총독부 폭탄투척사건 예심신문조서(國漢文): 黃壬性 신문조서(제五회)」의 황임성 발언에 나온다.

12) 위의 이동언 논고(p. 307)에서는 1933년까지 농장 경영을 하였다고 한다. 김성민은「대동청년당의 결성과 활동」(『백산 안희제의 생애와 민족운동』, 선인, 2013) 논고 p. 138에서 1928~1933년 봉황성에 농장 경영이라고 서술하였다.

13) 허우성「만해의 불교 이해」『만해학보』창간호, 1992. 허우성은 만해의 불교를 불교와 유교의 경계에 있었다고 하면서, 유가적 불교라고 이해한다.

청년단 단원이었던 점을 참고할 수 있다.[14]

그렇다면 만해와 박광은 어떤 계기로 접촉하였고, 절친한 동지적 관계를 맺었는가에 대해 살펴보자. 『한용운 평전』을 1975년에 펴낸 고은은 그의 저술에서 다음과 같이 기술했다.

> 京城 社稷洞 私貰의 숙소에 그의 도제인 朴洸, 金觀鎬들이 처음으로 그를 찾아갔다.[15]

고은도 1970년대 초반, 만해의 주변 인물로 박광의 존재를 알았다. 그러나 박광을 만해의 도제로 파악하였다. 이는 오류이거니와, 고은은 박광의 존재는 알았지만 박광의 이력, 만해와의 연고 등을 제대로 조사하지 않았음을 알 수 있다.

만해가 사직동 숙소에 머문 시점은 1930년대 초반인 1931~1932년 무렵이었다. 사직동 시절 직후인 1933년에 만해는 세속의 인연(재혼)을 추가하였다. 그런데 그 무렵 만해의 거처로 마련된 심우장(서울, 성북동)의 건립을 지원한 명단에 박광의 이름이 나온다.

> 비로소 建築을 生意하였으나 최소한 약 천圓가량의 비용이 소요되는데 夫人 兪氏의 所持金 약간과 洪淳泌氏, 方應謨氏, 朴洸氏, 尹相泰氏, 金寂音 스님 外 몇 분의 施助를 받았으나 連接된 土地 52평을 부득이 買受하게 되어 약 3백여 원 부족이 生하였는데 洪淳泌氏의 주선으로 三百圓을 鍾路金融組合으로부터 借用하고 月賦로 辨償하다가 백圓이 남았는데 선생 葬禮 後에 金柄浩(龍潭)씨

---

14) 김성민 「대동청년당의 결성과 활동」 『백산 안희제의 생애와 민족운동』 선인, 2013, pp. 129-135.
15) 고은 『한용운 평전』 민음사, 1975, p. 331.

가 自擔 辨償하고 筆者가 그 抵當登記 抹消 절차를 하였다.[16]

이는 만해를 따르던 재가불자인 김관호의 회고이기에 신뢰가 간다. 일
단 여기에서 1930년대 초반 만해와 박광의 인연의 단서를 찾을 수 있다.
또 다른 단서는 문일평 일기(1934)에서 찾을 수 있다.

> 4월 27일(음 3월 14일) 금요일
> 출근했다. 이날 특간은 휴간이기 때문에 화하만필을 쓰지 않았다. 오후 1시
> 쯤 대관원(大觀園)에서 열린 박광(朴洸) 씨 초청연에 참석했다. 만해 한용운과
> 그 밖에 두 사람이 앉아 있었다. 오랜만에 만나 기쁘게 악수하고 회포를 풀었
> 다. 오후 6시에 헤어졌다.
> 맑았다. 따뜻하고 온화했다.[17]

위의 문일평 일기에 의하면 1934년에 문일평, 한용운, 박광은 아주 친근
한 사이였다. 어떤 연유로 그런 사이가 되었는지는 알 수 없지만, 그들 셋
이 교류하였음은 분명하다. 특히 문일평과 만해는 심정을 터놓고 대화를
하는 동지적인 사이였다. 이는 아래의 문일평 일기에서 알 수 있다.

> 9월 10일(음 8월 2일) 월요일
> 출근해서 대미관계 오십년사를 썼다. 윤정하 씨가 찾아왔다. 김혁(金赫) 군
> 이 와서 만해가 살고 있는 집으로 찾아가 저녁을 먹었다. 만해는 자신의 소설
> 내용이 어떠냐고 여러 차례 물었다. 내가 조금 부족한 점이 있다고 대답하니
> 토요일부터 고치겠다고 말했다. 만해가 『님의 침묵』 한 권을 주었다.
> 집에 돌아와서야 이동운이 방문했다는 이야기를 들었다. 아마도 신의주에서

---

16) 김관호「尋牛莊 見聞記」『韓龍雲思想研究』2집, 1981, pp. 280-281.
17) 문일평『문일평 1934년 식민지 시대 한 지식인의 일기』살림, 2008, p. 72.

돌아오자마자 찾아온 게다.[18]

문일평과 만해가 친근하듯이, 박광과 만해도 그런 사이였을 것으로 추론할 수 있다. 박광은 1882년생이고, 만해는 1879년생이니, 만해가 세 살이 위였으나 동지적인 사이였다. 그렇다면 박광은 서울에 거주하였는가? 그럴 가능성이 농후하다.

한편 만주 독립운동가인 김동삼이 1939년 3월 서대문형무소에서 순국하였다. 그러자 만해는 그의 시신을 자신의 처소인 심우장으로 옮겨 장례를 치렀는데, 이때도 박광이 참석하였다.[19]

1937년 3월에 우리나라 독립운동가의 巨星인 一松 金東三 선생이 마포형무소에서 서거하셨다. 선생이 형무소를 찾아가서 그 시체를 내어 달라고 여러 차례 요청하여 그 유해를 받아 심우장에 운반하고 五日葬을 지내는데 필자가 護喪하였다. 그때 기록한 弔客錄은 奉天서 온 그 자제 金O煥氏에게 건넨듯이 생각되고 弔客 5, 6십 명을 다 기억할 수는 없으나 그 葬禮式 始終은 어제같이 오늘도 눈에 있고 귀에 있다. 기억나는 弔客은 趙憲泳, 趙芝薰, 呂運亨, 李源赫, 洪命憙, 方應謨, 金爀, 李炳洪, 李克魯, 李仁, 朴洸, 鞠壽烈, 徐廷禧, 鄭魯植, 金寂音, 金恒圭, 金振宇, 梁槿煥, 許憲, 許永鎬, 朴古峰 諸氏이고 대구에서 여러분이 왔었다.[20]

이와 같은 만해의 김동삼 장례 주관에 대하여서는 만해가 1912년 만주 일대를 탐방하였을 때[21] 독립운동을 하던 일송 김동삼을 만났기 때문으

---

18) 문일평 『문일평 1934년 식민지 시대 한 지식인의 일기』 살림, 2008, pp. 124-125.

19) 김광식 『한용운』 독립기념관, 2015, p. 201.

20) 김관호 「尋牛莊 見聞記」 『한용운사상연구』 2집, 1981, p. 300.

21) 김광식 「한용운의 만주행과 정신적인 독립운동론」 『한국민족운동사연구』 93, 2017.

로[22] 지금껏 이해하였다. 그런데 그 이면에는 김동삼과 박광이 대동청년
단 단원이었기에 혹시 박광이 만해에게 건의하지 않았을까 필자는 추측해
본다.

박광과 만해가 친근했던 정황은 1939년 8월 박광의 만해 회갑연 참가에
서도 찾을 수 있다. 만해 회갑연은 박광과 소설『임꺽정』을 쓴 벽초 홍명희
가 주선해 16명이 모였다. 1939년 8월 26일(음 7월 12일), 서울 동대문 밖
에 있는 사찰인 청량사(淸凉寺)에서 소박한 회갑 모임이 열렸다.[23] 독립
운동가인 우당 권동진, 독립운동가이자 서예가인 위창 오세창, 안종원, 노
기용, 이원혁, 장도환, 박윤진, 재가 제자 김관호 등이 회갑연에 참가해 글
을 남겼다.[24] 만해도 화갑을 맞는 소감을 남겼고, 박광은 '만법귀일(萬法
歸一)'이라는 휘호를 썼다.[25] 이처럼 박광이 만해 회갑연 모임을 마련했
음에서 아주 돈독했던 관계를 엿볼 수 있다.

그런데 박광은 서울에 연고처가 있었을 것이나, 대구에도 그의 연고처
가 있었다는 증언이 있다.[26] 일제하에 대구에 있던 한 요릿집의[27] 주인
이 박광이었다는 설도 있다. 그런데 흥미로운 것은 당시 박광은 만해에게
활동 자금을 전달하였다는 증언이 있다.[28] 그 증언을 한 당사자는 비구니

---

22) 강석주·박경훈『불교근세백년』중앙일보·동양방송, 1980, p.190.

23) 청량사 주지는 비구니인 신자영이다. 그는 궁중 내인 출신으로 음식을 잘하였다고 하
는데, 만해를 흠모하였다는 구전이 있다. 그로부터 3일 후에는 다솔사(사천)로 내려가
서 경상도 지역의 스님, 지인, 후배들과 화갑연을 열었다.

24) 김영복「고미술 이야기: 만해수연첩」〈법률신문〉2012. 4. 2 ;〈중앙일보〉2012. 4. 5,「광
복 6년 전 회갑 날 … 만해가 읊은 '붉은 마음'」.

25)『한용운전집』6권, 신구문화사, 1973, 화보.

26) 대동청년단의 단원이었던 신백우의 회고(故 同志錄)에는 大邱人으로 나온다.

27) 대구의 고급 요릿집인 청수장이라는 곳이 있었는데, 이곳을 거점으로 박고봉 스님(만
공 제자)은 청수장 아들과 대구지역 3·1운동을 일으켰다. 혹시 박광이 관련된 곳이 청
수장인지 모르겠다.『劫外歌』고봉경욱대선사문도회, 1992, pp.87-88.

28) 김상현「효당 최범술의 독립운동」『동국사학』40, 2005. 김상현은 3회의 자금 전달이
있었다고 소개하였다.

김일엽의 아들인 김태신(1922~2014)이다. 김태신은 화가로 활동하였는데 말년에는 출가하여 관응을 은사로 일당(日堂)이라는 법명을 받고, 직지사에서 승려 생활을 했다.[29] 김태신은 김일엽이 일본 유학 중 연애를 하였던 일본인과의 사이에서 난 아들이었다. 김일엽은 그를 한국에 데려와서 길렀는데, 직지사 주지를 역임한 김봉율(金奉律)의 아들로 위장하여 성장케 하였다. 김봉율은 해인사 3·1 만세운동의 주역으로 만주 독립군에 투신한 뒤, 국내 사찰에 돌아다니면서 군자금을 모아 만주의 독립군에 제공하다가 일제에 피체된 독립운동가이다.[30] 그는 일본 유학[31] 후 1948년까

---

29) 은사는 관응이었다.

30) 국가보훈처에서는 김봉률로 기재하고 있다. 〈법보신문〉 1996.8.10, 「독립운동 앞장선 포월당 봉율스님 입적 47년 만에 '햇빛', 보훈처 건국훈장 애족장 추서」. 2002년 직지사에 건립된 「포월당 김봉율 화상 행적비」의 문장은 다음과 같다. "나라가 바로 서지 못하면 正史가 僞史 속에 파묻히고 인심이 어지러우면 진실이 비리 앞에 고개를 들지 못한다. 여기 외로웠던 날의 한 스님의 행적이 있으니 그가 바로 1927년부터 1948년까지 직지산문을 지키다가 뜻하지 않은 누명을 쓰고 옥고를 치른 다음 그 여독으로 말미암아 세상을 뜨신 포월당 김봉률 주지스님 바로 그분이시다. 김봉률 스님은 1897년 6월 23일 경남 합천군 가야면 구원리에서 아버지 선산 김공 병문과 어머니 김해김씨 하림의 3남 중 차남으로 태어났다. 일찍이 해인보통학교를 졸업하고 해인학림에 들어 수학했으며 후일 일본 경도 불교대학을 졸업했다. 직지사 퇴운 큰스님을 은사로 출가했으나 그 당시 나라 잃은 울분을 가슴에 품었던 우국지사가 다 그러했듯 스님은 산문이 당신의 은신처요 불보살이 당신의 호신불이었다. 이래 60성상의 남선북마 3·1운동 때에는 해인사를 중심으로 만세운동을 주도했고 전국 사찰을 두루 돌며 군자금을 모금하다가 체포되어 3년 옥고를 치르기도 했었다. 1919년 만주 신흥무관학교가 설립되자 입교하여 광복군으로 광야를 달리다가 다시 국내로 잠입 체포되어 또 2년의 옥고를 치렀다. 풍찬노숙 스님의 가사 자락은 마를 날이 없었고 6·25동란에 두 아들까지 나라에 바쳤건만 광복된 조국은 자기 정권에 편들지 않았다는 이유로 반역자라는 누명을 씌웠다. 이래 반세기 이 오욕의 굴레를 벗겨드리기 위하여 오직 두 점 혈육인 송자, 죽자 자매와 상좌 일당 스님의 불망의 노력으로 백일하에 신원이 되고 1996년 건국훈장을 추서받아 여기 돌 한 덩이의 등불을 밝혀 공양드리오니 불굴의 지사시여 스님이시여 왕생극락하사이다. 합장드립니다." 이 비문은 정완영이 짓고, 심재영이 썼으며, 건립은 직지사 중암의 도진 스님이 담당하였다.

31) 유학에 대한 근거 자료를 찾아야 한다. 이경순이 관련 자료로 취합하여 작성한 유학생의 명단에는 없다. 이경순 「일제시대 불교 유학생의 동향」 『승가교육』 2집(1998)의 '참

지 그의 출신 사찰인 직지사 주지를 역임하였는데,[32] 해인사 3·1운동의
주역인 최범술과 가까웠다. 흥미로운 것은 최범술과 박광은 만해와 연결
되었던 인물들이었다. 이러한 전후 배경을 유의해야 한다고 강조하면서
김태신의 자서전(『라훌라의 사모곡』) 일부를 소개한다.

> 최영환(최범술의 젊은 시절 이름—필자 주) 선생은 대구에 도착하여 나를 큰
> 요릿집의 별채로 데리고 갔다. 그 별채는 영업 장소가 아니라 집주인이 사용하
> 는 것이었다. 요릿집 주인의 이름은 박광(朴洸)이었다. 박광 선생은 후일에도
> 여러 번 만난 일이 있어 나는 그의 이름을 잊지 않고 분명하게 기억하고 있었다.
> 박광 선생은 우리를 위해 큰 교자상에 상다리가 휘어질 만큼의 진귀한 요리
> 들을 차려 내놓았다. 멀리서 가야금 탄주 소리와 창 소리가 뒤섞여 들려왔다.
> 박광 선생은 대구에서 독립운동 자금을 조달하던 분이었다. 요릿집을 차려 놓
> 은 것은 자금을 마련하는 방편이기도 했지만, 사람들이 파출소의 주목을 받지
> 않고 쉽게 출입할 수 있도록 위장한 것이기도 했다는 사실을 나는 나중에 어림
> 해 보았다.[33]

이렇게 최범술과 박광은 그들이 준비한 독립자금을(수많은 편지봉투에
넣은) 만해에게 안전하게 전달할 당사자로 김태신을 활용하였다. 왜냐하
면 김태신은 그 당시에는 신분상으로는 일본인으로 일본에서 학교에 다니
는 엘리트 학생이었기 때문이다. 그래서 김태신은 만해의 집에 가서 만해
를 만나기도 하였다.

> 성북동 언덕을 걸어 올라가 한 솟을대문 앞에 섰다.

고 1: 일제 강점기 재일 불교유학생 명단'.
32) 『불교』신9집(1937. 12), p. 57, 「直指寺 第九世住持 金奉律師 晉山式」.
33) 김태신 『라훌라의 思母曲』 상권, 한길사, 1991, pp. 178~179.

"만해 한용운 선생님 댁이다."

한용운 선생은 건강이 좋아 보이지 않았다. 머리를 흔들거렸다. 나는 최영환 선생의 소개로 한용운 선생에게 큰절을 올렸다. 그는 편지봉투가 든 가방을 한용운 선생에게 건넸다.

"앞으로는 마사오가 종종 편지 심부름을 할 것입니다."

나는 내가 어른들께 도움이 될 수 있다는 사실을 알고 말했다.

"언제든지 심부름을 시키실 일이 있으면 저를 시키십시오."

한용운 선생이 나를 보았다. 그의 얼굴에 아주 잠깐 사이 그늘이 스쳐갔다. 아마도 그 그늘은 철없는 나를 이용하고 있다는 죄책감에서 나온 것은 아니었을는지. 그 편지봉투 속에 편지가 아니라 여러 사람들로부터 모은 돈이 들어 있다는 것을 나는 나중에서야 알았다.[34]

위의 회고에 보이듯 박광 – 최범술 – 한용운이라는 위험한 독립자금 전달 루트에 김태신이라는 학생(일본인)을 내세웠다.

하루는 김봉율 아버지가 나에게 정색을 하고 물었다.

"지난 방학 때 네가 최영환 씨와 함께 대구에서부터 경성까지 편지 심부름을 했었다는 얘기 들었다. 바쁜 일이 없으면 올해도 편지 심부름 좀 하겠느냐?"

"바쁜 일은 없습니다. 심부름 해드릴게요."

"옳지, 착하구나."

김봉율 아버지는 나를 데리고 대구의 박광 선생 댁으로 갔다. 다음날 한지에 싼 봉투 뭉치가 들어 있는 가방을 들고 김봉율 아버지와 나는 박광 선생 댁을 나섰다. 대구역에서 밤 기차를 탄 것도 작년과 똑같았다. 기차 안에는 역시 특무계 형사가 오락가락하면서 의혹이 가는 사람을 대상으로 몸이나 짐을 수색

---

34) 위의 책, p.180.

하고 있었다. 2인조 형사가 김봉율 아버지와 내가 앉아 있는 좌석 곁으로 다가왔다. (중략) 형사들은 우리가 일행이라는 것을 눈치채지 못한 것 같았다. 김봉율 아버지는 잔뜩 긴장한 표정이었고 안색은 창백했다.

경성역에 도착한 우리는 선학원으로 갔다. 그곳에는 탄옹 스님이 와 있었다. 적음 스님도 계셨고, 또 한 분 부산 범어사의 하동산(河東山) 스님이라는 분이 함께 있었다. (중략) 선학원에서 아침을 먹고 김봉율 아버지와 나는 성북동의 한용운 선생을 찾아갔다. 한용운 선생은 나를 보자 반색했다.

"작년에 봤을 때보다 아주 의젓해졌구나."

나는 두 번째 심부름을 하면서도 편지봉투 속에 독립운동 자금이 들어 있을 것이라는 생각은 하지 않았다.[35]

이처럼 박광은 1930년대 후반, 1940년대 초반 만해와 연결되어 있었다. 즉 그는 만해의 독립운동 동지였다. 그러나 현재로서는 만해에게 박광의 개인적 후원이 있었다는 정도만 알 수 있다. 그러나 다른 특정한 단체와도 연결되어 있을 가능성도 있다.

허백련 선생이 한지에 싼 봉투를 내놓았다. 그것을 가방에 넣었고 나는 그 가방을 들었다. 그것은 두말할 것 없이 허백련 선생이 주축이 되어 전라도 광주 지방에서 갹출한 독립운동 자금이었다. 최영환 선생과 나는 광주에서 대구로 갔다. 박광 선생 집으로 간 것이었다.

그날 저녁 나는 식사 후에 일찍 잠을 잤다. 여행에 피로한 탓이었다. 그렇게 잠이 들었던 나는 자정쯤 눈을 떴다. 내가 잠들었던 방의 옆방에 최영환 선생과 박광 선생을 비롯해 낯모르는 사람들 대여섯 명이 모여 앉아 골패를 하고 있었다. 문틈으로 들여다보니 방안에는 담배 연기가 자욱했고, 골패를 하고 있

---

35) 위의 『라훌라 사모곡』 pp. 193-194.

었지만, 대화는 전혀 엉뚱한 것이었다.

　　최영환 선생이 허백련 선생에게서 가져온 자금이 생각보다 많았다는 이야기를 했고, 독립운동 자금을 걷는 데 동지들이 보다 열성적으로 임해주어야 하겠다는 말을 누군가가 했다. 나는 비로소 내가 운반해 주고 있는 편지봉투 묶음이 독립운동 자금이라는 것을 알았다.[36]

이렇듯이 박광은 광주, 대구 등에서 모금된 독립자금을 만해에게 전달했다. 그렇다면 만해는 전달받은 그 돈을 어떻게 하였을까? 혹시 임시정부에게 전달하지 않았을까? 이에 대한 종합적 연구도 후학의 손을 기다린다. 필자는 만공 - 만해 - 김구의 독립운동 자금 루트에 대한 문제를 연구, 기고한 바 있다.[37] 이런 구도에 박광의 채널이 새롭게 추가되는 셈이다.

　　한편, 1942년 무렵 만해가 신채호의 유고를 모아 유고집을 간행하려 했던 비사가 있었다. 그 비사에 연관된 인물로 다솔사 주지인 최범술과 함께 박광, 신백우가 거론된다.[38] 이 내용은 『한용운전집』(6권)의 「만해가 남긴 일화」에 나오지만,[39] 필자는 아직 그에 대한 직접적인 근거 자료는 찾지 못하였다. 최범술은 만해에 대해 회고하면서 자신이 그 심부름을 했다고 증언하였으나,[40] 박광이 연관되었다는 이야기는 남기지 않았다.

　　한편, 박광이 1944년 6월 만해가 입적할 때까지 만해와 밀접한 소통을 이어 갔음을 만해 딸의 증언에서도 찾을 수 있다.

---

36) 위의 책, p.212.
37) 김광식 「만공·만해·김구의 독립운동 루트」 『대각사상』 31, 2019.
38) 고은 『한용운 평전』 선연, 2004, p.379. 필자도 고은의 이 설을 따라 『한용운』 (독립기념관, 2015), p.218에서 박광이 개입되었다고 서술하였다.
39) 『한용운 전집』 권6, 신구문화사, 1973, p.378.
40) 최범술 「철창철학(鐵窓哲學): 만해선생으로부터 듣고 본 것 중에서」 『나라사랑』 2, 외솔회, 1971, p.86.

지금도 생각하면 몸서리쳐지는 일경(日警)들의 감시하에서 외출을 마음대로 못하시고, 아버님을 찾아뵈러 오시던 손님들까지도 집 주위에 숨어서 지키던 일경에게 억제를 당하고, 문전까지 오셨다가 되돌아가시던 여러 친구분들의 침통해하던 모습이 지금도 눈에 선합니다. 그때 아버님께서는 3·1 독립만세 이후로 갖은 옥고를 다 치르시고 그 뒤로 병객이 되셔서 집에 기거하시던 때임에도, 작고하실 때까지 항상 불안 속에서의 생활이, 그때 어린 저의 가슴에도 분통이 터질 노릇이었습니다. 그렇게 엄한 감시 속에서도 일경의 눈을 피해 간간이 찾아오시는 손님도 계셨습니다. 지금은 이미 고인이 되신 송만공(宋滿空) 스님이나 또는 지난해에 작고하신 박광(朴洸) 선생님 같은 분들께서 오시면 약주상을 가운데 놓고 허심탄회, 시간 가는 줄 모르시고 밤을 지새우며 환담을 나누시던 일들이 환히 떠오릅니다.[41]

이렇게 박광은 일제의 감시를 이겨내고 송만공(수덕사)처럼 만해를 찾아가서 시국에 관한 대화를 하는 도반이었다. 그렇다면 박광은 당연히 불교 신도 혹은 불교에 우호적인 인물임이 분명하다고 본다.

만해는 1944년 6월 29일 입적하였다. 박광은 당연히 만해의 장례를 주관하고, 그 뒤처리를 하였다.[42] 여기에서 만해 입적 직후 박광의 소감을 제시한다.

故 愛國志士 萬海 韓龍雲 先生은 나의 師友를 兼한 唯一의 同志였다. (중략) 甲申年 五月, 先生의 喪을 당하니 때는 日帝의 釗戰中이라 火葬後 저 忘憂里 一角에 權0하고 韓龍雲之墓라는 一片石 標植뿐으로 마쳤다. 이미 故人이 된 둘도 없는 同志를 永遠히 離別하고 돌아서는 나의 傷心은 九曲이 끊어지는 오

---

41) 한영숙 「아버지 만해의 추억」『나라사랑』 2집, 1971, pp.90-91.
42) 정광호는 김관호와 박광이 만해의 임종을 지켜보았다고 주장했다. 정광호 「만해 한용운 ⑬」〈대한불교〉 1970. 11. 1, p.3.

咽이 복받치고 四面이 캄캄한 듯하였다.[43]

그리고 가까운 거리에서 장례식 현장을 목격한 조종현과 김관호의 회고
담을 들어보자.

평소에 선생을 경모하던 정인보(鄭寅普), 이인(李仁), 김병로(金炳魯), 김관
호(金觀鎬), 박광(朴洸) 등 지기지우며, 후배들이 홍제동 화장장에서 다비를 받
들었다. (조종현)[44]

내가 또 한 번 방응모 사장을 보고 감격했던 것은 韓龍雲 선생이 돌아가시고
난 뒤의 일이었다. 그때 이갑섭을 데리고 직접 오셔서 그때 돈 3백 원을 슬며시
내놓으셨다. 내가 눈물을 흘리며 부의금으로 기록했던 기억이 지금도 생생하
다. 쌀 10가마가 1백 원이었던 것으로 기억된다. 그런데 3백 원을 내놓으셨다.
당장 현금 10원이 없던 차에 이 거액은 우리를 놀라게 했다. 우리라는 것은 한
용운 선생의 장례를 치른 김용담 박광 김적음 이춘성 그리고 나 이렇게 다섯을
말한다. (김관호)[45]

만해 입적 후, 박광은 만해 자료를 보관하는 책임을 지게 되었다.

初終을 마친 뒤에 몇 사람 家族이 있지마는 나의 周圍空虛에서 自薦的으로
故人의 遺稿를 수습하여 발길을 돌리였으나, 그때 浮草 같은 내 身世는 無去處
之茫茫이었다. 一路 南下하여 그 遺稿 보따리를 어떤 旅舍에 맡겨 두었다가 八
·一五 解放聲을 듣고 다시 둘러메고 서울에 왔으나 貧弱한 비용으로 數三朔을

---

43) 朴洸 「序文」『한용운연구』통문관, 1960.
44) 조종현 「불교인으로서의 만해」『나라사랑』2집, 1971, p.51.
45) 『계초 방응모전』조선일보사, 1980, p.121.

지내노라니 일은 조금도 推進이 없었고 徒勞無益이더니 뜻밖의 六·二五를 만나 폭풍우 만난 露店人같이 도루 싼 보따리를 北으로부터 避亂온 家兒의 집에 맡겨 두었던바 亂離가 壓迫하니 家兒가 겨우 單身으로 또 率先 南下하니 보따리만 집을 지키고 있던 中 連絡將校 朴元憲 君에게 부탁하였더니 보따리는 大邱로 옮겨졌다. 보니 몇 部分만 없어졌으나 그만함도 千幸이라 朴君의 手苦는 致賀치 않을 수 없다. 還都時 나와 보따리는 同行하여 또 서울로 왔다.[46]

즉 1945년 해방 이전 만해의 자료는 박광이 보관하고 있었다. 그런데 여기에서 언급하고 있는 만해 자료를 일시적으로 보관한 남쪽의 어떤 '여사(旅舍)'는 어느 장소를 말하는지 알 수 없다. 그리고 이북에서 피난 온 집과 대구도 확인해야 한다. 결국 그 자료는 해방, 6·25전쟁을 거치면서 서울에서 대구로 이전되었다가, 다시 서울로 옮겨가는 우여곡절을 겪으면서 일부는 분실되었지만, 대부분은 온전하게 박광이 보관하였다.

4. 만해 한용운 전집 출간과 박광

8·15 해방 직후, 불교계에서는 만해를 기리는 제사를 1946년 5월 8일, 현 조계사 대웅전에서 열었다. 그리고 1주일 후, 만해 제자 및 지인들은 망우리의 만해 묘소를 참배하였다. 이는 만해의 제자들이 살아 있었고, 그들이 불교 교단의 간부였기에 가능하였다. 이런 모임에 박광도 참여하였음은 물론이었다.[47] 그때 만해의 후학들은 '만해 유고간행회'를 조직하였다. 이에 대한 최범술의 회고를 우선 소개한다.

---

46) 朴洸 「序文」 『한용운연구』 통문관, 1960.
47) 『신생』 7월호, 1946, pp. 24-26, 「萬海先生 山所 參拜記」. 이 잡지의 p. 25에는 당시 참가한 인물의 서명부가 사진으로 전하는데, 그중에 '박광'이라는 서명이 보인다.

해방이 된 이듬해인 1946년 5월 8일 佛教總務院 太古寺 법당에서 선생의 遺業을 기르며 一週忌를 치르게 되었다. 이 자리에서 김법린, 박광, 박윤진, 허영호, 장도환, 박근섭, 박영희, 김관호, 필자 등은 선생의 遺稿刊行會를 조직하고 당시 最長年者인 朴洸 선생이 위원장이 되었고 모든 문집은 박광 선생이 보관하기로 하고 모든 위원들은 문헌이 모이는 대로 朴 선생께 맡겼던 것이다. 이렇게 진행되는 도중 6·25로 말미암아 이 사업은 중단되고 말았다. [48]

그런데 최범술은 다른 기록에서 그 간행 추진의 내용을 약간 다르게 회고하였다. 만해 추모 행사(大朞)를 끝내고 1948년 5월, 만해의 제자들은 모임을 갖고 만해전집 간행을 추진하였다는 것이다. 이 내용은 효당 최범술의 회고에 나온다.

일찍이 선생의 훈도(薰陶)를 받은 문하(門下) 후학(後學)들이 선생의 대기(大朞)를 끝낸 一九四八년 五월, 만해 한용운 전집 간행 추진회를 조직하는 데 뜻을 모으게 되었습니다. 그때 모인 사람은 박광(朴洸)·박영희(朴瑛熙)·박근섭(朴根燮)·김법린(金法麟)·김적음(金寂音)·허영호(許永鎬)·장도환(張道煥)·김관호(金觀鎬)·박윤진(朴允進)·김용담(金龍潭) 제씨와 본인이었습니다. [49]

1946년은 유고간행회, 1948년은 전집간행회가 조직되었다는 것이다. 어쨌든 만해전집이 제자들에 의해 추진되었는데, 그 책임자가 박광이었

___

48) 최범술「만해 한용운 선생」『신동아』75호(1970. 11), pp. 314-315 ;『효당 최범술 전집』 1권, p. 404. 그는 이 글에서 발기 시점을 1946년이라고 했는데, 지금으로서는 1946년 과 1948년 중에서 신빙성이 있는 해를 단정하기 어렵다. 1946년에 발기는 하였으나, 본격적인 출범은 1948년이 아닌가 한다. 또한 1946년의 추모제를 일주기라고 표현하였는바, 선생의 1주기는 원래 1945년에 치렀어야 하지만 일제 치하여서 치르지 못한 까닭에 1946년의 추모제를 1주기라고 표현하지 않았나 생각된다.
49) 崔凡述「간행사」『한용운전집』1권, 신구문화사, 1973.

다. 그러나 6·25전쟁, 사회적 격변 등으로 인해 박광은 전집 발간을 완료하지는 못했다. 그래도 그는 만해 자료를 보관하여 출간을 추진하였다. 그 무렵, 박광이 통도사의 경봉 스님을 찾았다는 기록이 있다.

이달 초승께 부산에 볼일이 있어서 내려간 것은 온전히 고 만해 선생이 남긴 저술을 발행하는 일로 간 것인데 선사와 함께 구경법(究竟法)을 한번 토의하고자 귀사의 청정 경계를 둘러보고 세속의 때도 씻으려 했는데 운수 간에 서로 교류함을 얻지 못했으니 숙연이 만날 인연이 되지 못해서입니까.

돌아와서 경결(耿潔)히 풀지도 않았는데 존함을 받아보니 만나 뵙지 못한 이야기들이 적혀 있는 것을 보니 선가에서도 정겨움을 훨훨 벗어 버리진 못한 모양입니다. 허허.

듣자니 근일 상경하신다 하니 자리를 쓸고 닦고 기다리겠습니다. 남은 말은 대면해서 하고 이만 줄입니다. 4월 21일[50]

이 편지에 의하면 그는 만해전집의 발간 문제로 부산에 갔었다. 그에 대한 구체적인 내용은 알 수 없다. 그때 그는 만해와도 인연이 많은 통도사 선승인 경봉을 만나러 통도사 극락암에 갔으나 만나지는 못하였다. 나름대로 발간 노력은 하였지만 성과를 거두지 못한 그는, 자신의 한계를 파악하고 후학에게 그 임무를 넘겼다. 자료 인계를 받은 이는 효당 최범술이다. 최범술은 만당 당원이었고, 제헌국회 의원과 해인사 주지를 역임했으며, 만해를 따르던 인사였다.[51] 그래서 박광은 1950년대 초에 자료 일체

50) 석명정 엮음 『삼소굴 소식』 통도사 극락선원, 1997, p.431, 「박광 거사가 경봉 스님에게」. 원 편지는 순 한문인데, 번역된 글이 제시되어 있기에 번역문을 인용한다.
51) 김광식 「만해와 효당, 그리고 다솔사」 『우리가 만난 한용운』 참글세상, 2010; 김광식 「다솔사와 항일 비밀결사 卍黨 – 한용운, 최범술, 김범부, 김동리 역사의 단면」 『불교연구』 48, 2018.

를 최범술에게 넘겼다.

그러나 나의 無能으로 인하여 五個歲月이 지나도록 보따리는 입을 열지 못한 채 있다가 三年前 早春에 生前에 骨肉과 같이 아끼던 崔雅 凡述에 遺稿 一切를 傳促과 함께 맡김에 있어 崔雅의 自發的 忠意는 辭色으로 넉넉히 알고도 남음이 있었다.[52]

이렇게 만해 자료 일체는 최범술이 보관하게 되었다. 그런데 1958년[53] 무렵, 조지훈의 지도를 받던 고려대 국문과 팀이 전집 발간 작업을 계획하고 박광, 최범술과 접촉하였다. 그렇게 해서 전집간행위원회가 재구성되었다. 간행위원회의 책임자가 누구인지는 분명하지는 않았다. 박광은 위원[54] 및 위원장으로[55] 잔류하였으나, 발간 책임과는 거리가 있었다. 전집 원고의 정리는 조지훈이, 재정 및 사무는 최범술이 담당하기로 하였다. 자료수집을 시작한 고려대 국문과 팀의 작업은 1958년 7월부터 본격화되었다. 그 당시에 고려대 학생으로서 실무를 담당하고 후에 고려대 국문과 교수를 역임한 인권환은 말년에 그 일을 다음과 같이 기억하였다.

그해 7월 초순께로 기억한다. 수업을 받는 짬짬이 학교 중앙도서관에 출입하면서 일제시대의 신문과 잡지 등을 검색하며 만해의 글을 찾아내어 목록을 작성하던 우리에게 지훈 선생에게서 다시 만나자는 기별이 왔다. 즉시 연구실로 찾아뵈었더니 선생께서 하시는 말씀인즉 만해와 동고동락하며 아주 가까이

---

52) 위의 「서문」.
53) 그 시점은 애매하다. 혹자는 1957년이라고도 한다.
54) 간행위원은 문영빈, 문후근, 박광, 조지훈, 이철우, 인권환, 박노준, 서정기, 임종국, 이화형, 이기서, 변영빈, 박일 등이었다고 한다. 위의 최범술「만해 한용운 선생」참고.
55) 김광식『한용운 연구』동국대 출판부, p.421.

지내던 분이요, 또한 숨은 지사인 남정(南丁) 박광(朴洸, 작고) 선생께서 종로구 견지동(안국동 네거리와 화신백화점 중간에 있는 동네)에 생존해 계시다는 소식을 들었으니 그분을 찾아뵈면 뜻밖의 소득이 있을 수도 있다는 정보였다. 우리 다섯 명은 지체하지 않고 남정 선생댁을 방문하였다. 이쪽 학생들의 얘기를 들은 남정께서는 낙루(落淚)까지 하시면서 이런 감격스럽고 고마운 일이 어디 있느냐며 우리의 손을 덥석 잡으시는 것이 아닌가. 그때 그분의 연세는 팔순(八旬)을 앞두고 있을 때였다. 이제야말로 지훈의 지도를 받고 있는 뜻있는 청년학생들을 만나 자신의 둘도 없는 벗인 만해의 전집을 출간하게 되었으니 이 얼마나 경사스러운 일이냐면서 연방 좋아하시는 것이었다. 우리 일행은 금세 눈치를 챘다. 이분에게 틀림없이 많은 자료가 있구나 하는 판단이 스쳐 갔다. 그래서 '실인즉 기뻐하고 감사할 사람은 우리 쪽입니다'라고 말하고 싶은 심정이었다.

사실이었다. 저간의 경위를 들어보니 만해께서 남긴 발표, 미발표의 대부분 자료를 만해 사후 그분이 모아서 간수하고 있다가 한때 6·25동란 통에 분실될 위기도 맞았으나 다행히 잘 모면하고, 이제 살 날이 얼마 남지 않았으므로 그 모든 자료를 만해의 제자인 효당(曉堂) 최범술(崔凡述, 당시 50대 중반, 제헌 국회의원과 해인사 주지 및 해인대학장 역임, 작고) 선생에게 맡겨 놓았으니 급히 가보라고 재촉하는 것이었다.[56]

고려대팀들은 이처럼 1958년 7월경 박광을 만나 만해 자료 일체가 최범술에게 넘어갔다는 사실을 파악했다. 이 내용은 박광의 회고에도 나온다.

意外에도 그해 八月 初에 高麗大學生 林種國, 李和衍, 李起埜, 朴魯埻, 印權煥의 五名이 찾아와서 萬海 韓龍雲 先生에 對한 硏究를 하는데 아는 대로 일러

---

56) 인권환 「한용운전집과 고대문학회」 『고대교우회보』 2010. 12. 29; 김광식 『한용운 연구』 동국대 출판부, pp. 419-420.

달라기에 韓先生 別世 後 十四年 經過中 처음 일이라, 넘치게 반가워서 大槪 要領만으로 부족하여 先生의 遺稿가 방금 桂洞 崔雅에게 있으니, 그를 보면 더 ○細할 것이고, 또 遺稿를 一覽하면 말 以上으로 實證이 明白하리라 하였더니 그 一行이 一去相面에 主客이 原稿 整理에 合議되어[57]

즉 고려대 팀은 박광을 만나서 원고 정리를 하기로 하였다. 그 이후 고려대 팀은 최범술을 찾아가서 자료 열람 및 제공, 만해전집 발간에 대한 기본 합의를 하였다. 이처럼 박광은 자신이 추진하지 못한 일을 담당한 고려대 젊은 학생들의 행보에 대해 환대를 하고 높은 평가를 하였다. 그래서 그는 그 전집 발간에 대한 정보를 자상하게 알려주고 간행위원으로 활동하였다.

그러나 그가 배려한 고려대 팀은 만해전집의 출간을 성사시키지는 못하였다. 4·19, 5·16 등의 돌발 사태, 그런 격변에 연관된 조지훈의 번잡함, 출판사로 내정한 통문관의 문제[58] 등이 복합적으로 어우러지면서 출간을 하지 못하였다. 만해전집은 그로부터 한참 후인 1973년에 신구문화사에서 전 6권으로 출간하였다. 그런데 박광은 1970년에 별세하여 그가 고대하고 염원하였던 만해전집의 출간은 보지 못하고 영면하였다. 그 이후 (2006) 만해전집의 실무를 담당한 고려대 교수 인권환은 만해전집 편집위원 명단에 박광과 조지훈이 누락된 것에 강한 아쉬움을 피력하는 회고를 남겼다.[59]

박광은 말년에도 만해의 유족(부인, 딸)과는 교류하였을 것으로 보인다. 심우장의 비사에서 그 실마리를 엿볼 수 있다. 만해의 거처였던 심우장은 만해 유족의 생활이 곤궁하여 1952년에 타인에게 매도되었다. 나중에 매

---

57) 위의 「서문」.
58) 편집에 대한 이견과 경비 문제였다.
59) 위의 인권환 「한용운 전집과 고대문학회」 『한용운연구』 p. 427.

도를 후회한 유족이 다시 인수하려고 하였으나, 매수인이 거부하였다. 이에 만해의 제자인 김법린과 유족이 국가재건최고회의에 진정서를 냈다. 일간지에 보도가 되고 여론이 악화하자 1962년에 만해 유족에게 인수되었다. 이런 사연이 〈동아일보〉에 보도되었는데, 그중 박광에 대한 내용이 다음과 같이 나온다.

> 한용운 씨와 생전에 친교가 두텁던 박광 씨의 말 "돈이 문제가 아니라 고인이 말년을 지내던 곳이라 기념물로 영구 보존하고자 여러 번 교섭했다. 계약금을 반환하고 해약을 하려 해도 박씨 측에서 응하지 않았다."[60]

이렇듯이 박광은 만해와의 인연으로 만해 사후, 그를 기리는 일에 적극 나섰다. 그러나 이런 사실은 지금껏 만해 관련 연구에서 전혀 언급되지 않았다.

박광은 1970년 3월 4일 별세한 것으로 국가보훈처의 기록에 나온다. 그가 별세하기 직전인 1970년 2월 말경, 서울의 파고다 공원에 만해 한용운 비석이 세워졌다. 보도기사에 의하면[61] 그 비석 건립추진위원회의 고문으로 박광과 이청담이 나온다. 이청담은 조계종의 종정, 총무원장을 역임한 고승이다. 건립추진위원장은 박광이 편지를 보낸 바 있는 통도사 출신의 경봉이었다. 요컨대 박광은 비석 건립에도 관여하였던 것이다. 그러나 어느 정도 관여하였는지는 전하지 않는다. 그런데 이 비석 건립 추진을 시작하였던 1966년 중반의 보도기사(취지문 광고)에 의하면 그는 추진위원회 부위원장으로 나온다.[62] 추진위원회와 대등하게 그의 활동이 소

---

60) 〈동아일보〉1962.7.20, 「오늘의 화제: 주인 못 찾는 심우장 – 한용운씨 유족이 뺏겼다고 요로에 진정」.
61) 〈대한불교〉1970.3.1, 「용운대선사비 건립 – 3·1절 기해 파고다공원에」.
62) 〈대한불교〉1966.6.19, 「취지문」; 김광식『춘성 – 만해제자·무애도인』중도기획, 2014,

개되었던 정황을 보면[63] 그는 적극적으로 참여한 것으로 보인다. 현재로서는 구체적인 관여 내용을 단정할 수는 없지만, 당시 부위원장이 조명기(동국대 총장), 박광, 박종화(문인협회 이사장, 소설가), 이한상(대한불교 사장)으로 나오는 것을 보면 그는 각 분야 원로의 자격으로 이름을 올려, 실무보다는 상징적인 역할을 맡았을 것이다. 만해의 동지로서 만해 비석 건립에 참여하였음은 당연한 행보였다. 또한 그는 1960년대 중반, 만해 추도식을 주선하였다는 기사를 볼 때[64] 만해에 대한 애정이 각별하였음을 알 수 있다.

이렇듯이 박광 그는 독립운동가로서 만해와 지극한 인연을 맺은 특별한 인물이었다. 그럼에도 불구하고 지금껏 그에 대한 조명, 연구가 미진한 것은 이해할 수 없다. 이에 대한 연유는 다양한 측면에서 거론할 수 있지만, 그 자신이 스스로의 공로를 내세우지 않았던 겸양지덕에서 비롯된 것이 아닌가 한다. 이와 관련하여 박광의 손자(박인용)는 필자에게 다음과 같이 증언하였다.

저의 할아버님은 당신의 공로와 치적을 저희에게 한 번도 말씀하지 않았습니다. 할아버님은 오로지 당신이 마땅히 할 일을 하신 것이라는 입장이었을 것입니다. 만약 할아버님이 지금 살아 계셨다면 당신에 대한 책을 내거나 논문을 쓰는 것, 그리고 국가유공자로 신청하는 것도 못하게 하셨을 것입니다.

저는 평양에서 태어나 살다가, 6·25전쟁 때 1·4 후퇴 때 서울에 내려와서 할아버님을 처음 만났습니다. 그로부터 20여 년을 서울에서 만나 뵙고 그랬습니

---

p.403. 〈동대신문〉 297호(1966.8.6)의 「한용운사 기념사업회 – 결성준비위 구성」 기사에도 '한용운 선생 기념사업회' 발기 준비위원회의 상임위원(12인)으로 선출되었다고 나온다.

63) 〈대한불교〉 1966.6.13, 「故 萬海韓龍雲師 21회 추도식 – 기념사업회, 박광씨 주선」 기사 참고.

64) 위의 기사.

다. 그래도 저희에게 당신의 독립운동이나 만해 한용운 선생에 대한 말씀을 한 번도 하시지 않았어요. 아주 냉정하신 분이었습니다. 저희는 무서워서 할아버님 근처에 잘 가지 않았어요. 피하고 그랬지요. 창경원 근처인 원서동에서 할아버님은 할머니와 함께 따로 사셨습니다. 예전에는 저희 할아버지와 같이 국가와 민족을 위해 희생, 헌신하신 분들이 많았습니다. 그러나 지금은 세태가 바뀌어서 그런 생각을 갖고 있는 사람이 없어요.[65]

이와 같이 그는 자신의 독립운동을 후손에게도 이야기하지 않았던 고결한 인사였다. 그에 대한 연구 부족은 불교계의 빈약한 역사의식 탓이라고 할 수도 있다. 그래도 만해학의 구도에서 만해와 관련한 그의 생애를 뒤늦게나마 이 정도라도 서술할 수 있게 된 것을 다행으로 여긴다.

5. 결어

지금까지 만해 한용운의 동지였으며, 만해 한용운 자료를 보관하여 『한용운 전집』을 출간할 수 있도록 배려한 박광에 관한 내용을 정리하였다. 요약하면 다음과 같다.

첫째, 박광은 1910년대에서 1920년대 중반까지 대동청년단 결성, 임시정부 후원, 의열단 참가 등의 독립운동을 한 독립지사였다. 그래서 그는

---

65) 2019년 5월 9일, 서울 현대백화점 5층 식당가에서 손자(박인용: 연세대 의과대학 명예교수, 전문의, 1935년생) 증언 청취. 박광은 두 아들을 두었다. 첫째는 박암이고, 둘째는 박소암이었다. 박암은 일제하에서는 만주에 있다가 6·25전쟁 때 정부가 부산으로 피란한 시절에는 외무부 차관을 역임하였다. 그는 미국으로 이주했다. 박소암은 신의주 고보를 나와 세브란스 의전에서 수학한 의사였다. 그는 평양기독병원에서 의사를 하다가 1941년에 병원을 개업하였다. 필자가 만난 박인용은 박소암의 첫째 아들이다.

국가유공자로 포상을 받았다.

둘째, 박광과 만해와의 인연의 시작은 알 수 없으나 1930년대 초반 무렵부터 서울에서 교류가 이루어졌다. 그 교류에는 언론인이었던 문일평도 포함되었다.

셋째, 박광과 만해는 민족의식을 공유한 동지로서 심우장에서 교류하였고, 많은 역사를 함께 만들었다. 그 역사에는 김동삼 장군 장례식, 청량사에서의 만해 회갑, 심우장에서의 대담 등이 포함된다.

넷째, 박광은 1940년 전후 시점에는 대구를 근거지로 활용하면서 경상도, 전라도 등 지방에서 모금된 독립운동 자금을 만해에게 전달하였다. 그 자금 전달에는 해인사 출신으로 만해의 지도를 받던 비밀결사체인 만당의 당원이었던 최범술, 그리고 김일엽의 아들인 김태신의 도움이 있었다. 그래서 만해-최범술-박광으로 이어진 독립운동 자금의 전달 루트를 밝힐 과제가 우리에게 주어졌다.

다섯째, 박광은 만해 입적 직후부터 1950년대 중반까지 만해 자료를 보관하며, 만해전집을 자신의 책임하에 출간하려 했다. 그러나 전집 출간을 성취하지 못하고, 자료를 최범술(제헌 국회의원, 해인사 주지, 해인대 이사장 역임)에게로 넘겼다. 그 직후 고려대 조지훈 팀에서 만해전집을 추진하자 적극적으로 지지하고 후원하였다. 그리고 심우장 보존, 탑골공원의 만해 비석 건립 등에 앞장서기도 했다.

제2부
한용운의 제자들

경봉_백성욱_조종현_김어수
강석주_화산_허영호_박영희
조영암_김법린

제4장_경봉

만해의 민족불교 사상을 기리고 본받다

1. 서언

한국 근현대의 시공간에는 국가, 민족, 불교, 중생을 위해 헌신함으로써 불멸의 삶을 간 고승이 적지 않았다. 그런데 그 고승에 대한 이해, 연구, 전승 등에 대해서는 여러 요인에 의해서 차별적인 현상이 일어났다. 어떤 경우에는 과장, 지나침 등으로 전승되기도 하고, 간혹은 역사의 자취에서 지워지고 잊히는 경우도 있다.

이런 전제하에 본 고찰의 대상 인물인 경봉 선사(鏡峰, 1892~1982, 이하 경봉으로 약칭)는 근현대 불교의 공간에서 90년을 생존하고, 치열하게 활동하였다. 따라서 그의 삶 자체가 한국 근현대 불교라 볼 수 있다. 그동안 경봉의 이해를 위한 자료집 발간과 대중적인 글쓰기는 심화되었지만,[1]

---

1) 『法海 - 경봉대선사 법어』 극락호국선원, 1975 ; 『경봉 스님 말씀』 극락호국선원, 1975 ; 『야반 삼경에 대문빗장을 만져 보거라』 여원출판국, 1976 ; 『禪門墨一點』 극락호국선원, 1977 ; 『續 法海 - 경봉대선사 법어』 극락호국선원, 1979 ; 『圓光閒話』 호국선원, 1979 ;

학문적 측면에서 연구는 미진하였다. 법손인 정도와 최두헌이 연구를 수행하였지만, 경봉의 위상에 비추어보면 미흡하다고 할 수밖에 없다.[2] 결과적으로 경봉의 조계종 역사 및 근현대 불교사에서의 위상, 정체성, 사상 등의 측면에서는 부족한 면이 많다.

위와 같은 전제와 배경에서 필자는 경봉의 삶에 나타난 민족사상을 한용운과의 관련성을 중심으로 집중적으로 거론

경봉(鏡峰, 1892~1982)

『火中蓮華 消息』미진사, 1984 ; 『三笑窟 日誌』극락선원, 1992 ; 『(경봉 큰스님의) 야반삼경에 문빗장을 만져 보거라』밀알, 1992 ; 김현준 『바보가 되거라』효림, 1993 ; 『삼소굴 소식』극락선원, 1997 ; 정찬주 『야반삼경에 촛불춤을 추어라』(소설, 전 2권), 김영사, 2006 ; 정찬주 『크게 죽어야 크게 산다』김영사, 2011 ; 『三笑窟』(전시도록), 통도사 성보박물관, 2012 ; 『三笑窟 香聲』(사진집), 영축총림 통도사 극락선원, 2012 ; 김광식 『청백가풍의 표상 – 벽안스님의 수행과 가르침』벽안문도회, 2012.

2) 정도 『경봉선사 연구』운주사, 2013 ; 최두헌 『鏡峰靖錫의 漢詩 연구』맑은소리 맑은나라, 2018 ; 정도 「경봉선사의 선사상 일고」『보조사상』30집, 2008 ; 정도 「경봉선사의 사상적 교류 고찰」『보조사상』32집, 2009 ; 정도 「경봉선사의 선사상」『한국선학』33집, 2012 ; 정도 「한암과 경봉의 오후보림에 대한 연구」『한국선학』39집, 2014 ; 정도 「지눌과 경봉의 看話에 대한 이해」『한국사상과 문화』83집, 2016 ; 강석근 「경봉 정석 선사의 오도송과 승려 교유시」『한국시가연구』42집, 2017 ; 최두헌 「경봉 정석의 화엄산림과 오도시」『동아시아 불교문화』25집, 2016 ; 정도 「詩를 통한 경봉의 오후보림과 점검」『동아시아 불교문화』31집, 2016 ; 김광식 「한용운과 김경봉 – 사제이자 동지인 아름다운 인연」『우리가 만난 한용운』참글세상, 2010 ; 김광식 「경봉의 수행·교화·불법수호의 원융상」『대각사상』15집, 2011 ; 김광식 「경봉, 자생적인 불교 근대화의 전범」『불교 근대화의 이상과 현실』선인, 2014.

하고자 한다. 경봉의 연구에는 불교적인 측면, 통도사에서의 활동 등 다양한 시각의 접근이 가능하다. 이 글에서는 경봉의 민족사상을 다음과 같은 측면에서 살피고자 한다.

첫째, 경봉이 살았던 시공간은 한국이 일제의 식민지가 되어 국권을 빼앗긴 때였다. 당시의 승려들도 민족과 국가를 생각하지 않을 수 없었음을 뜻한다. 둘째, 경봉의 삶과 고뇌는 식민지 상황을 벗어나려는 움직임과 무관할 수 없다. 그도 민족의 독립을 열망하였을 것이고, 가장 중요한 화두이기도 했을 것이다. 셋째, 경봉의 활동에는 민족지사(장지연, 한용운 등)와의 인연이 많았다. 그래서 필자는 경봉이 말년에 극락선원을 호국수도원(護國修道院)으로 전환을 표방하면서, 그 취지서에서 "창생을 제도하고 국가를 수호하는 양책을 위하여 오직 고상원만한 인격자를 길러내겠다"는 포부를 밝힌 것이[3] 결코 우연이 아니라고 본다.

요컨대 이 글에서 필자는 경봉의 삶에 나타난 민족사상의 내면을 탐구하되, 만해 한용운과의 관련성을 통해 그 진실에 접근하고자 한다. 이를 통해 지금껏 연구되지 않은 경봉의 민족사상을 이해, 평가할 수 있는 기반을 구축하고자 한다. 이 글이 경봉의 삶과 사상, 근현대기 통도사의 역할, 민족불교 등에 대한 새로운 이해에 도움이 되기를 기대한다.

2. 경봉의 삶과 민족불교의 다면성

1) 장지연과의 인연

경봉은 1907년 통도사에서 입산, 출가하였다. 출가한 그는 사미계를 받고, 통도사가 세운 근대적인 보통학교인 명신학교에서 수학하였다. 그리

---

3) 김광식 「경봉, 자생적인 불교 근대화의 전범」『불교 근대화의 이상과 현실』 선인, 2014, pp. 248-249.

고 1912년부터는 통도사 불교전문강원에서 3년간 수학하였다. 강원을 졸업하고, 잠시 통도사 종무소의 서기로 행정 업무를 보았다. 이 무렵 그는 일본 유학을 가고자 하였으나, 은사(성해)가 허락하지 않았다. 1915년에는 통도사를 떠나 제방 선원에서 참선 정진하였다. 1916년 통도사로 돌아온 경봉은 안양암에서 서해담 율사로부터 집중적인 공부를 하였다. 증곡 해담(曾谷海曇)은 선, 경전, 율장에 해박한 율사였기에[4] 경봉은 그에게서 다양한 불교 사상을 배울 수가 있었다.

그러나 경봉은 안양암 해담 율사로부터의 학습을 6개월 만에 중단해야만 했다. 통도사 산중회에서 그를 마산포교사로 발령을 냈기 때문이었다. 그래서 경봉은 26세 때인 1917년, 통도사를 떠나 마산포교당으로 부임하였다. 이로부터 2년간 청년 포교사로 명성을 떨친 경봉은 마산포교당에서 불사도 일으키고, 법문도 열심히 하였다. 특히 거리에서 행했던 행방포교는 그의 명성을 널리 알렸다.

경봉은 마산포교당 시절, 민족지사인 장지연(1864~1921)과 귀중한 인연을 맺을 기회를 얻었다. 장지연은 주지하는 바와 같이 을사늑약으로 한국이 일제에 외교권을 박탈당하자, 1905년 11월 20일 자 〈황성신문〉에 「시일야방성대곡」이라는 논설을 기고하여 민족적 울분을 표출한 항일 언론인이었다. 장지연은 1913년 진주에서 마산으로 이주하여 은둔하면서도 기고 활동을 지속하였다. 바로 이때 경봉이 마산포교당의 포교사로 활동을 하였다. 추측하건대 장지연은 마산포교당에 왕래하면서 경봉의 법문을 들었을 것이다. 이에 대한 정황은 『경봉대선사 법어집: 야반삼경에 대문빗장을 만저 보거라』라는 자료집에 그 관련 내용이 나온다. 우선 경봉이 마산포교당 근무 시절의 감회를 번역된 문장으로 들여다본다.

---

[4] 그는 1929년 7명의 교정 중 한 분으로 선출된 고승이다. 그런데 아직 그에 대한 연구 논문이 없다. 통도사 율원의 관심이 요청된다.

마산포교당

우담발화 꽃 핀 지가 몇 해나 되었나

蒼生을 제도하여 세상을 경계하네

사자후 하는 바위 앞에 푸른 뫼가 우뚝하고

龍이 우짖는 바다 위에 흰 구름 떴네

보배 칼날 찬란하니 마음에 두려움 없고

지혜의 달이 영롱하니 흥이 사라지지 않네

하늘같이 높은 燭浪 뉘라서 헤어나겠나

야밤중에 해가 떠서 강가에 내려오네[5]

경봉은 마산에 머물면서 장지연과 많은 인연을 갖게 되었을 것이지만,
그에 대한 자료나 구술 증언 등의 기록이 많지 않은 형편이다. 그런 가운
데 다음에 소개하는 한시는 경봉이 장지연에게 지어준 것이어서 그 가치
가 더욱 돋보인다. 한글 번역으로 소개한다.

장지연 居士 元韻

합포성 서쪽 鶴領엔 가을이 오네

포교당 높이 짓고 禪院을 열었네

숲 사이 돛단배 연기 속에 떠나가고

하늘가 산봉우리 물 위에 어리네

깜박이는 등 스러지는 향연 스님은 定에 들고

범종 소리 그치자 객의 꿈이 깨었네

둥글고 둥근 동방의 밝은 달

---

5) 고원명정『鏡峰 大禪師 法語集: 야반삼경에 대문 빗장을 만져 보거라』여원출판국,
   pp. 79-80.

우담화 피듯 오대주를 두루 비추소[6]

이 내용을 유의해서 살피면 경봉이 장지연을 아주 높이 평가하였음을 알 수 있다. 마지막 2줄에 나오는 "동방의 밝은 달(東方月)"과 "우담화 피듯 오대주를 두루 비추소(遍照曇花五大洲)"라는 구절은 장지연을 상징하고, 그의 활약을 기대하는 것으로 생각되기 때문이다.

경봉은 1919년 가을 무렵 마산을 떠나, 통도사 말사인 내원암의 주지로 가게 되었다. 이때, 장지연은 떠나는 경봉에게 석별의 정을 나누는 글월을 지어 보냈다.

嵩陽居士 韋庵 張志淵 和贈曰 鏡峰尊師 歸內院庵 幷小序

경봉 선사는 통도사의 큰스님(尊師)이다. 그 성품은 단아하고 학식이 해박하여 시 잘 짓고 글씨 잘 쓰며 유가(儒家)의 선비와 어울려 놀기를 좋아하니 대개 혜원과 영철과 같은 분이다. 마산포교당에 와 머물면서 설법하고 계행(戒行)을 지니니 모든 선남선녀의 신도들이 신앙하고 귀의하여 계를 받지 않는 이가 없었다. 그래서 큰 원력과 큰 자비심을 일으켜 심력을 아울러 기쁘게 보시하여서 돌을 쌓아 탑을 만들고 장경(藏經)을 각(刻)하여 기념하였다. 이 포교당에서 스님의 공덕은 헤아릴 수가 없으며, 정신(淨信)하는 선남선녀는 더욱 더 많아졌다.

나도 또한 스님의 오묘한 견해, 정진, 원만한 지혜, 밝고 담박한 성격을 좋아하여 법석에 임하여 법문을 들은 지 여러 해가 되었다. 이제 스님께서 만기가 되어 장차 양산의 내원암으로 옮기어 주석하게 되니 스님께서 몸소 시 한 편을 지어 내게 정의를 표하였다. 내가 알기로는 산승(山僧)의 병발(瓶鉢)은 뜬구름과 흐르는 물 같아서 머무름도 없고 집착함도 없고 감도 없고 옴도 없는 것이

---

6) 위의 책, p.80.

나 그러나 스님이 여기를 떠나감에 있어 어찌 서글픈 정이 없으랴. 더구나 스님께서 먼저 경장(瓊章)을 주었음에랴. 이에 그 운(韻)으로 화증(和贈)하노라.

높고 높은 공덕탑은 정성을 표했고
석면(石面)에 진리 글을 새김은 믿음의 뜻에서 왔네
염화(拈花)하심으로 매번 즐거워 법회에 임했는데
뜻밖에도 석장(錫杖) 날려 산(山)에 들어가시네
재 너머 구름은 멀리 영축산처럼 어두운데
바다 달은 뜻이 있어 보배 거울처럼 비추네
내년에 숲속에 딸기 익으면
예 놀던 바위 위에 이름 써보세[7]

장지연의 위의 글에는 경봉이 마산포교당에서 한 활동이 개략적으로 정리되어 있다. 경봉 학식의 뛰어남, 지역 지식인과의 교류, 신도들의 귀의, 증가, 활발발한 포교 활동 등이 그것이다. 그래서 신도들은 경봉의 공덕을 비석으로 만들어 세웠고,[8] 장지연도 경봉과 좋은 인연을 갖게 되었음을 알 수 있다. 필자는 경봉의 마산포교당 활동, 특히 장지연과의 인연을[9] 통해 민족의식, 민족불교에 대한 자각의 계기가 이루어졌다고 본다. 그러나 뒤에 장지연의 친일 성향의 행적을 두고 논란이 있었다.[10] 필자는 여기에

7) 위의 책, pp. 82-83.
8) 그 비석(報恩塔)이 지금은 어디에 있는지를 확인해야 한다.
9) 『삼소굴』통도사 성보박물관, 2012, p. 118에 장지연이 경봉에게 보낸 편지가 있다. 시점은 밝혀져 있지 않다.
10) 장지연은 「시일야방성대곡」 발표 등 언론인으로서 일본 침략에 저항한 공을 인정받아 1962년 대한민국 건국훈장 국민장이 추서되었다. 2004년 11월 국가보훈처는 장지연을 '이달의 독립운동가'로 선정하기도 했다. 그러나 장지연이 1914년 12월 23일부터 1918년 7월 11일까지 〈매일신보〉에 발표한 시와 산문에 '친일' 글이 있다는 연구가 발표되었다. 그래서 2011년 4월 5일 국무회의에서 「영예수여 및 취소안」이 심의·의결되

서 그 논란에 개입할 의도는 없지만, 장지연을 광의의 민족지사라고 본다. 장지연은『통도사 사적』(1912)의 서문을 썼고,[11] 경봉의 은사인 성해의 시문집(1914)에도 나오고,[12] 불교진흥회(1914)에도 연고가 있는 등 그가 불교와 맺은 인연이 간단하지 않음도 언급해두고 싶다.[13]

한편 경봉이 마산포교당에 있을 당시에 3·1운동(1919년)이 일어났다. 이렇게 만세운동이 일어난 격변의 시기에 경봉은 어떤 생각을 하고 어떻게 활동하였는가에 대한 자료나 증언은 아직 부재하다. 다만 3·1운동의 영향으로 시작된 불교개혁 운동인 불교유신회 활동에 경봉도 관여하였다. 즉 경봉은 1920년 12월 15일, 서울에서 열린 유신회 예비모임에 참가하였다. 이 모임은 3·1운동 직후 불교개혁의 윤곽을 결정한 중요한 모임이었다.[14] 앞으로 경봉의 불교개혁 분야에도 연구의 관심을 기울여야 할 것이다.

2) 조계사 창건, 후원

조계종 종단의 본부가 위치한 조계사는 근현대 불교 오욕의 상징이다.

어 서훈이 취소되었다. 유족과 기념사업회는 국가보훈처를 상대로 소송을 제기하여, 2012년 2월 14일 고등법원은 해당 서훈의 취소 결정을 다시 무효처리하였다. 그러나 2014년 9월 대법원은 원고승소 판결을 취소하고, 사건을 다시 고법으로 내려보냈다.

11) 한동민「일제강점기 寺誌 편찬과 한용운의 건봉사 사적」『정토학연구』14, 2010, p.330 ; 김광식「만해 한용운과 통도사」『불지광조: 정인스님 퇴임기념논총』p.989.

12) 최두헌『鏡峰 靖錫의 漢詩 연구』맑은소리맑은나라, 2018, p.47.

13) 장지연은 1914년 11월 창립된 佛敎振興會의 발기인이었고, 12월의 불교진흥회 설립 총회에서는 간사로 선출되었다. 虎隱 律師의 제자로 불심이 깊었는데, 율사가 입적하자 화엄사 주지 震應이 虎隱大律師碑를 세웠는데, 장지연이 그 비문을 찬술하였다고 한다.

14) 근수「통일기관의 총결산과 來頭」『불청운동』9·10합호(1933.2), pp.3-5. 당시 경봉은 개혁의 내용을 기득권 단체인 연합사무소에 제출하는 교섭위원 15명에 포함되었다. 통도지회가 대표를 파견한 것을 보면 경봉은 통도사 대표로 상경한 것으로 이해된다.

그러나 그 이면에 불교계 민족운동의 고뇌가 배어 있음은 널리 알려지지 않았다.

일제에 국권을 강탈당하자, 그 여파는 불교에도 미쳤다. 일제는 조선의 불교계가 민족운동, 독립운동에 참여하지 못하도록 통제 관리하였다. 그를 위해 만든 것이 사찰령이었다. 사찰령 체제로 인하여 불교는 인사권, 행정권을 조선 총독에게 빼앗겼다. 그래서 1910년대 전반기에는 자주적인 운영이 어려웠으며, 독자적인 종단 기구가 없었다. 종단 기구가 없으니 종정, 총무원장, 종회 등이 없었다. 오직 일제의 통치와 지시만이 있을 뿐이었고, 일제의 지시 사항을 이행하는 연락사무소가 있었다.

3·1운동이 일어나면서 비로소 불교도들은 자각하였다. 그래서 불교도들은 사찰령 체제를 비판하고, 사찰령 철폐를 위한 건백서를 총독부에 제출하였다. 그러면서 자주적 불교를 만들기 위해 종단건설 운동을 추진하였다. 종단건설 운동으로 인해 1920년대 초반 총무원, 교무원이 일시적으로 등장하였다. 1929년 1월, 승려대회가 열려 종헌을 제정하고, 자주적인 운영의 틀을 조성하였다. 이때 교정, 종회, 교무원 등 종단체제가 등장하였고, 3년간 운영되기도 하였다. 그러나 1934년경에 이르러 유명무실해지고 말았다.[15]

그런데 1935년경, 종단 설립 문제가 심각하게 대두되었다. 그 무렵 일제는 중국 침략을 본격화하기 위한 전쟁을 준비하면서, 총후보국 체제에서 종교계 통제를 강화하려고 하였다. 따라서 불교계는 일제가 요청한 연락기관을 만들어야만 했다. 그리고 1934년 무렵 일본 승려가 한국불교를 통제, 관리하겠다는 틀에 갇히게 될 상황도 닥치게 되었다. 바로 이때 민족과 불교를 걱정하는 일단의 승려들이 나서서 위와 같은 난제를 일거에 해결하기 위한 불교 통일운동을 추진하였다. 그들은 만공, 오성월, 김구하,

---

15) 김광식 「1930년대 불교계의 종헌 실행 문제」 『한국 근대불교사연구』 민족사, 1996.

한용운, 김법린, 김상호 등이었다.[16)]

이런 이원적 요인의 작용으로 인해 1937년 2월 24~27일 31본사 주지회
의가 열렸다. 이 회의에서 불교 통일운동의 일환으로 '총본산(總本山) 각
황사(覺皇寺) 건설' 사업이 추진되었다. 한국불교의 상징이자 얼굴인 각황
사를 새롭게 건설하기로 결정한 것이다. 주지회의 결정을 시발로 1938년
10월 각황사 준공, 1940년 5월 각황사 명칭의 태고사 전환, 1941년 4월 조
계종 창건으로 이어졌다.[17)] 태고사는 1950년대 중반 정화운동 당시에 조
계사로 명칭이 다시 바뀌었다.

위와 같은 상황이 전개되던 시기인 1935년 9월 19일, 경봉이 통도사 주
지에 취임하였다. 그 당시 본사 주지의 임기는 3년이어서, 1938년 10월 16
일에 사임하였다. 각황사 준공이 1938년 10월 15일이었으니, 경봉의 주지
재임 기간에 각황사가 설립된 것이다. 그렇다면 각황사 건설 과정에 경봉
이 참여하였거나, 기여한 바가 있지는 않았을까? 지금부터 이에 대한 자료
를 검토해보면서 상세히 논하고자 한다.

항일적 차원의 총본산 건설을 추진한 인물은 범어사 출신의 김상호였
다. 김법린의 회고에 의하면,[18)] 범어사 입구 동래 온천에서 범어사 주지
차상명과 통도사 주지인 경봉이 함께 비밀리에 만나 운동 추진자금(기밀
비)의 책정 모임을 1936년 7월경에 가졌다고 한다. 그 말이 사실이라면 경
봉은 총본산 건설에 깊숙이 관여한 셈이 된다. 총본산 건설을 결정했던
1937년 2월 27일의 본사주지회의는 조선 총독이 주재하였기에 총독부 회
의실에서 열렸다. 경봉도 통도사 주지로 재임 중이었기에 회의에 참석하

---

16) 김법린 「한국불교의 독립을 위한 항일투쟁기 – 조계사는 이렇게 건립됐다」〈대한불
   교〉 1963. 8. 1, 9. 1.
17) 김광식 「일제하 불교계 통일운동과 조계사」『새불교운동의 전개』 도피안사, 2002,
   pp. 55-63
18) 위의 김법린 회고, 1963. 8. 1. p.8의 기사.

여, 다음과 같이 발언하였다.

現 教務院은 總本山 완성까지는 現狀대로 할 것이며 그 완성 후에 그에 附屬식힐 것이며 佛專에 대해서도 그 졸업자가 반드시 충분한 布敎師 자격을 이루어야 할 것인데 지금으로 보아서는 포교사 채용코자 하더라도 사용에 적당치못하고 그 자격이 결함하여 있는 것 같습니다. 그러나 다시 졸업자로 하여금졸업 후 一個年間이라도 더 수련할 시설이 필요하다고 생각합니다. 또 기숙사를 세워 종교적 訓育을 하여할 필요가 잇다고 하오. 그리고 이 장래 포교사들이 될 佛專學生들 中에는 조흔 學生도 잇스나 都市에 와서 留學하고 잇는 관계상 주위 환경에 和하여 바리고 자기가 民衆의 依表될 자격인 것을 도로혀 망각하는 모양이니 이 점을 보아서 宗立 中學校 設立의 필요를 늣끼는바 올시다.[19]

당시 주지회의 주제가 총본산 건설과 중앙불전의 문제였기에, 경봉은 총본산은 당연히 건설하되 그 이전에는 교무원이 역할을 해야 하고, 건설연후에는 총본산(종단)의 부속으로 불교사업을 위한 재단으로 기능해야한다고 주장한 것이다. 그리고 중앙불전에 대해서는 포교사 양성에 주목해야 하지만 현실은 포교사 양성 역할을 못 하고 있기에 포교사 양성 시설을 만들고, 재학 중인 학인 승려들을 위해 기숙사도 세워야 한다고 지적하였다.

한편 경봉의 일기 1937년 10월 12일 자에는 "총본산 건축 상량식을 설행함으로 참석하다"는 기록이[20] 나온다. 당시 기록을 유의하여 살피면 경봉은 실무에는 관여하지 않았다. 다만 통도사 주지였기에 각 본사가 제공할 공사비는 부담할 책임은 있었다. 그런데 2016년 10월 19일, 경봉 소장

---

19) 崔錦峰「三十一本山 住持會同 見聞記」『불교』신3집(1937.5), p. 27.
20) 『삼소굴 일지』극락선원, 1992, p. 142.

자료를 촬영하던 동국대 불교학술원에서 조계사 대웅전의 공사과정을 전하는 이종욱의 편지를 공개하고, 기자회견을 하였다.[21] 회견 당시 배포된 보도자료에 의하면 이종욱이 경봉에게 보낸 편지가 11건이었는데, 이는 1936년 6월 17일부터 1938년 9월 22일까지 2년간에 보낸 것이다. 이 중 3건은 이미 발간된 『삼소굴 소식』에 소개되었고, 8건의 편지가 새롭게 공개되었다. 이종욱은 월정사 주지로서, 건축 사업을 진두지휘한 책임자였다. 막중한 불사를 현장에서 책임진 당사자로서는 조선불교의 자존심, 일본불교에 예속될 수 없다는 경각심 등에서 추진된 그 사업에 그의 모든 것을 걸었을 것이다. 그러면 경봉은 어떠한 입장이었을까? 이에 대한 응답을 이종욱의 편지에서 간접적으로나마 찾을 수 있다. 그와 관련된 편지 내용은 다음과 같다.

大家인 兩 本山(범어사와 통도사─필자 주)이 俱爲 完納된 後에야 天下에 號令하겠아오니 金九河 스님을 日日 速히 權送하야 주시옵소서. 千萬仰望하옵나이다. 朝鮮佛敎의 生命이 今番 事業 如何에 在하고 全鮮寺刹에 威風을 振하고 督促하기는 梵通 兩 本山 完納에 在하온대 一本山(범어사 필자 주)은 完納을 告하얏사오니 이제는 和尙이 大英斷을 用하시옵소서.

이 편지 내용은 1937년 5월 5일에 보낸 것의 일부이다. 이종욱은 경봉에게 통도사가 한국불교의 기둥이라고 하면서 통도사가 비용 부담을 완납해 달라고 요청하였다. 이런 요청을 받은 경봉은 즉시 완납해 주었다.

就悚 금반 건축비 완납에 대하야 和尙게서 특별히 노력하옵시고 심려하옵신 것이 眼前에 의지하야 影寫되옵나이다. 진정으로 感謝萬萬이옵나이다. 此가

21) 〈불교신문〉 2016. 10. 19 「조계사 대웅전 건립 과정 담긴 편지글 확인돼: 동국대 ABC사업단, 극락암 소장 경봉 스님 – 이종욱 스님 편지 공개」.

조선불교 진흥 운동에 막대한 영향을 興할 것을 생각해온 則 감사라는 것은 言陣할 여지도 업고 今回 갱신사업을 通度 혼자 하얏다구 할 만한 대노력을 하얏스며 대성공을 하얏다구 하야도 과언이 아닐치 되엿나이다. 장래됴 不斷不休하시고 진력하시옵심을 仰望仰望하옵나이다.

위의 편지는 이종욱이 경봉에게 1937년 6월 3일에 보낸 것이다. 이에 따르면 경봉은 이종욱의 완납 요청을 즉시 이행하였다. 그래서 이종욱은 통도사 및 경봉의 조치에 높은 평가를 하였다.

就白 今般 盡送하신 三千五百圓은 果是 大旱에 逢甘雨이옵나이다. 悲感을 不禁하얏나이다. 엇지 感謝치 안사오리가 用途가 困難하심을 不顧하시고 中央事業을 생각하사 쓰라린 忍耐를 하야 가면서 周旋하야 보내주시는 誠意에 感服하나이다. 今後에도 더욱더욱 不變하시고 盡力하시며 勇敢하시기를 仰望仰望하나이다.[22]

위의 편지는 1938년 5월 25일에 이종욱이 경봉에게 보낸 것이다. 경봉은 이종욱이 책임을 지고 추진한 '조선불교 갱신사업'의[23] 일환인 총본산 각황사 준공 불사에 적극 참여한 것이다. 그래서 이종욱은 경봉의 이와 같은 성의에 감명을 받아, 종단의 부장으로 천거하였다.

就悚 宗務院 部長을 凝議中 貴下를 三部長 中 一人으로 薦報하야 宗正和尙과 總督府에 決裁와 諒解를 求하는 中이오니 本宗의 萬年大計를 爲하야 承落하시고 急回示하심을 仰望仰望. 餘不備禮

---

22) 『삼소굴 소식』 p. 360.
23) 이종욱의 1938년 9월 1일 편지에서 이런 표현이 나온다. 『삼소굴 소식』 p. 362.

이 편지는 1938년 9월 22일에 쓴 것이다. 그러나 이 편지를 받고 나서도 경봉은 종단 간부로 취임하지 않았다. 이종욱이 종정과 총독부와 결재 및 양해를 추진 중이라고 썼지만,[24] 이에 대한 경봉의 반응은 전하지 않는다.

위에서 살핀 바와 같이 경봉은 조선불교 갱신, 불교 통일운동의 성격을 갖고 있었던 조계사 창건(총본산 건설) 사업을 적극 후원하였다. 이는 운동의 내면에 흐르고 있었던 민족불교를 지지하는 관점에서 나온 행보라 하겠다.

3) 선학원 이사장

경봉은 일제하 민족불교 구현체로 알려진 선학원의 이사장을 역임하였다. 그러나 지금껏 경봉 역사의 이해에서 이런 측면은 소홀하게 인식되었다. 그리고 현재의 선학원도 이런 점을 강조하지 않았다.[25] 1921년에 창건된 선학원은 전국 선원 및 참선 수행자인 수좌들의 중앙 거점이었다. 자주적인 선수행, 민족불교, 청정불교 등을 지향한 선학원에 선우공제회(禪友共濟會) 본부가 있었다. 그리고 전국 각 선원은 지부 조직(회원)으로 선학원에 가담했다.

그런데 선학원은 1920년대 중반 운영상의 어려움으로 문을 닫고, 그 건물은 범어사 포교당으로 활용되었다. 1930년대 초반, 활동을 재개한 선학원은 재정기반 강화, 선의 대중화를 표방하였다. 그리고 1934년 12월에는

---

24) 이종욱이 전한 그 사정은 납득하기 어렵다. 그 당시에는 종정으로 칭한 고승이 없었다. 1941년에 가서 한암이 종정으로 추대되었다. 그리고 1938년에는 종무원이라는 조직이 가동되지도 않았다. 이종욱은 그런 종무원이 출범할 것을 대비하여 검토하였을 것으로 이해된다.

25) 선학원은 한용운에 대한 계승의식에 경도된 사업에 치중하여, 만공을 비롯한 설립 주역과 역대 이사장의 추모, 계승 사업이 미약하다. 이에 대해서 필자가 비판적인 글을 발표하였다. 「선학원이 역사 왜곡하며 만해 선양 나선 이유는」〈법보신문〉 2018. 10. 10 ; 「선학원의 환부역조」〈법보신문〉 2018. 11. 19 ; 김광식 「선학원 정체성의 재인식」『한마음연구』 4, 2020.

운영 주체가 재단법인 선리참구원으로 전환되었다. 또한 수좌 및 선원을 운용하는 종무원을 설립하고, 종정 및 이사도 선출하면서 독자적 기능을 구축하였다. 그리하여 정기적인 선회(禪會)를[26] 개최하고, 방함록 제작, 수좌 간의 소통 활성화를 추구하였다.

선학원에 경봉이 관여되었음을 전하는 내용은 1941년 3월 16일의 제2회 선회 정기총회 기록에 나온다. 회의록에 따르면 경봉은 내원선원 대표로 참석했는데, 내원선원은 현 내원사(양산)의 선원을 칭한다. 이 회의에서 경봉은 의장에 선출되었다.[27]

> 오전 10시 조선불교 중앙 禪會 제2회 정기총회를 열고 내가 의장으로 추선되어서 회의 진행을 하다. 오후 9시에 마치다.[28]

그리고 회의에서 경봉은 중앙 종무원 부원장으로 선출되었다.[29] 그러나 현재로서는 경봉이 부원장으로 활동한 내용은 알 수 없다. 다만 1942년 선학원(중앙선원)에서 펴낸 『경허집』의 발기인으로 경봉이 나온다.

그런데 1942년, 선리참구원의 이사장에 취임하였다는 연보가 있다. 이는 경봉을 청년 시절에 자주 만났으며, 극락암에서 다수 자료를 열람한 결과를 바탕으로 경봉의 일대기인 『바보가 되거라』를 집필한 김현준의 기술이다. 그는 어떤 근거에 의해서 1942년에 이사장에 취임하였다고 하였다. 그런데 경봉 일기에는 그런 내용이 나오지 않는다. 1940년대 초반에 이사장을 하던 오성월이 노구로 사표를 제출하였는데, 그는 1943년에 입적하

---

26) 김광식 「조선불교 선종의 선회에 나타난 수좌의 동향」 『한국 현대선의 지성사 탐구』 도피안사, 2010.
27) 위의 책, p.212.
28) 『삼소굴 일지』 p.167.
29) 위의 김광식 책, p.218. 『불교시보』 69호(1941.4) 「휘보 ; 재단법인 선리참구원의 이사회 급 평의원회」.

였다.[30] 추측건대, 입적 1년 전에 건강이 악화되어 사표를 제출하자, 부원장인 경봉에게 이사장으로 추대되었음을 문서로 통지를 하였으나[31] 경봉은 그에 응하지 않은 것으로 보인다. 현재 선학원의 홈페이지에는 제3대 이사장(1942~1946)으로 적음을 제시하고 있다. 그리고 1942년 선리참구원 문건에 경봉은 부이사장으로 나오고, 현재 선학원에서도 제4대 이사장(1946~1950)으로 경봉을 제시하고 있다. 그런데 경봉의 1944년, 1945년 일기에는 다음과 같이 나온다.

> (1944년 3월 3일) 평의원회를 열어 理事長으로 代하여 議件을 집행하다.[32]
> (1945년) 9월 23일부로 禪學院 理事長으로 당선되었다는 差任狀이 오다.[33]

이 기록을 신뢰하고 전후 사정을 고려하면, 1945년 9월 23일에 차임장(추대장)이 온 것은 분명하다. 다만 행정적, 법적인 이사장 재임이 언제부터인가는 애매하다. 그런데 김현준은 9월 24일에 이사회를 개최하였다고 서술했다.[34] 어떤 근거에 의한 것인지는 밝히지 않았기에 김현준의 서술은 신뢰할 수 없다. 경봉 일기에는 9월 24일 통도사 대웅전에서 개산 1300주년 기념 설교를 경봉이 한 것으로 나온다. 경봉이 상경하여 선학원에 간 시점은 1946년 2월 10일이었다. 이때 경봉은 6일간 선학원에서 『선문촬요』와 『심경』을 설법하였다.[35]

---

30) 김광식 「오성월의 삶에 투영된 禪」과 민족의식 『불교와 국가』 국학자료원, 2013, p.189, 각주 65 참조.

31) 필자는 2012년 통도사 성보박물관의 경봉 특별전시회에서 일제 말기의 선학원이 경봉을 이사장에 임명한다는 증서를 열람하였다. 다만 그 시점을 정확하게 기록하지는 못하였다.

32) 『삼소굴 일지』 p.226.

33) 『삼소굴 일지』 p.237.

34) 김현준 『바보가 되거라』 효림, 1993, p.160.

35) 『삼소굴 일지』 pp.237-239.

해방공간에서 경봉이 선학원 이사장으로 있었던 것은 분명한 사실이다. 그런데 당시 선학원은 종단 집행부와 대립하면서 불교혁신 노선을 취했다. 선학원은 종단에 모범 총림 건설, 중앙선원 확장, 지방선원 자치제 등을 건의하였으나 즉각 수용되지 않자, 비판 노선을 취한 혁신단체와 공동보조를 하였다. 마침내 7개의 혁신단체는 불교혁신총연맹을 조직하여 반종단 노선을 천명했다. 그 연맹 집행부 의장에 경봉이 추대되었다.[36] 당시 총연맹과 혁신단체들은 종단과 대립각을 세우면서 대중불교(大衆佛教)의 실천을 촉구하였다. 구체적 방안으로 교도제(敎徒制)의 실시와 사찰경제의 개선을 강력하게 주장하였다. 교도제는 이른바 대처승은 승려가 아니기에 그에 걸맞은 대우(승려 자격 배제)를 해야 하고, 사찰경제는 5·3·2제(사찰, 교구, 중앙)의 실시를 제안한 것이다. 당시 경봉과 함께 혁신 활동을 한 김관호는 경봉이 만해 한용운의 유신론에서 주장된 것이 실천되어야 한다는 소신이 있었다고 회고했다.[37]

치열하게 전개되었던 교단과 혁신총연맹의 대립은 결국 교단의 이원화를 불러왔다. 즉 혁신총연맹은 1947년 5월 전국불교도총연맹을 결성하고, 독자적인 교단 총무원(조선불교 총본원)을 만들기도 하였다. 이런 와중에서 경봉은 혁신단체의 대표였기에 교단 측의 악질적 무고(사회주의 색채?)로 인하여 종로경찰서에 구금되는 불상사를 겪기도 하였다. 당시 혁신회 간부 8명과 함께 2일간 구금되었는데, 경봉은 자신의 일기에 "일생 잊지 못할 일"이라고 적었다.[38] 그 무렵 경봉은 김구하와 함께 김구, 김규식을 방문하기도 하였다.

지금껏 살핀 바와 같이 경봉은 해방공간에서 선학원 이사장을 역임한

---

36) 김광식 「불교혁신총연맹의 결성과 이념」 『한국 근대불교의 현실인식』 민족사, 1998, p. 292.

37) 『월간 법회』 14호(1986. 1), p. 128, 「만나고 싶은 인물: 김관호 거사」.

38) 『삼소굴 일지』 p. 253.

것은 분명한 사실이었다. 그러면서 당시 불교혁신총연맹의 대표로서 대중불교와 불교혁신의 행보를 가기도 하였다. 그러므로 민족불교, 정화불교의 정체성을 갖고 있었던 선학원의 정신과 경봉의 사상이 다르지 않았음을 부인할 수 없다.

3. 한용운과의 인연

1) 강원 수학

경봉이 한용운과의 인연을 처음으로 맺은 것은 1913년 통도사 강원에서였다. 한용운은 경술국치(1910.8.29) 직후, 한국불교를 수호하는 임제종운동을 추진하였지만 1912년 6월경 일제의 압력으로 임제종 간판을 내릴수밖에 없었다. 그해 가을, 한용운은 울적한 심정을 달래기 위하여 만주의독립운동 현장을 탐방하였다. 그러나 귀가 도중 한용운을 일본 스파이로의심한 신흥무관학교 학생들의 총탄 저격을 받았다. 다행히 그는 구사일생으로 살아 귀국하였다.[39] 1912년 11월경 귀국한 한용운은 범어사에서휴식을 취하고, 1913년 봄, 통도사 강원 강사로 부임하였다. 이는 한용운과 당시 통도사의 주지인 김구하의 인연이 깊었던 데다, 두 사람의 민족의식이 동질적이었기 때문이다.[40]

한용운이 통도사 강사로 부임하였을 당시, 경봉은 강원에 재학 중이었다. 경봉은 1910년에 입학하였는데, 1913년 5월 9일부터 10월 19일까지한용운으로부터『화엄현담(華嚴玄談)』을, 10월 19일부터 1914년 1월 하순까지『화엄경』의「십지품」과「곤자권」을 배웠다.[41] 요컨대 한용운이 통도

39) 김광식「한용운의 만주행과 정신적인 독립운동론」『한국민족운동사연구』93, 2017.
40) 김광식「만해 한용운과 통도사」『정인스님 정년논총: 佛智光照』2017, pp.886-891.
41) 최두헌「金靖錫歷史」『경봉정석의 한시 연구』2018, p.26 참고.

사 강원에서 후학을 가르칠 때[42] 경봉은 만해 한용운에게 『화엄경』을 배
웠다. 경봉은 후일 그의 상좌 명정에게 만해가 강의 도중에 월남 망국사에
대한 이야기를 하면서 "우리도 정신을 차리지 못하면 월남처럼 될 것이다"
라고 하면서 눈물을 흘렸다는 것을 전하였다.[43]

　1914년 봄 한용운은 통도사를 떠나 상경하였고, 한용운에게 8개월간
『화엄경』을 배운 경봉은 강원을 졸업하였다. 이와 같은 경봉과 만해의 인
연은 이후 경봉이 입적한 1980년대 초반까지 이어지게 된다.

2) 심우장에서의 만남

　한용운은 3·1운동의 주역으로 활동하였다. 그래서 그는 일제에 피체되
어 서대문형무소에 수감되었다가 1921년 12월에 출옥하였다. 출옥한 그
는 선학원에 머물면서 10년간 민족운동을 전개하였다. 그러던 중 1933년,
그는 고독을 이기지 못하고 결혼을 하였다. 결혼과 함께 한용운은 선학원
을 떠나 서울 성북동 야산 계곡에 자신의 거처를 마련하였는데, 그곳이 심
우장(尋牛莊)이었다.[44]

　1930년대 중반, 한용운은 통도사를 방문하여 통도사 학인들에게 민족정
신 계발에 관한 내용을 강연하기도 하였다. 앞서 말한 구하와 한용운의 인
연 외에도 경봉과 한용운의 남다른 인연도 작용했을 터였다.[45] 1935년 무
렵 통도사 주지였던 경봉이 한용운을 초청하여, 학인들을 위한 정신교육

---

42) 〈현대불교〉 1994. 10. 15, 「작가 정찬주가 만난 97세 보현행자, 문성 큰스님」. 문성 스
　　님은 자신이 만해에게 작설차를 끓여주었다고 회고하였다.
43) 김광식 『우리가 만난 한용운』 참글세상, 2010, pp. 69-70.
44) 김광식 「심우장의 어제와 오늘: 한용운과 심우장의 정신사」 『전자불전』 21, 2019.
45) 한용운은 1932년 8월 순례 중, 해인사를 방문하였다. 이때 그는 통도사, 범어사를 거
　　쳐 해인사로 갔는데, 당시 경봉은 통도사 불교전문 강원의 원장이었다. 경봉은 통도사
　　를 방문한 한용운을 위하여 다과회를 베풀었고 뜨거운 환대를 하였다. 한용운 「해인사
　　순례기」 『불교』 100호(1932. 10), p. 111.

을 한 것이다. 당시 그 법문을 들었던 학인이었던 화산(대구, 보광원) 스님의 증언을 취재한 신문기사를 참고해보자.

스님은 뜻밖에 통도사에서 만해 스님을 만난 '단 며칠'간의 인연이 평생을 스님을 존경하게 되었다고 했다. 만해 스님이 옥고를 치르고 난 뒤 통도사를 방문했다. 화산 스님은 당시 통도사 강원을 다니는 학인이었다. 만해 스님은 통도사에서 강연했다. '기피 인물' 만해 스님을 모시는 사찰이 거의 없을 때였다. 스님들뿐만 아니라 인근 주민들까지 만해 스님의 강연을 듣기 위해 모여들었다. 만해 스님은 모인 청중을 향해 '철창 철학'이라는 제목으로 강연했다. 화산 스님은 바로 엊그제같이 기억이 생생하다며 눈시울을 붉혔다. (중략) 화산 스님은 "강연을 듣고 모두 떠날 줄 모르고 울었다. 바로 어제 일처럼 생생한데 모두 꿈으로 돌아갔다"고 회고했다. 화산 스님은 또 "일제에 의해 불온서적으로 낙인찍혀 볼 수 없었던 『님의 침묵』을 통도사 뒤란 탁자에서 베끼던 일이 생생하다"고 말했다. 며칠간 통도사에서 머물던 만해 스님이 다시 길을 떠났다. 화산 스님은 강원 도반들과 함께 스님을 배웅했다, 가는 길에 큰 바위 위에 새긴 글을 보며 화산 스님이 말했다. "스님도 돌에다 이름을 새기시지요." 그러자 만해 스님은 "저 돌 위에 새기면 오가는 사람들 입에나 오르내리지. 새기려면 뭐하러 바위에 새겨, 삼천만 국민들 가슴속에 새겨야지." 화산 스님은 그 짧은 인연이 평생의 가르침이 될지 몰랐다.[46]

한용운에게서 강연을 들은 화산은 만해정신을 삶의 지침으로 삼았다. 그래서 그는 한용운의 민족의식을 지향점으로 삼아 해방공간에서 불교혁신의 최일선에서 활동했다.[47] 이 내용에 대해 화산은 또 다른 회고에서

---

46) 〈불교신문〉 2006.12.2, 「수행의 향기: 대구 보광원 조실 화산 스님 "짧은 만남 – 긴 그리움을 詩碑에 담았다네"」.
47) 〈불교신문〉 1995.8.15, 「독점발굴, 해방정국과 佛敎革新 : 48년 訪北 華山 스님 활동

"강연이 끝나고 용운 스님께서 가시는데, 경봉(鏡峰) 스님을 비롯해서 사
중의 스님네들이 6, 7리나 되는 신평까지 전송했다"고[48] 하여, 당시 통도
사 주지인 경봉과 만해의 인연이 남달랐음을 알게 한다.

그리고 경봉이 1937년 10월 14일 심우장에 가서 한용운을 만났다는 기
록이 나온다. 이때 역시 경봉이 통도사 주지를 하고 있었다.

오후 3시에 通, 梵 兩寺 6인이 경성부 222번지 한용운씨 집에 가서 저녁 먹고
돌아오다.[49]

추측하건대, 그 당시는 총본산 건설운동으로 현 조계사(당시 각황사)의
건축 공사를 할 때였다. 통도사와 범어사의 간부진이 상경하여 조계사 상
량식을 마치고, 심우장에 가서 한용운을 만났던 것이다. 그리고 1942년 3
월 22일의 경봉 일기에도 경봉이 서울에 가서 심우장에 들렀다는 언급이
있다.

아침 먹고 辛鏡海와 城北町 尋牛莊의 萬海禪師를 방문하고 낮에 차를 마시
고 돌아오다.[50]

이때는 경봉이 선학원 종무원 부원장을 하였기에, 선학원 회의를 마치
고 시간이 나서 들렀을 것이다. 이 같은 내용을 유의하면, 경봉은 1910년
대 초반의 인연을 1940년대 초반까지 지속시켰음을 알 수 있다. 아마도 만
해가 입적하였던 1944년까지 계속되었을 것이다. 이런 정황에 대하여 경

추적」.
48) 화산 스님『목마는 길게 울고 돌사람은 춤을 추네』삼각형프레스, 2003, p.61.
49) 『삼소굴 일지』극락선원, 1992, p.142.
50) 위의 책, p.186.

봉의 제자인 명정은 다음과 같이 증언했다.

경봉 스님께서는 22세 때 통도사 강원에서 화엄을 수학하셨는데 여기서 한용운 스님의 인연이 시작되었다. 내가 시자 때 스님은 종종 한용운 스님 얘기를 들려주셨다. 한번은 만해 화상께서 '월남망국사'를 강의하다가 도중에 울음을 터뜨리시더란다. 월남과 우리나라 처지가 비슷하다는 생각에 감정이 복받쳤던 것이다. 그 뒤 시베리아 여행 도중 첩자로 오인당하여 머리에 총을 맞아 그 후유증으로 머리를 흔들어대 사진 찍기가 어려웠던 이야기며, 심우장(尋牛莊)을 지으실 때 총독부가 보기 싫어 북향으로 집을 지은 사연, 구하(九河) 노사님과 함께 심우장을 방문하면 찬이 없는 밥을 대접하는 것이 미안하다며 "내가 지금이라도 한 생각을 고쳐먹으면 대접을 잘 할 수 있는데…"라는 농담을 하시던 일 등등. 시자 때 그런 이야기를 듣던 때가 어제 같은데, 세월이 너무나 무상하여 반세기 가까이나 흘러버렸다.[51]

위 명정의 회고에 나오듯, 경봉의 인생사에서 만해에게 배운 인연의 그림자를 결코 지울 수 없다.

이 외에도 만해는 통도사와 많은 인연이 있었는데 1930년대 후반 『통도사 사지』 편찬을 만해에게 부탁하였던 일도[52] 그중 하나이다. 그를 부탁한 통도사 주지 신태호는 조명기(동국대 총장 역임)에게 심우장에 가서 만해에게 편찬을 의뢰하라고 하면서 통도사가 매달 생활비를 대고 있다고 발언하였다. 여기에서 나온 생활비의 전달자를 경봉으로 추정한 조명기

---

51) 석명정 「한용운 스님과 심우장」『차 이야기 선 이야기』극락호국선원, 2014, p.173.

52) 1934년에 나온 『佛利通度寺 史略』(필사본)의 蒐輯者는 서해담(徐海曇), 교증자(教證者)는 만해와 권상로였다. 이런 맥락에서 1930년대 후반 사지 편찬을 부탁한 것이 아닌가 한다.

'정석(靖錫)'은 경봉의 법명인데, 경봉이 만해로부터 화엄을 배울 때 써준 만해의 친필 유묵이다.

의 증언이 있다.[53]

한편, 경봉의 1938년 1월 8일 일기를 보면, 경봉이 한용운에게 편지를 보냈음을 알 수 있다. 이에 대하여 한용운은 답변을 보냈고, 경봉은 그에 대해서 간단한 응답을 하였다. 다음은 당시에 오고 간 편지 전문이다.[54]

심우장 목부 야월문답(尋牛莊牧夫夜月問答)

경성부 성북정 222번지에 초가집이 한 칸 있으니 한용운 화상이 수도하는 곳이다. 집 이름을 심우장이라 하고, 화상의 호를 목부(牧夫)라 하기에 내가 말하기를 "심우장 목부 화상이여. 어느 날 어느 때에 소를 잃었습니까? 호를 목부라고 하였으니 소를 얻어 기르는 것이 분명한데, 집 이름을 심우장이라 하였으니 소를 잃은 것도 분명하구나. 만약 본래 잃지 않았다면 무엇 때문에 소를 찾는다 하며, 또 만약 소를 잃었으면 어떻게 소를 먹인다 할 수 있겠는가? 심우장 목부 화상이여 바로 이러한 때를 당해서 지금 소를 찾고 있습니까? 소를 기릅니까? 소를 찾고 기르는 것을 함께 잊었습니까? 심우장 목부 화상이여. 삼각산이 높고 높아 첩첩하여 높은 봉우리는 높고, 낮은 봉우리는 낮아, 바람은 소

---

53) 〈동대신문〉 1979. 4. 10, 「특집, 미공개 일화」.
54) 『삼소굴 소식』 pp. 100-103.

슬하고 물은 차디찬데 이를 어떻게 보십니까?[55] 바라옵건대 일구를 보내십시오."

* 한용운이 경봉에게 보낸 일구
毛角曾未生　털과 뿔이 나지도 않는데
何有得與喪　어찌 얻고 잃음이 있겠소
牧夫還多事　목부가 일이 많은데도[56]
漫築尋牛藏　부질없이 심우장을 지었네

* 경봉이 한용운에게 보낸 일구
牧夫多役事　목부가 일이 많다 하니
可賞一杯茶　차 한 잔 드시구려, 저것을

이와 같은 문답 서신의 교류는 일반적인 사제지간의 정을 넘어 현실 인식과 민족의식이 동질적임을 보여준다.

3) 한용운의 비석 건립

한용운은 해방되기 1년 전인 1944년 6월 29일에 입적하였다. 심우장에서 거행된 영결식에 경봉이 참석하였는지는 알 수 없다. 그런데 통도사 출신인 조명기(동국대 총장)는 생전에 "만해 선생이 돌아가셨을 때 가장 애석하게 생각했던 사람 중의 한 분이 경봉"이라는 증언을 남겼다.[57]

한용운의 기념 및 계승 사업은 전집 발간, 묘지 이장, 비석 건립, 박물관

---

55) 『삼소굴 소식』에서는 이 원문(會耶得耶)을 '알겠습니까?'로 번역하였지만, 필자가 이렇게 하였다.
56) 『삼소굴 소식』에서는 '목부가 일이 많아서'로 번역하였지만, 필자가 이렇게 하였다.
57) 〈동대신문〉 1979. 4. 10, 「미공개 일화, 침묵의 시대에 산 강직한 일생」.

건립 사업 등으로 대별할 수 있다. 전집 발간은 해방공간 당시 만해의 제자(김용담, 최범술, 허영호, 김법린 등)에 의해서 추진되었지만, 6·25전쟁의 발발로 중단되었다. 중단된 전집 발간은 1958년 조지훈의 고대문학회에서 추진되었다. 그러나 조지훈이 주도한 사업도 1960년 초반 4·19의거, 5·16혁명 등의 격변 때문에, 원고 작성은 마쳤으나 출판의 마무리를 하지 못하였다. 그러다가 1970년대 초반 최범술이 주관하여 새로운 편집위원회를 구성하고 원고 보완을 한 끝에 마침내 1973년 7월 신구문화사에서 전 6권으로 출간되었다.[58]

그런데 다소 이상한 일은 위와 같은 전집 발간 추진에 경봉은 일체 관여하거나 참여하지 않은 것이다. 아마도 전집 발간은 직계 제자, 지식인 계열의 인물들이 주관하였기 때문이 아닌가 한다. 경봉이 관여한 것은 한용운의 묘지 이장과 비석 건립 사업이었다. 이 사업은 조계종단이 주도하였다. 경봉은 통도사 극락암에 거주하였고, 조계종의 승려였기에 자연스럽게 관여된 것으로 이해된다.

만해전집의 발간이 중단된 1965년 5월, 〈대한불교〉에는 다음과 같은 홍미로운 기사가 나온다. 한용운 묘지(망우리)의 이장(移葬), 묘비 건립 관련 내용이다.

망우리 공동묘지 한 모퉁이에 풍우에 씻겨 분묘도 없이 버려진 무덤이 하나 있다. 이것이 만해 한용운 선생의 분묘다. 한 뼘가량 되어 보이는 초라한 비, 그나마 깨어진 비면엔 '한용운 지묘'라고 새겨져 있다. 이것이 3·1운동을 전국에서 지휘하고 일제의 가슴을 서늘케 한 독립투사의 안장소다. 오늘날 민족혼이 남아 있는가를 알고자 하는 인사가 있으면 여기 망우리 한용운 선생의 무덤을 찾아보라. 깨어지고 허물어진 채 버려둔 선생의 묘소를 보고 느끼는 것이

---

58) 김광식 「한용운 전집 발간과 만해사상의 계승」 『만해학보』 17호, 2017.

있다면 거기에 대한 명백한 답이 될 것이다. (중략) 이러한 가슴 아픈 사연이 전해지자 불교계에서는 김경봉 스님과 이범행 스님 등이 앞장서 이 일을 추진하고 있는데 12일 선학원에서 여기에 대한 일련의 회합을 했다.[59]

망우리 공동묘지에 있는 한용운 묘의 초라함을 안타까워하는 보도이다. 그래서 경봉과 당시 선학원 원장이던 범행이 주도하여 대책회의를 가졌다. 그 회합은 1965년 5월 31일, 선학원에서 '고 만해 한용운 선사 묘지 이장·입비(立碑) 추진위원회'로 이어졌다. 이 위원회는 조계종이 주체가 되고 대한불교청년회와 대학생불교연합회가 보조하는 모임이었다. 이 추진위원회의 위원장이 경봉이었다.[60] 위원회의 본부는 선학원에 두었고, 재정위원장(범행), 고문(청담·효봉 등), 부위원장(박광, 조명기, 이한상), 총무위원(손경산, 김남곡), 기획위원(전관응), 재정위원(강석주, 박청하), 의식위원(박서각), 섭외위원(이대의, 유엽), 추진위원(이운허, 이석호, 이춘성, 조종현, 이용조 등 20여 명) 등으로 꾸렸다.[61] 조직체는 거창했지만, 사업은 조속히 추진되지 않았다. 후원금도 목표액의 3분의 1 정도만 모금되었을 뿐이다.

우선 묘지 이장 문제를 살펴보면, 결과적으로 전혀 추진되지 못하였다. 왜냐하면 만해의 후손인 딸, 한영숙이 반대하였기 때문이다. 만해 묘지의 옆에는 한용운의 둘째 부인 묘가 있는데, 만해만 국립묘지로 가는 것을 한영숙이 강력히 반대하였기 때문이다. 만해 비석 건립 문제 역시 진척이 없기는 마찬가지였다. 1968년 3월경, 봉선사의 이운허가 지은 글로 비석이

59) 〈대한불교〉 1965.5.16,「만해 한용운사의 유택엔 잡초만, 5월 9일은 가신 지 21년째 기일, 이장과 묘비 건립 뒤늦게 추진」.
60) 『三笑窟 香聲』(도록), 영축총림 경봉문도회, 2012, p.276에「故萬海韓龍雲禪師 墓地 移葬 及 立碑推進委員會 募緣文」이 있다. 경봉은 이 모연문을 평생 보관하였다.
61) 〈대한불교〉 1966.6.19,「광고: 취지문」.

만들어져 있었다. 그러나 건립 장소를 찾지 못해서 조계사에 방치되어 있었다. 관련 보도기사는 다음과 같다.

조계사 뒤뜰, 갓석과 대석이 따로따로 떨어진 채 거적에 쌓인 비신(碑身) 하나가 진흙 속에 뒹굴고 있다. 주위를 오가는 사람들은 그것이 무엇인지, 언제부터 그렇게 있는지를 모른다. 알고자 하지도 않는다. 동네 아이들만이 밟고 오르내리면서 즐거운 놀이터로 삼을 뿐, 여기 이렇게 망각지대에 버려져 있는 비석의 연혁은 2년 전 '만해 한용운 선사 입비 추진위원회'가 발족되면서 비롯된다. 만해 선사가 이 겨레에 기여한 업적은 '불교'라는 한정된 울타리를 넘어선다. 경봉 스님을 위원장으로 하여 구성된 '입비 추진위원회'에 참여한 인사들이 사회 각계 인사들을 망라하고 있는 데서도 만해 스님의 폭넓은 족적을 더듬어 볼 수 있다. 그러나 거창하게 발족한 '입비 추진위원회'가 그동안 해 놓은 일이라고는 비석을 다듬어 비문을 새겨 넣은 채 방치해 둔 것이다. 경봉 스님의 위촉을 받아 사업을 주관하여 온 남곡 스님은 '적당한 터'를 얻지 못하여 일이 늦어지고 있다고 지연 이유를 밝힌다.[62]

이 기사에 의하면 비석은 제작되었지만, 건립 장소를 찾지 못하였다. 1968년 6월 4일, 조계사에서 한용운의 24주기 제사가 거행되었다. 당시 만해의 비석 사업을 실무적으로 주관한 남곡(조계종 재무부장)은 서울 종로의 파고다공원을 예정하여 비석 건립을 추진하고 있지만 확정되지 않았다고 보고하였다.[63] 이를 추진한 인물은 범행, 석주[64] 등이었다. 마침내 1970년 3월 1일, '고 만해 한용운선사 입비 추진위원회'(위원장 경봉)는 3·1절

---

62) 〈대한불교〉 1968.3.17, 「조계사 뒤뜰에 뒹구는 한용운선사의 비」.

63) 〈대한불교〉 1968.6.9 「고 만해스님 추도법회」.

64) 석주 스님 『남은 글월 모음』 효림, 1997, p.38에 경봉이 석주에게 만해 비석의 건립 비용 수금에 힘을 써 달라는 내용이 있다.

을 기해 만해 비석을 파고다공원에 세웠다.[65]

만해 선사 묘지 이장, 입비 추진위원회 모연문(1966).
추진위원회 위원장인 경봉의 글씨이다.

그러나 그 건립 과정은 간단하지 않았다. 추진위원회는 1968년 6월경 비석을 제작하였다. 비석 건립 장소가 확정되지 않자, 조계사 경내에 방치하였다.[66] 이를 보도한 『법륜』은 민족대표 33인 중의 한 사람이었던 이갑성의 협조를 얻어 파고다공원에 모시게 되었으나, 우선 조계사에 옮겨 놓았다고 기술하였다. 그런데 『법륜』 1969년 3월호의 권두수상 「한 평의 땅 — 선열이 통곡한다」에는 다음과 같은 내용이 나온다.

그런데 불교종단에서는 불교 측 대표의 한 분인 한룡운 스님의 비석을 다듬어 파고다공원에 一평의 땅을 빌리려 하였다. 그러나 관할 구청인 종로구청은 뱃심 좋게 거절해 왔다. 三三인의 한 분인 이갑성옹이 「한 종교에 한 분씩 모서 세우면 되지 않겠냐?」는 간곡한 권고에도 아랑곳없이 엉뚱한 궤변으로 거부하고 있는 것이다.

이렇듯이 종로구청은 건립 장소의 협조를 거부하였다. 이런 우여곡절이

---

65) 〈대한불교〉 1970. 3. 1, 「용운 만해대선사비 건립, 3·1절 기해 파고다공원에」.
66) 『법륜』 1968년 7월호 「화보」.

있었음에도 1970년 봄에 건립이 성사되었다.[67] 그러나 그 실무를 진두지휘한 인물이 경봉이라는 것은 널리 알려지지 않았다. 그래서 그 이면의 이야기를 더욱 보강할 필요가 있다.

당시 서울시장은 김현옥이었는데, 경봉은 김현옥에게 강력히 건립을 강권하여 기어코 성사시켰다. 김현옥은 독실한 불교 신자였고, 부산시장을 역임해서 부산권의 고승과 인연이 많았다. 그중 한 명이 바로 경봉이었다. 김현옥 시장 부인인 오정자의 증언이 있다.

> 그리고 참 경봉 스님도 서울시장 할 때 우리 집에 몇 번을 다녀갔어요. 그것은 지금 서울의 탑골공원에는 민족대표 33인을 기리는 것이 많이 들어가 있어요. 그때 경봉 스님이 오셔서는 김 시장에게 "자네가 신경을 써서 불교계 민족대표인 한용운의 비석이 꼭 설 수 있도록 하라"고 말씀했습니다.[68]

위의 오정자 증언은 필자가 직접 들은 바 있다. 즉 경봉이 김현옥 시장의 집으로 새벽에 몇 번을 찾아와서 비석이 건립되도록 힘을 쓰라고 강력히 권유하였다는 것이다. 여기에서 그 전후 사실을 보완해주는 원명(현 경봉문도회 문장)의 증언을 소개한다. 원명은 당시 경봉을 시봉하면서 그 현장을 목격한 인물이다.

— 경봉 스님은 만해 한용운과 인연이 많습니다. 만해와의 인연을 듣고 싶습니다.

▷ 왜정 때에 30본사 주지 모임을 하였는데, 한용운 스님이 주지 스님들에게 독립운동을 하러 가자고 하였대요. 속가 사람들도 독립운동을 하러 가는데, 우

---

67) 『법륜』1970년 3월호, p.3, 「한룡운 스님 기념비 건립」.
68) 『동산대종사와 불교정화운동』 영광도서, 2007, p.331.

리 스님들이 안 갈 수 있느냐 하였대요. 그때 독립운동을 하는 그것은 죽는 것이 아닙니까? 주지 스님들이 반응이 없자, 한용운 스님이 그러면 나라도 자원을 해서 가겠다고 하였어요. 그런데 이런 한용운 스님의 비석을 1960년대에 만들었는데, 서울시장을 하였던 김현옥에게 부탁해서 노장님이 세운 것입니다. 통도사에 돈이 없으니, 노장님이 서울 조계사에 가서 신도들에게 법문을 하고 화주를 해서 모금을 하여 탑골공원에 세운 것입니다.

　— 만해 한용운 비석을 세울 때 경봉 스님이 건립 추진위원장이었습니다.

　▷ 한용운의 비석은 만들어졌는데, 세울 장소가 마땅치 않았어요. 한용운 스님이 미래에는 비구승들도 장가를 가야 한다고 말을 해서, 조계종의 주지 스님들이 다 반대를 했고, 심지어는 만해 상좌도 적극적으로 나서지 않았대요. 그래서 노장님이 서울에 가서 김현옥 서울시장에게 이야기하여 파고다공원에 세워야 하겠다고 했습니다. 그랬더니 김현옥 시장이 민족대표 33인이 아무도 공원에 비석을 세운 사람이 없는데, 한용운만 세우면은 곤란하다고 하였지만, 노장님은 무조건 강력히 세워야 하겠다고 우겼대요. 그래서 한용운 비석을 밤에 갖다가 세웠다고 그래. 몇 년 전에 내가 서울에 가서 파고다공원에를 가 보니, 한용운 스님 한 분만 서 있드라고, 그리고 비석도 크더라고. 우리 노장님이 대단한 일을 했다고 봅니다. 한용운 스님이 한국의 미래에는 일본불교처럼 스님도 결혼해야 하지 않겠냐는 한 마디를 해서 종단에서 전부 반대를 하고, 협조를 안 한 것이지. 그래 노장님 혼자서, 신도 화주를 받아서 세운 것이지.

　— 한용운 비석을 세울 때 원명 스님은 서울에 가 보셨나요?

　▷ 나는 여기 극락암의 원주를 보면서 살림을 살아야 했기에 한 번은 가봤어요. 그러나 노장님은 여러 번 갔지요. 노장님은 중생교화도 많이 하셨지만, 그런 역사적인 일을 했어요.[69]

---

69) 2018년 6월 9일 증언(통도사 비로암, 필자 채록). 경봉문도회 『삼소굴 법향』 극락암, 2020, p. 229.

위와 같은 문답에서 경봉이 수행한 일을 자세하게 알 수 있다. 한용운 비석의 건립을 파고다공원에 한 것은 거의 경봉의 단독적인 불사로 가능하였던 것이다. 만해 한용운의 비석 건립에 관련된 제반 내용을 정리해보면, 건립의 주역은 경봉이었음이 분명하게 파악된다. 이로써 경봉은 한용운의 민족사상을 굳건하게 계승하고 있음을 유추할 수 있다. 그는 1965년 7월 25일 그를 찾아온 대학생들에게 다음과 같이 민족불교와 한용운의 독립정신을 강조하였다. 이는 김선근(동국대 명예교수)의 증언이다.[70]

— 경봉 스님을 구도 순례 때 만났다고 하셨는데, 당시 일을 회고하여 주시지요.

▷ 통도사 극락암에 가서 저희는 하루를 자고 나온 것으로 기억됩니다. 제가 스님을 뵌 첫 느낌은 헌헌장부(軒軒丈夫)라는 것입니다. 아주 멋쟁이로 저에게 다가왔어요. 그때 스님은 저희에게 간단한 법문을 해주셨습니다. 너무 오래되어서 자세한 말씀은 기억나지 않는데, 스님은 저희에게 참선해야 한다고 하셨어요. 그리고 구도는 나라를 지키는 것이라고 말씀을 하셨어요. 그것이 호국이라고 하시면서 스님께서는 "내가 그래서 극락암의 선방 이름을 호국선원이라고 하는 거다"고 했어요. 삼소굴에 뵈었는데, 나는 훌륭한 스님이구나 하는 생각을 했어요.

— 참선을 강조하는 말씀을 해주셨군요.

▷ 그렇지. 스님은 또 우리에게 "너희들의 주인공을 찾아야 한다. 주인공을 찾으면 나라를 만들고, 역사를 만들 수 있다. 주인공을 찾는 것이 국가와 역사를 아는 것이다"라고 하셨어. 나는 그 말씀을 듣고 대단한 스님이라고 인식을

---

70) 김선근은 동국대 재학 중이던 1965년 7월 구도부 순례 때, 그리고 1965년 12월 대불련 수련대회를 통도사 극락암에서 개최할 때도 참가하였다. 그때 경봉 스님을 만나 인연을 맺었다. 『삼소굴 일지』 p. 369. 39명이 참가한 수련대회에서 경봉은 10일간 『반야심경』 강의를 하였다.

했지. 그리고 스님은 우리에게 "여러분들이 나중에 국가를 위해서 일해야 해, 옛날에 한용운 스님과 백용성 스님이 3·1운동 때 민족대표인 33인이 된 것도 주인공을 찾은 결과라는 것을 알아야 해."라고 하셨어. 그런 말씀은 다른 스님에게서 들을 수 없는 말이었기에, 나는 감동을 했지. 경봉 스님의 말씀에 감동한 이용부 형이 그 후에 한용운 스님의 동상을 세우자는 운동을 했어.

— 경봉 스님은 한용운에게 배웠습니다. 혹시 들은 것이 있나요?

▷ 경봉 스님께서 "만해 한용운 스님은 아주 대단한 인물이야."라고 말씀을 하신 것은 들었어요. 존경하는 표정이 역력하셨어. 스님은 한용운 스님을 설명하실 때 엄지 손으로 '넘버 원'이라는 손짓을 하셨지. 그러시면서 스님께서는 나라도 임이고, 국가도 임이고, 부처도 임이다는 말씀을 하셨어. 이런 표현을 하신 경봉 스님은 정말 멋쟁이야. 그리 표현한 스님이 없어. 내가 수십 년간 수많은 스님을 만나보았지만, 그런 스님 없어. 요즈음 스님들을 보면 정말 답답해.[71]

이렇게 경봉은 대학생들에게 호국불교, 민족불교를 강조하였다. 그 당시 경봉을 친견한 홍파(관음종 총무원장)도 참선은 사회의 큰일을 하려는 사람에게 꼭 필요한 것이고, 만해의 기개에 관련된 것을 언급하였다고 회고하였다.[72] 당시 경봉이 학생들에게 강조한 만해의 정신과 일화는 〈대한불교〉에도 자세하게 나온다. 구도 순례에 참가한 학생이 기고한 「구도행각기」이다.[73] 그 내용은 만해는 일제가 요구한 청년들의 징용 권유를 단호히 거부하였고, 최남선이 변절하자 그의 집 앞에 가서 통곡했으며, 통도사 학인들에게 강의할 때에 월남 망국사를 이야기를 하면서 울었다는 일화이다. 또 일본 신문에 한국의 애국자는 한용운뿐이라는 기사가 나왔

71) 2018년 8월 2일 증언(김선근 자택, 필자 채록). 경봉문도회 『삼소굴 법향』 극락암, 2020, pp. 398-399.
72) 홍파 『바람 따라 물결이네』 범성, 2013, p. 117.
73) 〈대한불교〉 1965. 8. 29 ; 1965. 9. 3, 「구도행각기 ① ②」. 기고자는 밝히지 않았다.

다는 것과 학생들에게 만해기념사업이 잘 추진되도록 해달라고 당부했다는 내용이었다. 경봉은 1965년 12월 29일부터 1966년 1월 6일, 통도사에서 열린 대불련 법회에도 지도법사를 맡아 법문하였다.[74]

이처럼, 경봉에게는 민족사상이 분명하게 자리 잡고 있었는데, 그 계기는 만해 한용운과의 인연에서 나온 것이며, 그러한 연유로 경봉이 만해기념사업을 적극적으로 추진하게 된 것이라고 생각한다.

4. 결어

지금까지 경봉의 삶에 나타난 민족사상을 문헌 자료를 통해 집중적으로 분석해보고, 만해 한용운과의 관련성을 살펴보았다. 경봉의 사상적 경향을 다시 한번 정리하고, 그에 담긴 의미를 요약하겠다.

첫째, 경봉의 민족사상 정립의 계기에는 장지연과의 인연이 있었다. 장지연은 진주, 마산과 연고가 있는 애국지사로 1905년 한국이 일본에 외교권을 박탈당하였을 때, 그를 강력 비판한 불자 지식인이었다. 그는 이후 마산에 칩거하면서 말년을 지냈는데, 이때 경봉이 마산포교당의 포교사로 근무하였기에 인연을 맺을 수 있었다. 그를 보여주는 문헌자료가 전한다. 그런데 장지연은 통도사와 많은 인연을 갖고 있다. 추후, 이에 대한 정리가 요청된다.

둘째, 경봉은 현 조계사의 전신인 각황사 건설 사업에 큰 기여를 하였다. 각황사 재건축은 1930년대 중반 총본산 건설운동으로 구현되었다. 1937년에 시작되어, 1938년 10월에 일단락된 조계사 대웅전의 창건 사업은 불교 통일운동의 성격으로 진행되었다. 그런데 불교 통일운동 자체가

---

74) 〈대한불교〉 1966. 1. 16, 「대학생불교연합회 수련회 회향, 경봉 스님의 회향법문 요지」.

민족불교의 발현이었다. 경봉이 이 사업에 적극 후원하였음을 보여주는 지암 이종욱(월정사)의 편지가 최근 공개되어, 경봉의 공심에 의한 선공 후사적인 자세가 노정되었다. 이는 곧 경봉 민족불교의 지향을 말해주는 것이다.

셋째, 민족불교와 정화불교의 정체성을 가진 선학원에도 경봉이 관여되었다. 경봉은 일제 말기에는 종무원 부원장, 해방공간에는 선학원 이사장이었다. 해방공간에서는 불교혁신 및 식민지불교의 잔재 청산을 위한 활동에 진력하였다. 경봉은 불교혁신총연맹의 대표를 이끌었으나 교단 집행부와 타협, 화합을 강조하였다. 경봉은 정화운동 최일선에 나서지는 않았지만, 정화 정신은 지지하였다.[75]

넷째, 경봉의 민족사상 정립과 전개에는 만해 한용운과의 수많은 인연이 직간접으로 영향을 끼쳤다. 1913년 통도사 강원에서의 수학, 통도사 주지 시절 초청 강연, 한용운 거처인 심우장의 왕래, 파고다공원에 한용운 비석 건립 등에서 그 같은 사실을 짐작할 수 있다.

다섯째, 위와 같은 다양한 요인에 의해서 정립된 경봉의 민족사상은 통도사 극락암의 선원을 1960년대에는 호국수도원으로 표방한 것에서 정점을 보였다. 그래서 경봉은 호국사상, 민족사상이 투철한 인재를 양성하는 것을 자신의 정체성으로 인식하였다고 이해하고자 한다.

필자는 이와 같이 경봉의 삶에 드러난 민족사상의 연원, 계기, 전개 등을 소개하였다. 이 글이 경봉 사상의 정립과 재조명에 참고가 되길 기대한다. 미진한 측면은 지속적인 연구로[76] 보완해 가고자 한다.

---

75) 이 점은 후일의 연구로 남겨둔다. 이종익은 1954년 8월경 경봉도 정화를 위한 선학원 회의에 참석하였다고 회고하였다. 『동산대종사 석영첩』 진수당, 1967, p.67.

76) 추후 연구할 과제는 경봉 선사상과 한용운 선사상과의 同異點, 한용운 선의 영향 등이다. 김광식 「한용운의 대중불교·생활선과 구세주의·입니입수」『한용운 연구』 동국대 출판부, 2011 ; 김광식 「만해 한용운의 간화선과 대중불교론」『불교학보』 80, 2017.

제5장_백성욱

만해를 따라 독립운동과 불교청년운동에 헌신

1. 서언

만해 한용운(1864~1944)은 근대불교에서 다양한 행보를 걸어간 인물로 유명하다. 그는 문학, 독립운동, 불교개혁 등 여러 방면에서 큰 족적을 남겼다. 그의 명성은 일제하의 불교계에서도 상당하였다. 1932년, 불교를 대표하는 인물을 선정하는 선거를 하였는데 만해가 469명의 투표에서 422표로 1등을 하였음은[1] 그를 예증한다. 그 밖에도 만해가 근대불교를 대표한다는 당시의 기록은 드물지 않다.[2] 학계에서는 만해를 존경하여 그를 추종, 계승한 인물들을 만당(卍黨), 만해당(萬海堂)으로 불렀으며, 관

---

1) 『불교』 93호(1932. 3) 「조선불교 대표인물 투표 당선 발표」. 방한암 18표, 박한영 13표, 백용성 4표, 송종헌과 백성욱 3표 등이다.
2) 예컨대 조종현(선암사, 시조시인)은 『법륜』과의 대담(1979. 6. 29.)에서 "그래도 끝까지 굴하지 않고 투쟁했던 분이 바로 만해 한용운입니다. (중략) 불교계뿐만 아니라 온 민족으로 하여금 끝까지 「등불」을 바라볼 수 있게 하였던 점, 그리하여 영원히 썩지 않고 소금 역할을 했던 불굴의 정신, 이 모두가 참으로 위대했던 것"이라고 주장하였다.

런 연구도 축적되어 있다. 필자
도 만해사상의 계승 문제에 적
지 않은 관심을 갖고 있었기에
몇 편의 논고를 발표하였다.[3]

본 고찰의 대상 인물인 백성
욱(白性郁, 1897~1981)은 만해
의 영향을 받아 3·1운동에 참
가한 후 상해임시정부로 망명,
군자금 모집과 의용승군제 추
진, 불교의 자주화(종헌 제정
등) 등에 투신한 인물이다. 만
해의 영향을 받고 백성욱과 유
사한 행보를 보였던 최범술·김

백성욱(白性郁, 1897~1981)

법린·허영호·박영희 등에 대해서는 후손, 학회, 연구기관, 연고 사찰 등에
서 자료수집과 학술적 조사연구를 추진했다. 그래서 문집이 발간되었고,
학술적인 논고도 다수 발표되었다. 그러나 백성욱의 불교사상과 『금강경』
수행법에 의지하여 신행활동을 하는 몇 개의 단체가 현재 남아 있음에도
불구하고 학술적인 접근은 이루어지지 않았다. 백성욱의 불교사상에 대
한 자료집이나 회고적 성격의 저술이 몇 권 있지만, 학술적인 연구가 희소
한[4] 것은 납득하기 어렵다.

3) 김광식 「朝鮮佛敎靑年總同盟과 卍黨」 『한국학보』 80, 1995(『한국근대불교사연구』 민족
   사, 1996 재수록) ; 김광식 「만해와 최범술, 그리고 다솔사」 『유심』 6, 2001(『우리가 만난
   한용운』 참글세상, 2010 재수록) ; 김광식 「卍黨과 최범술」 『동국사학』 40, 2005(『민족불
   교의 이상과 현실』 도피안사, 2007 재수록) ; 김광식 「만해의 大衆佛敎論」과 허영호의
   신불교운동론」 『만해학보』 14·15, 2015 ; 김광식 「조종현의 불교사상과 한용운」 『불교학
   보』 75, 2016 ; 김광식 『한용운 전집』 발간과 만해사상의 계승」 『만해학보』 17, 2017 ; 김
   광식 「다솔사와 항일 비밀결사 卍黨」 『불교연구』 48, 2017.
4) 백성욱에 대해 필자가 파악한 현재까지의 관련 글은 다음과 같다. 정천구 「白性郁博士

필자는 이상과 같은 현실에서 백성욱 연구의 디딤돌이라도 놓는 심정으로 백성욱의 삶을 정리하면서 만해 한용운과의 상관성을 탐색하고자 한다. 구체적으로는 1945년 8·15해방 이전까지 백성욱의 행적을 기록에 의거하여 정리하는 성격이 될 것이다. 이런 연구가 후일 백성욱의 생애와 불교사상 등의 연구에 일익이 되길 기대한다.

2. 삼일운동 참여, 상해 임정(臨政) 투신

백성욱은 서울 연화방(蓮花房, 창경궁 남동지역)에서 백윤기의 장남으로 1897년에 출생하였다. 그는 유년시절에 부모를 여의고 고모의 슬하에서 성장하였다. 유년시절 서숙(書塾)에서 수학하였고 보통학교인 호동학교(壺洞學校)를 다녔다. 14세 때인 1910년 7월, 봉국사(奉國寺)로 출가하였다. 은사는 최하옹(崔荷翁)이었다. 그는 전국 각 사찰에서 경전 수학을 하였다고 전하나, 어느 사찰인지는 전하지 않는다.[5] 중앙학림 입학 직전에는 불국사에서 '산(山) 생활'을 하였다고 그는 회고한 바 있다.[6]

그는 20세인 1917년, 중앙학림(中央學林)에[7] 입학하였다.[8] 당시 만해

의 佛敎思想에 관한 小考」『釋林』19, 1985 ; 정천구「금강경 독송의 이론과 실제 – 백성욱 박사를 통한 불교신앙」『불교사상』16·18호, 1985 ; 정천구「보살의 현대적 화신, 백성욱」『대원』40호, 1986 ; 양경직「白性郁의 獨立運動 史料」『경기향토사학』18집, 2003; 정종「백성욱의 불교사상과 활동」『한국불교학회 학술발표 자료집』2008 ; 김영진「근대시기 한국불교계의 유럽불교학 인식과 그 영향」『한국불교학』64, 2012 ; 김영진「백성욱: 유럽 유학승의 혼돈과 전통 회귀」『불교평론』52, 2012.

5) 천안 광덕사에 도승이 있다 하여 찾아간 적은 있었다.

6) 『동국』6, 1970, p.98, 「隱居의 白性郁 박사」.

7) 김광식「중앙학림과 식민지 불교의 근대성」『사학연구』71, 2003(『민족불교의 이상과 현실』도피안사, 2007 재수록).

8) 입학 이전, 휘문고보에서 수학하였다는 기록이 있다. 〈장성군민신문〉2008.5.22, 「나의 인생 나의 철학 ②: 용화 스님 잊을 수 없고 애국지사에게서 애국의 길도 배워」. 이

는 서울 인사동의 범어사 포교당에 머물면서 청년 승려들에게 민족의식을 심어주었고, 1918년에는 계몽지인『유심』을 발간하여 청년 승려들에게 큰 영향을 주었다. 만해는 때로는 중앙학림을 방문하여 특강을 하면서 학승들과 많은 연고를 맺었다. 이런 인연으로 3·1운동 당시에는 중앙학림의 학인들이 대거 만세운동에 참여하기도 했다.[9]

백성욱의 3·1운동 동참, 만세운동 참가, 상해임시정부로의 망명 등에 대해서는 지금껏 객관적 자료에 근거하여 정리된 내용이 부재하였다. 그래서 필자는 그와 관련한 구체적 자료를 토대로 당시 상황을 재구성하고자 한다. 백성욱은 자신의 3·1운동 참가에 대해서 다음과 같이 회고하였다.

경성 중앙불교학림(中央佛教學林)이란 학교를 졸업하자마자, 기미년 독립운동(獨立運動)에 참가하게 되었으니, 이는 내가 평소에 기다리던 지혜에 도달하고자 한 첩경의 길이 된 것이었다.

국내에서 활동하다가 눈을 피해서 대뜸 상해(上海)로 몸을 날려 임시정부(臨時政府)에서 일하는 중, 국내와의 통신 역할을 맡아 무려 八, 九회를 내왕하면서 젊음의 약동을 구사(驅使)했었거니와, 내 인생에서 가장 중요한 일은 독립운동 바로 그것이었고, 우리나라 독립만이 유일한 내 이상(理想)이었다.

그 후 一九三十年에 이르러서야 우리나라가 장차 꼭 독립될 것임을 확신했고, 또 그렇게 되기를 평생 염원해 왔었다.[10]

즉 백성욱은 3·1운동에 참가를 하였는데 이는 평소의 그의 소신에서 비롯된 것이었다. 그래서 그는 3·1운동 직후에는 국내에서 활동하다가, 상

글을 변극은 백성욱, 김법린을 동창으로 썼다. 김법린이 휘문고보 재학 중, 중앙학림으로 편입하였다는 서술은 있었다. 그러나 백성욱을 그렇게 서술한 경우는 없었다.
9) 김광식「3·1운동과 중앙학림」『한국 호국불교의 재조명』6, 불교사회연구소, 2017.
10) 정종 편『나의 청춘 나의 이상 − 60人士의 인생 역정』실학사, 1965, pp.81-82에 수록된 백성욱의 「나를 발견하는 길」.

해임시정부에 가서 국내와의 통신 역할을 맡아 8, 9회나 왕래하였다.[11]
그는 이런 독립운동이 그의 이상이었다고 당당히 밝힌 것이다.

그런데 1919년 3월 1일, 하루 전날 밤 만해는 평소 그를 따르던 백성욱
을 비롯한 중앙학림의 학인들을 자신의 거처인 유심사로 불러서 3·1운동
의 개요, 진행, 당부 등을 통보하였다. 즉 3·1운동의 적극 동참을 학인들에
게 간곡하게 부탁하였다. 이런 당부를 받은 학인들은 유심사를 나와서 범
어사 포교당에서 만세운동 참여와 추진 방법, 이후의 행보 등에 대해서 상
세한 방략을 수립하고 3·1 만세운동에 참여하였다. 이를 전하는 김법린과
김상호의 회고를 소개한다.

一. 준비 공작과 만해 선생의 활동

1919년 2월 28일 밤 열時인가 보다. 현 惠專의 前身 佛敎中央學林의 學生 申
尙玩, 白性郁, 金祥憲, 鄭炳憲, 金大鎔, 吳澤彦, 金奉信, 金法麟과 中央學校의
朴珉悟 등은 故 萬海 韓龍雲 先生의 긴급한 命令에 의하여 계동에 있는 선생의
自宅으로 모이었다. 이곳으로 말하면 우리 일행은 1918년 겨울 이래 자주 출입
하든 선생의 주관하든 잡지 『唯心』의 社屋이였다. 우리에게는 언제나 이곳으로
올 때마다 마음이 긴장하였다. 그날 밤은 더욱 마음이 두근거렸다. 일행을 맞
은 선생의 얼굴은 평소의 근엄한 표정을 감추시고 大事의 결행에 만족한 비장
한 환희에 횡익하셨다. 炯炯한 電光, 정돈된 좌석, 총총히 寒喧의 禮를 마치자
선생은 다음과 같은 말씀을 하셨다.

"여러 달을 두고 궁금히 여기던 諸君들에게 快 소식을 전하겠다. (중략) 대략
나는 이상과 같이 활동하였다. 君 등과 이제 分手하면 언제 만날런지 알 수 없

---

11) 백성욱은 동국대 교지 기자와의 대담에서도 다음과 같이 발언하였다. 즉 "(질문) 상해
는 어떻게 가시게 되었는지요? (답) 그해 5월인지 6월에 조직된 상해임시정부 때문에
불교단체에서 심부름을 가라기에 갔지. 그해 여덟 번이나 왔다 갔다 하며 심부름을 했
어. 물론 독립운동이야." 『동국』 6, 1970, p.96, 「隱居의 백성욱 박사」.

다. 祖國의 光復을 위하여 決然히 나선 우리는 아무 碍도 없고 怖畏도 없다. 君등도 우리 뜻을 同胞 諸位에게 널리 알려 獨立 完成에 邁進하라. 特히 君 等은 西山, 泗溟의 法孫임을 굳게 記憶하여 佛教青年의 力量을 잘 發揮하라. 밤이 벌써 자정이니 빨리 물러가라."

이상의 談話에 의하야 3·1운동에의 준비 공작에 대한 불교의 활동은 萬海 先生을 중심으로 하야 主導的 參劃的 영역에 있었다는 것을 짐작할 수 있는 바이다.

二. 중앙진영의 결성과 운동방략

唯心社를 나선 일행은 인사동 범어사 불교 포교당으로 와서 만해 선생의 付囑을 받드러 이 聖스러운 운동의 전개방략을 토의키 위하야 비상 긴급회의를 열었다.

첫째, 전국 교계를 총궐기케 하자면 중앙에 지도연락의 機關이 필요한 것임으로 우리 일행은 엄숙한 宣誓 밑에서 전 운동의 中樞體가 되고자 하였다. 기관의 명칭도 부서도 없었다. 다못 일행 중 년장이 질뿐만 아니라 경험, 식견 등으로 보아 申尙玩씨가 우리의 總參謀로 추대되었고 白性郁, 朴珉悟 兩氏는 參謀 격으로, 신상완씨가 중앙에 남아 있고 기타는 전부 지방으로 파견되었다.[12]

거사 2월 28일 밤 한용운 스님은 평소 아껴오던 중앙학림(지금 동국대학교 전신) 신상완, 김상헌, 정병헌, 백성욱, 김법린, 오택언, 김봉신, 김대용 그리고 중앙 학생인 박민오 등을 계동에 있는 잡지사 「唯心」사로 긴급히 불러 모아 서울과 전국 각지의 승려 및 신도들을 총동원하여 독립만세운동을 전개할 방략을 세워 지시하였다[13]

이상과 같은 회고와 증언에 의하면 백성욱은 중앙학림의 청년 9명과 함

12) 김법린「三一運動과 佛教」『신생』 창간호, 1946, pp. 15-16.
13) 김상호「한국불교항일투쟁 회고록: 3·1운동에서 8·15광복까지 숨어 있던 이야기」〈대한불교〉 1964. 8. 23.

께 3·1운동의 준비, 추진 등에 대한 제반 개요를 청취하였다. 만해의 당부를 들은 백성욱은 동지들과 함께 인근 인사동 포교당으로 옮겨 밤이 이슥하도록 운동 추진에 대한 대책을 강구하고, 인수한 독립선언서 3천 매를 중앙학림 기숙사로 옮겨 놓았다. 그리고 3월 1일 오후 2시 탑골공원의 만세운동에 동참하였다.

그런데 위의 김법린 회고에 나오듯이 백성욱은 대중들에 의해서 불교계 3·1운동 중추체의 참모로 추대되었다. 그러나 백성욱이 탑골공원과 서울 시내의 시위를 마치고 지방 사찰로 내려갔는지는 전하지 않는다. 그는 지방 연고 사찰이 없어, 신상완과 함께 중앙을 지키고 지방은 내려가지 않은 것으로 보인다. 백성욱은 1919년 4월 하순, 상해임시정부로 가서 불교 독립운동의 지도, 국내불교와 임정 간의 연락 사업 등에 관여하였다.

해외 동포와의 연락

삼월 중순경 지방에 파견되었든 同志들은 혹은 檢擧되고 혹은 上京하였다. 또한 지방에서 파견된 새 동지들도 서울로 운집되었다. 신상완 씨 댁을 本部로 삼고 동지의 집합은 빈번하였다. 一方으로 지방운동의 정세를 종합하야 연락 지도하는 동시에 다소의 資金도 준비되었으므로 海外와의 연락을 申尙玩, 白性郁 兩氏가 중심이 되어 劃策하였다. 사월 하순에 이르자 상해에 우리 임시정부가 성립되었다는 정보를 듣고 申尙玩, 白性郁, 金大鎔, 金法麟 四人이 안동현 이륭양행의 알선으로 상해에 密行하였다.

佛租界 하비로에 있든 임시정부를 拜訪하고 諸 요인을 拜謁하고 마츰 安島山 선생이 미국으로부터 도라왔음으로 그 열열한 애국강연을 拜聽하였다. 北滿으로부터 오신 이동휘 선생도 배알하야 많은 격려를 받었다. 신한청년당에서 발간하든 獨立新聞도 애독하였다. 申, 白 양씨의 領導하에 정부의 國內派遣員으로 불교계의 운동을 지도키로 결정하고 오월 중순경 귀국하였다.

위의 회고[14] 처럼 백성욱은 1919년 4월 하순[15] 상해임시정부로 망명을 하여 독립운동을 지속하였다. 백성욱과 함께 임정으로 간 인물은 신상완, 김대용, 김법린 등 3인이었다. 이들 중에서 임정과 국내 불교계와의 연락, 그리고 국내 불교계 운동을 지도하였던 인물은 백성욱과 신상완이었다. 이는 위 인용문 백성욱의 회고에 나온 내용과 같다. 3·1운동, 임정에서의 독립운동 참여는 1960년대 중반 백성욱의 구술에서도 거의 같은 내용으로 나온다.

그리고 國內獨立 운동상황을 보고하고 긴밀한 상호유대의 길을 마련하기 위하여 上海臨時政府에 申尙玩과 나를 파견키로 하였다. 申尙玩과 나는 全國의 鬪爭狀況을 돌아보고 四月 초순 臨時政府를 찾았다. 당시 우리는 臨政이 四千餘名의 조직을 가지고 있었지만, 감투싸움 등으로 적지 않은 失望을 느껴야만 했다. 게다가 資金 不足으로 소기의 抗爭을 할 수 없는 형편이었다. 그 뒤 佛敎徒 獨立 투쟁본부에선 나라를 잃은 亡命政府의 鬪爭에 소요되는 軍資金 募金 운동을 갖은 위험을 무릅쓰고 벌였다. 10월엔 第1次로 金尙昊를 上海에 보내서 募金 巨額의 軍資金을 헌납케 하였다.

上海臨政에서는 李湛海, 吳惺月, 金擎山 등 佛敎界 元老를 臨政 고문으로 추대하고 臨政의 國內 비밀 通信事務를 佛敎界에 담당케 하였다. 1920년 2월 上海에서 돌아온 金尙昊와 金大鎔, 金法麟, 金祥憲 등 中央學林의 學人들은 國內外 同志 간의 긴밀한 연락을 위하여 '通信運動'을 기획, 安東 東光商店을 연락처로 정하고 上海와 國內 間의 비밀 통신활동을 전개하였다. 한편 上海 臨政으로 보낼 軍資金 募金運動도 그 뒤 전국적으로 전개하다가 申尙玩, 金祥憲이 체

---

14) 위의 김법린 글, p.18.
15) 『불교』 15호(1925.9), p.38에 기고된 백성욱의 글 「늣김」에서는 "1919년 5월 10일 쌀口에 上陸하면서"라고 나온다. 그래서 일부 연구자는 이를 상해의 첫 도착으로 보지만, 검토할 점은 있다.

포되어 5년의 옥고를 겪게 되어 이 운동은 한때 좌절되고 말았다.[16]

위의 기록에 의하면 백성욱은 국내 연락 임무를 맡으면서 불교의 자금을 모아 임정에 제공하는 군자금 모금운동에 헌신하였음을 알 수 있다. 그리고 나아가서는 불교계 원로 3명(범어사의 이담해, 오성월, 김경산)을 임정 고문으로 추대하는 일에 관여하고, 불교청년 대표로 임정에 파견된 김포광을 안내하는 역할도 수행하였다.[17]

함께 상해에서 활동하던 신상완과 김상헌은 국내 불교계와 임정을 연결하는 운동을 하다가 1920년 5월경 체포되었다. 그러나 백성욱은 체포되지 않았다.

客年 3월 支那 上海로 달아나 同地 臨時政府에 投身한 僧侶 李種郁, 白性郁 등이 함께 조선 불교도를 대표하여 獨立運動에 분주하다. 승려 신상완은 최근 몰래 來鮮하여 全道의 승려를 규합하여 義勇僧軍이라는 秘密結社를 형성하고 또 독립운동 자금의 모집 및 유력한 승려를 상해로 誘出하려고 기획한 사실을 탐지하고 4월 6일 경성 종로경찰서에서 이를 체포하여 공범자와 함께 刑事 追訴에 회보했다. 사건의 개요는 다음과 같다. (중략)

一. 범죄 사실 개요

申尙玩 및 金祥憲은 불교 측 대표자라 하고 손병희 등 33명의 독립선언 서명자 한 사람인 승려 韓龍雲과 결탁하고 金奉信, 金法麟, 金大鎔, 白性郁 등과 함께 시내 각 학생 생도 대표자와 연락하여 중앙학교 생도에게 독립사상을 고취하고 1919년 3월 1일 경성에 있어서의 騷擾할 때에는 동 학교 생도를 지도한 자인데 관헌의 수사가 엄중하여 신변이 위험하므로 3월 7일경 그의 스승인 경기도 수원군 용주사 주지 姜大蓮으로부터 여비 백 원을 얻어 上海로 달아났으

16) 백성욱 「三·一 運動과 中央學林 回想記(회상기)」〈동대신문〉 1966. 6. 20.
17) 김영수 「화엄사상의 연구」 『백성욱박사 송수기념 논문집』 동국대, 1959, p. 4.

나 당시 상해에 있어서의 僧侶 勢力이 희미하고 부진하므로 다액의 運動資金을 얻어 佛敎徒의 勢力을 擴張하려고 그 후 상해에 도항한 白性郁과 相携하여 歸鮮하기로 하고 4월 중순 同地를 출발하여 동 중순 경성에 歸來하여 동지 李鍾郁(李堈公 事件 관계자), 김상헌, 김법윤, 김봉신, 박민오 등과 자금 조달에 노력하였지만 목적을 달성하지 못했다. 다시 상해로 가서 7월 중순 백초월 및 김봉신으로부터 금 2천 원을 송금을 얻어 이를 당시 임시정부 내무총장 안창호에게 교부하고 그 후 이종욱, 김법윤, 김상헌 등과 회합하여 상해에서 승려의 단체를 조직하기로 결정하고 이 목적을 달성하기 위하여는 승려 중의 유력자인 경상남도 합천군 해인사의 주지인 이회광을 유출하여 승려를 收攬할 필요가 있다고 하여 7월 중순경 白性郁을 渡鮮케 했는데 8월 중순에 이르러서도 하등의 소식이 없으므로 신상완은 안창호로부터 이회광에 대한 권유장과 자신을 강원도 특파원 및 내무부 위원에 임명한다는 취지의 辭令을 받고 8월 하순 歸鮮하여 이회광에 대해 상해의 도항을 권유했지만 同人은 태도를 애매히 하고 거취를 결정하지 못하므로 경성에 와서 백초월로부터 운동자금 및 여비라 하고 금 3백 원을 수령하였으나 출발에 앞서 안창호로부터 10월 1일(시정기념일)을 기하여 제2차 독립선언을 하게 되니 강원도 일원을 담당하여 극력 분주하라는 명령에 접하므로 출발을 준비하고 9월 20일경 강원도 철원에 가서 (중략) 경성으로 귀래했는데 9월 말일에 이르러서도 선언서가[18] 도착하지 않아서 상해를 향해 출발했다. 同地 도착 후 박민오, 김봉신이 선내에서 모금한 운동자금 2천 원을 수령했다. (중략) 신상완은 상해에 귀래한 후 이종욱, 白性郁, 김법윤 등과 協議한 후 승려의 단결을 도모하려고 별지 譯文과 같은 宣言書 및 臨時義勇僧軍 憲制라는 것을 작성하였는데 이의 목적을 달성하기 위하여는 유력한 승려를 상해에 誘出하고 또 鮮內 사찰에 機密部라는 것을 두어 승려 간의

---

18) 이 선언서는 승려독립선언서가 아닌 것으로 보인다. 1919년 10월 1일(음력, 개천절)을 기해 임시정부에서 기획한 제2의 만세운동 당시에 살포할 예정의 선언서가 아닌가 생각된다.

기밀 교통기관으로 하여 점차 僧林의 결합을 견고하게 할 필요를 느끼고 안창호의 찬동을 얻어 同人으로부터 各寺 앞으로 보내는 회장(回章, 諸山僉賢이라는 제목의 안창호 편지로 불교계에서 독립운동을 도와 달라는 내용)을 휴대하고 본년(1920) 2월 19일경 상해를 출발 천진, 봉천을 경유하여 동 25일경 入京하여 1919년 8월 상해에서 歸來하여 살고 있는 김상헌과 함께(중략) 또 이 사이에 白性郁으로부터 안동현 교통국을 경유하여 송부해 온 임시의용승군 헌제 및 선언서를 석왕사, 해인사, 통도사 등에 송부하고 점차 僧林의 團結을 도모하여 조선30본산 중 15개소를 선택하여 기밀부를 설치하고 상해임시정부와 연락하려고 계획을 진행하고 있던 중 今回 체포케 되었다는 것이다.[19]

위의 일제 첩보 기록(1920. 5. 6, 고등경찰 12574호의 「불령승려 검거의 건」)에는 백성욱의 임정을 배경으로 한 독립운동의 내용이 상세히 나온다. 그를 대별하여 정리하면 다음과 같다. 첫째, 백성욱은 군자금 모금 활동에 적극 나섰다. 둘째, 백성욱은 상해에서 추진한 의용승군 헌제(憲制) 및 선언서의 국내 배포에 관여하였다. 의용승군은 국내 불교계를 의용승군이라는 비밀결사 체제로 전환시켜 대일 항쟁을 시도한 조직체였다. 그리고 선언서는 이른바 승려선언서로 불교 대표 12명의 이름(법명)으로 불교의 대일 항쟁을 밝힌 선언서이다.[20] 이와 같은 활동은 신상완, 김법린, 이종욱 등과의 협의에서 진행하였다. 넷째, 백성욱은 임시정부에서 신상완,[21] 이종욱과[22] 함께 불교계를 대표하는 인물의 위상을 지녔다.

---

19) 국사편찬위원회 「大正8年 乃至同10年 朝鮮騷擾事件關係書類 共7冊 其6〉 不逞僧侶 檢擧의 件」『조선소요사건 관계 서류』.
20) 김광식 「대한승려연합회 선언서와 민족불교론」『민족불교의 이상과 현실』도피안사, 2007.
21) 한동민 「일제강점기 신상완의 독립운동」『대각사상』 13집, 2010.
22) 박희승 「일제강점기 상해임시정부와 이종욱의 항일운동 연구」『대각사상』 5집, 2002 ; 박희승 『지암 이종욱』조계종출판사, 2011.

이처럼 백성욱은 상해와 국내를 오가면서 임시정부를 배경으로 독립운동의 최일선에서 활약하였다. 그는 다양한 독립운동을 수행하면서 임정의 기관지인 〈독립신문〉의 기자로도 활동하였다. 1919년 8월에 창간된 〈독립신문〉 사장 겸 주필은 이광수, 편집국장 주요한, 사원(기자)으로는 조동호, 옥관빈, 백성욱 등 9명이 근무하였다.[23] 그런데 백성욱이 기자로 활동하게 된 계기나 근무 기간 등에 대해서 아직 파악하지 못했다.

이처럼 백성욱은 만해의 영향을 받아 3·1운동, 상해 임정에서의 독립운동을 치열하게 전개하였다. 상해에서 이종욱, 신상완과 함께 불교계 독립운동을 이끌었던 그는 만해가 당부하였던 서산, 사명의 후예로서 독립완성에 분투하라는 당부를 실천하였다. 그와 함께하였던 신상완과 이종욱은 일제에 피체되어 수감되었다. 그는 피체되지 않았지만, 이는 그의 또 다른 도전의 기회가 되었다.

3. 불교의 자주화 운동

백성욱은 1920년 1월 15일,[24] 상해를 떠나 유럽으로 유학을 떠났다. 추측하건대 그와 단짝이 되어 독립운동을 하였던 신상완이 국내에서 체포되어 5년형을 언도받은 것이 결정적인 계기로 작용한 것으로 보인다. 그가 유럽 유학을 계획하자, 당시 상해에서 조직된 임시정부에서 국무총리로 추대된 이승만은 유럽의 유학 사정이 어려우니 단념하라고 하였지만, 그

23) 국사편찬위원회「不逞團關係雜件－朝鮮人의 部－上海假政府 2〉上海假政府의 新聞 發刊計劃에 관한 건」『국외 항일운동 자료, 일본 외무성 기록』; 이현희『조동호 항일투쟁사』청아출판사, 1992, p.177.
24) 〈동아일보〉1925.9.11「東洋哲學博士 白性郁氏歸國」『불교』16호, p.45에 게재된「錦還한 白博士의 略曆」에서도 1920년 夏까지 南支那에 滯在하였다고 나온다.

는 어렵기 때문에 더욱 단념할 수 없다는 각오를 보였다.[25] 그의 유학은 일제의 체포를 피하려는 방책도 되었을 것이라 하겠다.

그는 처음에는 프랑스에 도착하였다. 프랑스 파리의 북부에 있는 보배 (Beauvais) 고등학교에 다녔다. 1922년 독일 남부에 있는 뷔르츠부르크대학의 철학과에 입학하여 1924년에 졸업했다. 그리고 1924년 5월 이 대학에서 불교에 대한 형이상학적인 논의인 '불교의 순전철학(純全哲學)'을 주제로 철학박사 학위를 취득하였다.[26]

그는 박사학위 취득 후 독일 각지를 만유하고, 1925년 9월 9일에 귀국하였다.[27] 그는 원주거지였던 돈암리에 머물렀는데, 9월 14일에 교무원에서 환영회를 마련해주었다. 그는 박사학위 논문을 〈동아일보〉 1925년 1월 4일 자부터, 그리고 『불교』 7호(1925. 1)~14호(1925. 9)에 연재하였다. 귀국한 그는 처음에는 강연회와 같은 행사에 단순하게 참여하였다.

이후에는 점차 사회 활동을 증대시켜 나갔다. 불교학우회 강연, 무호산방(無號山房)이라는 필명으로 집필 활동, 저서 출간,[28] 중앙불전 강사(1928. 3~),[29] 불교사의 논설부 입사(1928. 7)[30] 등 바쁘게 활동하면서도 신간회의 지방 강연(1929. 2. 2), 조선소년총연맹 상무위원회 참석 (1929. 3)[31] 등을 이어 나갔다. 그런 중에 그를 존경하였던 신여성 김일엽

---

25) 백성욱 「모든 것을 부처님께 바처라」 『法施』 112호(1974. 8), p. 18.

26) 〈동아일보〉 1924. 10. 7, 「白氏 哲學博士, 동양철학을 전공 백림대학에서」.

27) 〈동아일보〉 1925. 9. 11, 「東洋哲學博士 白性郁氏歸國」 ; 『불교』 16호, p. 41, 「불교소식: 白博士 錦還」.

28) 1927년에 불교사에서 『釋迦如來와 그 後繼者들』을 발간하였다. 이 책은 〈조선일보〉에 1926년 2월 3일부터 11일까지 연재한 것을 팸플릿 책자로 엮은 것이다.

29) 중앙불전 교지인 『一光』에는 백성욱에 대한 정보가 다음과 같이 나온다. ─ 중앙불전 敎友會 특별회원 백성욱(佛敎社): ─ 중앙불전 舊職員 백성욱(금강산 장안사). 백성욱은 『일광』 4호(1933. 12) p. 67에 퇴직한 구직원의 두 번째로 나오는 것을 보면 그는 1928년에만 강의한 것으로 이해된다.

30) 『불교』 46·47합호(1928. 7), p. 98 「社告: 입사 소개」.

31) 그러나 그의 연맹 상무위원회의 참석 여부는 신중하게 이해를 해야 한다. 왜냐하면 그

과 친교를 나누기도 했다.[32]

　백성욱의 1920년대 후반의 대표적 활동은 불교청년운동을 들 수 있다.
그는 불교청년운동에 헌신하면서 운동을 매개로 만해 한용운과 예전 인연
을 다시 맺었을 것이다. 1920년 조선불교청년회, 조선불교유신회의 창립
으로 공식적인 활동에 들어간 불교청년회는 식민지 불교 체제의 극복, 불
교 대중화를 위한 활동을 강력하게 추진하여 불교계에 큰 영향을 주었다.
그러나 보수적인 주지층이나 총독부 당국과의 대립 유발, 재정 기반의 나
약 등으로 인하여 1924년 무렵에는 간판만 달린 유명무실한 상태로 전락
하였다. 그러다가 1928년 초에 이르러 다시 활발한 움직임을 보이며 재기
하였는데,[33] 바로 그때 백성욱이 주역으로 활동하였다.

　재기를 추진한 불교청년회의 유지들은 1927년 11월경 청년회 부흥을
위한 임시평의원 총회를 개최하였다.[34] 그리고 부흥 취지를 알림과 동
시에 수송동 44번지에 간판을 걸고 정식 사무를 개시하였다. 이를 주도
한 '재경불교청년 모모씨(在京佛教青年 某某氏)의 발기'로 알려진 인물들
중에 백성욱이 포함되었을 것이라고 필자는 본다. 부흥의 노력으로 인해
1928년 3월 17~19일 조선불교청년대회가 개최되었다.[35] 재기한 불교청
년회에서는 조직 개편, 노선 정비, 독자 사업(포교, 교육)의 추진, 재정 기
반 강화 등을 추진하였다. 이 대회에서 새로운 집행부가 출범하였는데 백
성욱은 서무부(庶務部) 전무로 추대되었다.[36] 회장 체제가 아닌 상태에

는 1929년 후반경, 오대산 적멸보궁의 기도를 거쳐 금강산으로 입산하였기 때문이다.
이 대회에 참석하고 휴식, 수행을 위해 금강산으로 떠났을 가능성도 있다.

32) 김광식 「김일엽 불교의 재인식」 『불교학보』 72집, 2015, pp. 234-239.

33) 강유문 「조선불교청년운동 縱橫觀」 『一光』 3호(1931. 3), p. 62에서 재기 원인을 예전 役
　　軍의 재기, 외국 유학생의 귀국, 불교전수학교 개교 등을 거론하였다.

34) 『불교』 42호(1927. 12) 「휘보: 불교청년회 再現」.

35) 『불교』 46·47합호(1928. 5) 「휘보: 조선불교청년대회」.

36) 〈동아일보〉 1928. 3. 23, 「불교청년대회」.

서 서무부 전무 간사는 청년회를 실질적으로 이끈 핵심 인물이라는 점에서 백성욱은 불교청년회 재기의 주역이었다고 생각된다. 당시 만해는 청년회의 활동에 많은 기대를 하고 자신의 소신을 『불교』 지면에 기고하였는데, 86호(1931.8)의 「불교청년총동맹에 대하야」, 100호(1932.10)의 「불교청년운동에 대하야」 등이다. 따라서 백성욱의 활동은 만해와의 교감 속에 추진되었을 가능성이 농후하다.

불교청년회는 청년회 활동의 정상화를 기하면서, 교단 문제에도 관심을 기울였다. 이는 청년회의 간부진이 점차 교단의 중견 인물로 되어서 활약할 수 있었던 것에서도 찾을 수 있다. 교단 문제는 교단 운영의 규칙, 원칙을 정립하는 것이 중점적으로 논의되었다. 특히 1928년 9월부터 일본불교단체가 참가하는 조선불교대회를 서울에서 개최하기 위한 움직임이 두드러졌다. 이 대회는 한국불교와 일본불교의 친선을 표방하였지만, 식민지 불교정책과 무관하지 않았다. 그래서 청년들은 그 대회보다 먼저 한국 측 대회를 개최하고, 그를 계기로 그간 한국불교의 모순으로 인식된 통일기관의 부재를 타결하고자 하였다. 이런 의도에서 1929년 1월 3~5일, 각황사에서 조선불교 선교양종 승려대회를 개최하였다.[37]

그래서 승려대회는 1928년 11~12월의 짧은 준비 기간을 거쳐 강행되었다. 전 사찰의 대표 107명이 참가한 가운데 대회는 성공리에 막을 올렸다. 대회에서는 한국불교 운영의 틀인 종헌(宗憲)이 제정되고, 종헌에 근거하여 종회와 교무원이 출범하고, 불교를 대표하는 인물인 7인의 고승이 교정(敎正)으로 추대되었다. 자주적인 교단과 종헌 체제가 출범한 것이다. 그래서 이 승려대회는 자주성 확립, 불교계 통일운동의 기초를 정립한 역사적인 대회로 평가를 받았다. 이 같은 중요한 의미를 지녔던 승려대회를 발기한 주역 중의 한 사람이 백성욱이라는 기록이 있다.

37) 김광식「조선불교 선교양종 僧侶大會의 개최와 성격」『한국 근대불교사 연구』, 민족사, 1996.

재단법인 조선불교 중앙교무원이 조선불교의 중앙기관 같으나 성질상 일개 재단으로서 이러한 기능을 가지지 못한 것인 동시에 조선불교 30개 본말 1천 개 사암을 통일시킬 필요를 느낌이 날로 간절하다가 무진년(서력 1928년) 3월 17일에 조선불교청년회가 재기하면서 백성욱, 김법린, 도진호 등 청년 승려 중심으로 조선불교 통일운동이 일어난 결과 익 己巳年 1월 3일 각황사에서 조선 불교 선교양종 僧侶大會가 개최되야[38]

즉 백성욱, 김법린, 도진호 등 청년 승려 중심으로 조선불교 통일운동을 전개하였는데, 그 결과가 승려대회의 개최였다는 것이다. 대회는 '재경유지(在京有志) 승려'(17명)라고 지칭된 인물들이[39] 주도하였는데, 그 대부분은 청년회 회원이었고 백성욱은 그 핵심이었다. 백성욱은 대회의 발기회 준비위원 11명에 포함되었다.[40] 그 명단은 다음과 같다.

권상로, 김포광, 도진호, 백성욱, 오리산, 김상호, 김정해, 조학유, 김경홍, 김태흡, 김법린

이들은 대부분 조선불교청년회에 가입한 청년층이었다. 권상로(『불교』 편집인)와 오리산(범어사)을 제외하면 그런 성향이다. 준비위원들은 각자 맡은 역할을 다하여,[41] 마침내 1928년 11월 30일 각황사에서 발기대회를 열었다. 발기대회는 44명의 승려들이 참가했다.[42] 백성욱은 발기회에서 취지 연설을 하였는데 다음과 같다.

---

38) 강유문 「최근 백년간 조선불교 종횡관」 『불교』 100호(1932. 10).
39) 이들의 성향은 「조선불교 선교양종 僧侶大會」 pp. 316-317.
40) 위의 졸고 「조선불교 선교양종 僧侶大會의 개최와 성격」 pp. 316-317.
41) 백성욱은 制憲위원, 교섭위원이었다.
42) 발기회 동참을 하였으나 참가하지 않은 대상자는 62명이었다. 이 중 11명은 권한을 위임하였기에 당초 동의한 회원 106명 중 55명이 참가한 셈이다.

금번 조선불교 僧侶大會 發起會 개최로 말하면 宗憲의 제정, 중앙교무원 憲章 及 승니 法規의 제정이 근본 목적이라 하겠습니다. 조선 승려가 종래에 일정한 內規가 없는 까닭으로 대내적으로 각자 分立의 상태에 있어서 敎運의 統一的 발전을 計圖치 못하얏으며 승려 자신이 자기의 사명과 지위를 인식할 수 없음으로 금일에 와서 如何한 계급의 승려를 물론하고 如斯한 조직이 一日이라도 속히 실현되기를 要望하는 바이며 대외적으로는 佛陀의 진리를 선양하야 求度衆生의 大情神을 발휘치 못함으로 敎團의 사회적 위신과 존재가 날로 타락되며 몰각되는 것을 敎徒 일반이 통탄하는 바이외다. 이상의 근본 동기 외에 교육, 포교, 綱紀 등에 대한 年來의 현안을 이 統一的 新精神 하에서 토의 해결 하자는 것이외다.[43)]

이렇듯이 백성욱은 대회는 불교계의 종헌 제정, 중앙교무원의 헌장 제정, 승니 법규의 제정이라는 불교 통일운동의 근간을 수립하는 것이라 발언하였다. 나아가서는 이를 통해 불교 교단의 정체성을 정비하는 것이라고 주장하였다. 발기회에서는 본격적인 승려대회의 개최를 위한 다양한 토의를 하고 여러 준비사항을 결정하였다. 대회 준비위원 31명(준비위원장은 권상로)도 선출하였는데, 백성욱도 제헌부 위원으로 그에 포함되었다. 백성욱은 이후 대회의 순서 작성위원, 법규(종회법, 법규위원회법, 교정회법) 제정위원으로 활동하였다.

마침내 승려대회는 준비위원들의 준비, 각 사찰의 대표로 참가한 승려들의 동참 속에서 1929년 1월 3일, 각황사에서 열렸다. 백성욱은 대회에서 개최의 취지를 설명하였다. 백성욱의 사상과 대회 개최의 역사성 파악에 중요하기에 전문을 제시한다.

금번 대회의 근본 목적으로 말하면 宗憲 기타 法規를 제정하야 支離散漫한

---

43) 『불교』 54호(1928. 12), pp. 112-113, 「승려대회 회록」.

現下 教界를 統一 刷新하야 其 장래 발전을 劃策하려 함이외다. 종래로 朝鮮僧
侶의게 道德的 規律이 없었던 것은 아니나 신시대에 적응할 만한 조직적 憲章
이 없었으며 국가의 公財 보관상 사찰에 대한 法令은 있었으나 승려 자체를 大
同結束하는 內規가 없었음으로 조선불교의 維新을 절규한 지 임의 오래입니다
마는 아직 其 원대한 이상을 실현치 못한 것인 줄 생각합니다. 이러한 의미 하
에서 금번 대회의 使命과 意義가 가장 重大하고 深刻한 줄을 느낍니다. 이 조
선불교의 新紀元的 회합에서 제정할 법규는 敎主 釋尊의 大情神을 발휘하겠다
는 佛前 誓約이라 하겠습니다.[44]

백성욱은 종헌과 법규 제정을 통한 불교계 통일운동이 그 취지라고 단
언하였다. 그리고 조선불교의 신기원적 의미를 갖는 대회에서의 법규 제
정은 불타의 정신을 발휘하겠다는 서약이라고 의미를 부여하였다. 백성
욱은 대회에서 의안 제정위원, 교정 선거 전형위원 등으로 활동하였다.

지금껏 살핀 바와 같이 백성욱은 1929년 승려대회에서 대회의 준비부터
시작해서 주목할 만한 성과물을 도출하기까지 다양한 노력을 기울여, 불
교의 자주적인 종헌체제 수립에 큰 기여를 하였다. 당시 만해도 불교계 통
일운동의 추진을 강력하게 요청하였기에,[45] 종헌을 불교계의 헌법이라고
하면서[46] 높은 평가를 하였다.

　宗會라는 것은 완전히 조선불교의 統制機關으로 출현하얏든 것이다. 종회로
말하면 30본산의 주지뿐만 아니라 명실공히 全朝鮮佛教徒의 總意로 성립되었
고, 그 宗憲이 嚴正할 뿐만 아니라 성립 당시에 31본산 주지를 위시하여 참석
한 승려가 한가지로 종헌을 嚴守하야 영원히 服從 實行할 것을 三寶 전에 焚香

---

44) 위의 「대회 회록」 pp. 125-126.
45) 한용운 「朝鮮佛教를 統一하라」 『불교』 84·85호(1931. 7).
46) 한용운 「佛教事業의 既定方針을 실행하라」 『불교』 103호(1933. 1), p. 2.

하고 五體投地하면서 선서문을 낭독하였다 한다. 그 儀式이 얼마나 장엄하였
으며 그 誓願이 얼마나 견고하였든가.[47]

즉 만해도 종헌 체제의 역사성, 의의를 높은 평가를 하였던 것이다. 그
런데 일제 당국은 이 승려대회에 대하여 식민지 사찰령 체제에 저항, 반발
할 것이라고 우려하고 있었다. 그래서 그런지 백성욱과 강대련, 도진호 등
은 일제 당국을 찾아서 전후 상황을 설명하였다.

조선불교 선불양종 승려대회의 결과를 당국에 보고하기 위하야 대회 대표로
강대련(姜大蓮), 백성욱(白性郁), 도진호(都鎭鎬)) 외 삼씨가 재작 구일 오전에
학무국 홍(洪)과장을 방문하고 그 경과를 이야기 하얏는데 종교과장도 충분한
동정을 가지고 그 결의에 대하겠노라고 하얏다더라.[48]

이와 같이 일제의 종교과장을 면담하고 전후 사정을 설명하였다. 그런
데 당시 중국의 보도에 의하면 일제 당국은 백성욱을 비롯한 대회 간부진
을 구속하였다고 한다. 중국 신문(〈中央日報〉 1929.3.14)의 보도기사 내
용이다.

【한성통신】이민족의 압박으로 삼한민족은 지금 마치 사형집행을 앞둔 사형
수와 같은 처지에 놓여 있다. 이에 한인 중 뜻있는 인사들이 세계조류의 영향
을 받아 분분히 독립을 위한 운동을 전개하였지만, 불행히도 철저한 대비책을
세운 일본의 손아귀를 벗어나지 못하였다.

독립해방을 바라는 전 민족의 염원에 호응하여 불교계도 들고 일어났다. 한
국 불교계는 전국의 31개 본산에 7,000여 명의 승려와 천여만 원의 재산을 축

---

47) 한용운 「朝鮮佛教를 統制案」『불교』 신2집(1937. 4).
48) 〈동아일보〉 1929. 1. 11, 「조선사찰령 개정방침, 삼 승려대표 학무국 방문」.

적하고 있는 큰 세력이다. 불교종무원은 1월 3일 승려대회를 열고, 총독부가 반포한 종교법에 대한 반대운동을 전개하기로 결의하였다. 이 결의에 따라 전국의 모든 승려들은 금후 일본 당국의 감독을 거부하기로 하였으며, 중국혁명운동과 인도 비합작운동의 사례를 모범으로 삼아 널리 민족해방을 선전하기로 하였다.

이 정보를 입수한 일본 경찰은 대회위원장인 權相老, 간부 都鎭鎬·白性郁·金法麟·金梅子 등을 구속하였다. 사건이 발생한 뒤 놀라움을 금치 못한 조선총독은 이를 중대한 음모사건으로 간주하고 주모자에 대한 엄중 처벌을 명하는 한편, 7,000여 명에 달하는 조선의 모든 승려에 대한 엄밀한 검사를 진행하도록 하였다.

이번 사건의 발생은 한국 불교계 내부의 강렬한 민족의식이 주된 원인이 되었다. 한국 불교계의 뜻있는 인사들은 일본이 중국에서 점차 영향력을 잃어가는 대신 중국의 민족운동이 점차 고양되어가는 작금의 상황을 조선민족해방의 호기로 간주하였다. 이에 불교계 지도자들은 불교 포교를 명목으로 독립사상을 고취하고 독립운동을 전개하기로 결정하였다. 이에 승려들을 중심으로 암암리에 호법단·규찰대·실행단 등 비밀결사를 조직하여 독립을 위한 실제적인 행동에 나서고자 하였으나, 정보누설로 일본인들에게 계획이 탐지되어 실패로 끝나고 말았다. 심히 애석한 일이 아닐 수 없다.[49]

중국의 보도를 신뢰한다면 백성욱은 1929년 1월 중순경에 일제 당국에 구속되었다. 이 기사에 나온 내용을 정리하면 다음과 같다. 우선 첫째, 승려대회는 사찰령 반대운동 차원에서 열린 것이다. 둘째, 대회 이후 승려들은 일제 당국의 감독을 거부하기로 하였다. 셋째, 일제 당국은 이런 움

---

49) 『대한민국 임시정부 자료집』 39권(중국 보도기사 I) 「1920년(230) 민족해방을 위한 불교계의 대계획, 불행하게도 일본인들에게 발각」.

직임을 파악하고 권상로, 도진호, 백성욱, 김법린, 김매자(金梅子)[50] 등을 구속하였다.[51] 넷째, 대회 추진 승려들은 호법단, 규찰대, 실행단 등의 비밀결사를 조직하여 독립을 위한 실제 행동에 나설 기획을 수립하였다. 다섯째, 이런 제반 움직임은 불교계 내부의 민족의식에서 기인한 것이다.

그런데 백성욱이 언제 구속되어, 얼마 동안 구속되었는지는 전하지 않는다. 김법린은 경기도 경찰부에 붙잡혀 가서 2주일 동안 모진 고문을 받고 석방되었다고 관련 기록에[52] 전한다. 대회를 주도한 백성욱과 김법린이 승려대회를 성공리에 마치고 중앙 불교계를 떠난 것은 이러한 일제의 탄압에서 연유한 것으로 볼 수 있다.

김법린은 일본의 고마자와대학으로 유학을 떠나, 1932년 3월 귀국하였다. 그러나 백성욱은 1929년 후반(?)경 서울을 떠나 오대산 상원사의 적멸보궁에서 백일기도를 한 직후 1930년 초 금강산으로 떠났다. 그는 그해 1월경에[53] 가깝게 지냈던 김일엽에게 "인연이 다하여 다시 뵈옵지 못하겠기에"로 시작하는 편지를 전달하고 금강산으로 들어갔다.[54] 백성욱은 금강산으로 입산하기 이전에 지방 사찰 등 여러 곳을 순방하면서 자신의 마음을 달랬다. 그의 심정을 이해할 수 있는 회고를 살펴보자.

---

50) 이 인물은 누구인지 알 수 없다.

51) 대회 준비위원장, 사회를 본 권상로는 대회 도중에 '有故'로 탈락하였다. 유고의 내용은 알 수 없지만 일제 외압이 작용한 것으로 보인다. 대회에서 부사회를 본 송종헌도 도중에 탈락하였다.

52) 『어둠을 밝힌 사람들』, 부산일보사, 1983, pp. 197-215에 「김법린: 불교사상으로 抗日 앞장」이 수록되었다. p. 206에 이런 내용이 나온다.

53) 김일엽은 『불교』 60호(1929.6)에 「X씨에게(동무가 엿던 異性에 보내는 편지 그대로 轉載함)」라는 글을 기고하였다. 이 글은 김일엽이 백성욱을 사모하는 마음으로, 이별에 대한 애잔함을 밝힌 편지글이다. 이 글의 초반부에 '편지를 받은 지가 다섯 달이나 된다'는 것에서 1월에 그 편지를 전한 것으로 이해하였다.

54) 백성욱과 김일엽에 대한 인연은 졸고 「김일엽 불교의 재인식」 『불교학보』 72집, 2015, pp. 237-244 참고.

오늘은 음 12월 7일이다. 二三個月間을 두고서 朝鮮佛教僧侶大會라는 것을
準備하노라고 情神과 肉體가 극도로 衰弱하여진 나머지라 어느 閑寂한 곳에 가서
休養을 하지 아니하면 不可하다는 생각이 되어 잇는 中 더욱 個人上 不快한 風說과
合하야 나는 한 時라도 速히 京城을 떠나지 아니하면 아니될 運命이엿다.[55]

이렇게 그는 승려대회 준비 과정과 일제 당국의 구속으로 인한 심신의
피곤을 이겨내기 위해 휴식차 서울을 떠났다. 그는 진주의 지인이 내려오
라는 편지를 보내오자 1월 말경 즉시 떠났다. 그는 1929년 1월부터 2월까
지 1개월에 걸쳐 남쪽 지방을 여행했는데, 이 여행을 뜻깊게 여긴 그는 그
여정을 글로 남겼다.

- 김천: 직지사(7일 체류), 炭翁(천불선원)과 대담
- 삼랑진에서 마산으로: 新詩 운동에 몰두하는 黃錫禹와 동행. 신간회 주최
  강연(2월 2일)[56]
- 마산: 신간회가 주최한 집회 출석
- 통영: 집회 참석, 龍華寺의 동창(10여년 전)을 만남(朴모)
- 마산: 창원 도착, 집회 참가.
- 부산: 동래포교당, 범어사. 金相琦와 승려대회를 놓고 대화
- 양산: 통도사, 설날. 강원 집회, 조선불교 유래와 승려대회 사명을 이야기
  함. 자장암, 보광전, 戒壇 등 참배. 九河와 鏡峰 만남(경봉의 發心, 勇猛力,
  禪悅味에 찬사, 如求頭燃 정진의 훈계)
- 울산: 집회
- 대구: 동화사 포교당 집회(尹東爕 만남, 李敬宇 요구)

---

55) 무호산방 「南巡이엿든 이약이」 『불교』 59호(1929.5), p. 47.
56) 〈조선일보〉 1929.2.6.에 '현대가 요구하는 우리의 예술 활동'이라는 주제로 강연했다
고 나온다.

이렇듯이 경상도 일대를 순방한 그는 이 여행을 설교 여행, 신도들의 지식을 증진시키는 불사(佛事)라 하였다. 그는 이 순방에서 신도와 조선 대중의 요구를 파악한 것을 귀하게 여겼다. 그는 이 기고문을 1929년 4월 8일에 썼다고 밝혔다. 그런데 필자가 이 글에서 주목하는 것은 그가 직지사의 천불선원에서 탄옹 수좌를 만나면서 회고한 대목이다.

> 禮佛과 遊觀을 마치고 客室에서 炭翁 和尙과 懷舊를 始作하니 一年 前에 나도 亦是 禪衆에 參預하야 禪悅의 快樂을 맛보는 幸福스러운 사람이엿다는 것이 記憶된다. 더욱이 曾前에 만흔 希望과 信仰으로 直旨 會上만 記憶하든 남여지에 知識을 親見問訊하는 福으로 이 會上에 客이 되니 그만에 萬事를 이저버려서 香茶로 身役을 삼을까 하는 생각이 난다.[57]

그는 일 년 전인 1928년 선원에서[58] 참선한 것을 기억하고, 모든 것을 제쳐두고 다시 수행하고 싶다는 심경을 피력하고 있다. 이런 감회를 느끼고 상경한 그는 불교 진흥을 도모하는 동지들의 행보에 감사를 표하기도 하였다.

그는 1929년 가을 무렵, 오대산 상원사 적멸보궁을 찾아 100일 기도를 단행하였다. 그가 백일기도를 단행한 것은 그간의 세진, 풍파, 망념에 찌든 10여 년간의 생활을 반성하고 새로운 길을 찾기 위이었다. 상원사행은 금강산 보덕굴과 장안사에서 만난 보살 손혜정의 권유도 작용하였다.[59] 그 이전의 자신 생활을 내적 수양이 부재한 데다 우승열패(優勝劣敗)의 관념에 매몰된 것으로 단정하였다. 그래서 그는 다음과 같이 결심하

---

57) 위의 자료 「南巡이엿든 이약이」 p. 48.

58) 그 장소는 단언할 수 없다. 그는 1928년 무렵, 장안사 선원에서 한철 수행한 적이 있어, 장안사일 가능성이 농후하다.

59) 김기룡 『金剛山 修道에 彌勒부처님 親見記』 불교통신교육원, 1983, pp. 451-455.

고 적멸보궁으로 떠난 것이다.

佛恩에 感激되어서 눈물을 얼마나 흘리엿슬가? 이 길을 떠나는 나로서는 生
의 愛着이라고는 벌서 別 問題가 되엿다. 그것은 "더러웁게 사는 것보다 조촐
하게 죽는 것이 더 낫다"는 것이다. 나는 佛前에 무엇을 求하겟다는 마음은 업
섯다. 오즉 나도 百日間이나마 世塵을 멀리하고 舍利塔 中에서 罪惡을 여이는
佛子가 되는 것만은 感謝하엿슬 뿐이다. 이와 가튼 생각은 自働的 訶責의 懺悔
요 決코 厭世가 아니다. 이번 길에 내가 다시 살아 온다면 무슨 짓을 하거나 무
슨 行動으로 世上을 對하거나 그는 결코 시방 寂滅寶宮을 차저가는 貧弱하고
드러운 僞善者인 조흔 動機이면서도 결과가 罪惡만 되게 하는 無號山房은 아
닐 것이다. 그는 적어도 부터님의 使命으로 衆生을 濟度하고저 오는 幻住 莊嚴
中 人物일 것이다. 無號山房은 그의 罪惡을 懺悔하고 그의 幻軀를 解脫하엿스
리라. 또는 반드시 그리 하여야 할 것이다.[60]

이와 같이 백성욱은 지난 10년간 세속화된 자신을 철저하게 참회하고
새롭게 나기 위한 백일기도에 들어갔다. 필자는 이 백일기도를 마치고 나
서 상경하였다가, 1930년 초반에[61] 금강산으로 입산한 것이 아닌가 본다.
백성욱은 금강산에 들어가서 1938년 서울로 돌아오기 전까지는 불교계와
의 연락, 사업 등을 일체 단절하고 오직 수행에 전념하였다. 백성욱의 금
강산 수행에 대해서는 주목할 필요가 있다.[62]
그러나 지금껏 백성욱의 금강산행의 전모에 대해서는 조명되지 않았다.
무엇보다도 그가 입산한 연유를 알 수 없었다. 필자는 금강산행 직전에 행

60) 無號山房「다시 寂滅寶宮을 차저 가면서」『불교』63호(1929.9).
61) 지금껏 그 시점에 대해서는 전하지 않았다. 상원사 적멸보궁 기도에는 손혜정도 동참
하였다. 그 자신도 1930년경이라고 회고하였다. 위의『동국』6, p.98.
62) 김광식「백성욱의 금강산 수행 공동체의 역사와 성격」『민족사상』15권 1호, 한국민족
사상학회, 2021.

한 그의 이 같은 참회가 치열한 수행을 단행하려는 옹골찬 기개로 승화되었을 것으로 생각한다. 금강산행에 대해서는 그가 말년인 1974년에 회고한 내용이 있어 주목된다.

> 본인이 유럽에서 유학을 마치고 귀국하여 中央佛教專門학교의 教授로 취임했던 일이 있습니다. 그러나 나는 얼마 가지 않아서 교수직을 사임하고 金剛山 安養庵에 들어가 單身修道를 한 적이 있습니다. 그때가 1928년 가을 그곳에 들어가 수도를 한 이유는 내 자신이 좀 더 부처님 속에 살고 싶었기 때문입니다. 부처님을 멀리하고는 무엇인가 허전하여 일을 할 수가 없었습니다.[63]

이처럼 그는 '부처님 속에 살고 싶었다'는 표현처럼 독실한 신심의 발로에서 금강산에 입산하였다. 처음에는 금강산의 장안사 안양암으로 들어갔다. 안양암에서 3년간 수행은 석가모니불에 대한 정진이었다.

> 지금 회고해 보면 내 생애의 전반에 걸쳐 금강산 수도 생활의 시절보다 의의롭고 보람 있던 때는 없었습니다. 그 가운데서도 安養庵의 單身 수도 생활은 더욱 그렇습니다. 그때의 신심은 불이 붙고 있었습니다. 그리고 그때의 기도는 석가모니불 앞의 本尊佛 精進이었습니다. 나는 나의 모든 것을 부처님 앞에 바치고 있었습니다.[64]

이렇듯 그는 신심으로 그의 모든 것을 바쳐서 치열한 본존불 정진의 단신 수도를 하였다. 그런데 그 무렵, 중앙불전 학인들이 백성욱을 찾아갔다. 백성욱을 중앙불전의 교장으로 추대하고자 함이었다. 당시 중앙불전 교장이던 송종헌(만암)이 내분으로 1931년 4월 22일에 사퇴하자, 후임으

---

63) 백성욱 「모든 것을 부처님께 바쳐라」 『法施』 112호(1974.8), p.16.
64) 위의 자료, p.17.

로 백성욱을 추대한 것이다. 그러나 백성욱은 그에 응하지 않았다.[65] 그러자 송종헌 후임으로 김포광이 교장으로 임명되었다. 1932년 5월 12일, 중앙불전은 한용운의 교장 채용 신청서를 일제 당국에 제출하였다. 전후 사정은 알 수 없지만, 학생들의 강력한 추천이 있었을 것으로 보인다. 그러나 한용운의 교장 취임은 성사되지 않았고, 1932년 11월 14일에 박한영이 교장에 취임하는 것으로 일단락되었다.[66]

한편 안양암에서 단신 수도를 하던 백성욱은 함께 수도를 원하는 대중들의 요청으로 1931년경, 지장암으로 거처를 옮겨 수행하였다. 이에 관한 내용을 전하는 백성욱의 회고가 있다.

　　본인은 처음 三년 동안은 오직 혼자서 기도를 올렸습니다. 그러나 三년이 지나던 해 金剛山에 들어와 수도하는 많은 徒衆들이 同在하기를 간청하는 바람에 그들의 뜻을 물리칠 수 없어 地藏庵으로 옮겼습니다. 이때부터서는 여러 수도자들과 같이 기도하면서 그들을 지도하기에 온갖 정성을 기우렸습니다.[67]

즉, 함께 수도하기를 원하는 대중이 있어 지장암으로 옮겼다는 것이다. 대중의 숫자는 어느 정도였으며, 그들은 누구였는가? 이에 대해서는 당시 대중의 한 사람이었던 김기룡의 회고가 있다.

　　그때에 안양암에서 필자의 백일기도 회향 때에는 대중이라야 선생님 두 분 외에 불과 三四인이었고 회향날은 음력(陰曆) 동짓날 중순(中旬)이었으나 날

65) 〈동아일보〉 1931. 5. 10, 「中央佛教專門校, 學生一同 盟休」. 당시 학인들은 금강산 지장 암까지 자서 취임을 요청하였으며, 응하지 않았다고 한다. 김기룡 「내금강 지장암과 백성욱박사」 『백성욱박사 문집』 제1집, 백성욱 박사 송수기념사업위원회, p.390.
66) 송종헌이 사퇴하자, 金映遂(포광)가 동년 6월에 인가되어, 취임하였다. 이때 학인들은 동맹휴학을 하였다. 『일광』 4호(1933. 12), pp.69-71.
67) 백성욱 「모든 것을 부처님께 바쳐라」 『法施』 112호(1974. 8), p.16.

씨가 매우 온화(溫和)하였다(대중은 박종두 필자 최두환 이계원 등이었다).[68]

이처럼 안양암에서 대중은 처음에는 3인으로 출발하였으나, 얼마 지나지 않아 10여 명에 달하였다. 그래서 할 수 없이 인근 지장암으로 이전하였던 것이다.[69] 지장암에 머물던 그는 간혹 장안사에서 법문도 하였다. 이렇듯 백성욱은 지장암에서 대중을 지도하면서 7년간의 수행을 하였다.

> 安養庵에서 三년, 地藏庵에서 七년, 그래서 이 기도는 萬日기도였습니다. 그런데 萬日기도가 끝나는1938년 가을의 어느날, 日警이 나를 체포하러 왔었습니다. 이유인즉 似而非 宗敎者라는 것이었습니다. 물론 그 당시는 그네들의 日天皇 신앙 외에는 사이비로 몰아 세웠던 것도 사실이지만, 이 어처구니 없는 압력으로 나의 금강산 수도생활은 더 계속될 수가 없었습니다.[70]

그런데 그가 금강산에서 10년간 수행을 마치던 무렵 일제 경찰의 체포로 인하여 대중과 함께 한 수행생활은 마감되었다. 백성욱은 만일기도는 회향하였지만, 사이비 종교자라는 빌미의 일제 탄압으로 금강산에서 하산하였다.

한편 백성욱 그가 지장암에 있을 때인 1937년 11월 중앙불전 재학생이었던 정종,[71] 정근모[72] 등은 박한영의 소개장을 들고 백성욱을 찾았다. 그래서 그들은 백성욱과 특별한 인연을 맺었다. 당시 수행 대중으로는 김

---

68) 위의 김기룡 책, p.76.
69) 안양암은 손혜정이 주관하여 여자 禪室이 되었다. 손혜정은 장안사 신림암에서 그 무렵에 출가하여 그 당시에는 비구니이었다.
70) 백성욱 「모든 것을 부처님께 바쳐라」 『法施』 112호(1974.8), p.16.
71) 정종은 백성욱에 대한 인연을 그의 저서 『내가 사랑한 나의 삶80(上)』 도서출판 동남풍, 1995에 수록한 '平生之交友錄'에 상세히 기술하였다.
72) 조영자 「마철저」 『해인』 401호(2015.7), p.14.

기룡 외 30여 명이 있었다.[73] 그들은 대부분 출가한 승려였다.[74]

백성욱이 그 당시 지장암 대중에게 전한 가르침, 수행방법, 자급자족 등의 공동체 생활 등은 백성욱을 수십년간 시봉하면서 배웠던 학인이었던 김기룡의 글과 책에 전모가 나와 있다.

그리하여 우리 지장암 대중은 그의 法에 의하여 아침 四時에 일어나 가능한 몸을 청결하게 하여 心身을 爽快하게 한 후(自己의 心身을 위하여서나 부처님을 공경 숭배하는 禮로나) 禮佛을 졌수고 工夫를 하되, 이 공부야 말로 지장암 白先生任의 獨特한 法이시니 곧 「大方廣佛華嚴經」이시다.[75]

우리 백선생님께서는 누구나 그 한마음을 깨치려면 一 기도, 二 염불(주문), 三 간경, 四 참선 이 네 가지를 동시에 하여야 한다고 하시었다.

즉 수행 대중은 백성욱의 독특한 가르침에 의거하여 집단 수행을 하였다. 그 당시에는 주로 『화엄경』에 의지하면서 실천궁행적(實踐躬行的)인 수행을 하였다고 한다.[76] 대중들은 조석(朝夕) 예불, 새벽에 3시간의 깨치는(覺) 공부를 기본으로 하면서 농사작업, 나무하기, 의복(한복) 마련,

---

73) 위의 김기룡 책, pp. 389~402.

74) 백성욱의 명성을 듣고 찾아온 대중들이 장안사 관내 암자에 머물렀다. 그러자 장안사에서는 장기간 머물면서 수행을 하려면 출가하여 승적을 가져야 한다고 하였다. 이런 연고로 승려가 대부분이었는데, 김기룡은 박대륜을 은사로 승적을 가졌다. 김동규, 『금강경 이야기』, 금강경독송회, 2009, p. 351에는 1934년의 지장암 대중 사진이 나온다. 그 사진에는 이계진(입승), 김기룡(부전), 김두환, 이종한, 무진스님, 양인선, 김갑진, 이춘원, 강호익, 강영근, 동현, 기남, 황기운, 태권, 황한운, 사성, 김명환, 김동해가 나온다.

75) 위의 김기룡 글, p. 392.

76) 1945년 8.15 해방부터 본격적으로 『금강경』 수행으로 전향하였다고 하는데, 그 연유를 파악해야 한다.

입산 50일이 넘은 대중은 일종식(一鍾食) 단행, 백일 기도, 2~3시간 취침, 성찰하는 공부(終日 疾因을 푸는), 평등공양, 탐진치 제거(특히 瞋心) 등을 하였다. 그 당시 백성욱의 10년 수행의 성격은 별도로 고찰해야 한다.[77]

한편 백성욱은 금강산 안양암에서 득도했다고 전한다.[78] 그리고 용주사 주지인 강대련이 수도인으로 존경하였던 백성욱에게 옷을 지어 보냈다는 기록이[79] 있는 것으로 보면 그의 치열한 수행은 당시 승가에도 널리 알려진 것으로 볼 수 있다. 그러나 독립운동을 하였던 백성욱이 금강산에 들어오고, 적지 않은 사람들이 백성욱의 거처로 몰려들자 일제는 긴장을 하였다. 1938년, 그는 일제의 외압으로 금강산의 집단적인 수도생활을 마감하였다.[80] 그는 의령 경찰서에 구속된 이후, 금강산으로 돌아오고 나서 회중 해산을 통고하고 서울로 복귀하였다.[81]

이때부터 8·15해방까지 돈암동에[82] 은둔, 칩거하면서 생활하였다. 이곳에서도 그는 수행을 하였는데, 소수의 인물들이 모여들었다고 한다. 그러나 일제 말기에 심우장에 있으면서 일제와 정신적인 항쟁을 하다가

---

77) 그는 위의 김기룡 책에 자세히 나와 있다.
78) 백성욱 제자인 김원수는 이에 대해 一日一食으로 천일 수도후 宿命通을 얻었고, 그의 수행에 도움을 준 당사자는 '손보살'(손혜정)이라는 여자라고 기술했다.『마음을 어디로 향하고 있는가』, 소리문고, 1990, p.164. 손혜정에 대한 정보는 김기룡의 책, pp.3-4의「故慧亭孫昔哉先生 略歷」참조.
79) 황성기「퇴경 권상로 老師를 追慕함」,『황성기박사 불교문집: 불교사상의 본질과 한국불교의 제문제』, 1989, p.231.
80)『백성욱 박사 송수기념논총, 불교학 논문집』, 1959「백성욱 박사 약력」. 그 단초는 지장암에서 수행을 하였던 준현이란 인물이 경남 의령 경찰서에 구속되어 조서를 받았던 사건이었다. 그래서 백성욱도 의령경찰서, 진주검사국에 불려가 70여 일간 구속되었다가 금강산으로 돌아왔다고 한다. 그때 손혜정, 김기룡도 일시 구속되었다. 위의 김기룡 책, p.413.
81) 그는 일제에 피체되기 수개월 전 상경하였다.『불교』신15집(1938.8), p.39「교계소식」에 1938년 6월 15일, "장안사 백성욱씨 上京 인사차 來院하였다"고 나온다.
82) 이모가 되는 宋氏家에 있었다.

1944년에 입적한 만해와 백성욱과의 1930년대의 인연은 전하는 것이 없어 알 수 없다.[83] 백성욱에 대한 일제 말기의 기록으로 2건이 있다. 우선 1941년 1월 그의 은사인 최하웅(홍천사)이 입적하자, 자신에게 분배된 재산의 일부를 봉은사 복구비용으로 헌납하였다.[84] 그리고 1941년 8월, 봉은사에서 재가자들과 함께 만일염불회의 신앙결사에 관여하였다는 비석이 있다.[85] 그가 만일회의 대공덕주라는 기념비가 봉은사에 서 있는 것에서 그를 이해할 수 있다. 그러나 해방 직전까지의 행적은 알 수 없다.

4. 결어

이상으로 백성욱과 한용운의 인연을 독립운동, 불교 자주화의 관점에서 살펴 보았다. 주요 내용을 요약하면서 그에 담긴 의의를 가늠하고자 한다.

첫째, 백성욱과 만해와의 인연은 중앙학림, 유심사에서 이루어졌다. 3·1운동 직전의 이 인연은 3·1운동이 발발하기 직전에 공고화되었다. 만해는 백성욱에게 3·1운동 준비 경과를 전하고 3·1운동 참가를 당부하였다. 이로써 이들의 민족 독립운동에 대한 의지는 굳게 결속되었다. 이런 인연으

---

83) 백성욱은 1950년대 후반 동국대 총장을 하면서, 한용운의 딸(한영숙)을 동국대 도서관에 취직시켰다. 그리고 나서 백성욱은 조명기 교수에게 그 딸이 동국대 입학을 하도록 유도하였다. 그러면 당신이 학비, 생활비를 대겠다고 나섰으나 만해 딸이 남의 신세를 지기 싫다고 하여 거절당하였다. 〈동대신문〉 1979. 4. 10, 「미공개 일화, 침묵의 시대에 산 강직한 일생」. 한편, 금강산 영원암에 수좌인 설석우가 머물 무렵(1930년대 중반), 한용운이 찾아왔고 백성욱이 방부를 들여 수행을 하였다는 이야기가 있다. 〈불교신문〉 2009. 10. 10, 「석우 스님 명의 졸업증서 공개」.

84) 『불교시보』 67호(1941. 2), p.5 「白性郁 박사 義擧」.

85) 한보광 「최근세의 만일염불결사」 『신앙결사연구』 여래장, 2000, p.293. 백성욱의 기념비 1기, 허광명심과 임돈형의 송덕비가 각각 1기가 서 있다. 그러나 『봉은사지』에는 이 사실이 누락되었다.

로 백성욱은 3·1운동의 중심부에서 활동하게 되었다.

둘째, 백성욱은 3·1운동 직후 중앙학림의 중앙 지휘부에서 활약하였다. 그 연장선상에서 백성욱은 1919년 4월 상해임시정부에 투신하였다. 그는 신상완, 이종욱과 함께 임시정부의 불교 독립운동을 조율하는 핵심 인물이었다. 그런 구도에서 그는 국내를 수차례 왕래하면서 불교의 군자금을 임정에 전달하였다. 또한 상해에서 준비한 의용승군제의 추진, 대한승려연합회 선언서 제작, 배포에 관여하였다. 그러나 그 과정에서 도반인 신상완은 체포되었다. 이에 그는 일제로부터 피체의 탈출 차원에서 유럽으로 유학을 단행하였다.

셋째, 독일에서 박사학위를 받고 귀국한 그는 다양한 활동을 하면서 불교 자주화에 헌신하였다. 그는 우선 조선불교청년회의 재기를 추동하였다. 그 연후에는 불교통일운동의 차원에서 1929년 1월 승려대회를 추진하였다. 이 대회에서 종헌, 종회, 교무원 등을 출범시켰으니 이는 자주적인 종헌체제를 말하는 것이었다. 백성욱은 종헌체제 출범의 핵심 주역이었다.

넷째, 백성욱은 종헌체제를 성사시켰지만 참회, 신행 추구, 불법의 근본을 추구하는 차원에서 금강산 입산을 단행하였다. 그는 김일엽과의 단절, 중앙불전 교장 직위의 거절 등 명리를 배격하고 금강산(안양암, 지장암)에서 10년간 수행을 하였다.

다섯째, 금강산 10년 수행은 백성욱과 그를 따르던 대중과 함께한 공동생활이었다. 처음 3년간 안양암에서는 홀로 수행을 하였지만 동참대중이 10여 명이 되자 인근 지장암으로 거처를 이전하였다. 그는 대중들과 함께하는 공동수행(간경, 기도, 염불, 참선)을 7년간 하였다. 그러나 일제 외압으로 1938년에는 서울로 돌아왔다. 서울로 돌아 온 이후, 그 시절 만해와의 인연 및 교류 내용은 전하지 않는다.

지금껏 백성욱의 삶을 1945년 이전을 중심으로 살펴 보았다. 특히 한용운과의 인연 속에 전개된 근대불교사 내면의 전후 사정을 가늠하여 보았다. 추후에는 본 고찰에서 미미하게 다루었던 제반 내용을 더욱 충실하게 조명하고자 한다. 이 글이 백성욱의 삶과 사상, 그리고 만해사상의 계승, 만해학 정립에 도움이 되기를 기대한다.

제6장_조종현

문학을 통해 만해사상의 개념화 시도

1. 서언

한국 근현대공간의 승려 중에서 특별한 행적을 남긴 인물로 조종현(趙宗玄, 1906~1989)을 꼽을 수 있다. 조종현의 정체성은 시조시인, 동요작가, 강백, 불교개혁가, 교육자 등으로 거론할 수 있다. 이렇듯 다양한 행적을 역사에 남겨 놓았음에도 불구하고 그에 대한 연구는 전체적으로는 깊이 있게 이루어지지 않았다. 문학과 불교사 부문에서 선도적인 연구가 일부 있었지만,[1] 그의 삶과 특성을 온전히 정리해내지는 못하였다. 이에 대

---

1) 필자가 참고한 논고는 다음과 같다. 김해성 「조종현 시인론」『불교계』25호, 1969 ; 한춘섭 「조종현의 생애와 시조시」『시조문학』93호, 1989 ; 김광식 「조종현·허영호의 불교교육제도 인식과 대안」『충북사학』11·12합집, 2000 ; 김재홍 「불교적 세계인식과 인간회복의 꿈―조종현론」『유심』12호, 2003 ; 한정섭 「선사와 지사로 나툰 진속불이(眞俗不二)의 행로」『유심』12호, 2003 ; 남길순 「시조시인 조종현의 삶과 문학」『남도문학연구』10집, 2004 ; 이동순 「조종현의 불교개혁론과 동요의 상관성」『한국아동문학연구』24호, 2013.

한 원인은 다양한 측면에서 찾아질 것이나, 그에 대한 자료가 집대성되지 못한 것을 원인의 하나로 들 수 있다.

조종현(趙宗玄, 1906~1989)

이러한 전제에서 본 고찰은 조종현의 불교계 활동에서 나타난 불교사상을 통해 만해 한용운과의 관련성을 조명하고자 하는 글이다. 필자는 이전의 연구에서 조종현의 삶과 불교 활동에 직간접으로 연결되는 주제들을 다룬 바 있다. 그는 조선불교 학인대회(1928), 만당(1930), 조선불교청년총동맹(1931) 등이었다.[2] 이런 주제를 다루면서 그 중심 활동에 조종현이 자리하고 있음을 알게 되었다. 특히 필자는 만해 한용운에 대한 평전 및 인연담의 책자 발간, 학술 논고 작업 등을 통하여[3] 만해 한용운과 조종현은 깊은 상관성이 있음을 파악하였다. 그러나 그간 연구의 시간을 갖지 못하였던바, 이번 기회에 조종현과 만해 한용운과의 상관성을 유형별로 나누어서 세부적인 사실에 접근하고자 한다.

그래서 이 글에서는 조종현과 관련된 불교계의 활동을 종합, 분류하여 살피면서 조종현의 불교사상과 연관된 내용을 추출하고자 하였다. 이 글

---

2) 김광식「朝鮮佛敎靑年總同盟과 卍黨」『한국학보』80호, 1995 ; 김광식「朝鮮佛敎學人大會 硏究」『한국독립운동사연구』10집, 1996.
3) 김광식『한용운 평전 - 첫키스로 만해를 만나다』장승, 2004 ; 김광식『우리가 만난 한용운』참글세상, 2009 ; 김광식『한용운 연구』동국대출판부, 2011.

이 조종현 삶의 재조명, 조종현 연구의 심화, 그리고 만해 한용운 사상의
계승 분야 등의 연구에 도움이 되길 기대한다.

2. 조종현과 한용운의 인연

1) 학인대회, 조선불교청년총동맹, 만당과 조종현

조종현은 1922년 선암사로 출가하여 승려가 되었다. 그는 선암사에서
승려 기초과정을 익히고, 범어사·통도사·동화사 강원에서 경전을 수학하
였다.[4] 그는 강원 과정에서 탁월한 실력을 인정받아 많은 활약을 하였다.
이런 활동을 하던 그가 중앙 불교계로 진출하게 된 계기는 1928년 3월, 각
황사(覺皇寺)에서 열린 조선불교학인대회에서의 주도적 활동이었다.

그는 동화사 강원의 대표로 학인대회의 발기인이었으며, 대회의 발기
총회(3.12~13)에서 좌장 후보로 선출되었다. 그리고 본 대회(3.14~3.17)
에서는 교육제도 혁신위원, 연맹규약 제정위원으로 활동하였다.[5] 더욱
이 그는 대회가 종료된 직후에는 서울 개운사 강원에 적을 두고 불교 경학
분야 수학에 매진하였다.[6] 개운사 강원은 불교계 석학인 박한영의 회상
이었고, 학인대회를 추동한 개혁 지향적인 승려들이 수학하였던 곳이다.
1929년부터는 개운사에 설립된 중앙불교연구원에서[7] 경전 수학을 지속

---

4) 「梵魚寺의 講院良績」『불교』 22호(1926.4) ; 「新進會 瑞光」『불교』 39호(1927.9) ; 「桐
    華寺講院에 講友會 創立」『불교』 41호(1927.11) ; 「桐華寺 講院 講友會 第二會 定期總
    會」『불교』 45호(1928.3) ; 「桐華寺 佛教專門講院 第七回 卒業良績」『불교』 46·47합호
    (1928.5).
5) 김광식 「조선불교학인대회록'과 불교개혁」『민족불교의 이상과 현실』도피안사, 2007.
6) 어느 시점부터 개운사 강원에 적을 두었는지는 알 수 없다.
7) 이 연구원은 불교연구원 혹은 중앙연구원으로 지칭하였는데, 학인대회에서 나온 강
    원제도 개선안의 '중앙에 고등강원'을 설립해달라는 청원이 수용된 결과였다. 김광식
    「1930년대 강원제도 개선 문제」『근현대불교의 재조명』민족사, 2000, pp. 292-296.

하였다. 이때부터 그는 문학(동요, 시조)에도 뜻을 두고 활발한 기고 활동을 하면서 1932년 초까지 개운사를 근거지로 다양한 활동을 전개하였다.

　조종현은 학인대회를 마치고 개운사에서 수학하면서 더욱더 불교 청년들의 혁신운동에 동참하게 되었다. 혁신운동으로 1928년 3월에 재기한 조선불교청년회(朝鮮佛敎靑年會)를[8] 발전적으로 해체하고 전국적인 조직체인 조선불교청년총동맹을 출범시켰다. 이 전환은 기존의 불교청년운동이 동지 연결이 원활치 않고 통일정신이 박약한 것을 극복하고자 효율적인 조직체를 건설한다는 차원에서 이루어졌다. 조선불교청년총동맹은 1931년 3월 22일 각황사에서 총동맹 발기를 위한 조선불교청년회의 개최, 3월 23~24일의 창립대회를 통하여 출범하였다. 3월 22일의 대회에 참가한 조종현은 대회에서 임시 집행부의 서기, 맹헌(盟憲) 제정을 위한 전형위원으로 선출되었다.[9] 또한 창립대회에서는 중앙검사위원으로 선출되었다.[10] 이를 보면, 조종현은 구학(舊學) 분야(학인대회)의 개혁 활동에서 신학(新學) 중심의 불교청년운동에 본격적으로 뛰어들었다고 할 수 있다.

　한편, 총동맹의 창립대회에서는 불타정신의 체험, 합리종정(合理宗政)의 확립, 대중불교의 실현을 3대 강령으로 정하였다. 이 강령은 한용운이 강조한 불교개혁 정신의 핵심이었고, 만해의 개혁정신을 따르던 저항적 결사체로 1930년 5월경 지하에서 태동한 만당(卍黨)의 강령인 정교분립(政敎分立), 교정확립(敎政確立), 불교대중화와 거의 동질적이었다.[11]

8) 김광식 「조선불교청년회의 사적 고찰」『한국 근대불교사 연구』민족사, 1996, pp. 238-240.

9) 「사상에 관한 정보(副本): 조선불교청년회 집회취체 상황보고(通報), 京鍾警高秘 제3463, 3464호」(1931. 3. 23) 참조.

10) 「불교청년총동맹 創立大會 終了」〈동아일보〉1931. 3. 26 ; 「三千萬圓과 千百寺院을 運轉할 佛敎의 指導者」『삼천리』4권 3호(1932. 3), p. 49.

11) 김광식 「조선불교청년총동맹과 만당」『한국 근대불교사연구』민족사, 1996, p. 263.

요컨대 총동맹과 만당은 한용운 개혁정신을 지상과 지하에서 실행에 나선 단체와 결사체였다. 그래서 한용운은 총동맹의 창립을 기념하는 강연회(각황사, 3. 25)에서 「조선불교청년총동맹에 대하여」라는 주제로 열변을 토하였다. [12] 조종현은 총동맹의 출범에 대하여 총동맹의 기관지인 『불청운동』에 다음과 같은 기념 '시조(時調)'로 자신의 입장을 개진하였다.

團結부터

일 보고 힘내련가 힘 잇서야 일을 한다
힘 잇서서 일하든가 信誼로써 일을 한다
信誼도 잇어야지만 團結부터 하여라 [13]

한 긔빨 밋으로 뫼자!!

이 땅이 문어진다 어이 할 일 잇으리까
한울이 뒤바껴도 거름같이 하올 것이
우리의 마음이로다 맹세지은 몸이라.

손잡고 나아갈 이 몇몇이나 헤이런가?
하나 둘 뜻이 같다 어느 뉘라 적다하리
한 긔빨 밑으로 뫼자! 한데 뭉쳐 하리라.

---

12) 그 강연회에서는 유엽(조선불교의 특색과 우리의 운동), 김법린(우리 운동의 임무), 김태흡(대중불교의 의의), 도진호(시대조류를 횡단하는 자)도 강사로 나섰다. 夢庭 「佛靑總同盟組織縱橫觀」 『佛靑運動』 창간호(1931. 8), p. 9 ; 「조선불교청년총동맹 — 創立記念 講演會」 〈동아일보〉 1931. 3. 26 ; 「韓龍雲師 — 政敎分離 力說, 政治的 拘束을 떠나자: 佛靑講演會 盛況」 〈동아일보〉 1931. 3. 27.
13) 『佛靑運動』 창간호(1931. 8), p. 18.

도라봐 깨치어라! 깨치거든 나아가자

내하나 아니라도 일은 되어 간다 마라

그런말 우리가 할가? 입에 다시 내리까![14]

　이처럼 조종현은 불교청년들의 단결과 투철한 정신을 강조하였다. 이는 그가 총동맹의 발족을 반기면서, 동시에 자신이 불교청년운동의 일원임을 피력한 것이다. 조종현은 위와 같이 지방의 강원에서 수학하다가, 학인대회를 기점으로 중앙 불교계에 들어와서, 불교청년운동의 총본부인 총동맹 간부로 선출되었다. 추측하건대, 이 무렵부터 점차 불교개혁, 불교 교단, 민족의 문제 등을 고뇌하였을 것이다.

　그러면 조종현은 언제, 어디에서 한용운을 처음으로 만났을까? 이에 대해서는 단정적으로 말할 수 없다. 필자가 추측하건대 학인대회가 열린 1928년 3월부터 총동맹이 발족하던 해인 1931년 겨울 사이에서 만남이 있었을 것이다. 이에 대해 참고할 수 있는 조종현의 회고가 있다.

　신미년(1931년, 필자 주) 겨울! 나는 선생을 청진동 숙소로 찾아뵈었었다. 그때 선생은 『불교』사 시절, 춘추는 53세, 내 나이는 26세 때였다. 무슨 용건이 있었던 것도 아니요. 더구나 어떠한 목적이 있었던 것도 아니었다. 그저 찾아뵈옵고 싶어서다.

　선생의 거실에 들어서자마자, 이마가 설렁하고 냉기가 온몸을 엄습했었다. 나는 나도 모르는 사이에 몸이 옴칫 했었다.

　방안에는 책상 하나, 그 위에는 〈조선일보〉 한 장이 놓였을 뿐, 메모 용지는 커녕 펜대 한 개도 없었다. 책 한 권도 눈에 띄지 않고 말쑥했다. 벽에 꽂힌 못 한 개에는 선생의 두루마기 걸렸었고, 그 위에는 모자가 얹혔을 뿐 방문객의

---

14) 『佛靑運動』 3호(1931. 12), p. 18.

제6장_조종현 | 191

모자 하나 걸 못도 없었다. 앉을 방석은 말할 것도 없었다.

서화 병풍이며 장서가 많을 줄로 알았던 나의 생각은 완전히 뒤엎이고 말았었다. 나는 새삼 놀라지 않을 수 없었다. 참고 도서 한 권 없이 어떻게, 어쩌면 그렇게 글을 쓸 수 있을까……

순간 내 머리는 번쩍 했다. 「선생은 우박같이 머리에서 글이 쏟아지고, 샘 솟듯 가슴에서 글이 솟는가 보다……」

「석가모니가 무슨 책이 있어서 49년 설법을 했나!」

옳다! 선생은 「사상의 원천」을 발굴하고 확보했기 때문에, 입만 벌리면 폭포같이 열변이 쏟아지고, 펜대만 잡으면 구름 일듯 굴이 부푸는 것이 아닐까.

선생은 가사, 장삼, 발우 한 벌 없는 운수납자(雲水衲子)의 생활이다. 청초하고 쇄연한 생애였던 것이다. 학과 같은 모습에 구름 같은 삶이여![15]

조종현은 1931년 겨울, 서울 청진동의[16] 한용운 숙소로 방문을 하였다. 조종현이 회고한 바와 같이 어떤 목적도 없이, 그저 찾아보고 싶은 마음에서 이루어진 것이다. 그렇다면 그 이전에 그 같은 돌발적인 방문이 가능케 한 어떤 사연이 있었을 것이다. 그러나 지금 이 단계에서는 더 이상의 추정은 불가능하다. 어쨌든 그는 만해 숙소인 청진동을 방문하고서 더욱더 만해에 대한 존경심을 갖게 되었음은 분명하다.

그래서 필자는 만해에 대한 깊은 존경심, 총동맹에서 중앙검사위원으로 선출, 총동맹에 대한 지지 등이 결합되어 조종현이 만당 당원이 되었다고 보고자 한다. 필자가 조사, 연구한 바에 의하면 만당은 1930년 5월경에 창당되었다. 창당 당시의 당원은 18명이었다. 그러나 점차 확대되면서 당원

---

15) 조종현 「불교인으로서의 만해」 『나라사랑』 2집, 외솔회, 1971, pp. 47-48.
16) 그 시절 한용운은 기존 거처인 禪學院(서울, 안국동)을 나와 조계사 인근에 숙소를 정하고, 불교사가 위치한 조선불교 교무원 건물(현, 조계사 자리)로 출퇴근하였다. 이는 그가 선학원 대중과 불화를 빚었기 때문이다.

이 80여 명에 이르렀다. 만당의 주도하에 총동맹이 출범하였고, 만당의 결정에 의해서 중앙 불교계의 활동이 조율되었으며, 불교청년회의 제반 활동이 추진되었다. 때문에 당원의 추가 입당은 매우 조심스럽게, 엄격하게 기존 당원들의 만장일치 동의하에 허락되었다. 조종현은 추정하건대 총동맹이 출범하기 직전인 1931년 봄에 가입하지 않았을까 본다. 조종현은 50대 초반(1970년) 무렵, 만당에 대하여 다음과 같이 회고하였다.

선생은 55세 무렵부터 임종 시까지 약 십 년 동안, 일제 치하에서 비밀결사 단체인 「만당(卍黨)」을 꾸준히 격려 지도했었다. 세칭 「만당」은 이용조, 최범술, 김법린, 박근섭, 김상호, 장도환, 서원출, 박영희, 강재호 등 불교 청년 19인이 조직한 비밀결사로서, 일제에 항거하며 투쟁했었다.

표면상으로는 「정치 종교 분립」 운동이었으나, 실은 그 최고 최종의 투쟁 목표는 「조국독립」 민족 투쟁이었었다. 불교로 색칠했을 뿐이다.

「만당」은 지하운동으로서, 비밀 회합 때는 반드시 「삼 분간 묵언 사유」를 했었다. 이 행사의 「속뜻」은 오직 선생과 당원만이 알 뿐인 것이었다. 「만당」은 그 후반기에 있어 사천 다솔사를 근거지로 했었다.

「만당」의 십 년 역사는 서울을 비롯해서 진주·사천·합천·해남·통도사 등지에서 여섯 차례에 걸쳐 일경의 검거 선풍에 당원들이 체포되었고, 옥고를 치르는 것으로 점철되었었다. 그중 당원 최범술은 세 차례의 옥고를 겪기도 했었다. 선생은 당원들이 검속되었을 때 진주로 대구로 격려 위문키 위해서 쏘다녔으나, 결국 면회는 거절당하고 말았었다. (중략)

선생은 어디까지나 애국지사요, 애국 시인이면서, 철두철미 애교자(愛敎者)였었다. 위대한 영원의 사표가 아닐 수 없는 것이다.

「만당」은 선생의 일생 운동의 최후를 장엄하게 한 것이 아닐까.[17]

---

17) 위의 「불교인으로서의 만해」 pp. 49-50.

필자가 위의 글에서 우선 주목하는 것은 만당의 당원이 아니면 위와 같은 만당의 활동, 내용, 성격 등에 대해서 기술할 수 없다는 것이다. 그래서 조종현은 만당 당원이 분명하다고 본다.[18] 그리고 더욱 주목할 것은 위의 글에서 당원이 '19인'이라고 적시한 표현이다. 필자가 조사한 바에 의하면 만당이 처음 시작할 때에는 4인으로 시작되었으나 1차 단계에서의 당원은 18명이었다. 그래서 조종현은 18명이 1단계의 당원이라는 것을 어느 때에 알게 되었고, 자신이 은연중 추가로 제일 먼저 가입하게 되었음을 위와 같이 서술하였다고 본다. 그러면서도 자신이 스스로 당원임을 강력하게 밝히지 않은 것은 겸양의 자세가 아닌가 한다. 그래서 필자는 여러 사정을 고려하여 당원들의 적극적인 활동으로 총동맹의 발기, 출범이 일단락된 1931년 3월 이후, 조종현이 2차 단계에서는 제일 먼저 당원에 가입되었을 것으로 추정한다. 그런 결과로 그가 총동맹의 중요 직책인 중앙검사위원에 선출되었을 것이다. 만당에 가입하던 무렵에 대하여 그는 다음과 같이 회고하였다.

이운허, 이청담, 조종현 등이 주동해서, 전국 불교학인대회를 서울에서 개최하고 그 기관지 『회광(回光)』을 삼 년간 발행했으며, 매년 대회를 계속하면서 선생의 지도에 따랐었다. 선생의 철창 같은 행동과 칼날 같은 지도에는 서릿발 같은 인격이 번쩍였다. 감복하지 아니할 사람이 없었다.[19]

---

18) 지금껏 조종현이 만당 당원이라고 적시한 문헌 기록, 증언 등은 없었다. 다만 그의 자제인 조정래는 당원임을 수차례에 걸쳐 회고, 기술하였다. 필자는 이전 논고(「조선불교청년총동맹과 만당」 1995)에서 조종현이 당원이라고 적시한 1차 기록이나 2차 증언 등을 접하지 못하여 그 논고에서는 당원이라고 서술하지는 않았다. 그러다가 그 논고를 기고한 이후에 『나라사랑』 2집(1971)에 기고한 조종현의 글을 보고, 그가 당원임을 확신했다. 그러나 그간 이를 서술할 기회가 없어, 이 글에서 그를 분명하게 주장한 것이다.
19) 위의 「불교인으로서의 만해」, p. 43.

이때에는 한용운 선생의 지도를 면밀히 받아서 실천에 분골쇄신할 신념과 각오가 철저하였고 뿌리가 깊었다.[20]

위와 같은 조종현의 회고가 바로 1931년 3월 무렵, 조종현이 만당 당원으로 활동하였을 때의 정서를 표출한 것이 아닌가 한다. 그렇기에 그가 만당의 2차 단계에서 제일 먼저 당원이 되었을 것으로 본다.[21] 이렇듯이 조종현과 한용운은 1920년대 후반, 1930년대 초반 서울이라는 중앙 무대에서 인연을 맺게 되었다. 그 인연은 단순한 인연이 아니라 불교개혁, 불교청년운동, 조국독립이라는 공동의 사상적 신념에 따른 민족의식의 발로였다고 생각한다.

2) 『불교』와 조종현

조종현과 한용운이 더욱더 인간적, 이념적 인연이 깊어진 계기는 『불교』라는 잡지의 편집인과 기고자로 활동한 것이었다. 일제하에서 불교계의 가장 대표적인 언론 매체는 『불교』로, 1924년 창간 이래 1940년대까지 발간되었다.[22] 한용운은 1931년 7월(84·85합호)부터 1933년 7월(108호)까지 불교사의 편집인(사장)을 역임하였고, 복간된 『불교』 신1집(1937.3)부터 19집(1939.1)이 나오던 1937~1938년에는 불교사의 고문으로 활동하였다. 이 기간에 조종현은 『불교』에 왕성한 기고 활동을 펼쳤다. 그가 『불교』

---

20) 조종현의 「육필회고록」(1987), p.4 ; 남길순 「시조시인 조종현의 삶과 문학」 p.142에서 재인용. 그런데 이 육필 회고록을 필자는 직접 열람, 확인하지는 못하였다. 현재는 행방불명이 된 상태이다. 조종현의 자제인 조정래가 보관하였던 것으로 추정되나, 더 이상의 추정은 불가하다.

21) 조정래가 말하는 만당의 재무위원은 조종현이 선암사로 내려가서 강원의 강사, 강주 등을 보면서 동시에 선암사의 종무소 소임자(법무, 감무 등)를 역임하면서 활동 자금을 제공한 사정을 말하는 것이다. 즉 선암사 시절에 만당에 재정적인 후원을 하게 됨에 따른 호칭, 지칭으로 이해된다. 조정래 『황홀한 글감옥』 시사인북, 2009, p.76.

22) 김성연 「일제 강점기 『불교』의 간행과 그 성격」 『선문화연구』 5집, 2008.

에 기고한 문학작품, 산문 등을 정리하여 소개하면 다음과 같다.

84·85합호(1931. 7) 「엄마 같은 소」(조탄향)

86호(1931. 8) 「참아, 그 길자질가」

87호(1931. 9) 「배신자」(조탄향) ; 88호(1931. 10) 「감로탑」

90호(1931. 12) 「歸鄕小曲 — 歲暮의 片感으로」

91호(1932. 1) 「바빌란찬 — 得度 10년에」

92호(1932. 2) 「동무에게」

93호(1932. 3) 「講院敎育과 制度改新」「宗憲에 의한 敎務院으로 運用할 것」
(趙鐵雲)

94호(1932. 4) 「漢陽別曲 — 나를 보내주신 동무에게」「大乘起信論 講義」(1회,
조철운의 이름으로)

95호(1932. 5) 「그리는 밤」「창경원에서 — 계동 묘에게」「변하오리까 — 昇州
老親께」「대승기신론 강의」(2회)

98호(1932. 8) 「노모의 서름」「대승기신론 강의」(3회)

99호(1932. 9) 「대승기신론 강의」(4회)

100호(1932. 10) 「豫防注射 외 6章」(시조일기) 「우리 뜻 살려지다 —『佛敎』의 百
號의 낭음에 보냄」「祭壇앞에서 — 壽永氏의 一週忌」(趙灘鄕)

101·102합호(1932. 12) 「애기의 편지 — 玉潤에게」「바람결에 붙이는 노래」(趙
鐵雲)「대승기신론 강의」(5회)

103호(1933. 1) 「쓰고 적고」「詩歌總評論」(趙大順)

104호(1933. 2) 「宗憲發布 紀念과 靑年同盟」(趙大順)「사슴 우는 밤」「대승기
신론 강의」(6회)

105호(1933. 3) 「흰털을 뽑으며 — 一碧에게」「대승기신론 강의」(7회)

106호(1933. 4) 「비닭이」「동무의 말」「民衆敎化와 敎化資金」(조대순)

『불교』신2집(1937. 4) 「慈母初忌」

신3집(1937.5)「오! 陽震의 靈은」

　이렇게 조종현은 한용운이『불교』의 편집, 발간의 책임을 맡았던 그 기간에 거의 매월 기고하였다.[23] 이런 왕성하고 지속적인 기고는 조종현과 한용운 간의 끈끈한 관계를 말해준다. 즉 만해의 조종현에 대한 신뢰라고 볼 수 있을 것이다. 이런 신뢰는 추후, 다각적인 측면에서[24] 분석되어야 할 것이다. 만해가 1937년 4월에 속간된『불교』의 고문을 맡던 시절에 조종현의 기고가 단 2건에 불과한 것은 그가 1937년 여름 무렵에 일본 유학(동경 駒澤大學)을 떠났기 때문이라고 이해된다.

　위의 인용문에서 유의할 것은 조종현의 기고문 대부분이 문학작품이었지만, 당시 불교계의 문제점에 관한 내용이나 경전 강학 등도 기고하였음을 간과해서는 안 된다. 특히 20대 후반의 젊은 강백에게 대승기신론 강의를 연재하게 한 것은 당시로써는 파격적이었다고 봐야 한다.『불교』92호(1932.3)에서는 조종현의「기신론 강의」에 대한 사고(社告)를 다음과 같이 게재하였다.

　　本社 新年度의 新計劃 起信論 講義
　　기신론은 佛敎哲學인 동시에 心理學으로 유명한 大乘論이다. 여러 독자로부터 기신론의 강의를 渴望하야 그 요구가 一再에 止치 안이 한지라 靑年學者로 斯界에 造詣 깊은 趙宗玄 氏가 平易와 明晳을 爲主로 기신론을 강의하야 本誌 4월호부터 연재할 것이외다.
　　佛敎社 白[25]

23) 한용운이 책임을 맡기 이전에도 그는 기고하였다.
24) 당시 불교사가 불교 독자들의 시조 투고, 게재를 적극적으로 추진하여, 독자 시조단 신설을 하는 등 불교시조 운동을 하였던 것도 고려되어야 할 것이다.『불교』96호(1932.6) p.58.
25)『불교』92호(1932.2), p.32.

당시 조종현은 연재를 하는 필자로서 다음과 같이 소신을 피력하였다. 바로 이와 같은 정열적인 패기를 한용운이 인정한 것이 아닌가 한다.

創作에 잇서 비록 內容(취재, 구상)은 훌륭하다고 할지라도 그를 결정하는 表現 形式(문장 기교)이 能爛熟活치 못하야 부족하고 難澁하면은 그 작품이야 말로 未成品이니 어째서 可히 비판의 수준에 비치워나 보겠습니까. 강의도 역시 그러할 줄 압니다. 그렇게 되지 않겠습니까? (중략)

敎理(自性)는 行, 住, 座, 臥, 語, 黙, 動, 靜의 日用 중에서 많이 보고 얻고 듣고 알 수 있는 것입니다. 우리는 항상 자기의 自性을 모르는 가운데서 알고 있고 알면서도 모르고 살아 갑니다. 그럼으로써 佛敎의 교리는 오묘난해한 동시에 가장 평이하기 짝이 없습니다. 대체로 迷界(중생의 경계)를 本位로 하고 밝힌 불교의 心理學이요 哲學인 起信論을 平易한 문장으로써 簡哲하게 강의를 하여 보겠습니다. 성심과 성의를 여기에 다하겠습니다. 佛子된 의무와 사명을 하려고 함에 있어 무슨 拙文非才를 부끄러 하겠습니까. (강의자 조종현)[26]

이렇게 그는 문학적 이해와 소신을 불교 교학에 결합하여 기신론 강의를 하겠다는 소신을 개진하였다. 20대 후반에 위의 글에 보이듯 교학에 대하여 나름대로 가치관을 갖고 있었음은 간단하게 볼 것이 아니다. 이런 소신과 실력이 있었기에 그는 선암사, 마곡사 등 강원에서 강주, 조실로 초빙을 받았다. 조종현의 강학에 대한 학문적 관점, 경전 해석 등에 내용은 추후 종합적인 검토를 해야 할 것이다.

이 글은 조종현과 한용운과의 상관성을 거론하는 지면이기에, 서술의 초점을 한용운에게 맞추고자 한다. 이런 입장에서 주목할 것은 조종현이 한용운의 시조를 극찬하면서, 한용운 사상의 개념화를 시도하였다는 것이

---

26) 『불교』 93호(1932. 3), p. 159.

다. 『불교』103호(1933. 1)에 기고한 「시가(詩歌)의 총평」에서 그 내용을 찾아볼 수 있다.

> 卷頭言 … 萬海 作(佛敎 4월호의)
> 『이른 봄 적은언덕
> 싸인 눈을 접허마소
> 제아모리 차다기로
> 돋는엄을 어이하리
> 봄옷을 새로지어
> 가신님께 (보내고저)』

이 時調를 읽을 때에 바로 『님의 沈默』을 연상케 한다. 이 一篇의 詩想이 『님의 沈默』의 相 그대로이다. 萬海(韓龍雲) 先生은 가신 님을 그리워한다. 님만 님이랴 그리운 것은 다 님이라고 불렀다. 이 시조도 또한 가신 님께 선물하고 싶은 마음에서 불렀다. 詩想이 곱ー고 고요하다. 님을 그리는 마음이 이렇한가 보다. 이 江山에 봄이 들면, 봄을 맞는 이 강산에서 가신 님께 무얼 보내고 싶은 마음이 가슴에 불현듯 치밀어 올음이 이 韓 先生의 心情일 것이다. 뉘가 다 아랴.

몸은 비록 老軀이시나 『봄옷을 지어』하시는 마음을 갖으섯다. 사람은 여긔에서 사는 것이다. 永遠히 살아 있을 精神이다. 이런 精神에서 밝어진 노래랴ー. 나는 이 詩歌를 읽을 때에 感激의 눈물을 흘리지 않을 수 없었다. 다시금 보는 오늘날에 亦是 그렇다. 『印度를 배운 朝鮮의 韓先生이다』라고 나는 밝는 적이 있다. 尊敬하는 어룬이시다. XX思想으론 印度의 XX와 같고 詩歌론 印度의 타고어와 같고 佛敎론 印度의 釋迦牟尼(本師)를 배우신다. 이렇한 先生의 詩歌였다. 이 시조는 型에 있어서도 古套를 벗고 새로운 옷을 입었으니 퍽으나 嶄新한 맛이 든다. 『하노라, 하더라, 하노매라』하든 在來의 그것과 비교하여 읽을 때에 얼마나 새로운 氣力이 있고, 時調復興, 時調普遍의 이때에 있어 얼마한 새로운 길을 보여주엇는가 앞으로 時調의 發展史上에 時調型의 革新的 新型을 記錄치 않을 수 없을 것이다. 이상의 말한 이 時調 한 篇은 手法이나 想이나가 다 깨금하다. 말속하다. 읽을 때에 新詩를 읽는 感을 주는 것도 같으면서 완전히 時調로서의 獨立된 것이요. 時調道에 있어 劃期的 新型을 斯道에 提供한 것이다. [27]

위의 글에서 주목할 것은 우선 첫째로 조종현이 한용운의 시조를 극찬하고, 그를 시조의 발전사에서도 중요한 위상을 점한다고 평가한 내용이다. 조종현이 비평 대상으로 삼은 한용운의 작품은 『불교』 94호(1932. 4)호의 권두언 공간에 기고된 시조이다. 조종현은 만해의 이 시조를 보고서 『님의 침묵』을 연상하면서 만해의 심정, 시상에 감격하였다. 그리고 나서는 이 시조의 정형의 혁신성, 참신성에 높은 평가를 하였다.

다음 두 번째로는 만해의 사상을 종교는 석가모니, 사상은 간디, 시는 타고르라고 설명했다는 점이다. [28] 일본강점기 당대에서 이렇듯이 만해가 생존할 때에 만해의 사상과 정체성을 비유적으로 설명한 것은 조종현의 글이 독보적인 것으로 이해된다. [29]

지금까지 살펴본 바와 같이 조종현과 한용운 간의 관계는 『불교』를 매개로 전개되고 심화하였다고 볼 수 있다. 그를 통하여 상호 간의 신뢰가 돈독해졌으며, 조종현은 만해의 문학과 사상을 지근거리에서 배울 수 있었다. 이 대목에서 조종현이 만해에게서 배우고, 영향받은 것이 무엇이었는가를 밝혀야 할 당위성을 만나는 것이다.

---

27) 조대순 「詩歌總坪 – 佳作을 主로『佛敎』誌 其他」 『불교』 103호(1933. 1), pp. 63-64.

28) 조종현은 위 「불교인으로서의 만해」 p. 53에서 1932년의 시가 총평을 다시 거론하였다. 여기에서 그는 XX를 간디라고 적시하면서, '지금 생각해도 틀림없다'고 서술하였다.

29) 다만, 정인보도 청년들에게 만해를 배우라고 하면서 만해는 조선의 간디라고 부르고, 지칭하였다고 한다. 김관호 「심우장 견문기」 『한용운사상연구』 2집, 1981, p. 280.

3. 한용운 사상의 영향, 계승

조종현은 1920년대 후반부터 만해 한용운을 만나고, 다양한 영향을 받았다. 그 계기는 전술한 바와 같이 불교청년운동, 그리고 잡지『불교』였다. 이 장에서는 조종현이 한용운에게 영향받은 내용의 실체를 살펴보고자 한다. 필자는 문학적 방면은 소양이 부족하여 문학적 측면은 제외하고 주로 불교적 관점에서 접근하고자 한다.

한용운의 사상은 심오하고, 다면적이다. 때문에 그의 불교사상, 불교개혁론, 민족사상 등을 간략하게 정리하는 것은 결코 쉬운 일이 아니다. 그러나 필자가 이 분야를 연구하면서 검토한 바에 의지하여 조종현에게 전달된 만해사상의 단면이라도 제시하려고 한다.

필자는 조종현이 만해에게 영향받은 것을 두 가지 측면에서 지적하고자 한다. 첫째는 만당(卍黨)과 조선불교총동맹의 강령은 곧 만해의 불교사상에서 나왔다고 보고, 이런 측면이 조종현에게 어떻게 전달되었는가이다. 전 장에서 살펴보았지만 만당의 강령은 정교분립, 교정확립, 불교대중화이고 총동맹의 강령은 불타정신의 체험, 합리종정의 확립, 대중불교의 실현이다. 여기에서 공통적인 것이 교정확립(合理宗政의 確立), 불교대중화(대중불교의 실현)이다. 교정확립은 명분이고 그 실질적인 지향은 사찰령의 철폐와 극복을 통한 교단의 운영이었다. 즉 불교 자주화였다. 요컨대 불교자주화를 통하여 불교대중화로 나아가야 한다는 것이다.

그래서 불교청년들은 이런 취지하에 1929년 1월 승려대회를 통하여 자주적인 종헌체제를 만들었다.[30] 불교의 헌법인 종헌(宗憲)을 만들고, 자주적인 통일기관(중앙기관)인 교무원과 종도의 대의기관인 종회를 출범시키고, 나아가서는 실질적인 운용의 규칙인 종법을 만들고 종단 대표인

---

30) 김광식「조선불교선교양종 승려대회의 개최와 성격」『한국 근대불교사 연구』민족사, 1996.

종정(7인)까지 선출하였다. 이것이 이른바 종헌체제였다. 그래서 종헌을 지키는 것을 사찰령 극복의 지름길, 자주적 불교화의 지향이라고 인식하였다. 한용운도 이 종헌체제를 긍정적으로 높이 평가하였다. 그러나 일제의 눈치를 보았던 주지 층의 한계로 인하여 1932년부터 점차 종헌체제는 후퇴하였다.

그러자 불교 청년들은 종헌체제 수호를 위한 다각적인 검토 끝에 대안을 내놓았다.[31] 사법에 종헌체제를 포함시키자는 즉 사법(寺法)을 개정(사법에 통일기관 위상, 통일기관에 대한 권리 의무를 반영)하여 실천하자는 종헌인가설, 종헌반포일(1.4)을 제정하여 종헌의식을 고양시키자는 방안이 1932년 봄에 나왔다. 선암사 강사로 재직 중이던 조종현도 사법개정에 대한 의견을 개진하였다.

編輯先生

저더러 寺法改正에 대한 가장 要點될 만한 意見을 簡單히 쓰라고요? 그러나 저는 改正을 根本的으로 是認치 안는 意見을 가젓스니 구타여 말하자면 다음과 같습니다.

一, 根本的으로 反對

寺法을 改正할 것도 없다. 現 植民地政策으로서 甚히 佛教團의 宗務行政까지 干與하기 위하야 本位로 한 그의 認可制인 寺法에 대하야 朝鮮佛教는 宗務行政上 임이 認可되여 잇는 寺法이 適合하느니 不適하느니를 指摘 發論하야 改正의 必要까지를 늣길 것도 없다.

朝鮮佛教 維新時代로부터 朝鮮寺刹令 撤廢運動 及 理論은 無論. 只今에는 일층 더 深刻化하야 意識的으로 政教分立을 主張하고 絶叫함에도 불구하고 此에 反하야 새삼스러이 寺法改正 手續을 政治 當局에 한다 함은 어찌 朝鮮佛徒

31) 김광식 「1930년대 종헌체제의 실행 문제」 『한국 근대불교사 연구』 민족사, 1996.

로서 脫線의 行動이 아니고 무엇이냐? 運動 陣營의 自體 矛盾과 우리(宗徒)의 根本精神에 背馳될 뿐 아니라 도리허 앞으로 政治 當局의 干與을 自招함이 되겟슴으로 今番 提論되는 寺法改正에 對하야 自己는 猛烈히 反旗를 든다.

朝鮮佛徒는 絶對의 自力으로써 朝鮮佛敎의 宗務를 自治 自制하야 조선불교를 運轉할지니. 즉 다음과 같은 새로운 方法 兩宗 宗憲이 神聖하게 잇지 안느냐?[32]

이렇듯이 그는 사법개정 자체를 근본적으로 반대하였다. 사찰령 철폐운동의 계승에서 나온 정교분립을 실천하려는 그 당대에 사법개정의 수속을 총독부 당국에 신청하는 것은 청년운동의 모순이면서, 종도들의 근본정신에 어긋나는 것이라고 단언했다. 그는 오직 자력으로, 자치 자제하는 불교로 나아가야 한다고 주장했다. 그렇기 때문에 그는 종도들이 자주적으로 정한 종헌을 철저하게 실행하면서, 각 본사 사찰의 사법을 일치시키자는 문제에 대해서는 종헌에 의하여 일치된 사규(寺規)를 제정하여 시행하면 된다고 강조했다. 즉 총독부에 의지, 간청하지 말고 우리 스스로 하자는 것이었다. 그러면서 그는 종헌 실행, 종단 자주적 운영은 종도들의 자각이 중요하다고 다음과 같이 강조했다.

三, 要컨대 問題는 오즉 自覺!

宗憲을 철저히 實行함에는 寺刹令 그것을 撤廢하기 위한 運動을 別로히 全力量을 集中하야 開始할 것이 없을 것이요. 具體的으로 宗憲에 의한 寺規를 制定 施行하야 敎務 宗政을 運用하면은 何等의 寺法 改正의 필요를 云爲할 것도 없을 것이다. 內務가 圓滑機敏하면은 同時에 外來의 干涉이 붓틀 수가 없고 붓지를 못하는 것이다. 이렇한 過程은 歷史推理上 필연적 歸結이라느니 보다 事

---

32) 『불교』91호(1932. 1), p. 23.

實이 證左하고 잇는 바이다.

朝鮮佛敎를 朝鮮佛敎로서 朝鮮佛敎답게 運轉하고 建設하고 發展하려면
은 오즉 宗徒 各自의 眞正한 自覺만에서 비로소 出發된 것을 깊이 믿는 바이
다.[33)]

이와 같이 조종현은 종도 스스로의 자각이 제일 중요하다고 지적하였
다. 자각이 전제되면, 종헌의 철저 실행 자체가 사찰령 철폐운동이 된다는
것이다. 이런 그의 주장, 논리는 곧 만해 한용운의 입장이었다.

或者 간에는 統一機關의 規約을 行政當局의 認可를 받어서 實力을 내게 하
자는 즉 宗憲認可說 같은 것이 상당이 전파되는 듯하다. 이것은 실로 言語道斷
의 鄙劣無識한 말이다. 사법의 認可制度 恥辱을 不堪할 바어늘 승려 스스로로
가 종헌인가제를 云云함은 얼마나 鄙劣至極한 말이냐.[34)]

最近에 이르러서는 도로혀 反對하는 寺院도 없지 아니한대 그 반대하는 이
유로 보면 그 대부분의 의미가 宗憲은 官邊의 認可로 된 것이 아니오 僧侶 自
體가 私製한 것인즉 何等의 强制力을 가지지 못하얏다는 것이다. 이것이 얼마
나 鄙劣沒常識한 일이랴. 그야말로 조선의 僧侶社會가 아니고서는 도저히 夢
想도 못할 奇現象이다. (중략) 더구나 宗敎에 至하야는 萬國이 同然한 政敎分
立의 원칙 아래 敎政의 萬事를 絶對 自治하는 것이 當然 이상의 當然이다. 그
러함에 불구하고 여러 가지 不幸의 결과로 寺刹令이 발포된 것은 그 원인의 如
何를 물론하고 조선불교로서는 막대한 恥辱인 동시에 최대의 障碍物이다. 그
리하야 그 拘束을 脫離하기 위하야 不斷의 努力을 하는 中인대 비열이라고 하
나니 보다 愚○沒常識한 일부 승려로는 自治의 神聖을 理解치 못하고 도로혀

---

33) 위의 책, p.24.
34) 한용운 「寺法改正에 對하야」 『불교』 91호(1932. 1), p.3.

拜官主義(?)를 가지고 잇는 것은 憎惡하나니 보다 차라리 憐愍한일다.[35]

한용운은 일부 승려들이 주장하는 총독부에 사법 개정을 신청하는 의식 자체를 매섭게 비판하였다. 기현상, 비열 몰상식하다는 개탄이다. 불교의 자주화, 정교분립을 강력한 주장하였던 만해의 관점에서는 납득할 수 없는 것이었다. 그런데 바로 한용운의 입론, 사상이 조종현의 주장이었다. 즉 만해와 조종현은 불교자주화, 불교개혁론 노선에서 동질적이었다.

한편 조종현과 만해가 강력하게 비판하였던 종헌인가설은 1932년 무렵 자진 해소되었다. 종단 내부의 비판 특히 자치적인 개혁론을 강력하게 주장한 한용운의 노선을 따르던 만당, 총동맹 등 불교청년층의 비판으로 소멸되었다. 그 직후에 등장한 것이 종헌기념일(宗憲紀念日) 제정이었다. 즉 종헌정신을 기리고 계승, 구현하자는 취지에서 나왔다. 이 대안은 만해와 조종현의 주장과 같은 맥락에서 나온 것이다. 이에 따라 종헌 발포 제1회 기념식이 1933년 1월 4일, 각황사에서 거행되었다. 먼저 한용운의 그에 대한 소감을 제시한다.

다시 종헌 발포 기념식을 보고 宗憲에 대한 말을 중복하기를 주처치 안는 것은 종헌의 實行 與否가 조선불교의 百年大計에 잇어서 重大히 機軸이 되는 까닭이다. 그리하야 조선불교도로서 耿耿一念, 다시 붓을 드는 것이다. (중략) 그러나 宗憲 發布의 紀念式이 종헌에 대한 認識의 普及과 종헌 실행의 促進에 상당한 影響을 주는 것이라면 종헌 발포 五個年 더욱히 종헌의 實行이 위미부진한 시기에 잇서서 종헌에 대한 기념식, 혹은 기타 형식의 會合으로 종헌의 普及과 實踐을 講究 혹은 討議치 안이한 것은 특히 教政 當局者의 無誠意가 안이라고 할 수가 없다. 그러나 여기에서는 교정당국자의 責任 問題를 糾明하자는

---

35) 한용운 「佛教事業의 既定方針을 實行하라」 『불교』 103호(1933. 1), p. 5.

것은 안인즉 다만 기념식을 볼 때에 최초 直感을 말하야 둘 뿐이다.[36)]

즉, 한용운은 종헌의 실행에 대한 의미를 매우 중요하게 여겼다. 그래서 한용운은 종헌 발포 기념식에 대하여 높게 평가하였다. 이와 같은 종헌 발포 기념식에 대하여 조종현은 어떤 생각이었는가. 이제 조종현의 주장을 소개한다.

> 언제든지 新年이요, 1월 4일은 우리의 종헌 반포일이다. 교계 宗徒는 이날을 영원히 기념할 것이다. 세계 불교도가 석가본사의 誕生節을 奉祝한다면, 조선의 종도는 종헌 반포일을 意昧있게 성대히 紀念할 것이다. 종헌은 조선불교 사상에 있어 新紀元을 作한 것이요, 조선불교의 再輝의 道이다. 조선불교의 현 교단의 제도에서 이는 전 종도의 필연적으로 통일 합치된 思想과 精神의 結晶體의 發露인 것이다. 이를 뉘가 拒否하며, 감히 反逆하랴.[37)]

이렇게 조종현은 종헌에 대한 절대적인 신뢰하에서 종헌 반포 기념일, 기념식을 강조하였다. 그리고 그는 종헌을 기념하는 것은 종헌 반포의 근본정신을 기억하여, 실천으로 나가는 지름길이라고 보았다. 그래서 중앙기관뿐만 아니라 각 지방 본사의 종무 담당자는 당연히 기념식을 거행해야 할 것을 강조했다.

> 중앙교무원으로부터 임이 각 本山에 대한 종헌 반포 기념의 건을 通報한 바도 잇거니와, 각 본산 宗務 住職 諸氏는 該 本末 及 所屬 團體를 연합 일치하야 정중히 기념식을 거행할 것이요 종헌의 理想과 精神을 고취하며, 혹은 講說하야 該 本末 僧侶 及 該 소속 신도에게 일반적으로 普及化 意識化 식히고, 하도

---

36) 한용운 「宗憲 發布 紀念式을 보고」 『불교』 104호 (1933. 2), p. 2.
37) 조대순 「宗憲發布 紀念日과 靑年同盟」 『불교』 104호 (1933. 2), p. 14.

록 노력하여야 될 것이다.[38]

즉 본산의 소임자들은 당연히 본말사 및 소속 단체, 신도들을 대상으로 기념식을 거행하고, 나아가서 종헌의 이상과 정신을 널리 알려야 한다고 주장했다. 이것이 본산 소임자들의 임무이고, 불교의 구출이요, 조선불교의 미래를 건설하는 것이라고 하였다. 요컨대 종헌 반포의 근본정신을 절대 잊지 말라는 것이었다.

이에 再唱하노니 조선불교의 更生 再輝의 道는 오즉 종헌의 理想에로! 徹底 實行함으로부터 실현된 것이다. 각 본산 住職 諸氏여! 奮起하라! 義血 殉敎的 精神으로써 종헌 반포일을 紀念하자! 종헌의 理想을 實現하자! 특수정세에 陷 하고 있는 조선불교는 오즉 自覺 實行하는 敎職者만을 要하고 잇다.[39]

조종현은 불교 갱생은 종헌의 이상을 철저히 실행하는 것에서 이루어진다고 보면서, 거듭하여 본산 소임자들의 자각, 기념일 거행을 촉구하고 나섰다. 그는 각 지방에 있는 청년총동맹의 맹원들에게도 종헌 실행, 기념일 거행에 적극 참여하라는 주장을 하였다. 그리고 총동맹의 출범 시에 종헌을 절대 지지하였던 것, 총동맹의 강령인 '합리종정의 확립'이 곧 종헌의 실행임을 설명하였다. 그러면서 그는 '합리종정의 확립'이 되어야만 대중불교, 불교의 민중화가 실현될 수 있다고 보았다. 따라서 총동맹 본부는 물론 각 지역의 동맹은 소속 본산의 소임자들이 종헌의 실행에 나설 수 있도록 권유, 경고, 책동, 편달 등을 해야 한다고 강조하였다. 이는 종헌의 이상과 총동맹 강령의 정신이 일치되기 때문이라고 주장하였다. 조종현의 이와 같은 주장은 각 본말사에서부터 종헌이 실행되면, 자연적으로 통

38) 위와 같음.
39) 위의 자료, p. 15.

일기관은 완성되고 불교의 발전을 담보할 수 있다는 현실 인식에서 비롯
된 것이다.

　이처럼 조종현은 한용운의 종헌 인식, 종헌 실행을 통한 불교개혁론을
완전히 수용하였다. 어찌 보면 한용운의 입론에 영향을 받은 정도가 아니
라, 조종현을 통해서 구현되고 계승되었다고 봐야 할 것이다. 이런 점은
다양한 측면에서 살필 수 있는 관점이다. 그러면 여기에서 조종현이 한용
운의 사상을 실천, 계승한 사례 하나를 들고자 한다.

　한용운의 불교사상은 필자가 보건대 대중불교론이었다. [40] 대중불교론
에 대한 한용운의 입론과 사상은 다양한 기록을 통하여 접할 수 있다. 아
래의 글을 살펴보기로 하자.

　　불교의 대상은 無論 一切 衆生이다. 「一切衆生皆有佛性」「有情無情悉皆成
　佛」이것이 불교의 이상이므로 불교는 一切衆生의 불교요, 山間에 있는 寺刹의
　佛敎가 아니며, 戒行을 지키고 禪定을 닦는 승려만의 불교가 아니다. (중략) 그
　러므로 불교는 厭世的으로 孤立獨行하는 것이 아니오. 救世的으로 入泥入水하
　는 것이다. [41]

　즉 한용운은 불교는 일체중생의 불교이기에, 결코 승려만의 불교가 아
니라고 주장했다. 이전 『조선불교유신론』(1913) 단계에서는 산간의 불교
에 대한 문제점을 강하게 비판하였지만, 승려만의 불교가 아니라는 것까
지는 주장하지 않았다. 그런데 위의 글을 기고한 50대 초반에는 대중불교
론을 강조하였다. 한용운은 대중불교를 다음과 같이 요약하였다.

　在來의 조선불교는 역사적 변천과 사회적 정세에 의하여 다만 寺刹의 불교,

---

40) 김광식「불교의 근대성과 한용운의 대중불교」『한용운연구』동국대출판부, 2011.
41) 한용운「조선불교의 개혁안」『불교』88호, 1931, p.8.

僧侶의 불교로만 되어 있었다. 이것은 불교의 역사적 쇠퇴의 일시적 현상에 지나지 않는 것이니 어찌 이것을 불교의 敎義라 하리오. 佛敎徒는 마땅히 이러한 현상에 대하여 斷然 타파하지 않으면 아니될 것이다. 「山間에서 街頭로」「僧侶로서 大衆에」가 현금 조선불교의 「슬로간」이 되지 않으면 아니 될 것이다. (중략) 大衆佛敎라는 것은 불교를 大衆的으로 行한다는 의미이니 불교는 반드시 愛를 버리고 親을 떠나 인간사회를 隔離한 뒤에 행하는 것이 아니라, 인간사회의 만반 현실을 조금도 여의지 아니하고 煩惱 중에서 菩提를 얻고 生死 중에서 열반을 얻는 것인즉 그것을 인식하고 실천하는 것이 大衆佛敎의 建設이다. [42]

요컨대, 승려만의 불교, 사찰만의 불교를 부정하고 대중을 위한 불교를 만들기 위해 적극 나서야 한다는 것이다. 그래서 그는 "산간에서 가두로, 승려에서 대중에게로"라는 슬로건이 불교가 나아갈 방향이라고 주장하였다. 즉 이 슬로건의 실천이 곧 대중불교의 실천이라고 본 것이다. 그런데 그는 대중불교를 건설하기 위해서는 시설, 실행이 뒤따라야 한다고 보았지만, 그 자신이 실행에 옮기지는 않았다. 이처럼 한용운의 불교사상은 대중불교론이었다. 그러나 그는 사상가, 혁명가, 지성인이었기에 그 실천에까지는 이르지 못하였다. 이는 여타 불교인들이 담당해야 할 몫이거니와 이 논문의 주제 인물인 조종현은 그 사상을 실행하기 대안을 강구하고자한 것이다.

그러면 여기에서 조종현이 한용운의 입론을 수용하여 대안을 제시한 내용을 살펴보고자 한다. 조종현은 중앙 불교계에서 활동하다가, 1932년에는 출가 본사인 선암사로 내려가서 강원의 강사를[43] 비롯하여 선암사의 중요 소임을 맡았다. 그래서 1932년부터는 자신이 처한 지역 불교의 입

---

42) 위의 자료, pp.8-9.
43) 『佛靑運動』 9·10합호(1933. 2), p.46의 「사원실태조사 보고, 선암사」에는 조종현을 '中央佛敎硏究院出 現 當寺 講院 敎授'로 소개하고 있다.

장에서 대중불교의 실천을 고민하였을 것으로 보인다. 그 대표적인 기고문이 조선불교청년총동맹의 집행위원장의 소임을 볼 때,[44] 『불교』 106호 (1933. 4)에 기고한 「민중교화와 교화자금」이다.[45] 이 글에서 조종현의 당시 고뇌를 엿볼 수 있다.

> 조선불교는 教政確立이 時急을 要한다느니 보다 焦眉的 救援이 사실을 초월한 現狀이지만은 正히 이와 同伴되는 문제는 民衆的으로의 教化事業이다. 교정확립이 對內的으로 교단의 宗政을 민활 견고 통일을 圖한다면 교화사업은 民衆에로 向하여 教理宣揚 佛國土化 福利增進을 寄與할 宗敎家的 慈悲的 對外의 義務요 佛陀의 本願을 直系 稟承하고 불교의 根本義와 목적을 體得하고 인식한 敎徒의 使命일 것이다.[46]

조종현은 이처럼 교단의 대외적인 사업의 제일 긴요한 것이 교화사업이라고 보았다. 그가 이렇게 교화사업을 강조하는 것은 민중을 위한 불교를 해야 한다는 것에서 나왔다. 그는 이런 방향과 노선이 불교의 의무, 근본목적을 달성하는 사명이라고 인식하였다. 조종현은 불교의 본령(本領)과 구경(究竟)이 이타(利他)에 있다고 보면서, 이는 일체중생을 위한 것이 보살행이라고 인식하였다.

> 불교의 民衆教化 方式 즉 方便 方法은 언제든지 그 時代와 處所 그 教化 大衆의 機宜를 適宜히 관찰함에 많아 自由自在히 隨緣應變하나니 卽種種身이 그것이며 空 有 苦 樂 等義는 즉 法義 旋立旋破의 說의 自在이다. 教의 千經萬論

---

44) 「同盟消息」『佛靑運動』 11호 (1933. 8), p. 18.
45) 선암사 청년동맹의 제2회 정기대회의 안건에 '민중교화운동에 관한 건'이 있었음을 볼 때, 조종현이 안건으로 제출한 것으로 보인다. 위의 자료 참조.
46) 조대순 「民衆教化와 教化資金」『불교』 106호 (1933. 4), p. 7.

橫堅說이 都是 應機度脫에 넘지 않으며 禪의 良久捧喝의 格外風도 또한 度脫케 함에 근칠 딸음이다. 아무렇거나 불교의 本意는 民衆教化 그것뿐이요. 拔苦與樂의 以外에는 다른 무엇이 없다.[47]

그래서 조종현은 불교의 선교(禪教)에서의 다양한 논설, 방편은 민중교화 방식에 방점이 찍혀 있었다고 보았다. 즉 그는 교화사업 기관은 민중에 유익한, 민중에게 필요한 시설, 요소, 조건을 갖출 때만이 불교가 민중의 호흡에 부응할 수 있다고 하였다. 그런데 그는 민중에게 유익한 교화기관에 필수적으로 소용되는 자금이 절대 요청된다고 주장하면서, 그를 위한 세 가지 방안을 제시하였다. 조종현이 제시한 내용은 다음과 같다.

1. 獨處 寺刹과 그와 類似한 寺刹은 그 所管 本山으로부터 時日을 要할 것 없이 斷不除待하고 廢止 併合 又는 位置 移轉 등의 手續을 할 것이다.
2. 大衆寺刹(本山 其他)은 經常 收入 즉 地上 收入만으로써 年 經費에 充當할 것이요 기타 雜收入의 一例로서의 山林 收入 같은 것은 此를 別途 取扱하야 教化資金에 充當함이 가장 有義하고 絶對 必要하다.
3. 教徒는 반듯이 義務金을 義務的으로 誠實히 納付하야 此를 教化資金에 充當함이 무엇보다도 第一意義가 있고 깊으며 거룩한 일이다.[48]

이렇게 그는 사찰의 폐지 및 병합과 이전, 사찰 잡수입의 별도 관리, 승려 의무금의 납부 등을 통해서 교화자금을 확보하는 방안까지도 피력하였다. 그러면서 그는 최종적으로 민중교화를 통해서 불교의 대중화를 추진할 수 있다고 강조하였다.

이와 같은 조종현의 '민중의 불교화'는 한용운의 불교사상, 개혁론의 중

---

47) 위의 자료, p.7.
48) 위의 자료, pp.8-9.

심이었던 '대중불교론'과[49] 동질적인 노선을 취하고 있었다. 어찌 보면 한용운의 입론은 당위적, 명분적인 선언이었지만 조종현의 주장은 구체적, 실천적, 현실적인 대안이었다. 이런 관점에서 그가 추구한 민족불교론은 근대 불교 현장에서 구현된 대승불교론이었다.[50] 여기에서 조종현은 한용운의 불교사상, 불교개혁론을 계승, 실천하였음을 분명히 알 수 있다.

이런 이해를 바탕으로 필자는 한용운이 엄혹한 일제 말기인 1944년 6월 29일에 입적하자,[51] 7월 3일의 심우장에서 거행된 영결식에 마땅히 참석한[52] 조종현의 행보도 새삼스럽게 재인식할 필요가 있다고 본다. 그리고 조종현이 8·15해방 공간에서 선암사의 책임자(부주지)로서 선암사 입구에 현수막으로 내건 내용, 즉 '절은 사회에 봉사해야 한다. 모든 사답은 소작인들에게 무상분배해야 한다. 승려들은 자질 향상을 위해 공부에 매진해야 한다'는 것을[53] 이해할 수 있다. 이 글에서는 조종현이 한용운에게 영향을 받은 사상의 총체적 개요에 대해서는 지면 관계로 미진하게 다루었는바, 이 부분에 대해서는 후고를 약속한다.

4. 결어

지금까지 조종현의 삶에서 만해 한용운과의 관련성을 주목하면서, 조종현의 불교사상적 측면을 대별하여 살펴보았다. 이제 그 내용을 재정리하면서 추후 연구할 과제를 제시하는 것으로 맺음말에 대하고자 한다.

---

49) 김광식 「불교의 근대성과 대중불교」『한용운연구』 동국대출판부, 2012, pp. 200-212.

50) 김광식 「대한승려연합회 선언서와 민족불교론」『민족불교의 이상과 현실』 도피안사, 2007, pp. 71-82.

51) 〈매일신보〉 1944. 6. 30, 「韓龍雲大師 入寂」.

52) 김관호 「심우장 견문기」『한용운사상 연구』 2집, 1981, 만해사상연구회, p. 312.

53) 조정래 「내 영혼 속의 만해와 철운」『유심』 10호, 2002, p. 329.

첫째, 범어사·동화사 등의 강원에서 경전을 수학하였던 조종현이 중앙
불교계로 진출한 결정적인 계기는 1928년 3월의 학인대회였다. 조종현은
학인대회 발기인과 대회의 주요 진행자로서 참가하였다. 그는 이 대회 종
료 후, 즉시 서울 개운사 강원에서 수학하면서 불교청년운동 대열에 가담
케 되었다.

둘째, 조종현은 개운사의 강원, 중앙불교연구원에서 수학하면서 참가한
조선불교청년동맹의 발기, 출범에 주역으로 참여하였다. 출범 대회에서
는 그는 중앙검사위원에 선출되었음은 그 예증이다. 이로써 그는 구학 분
야에서 수학하였지만 이제는 신학 분야 중심의 불교청년운동 주역으로 활
동하게 되었다.

셋째, 추측하건대 그는 총동맹의 가입 직후 만당에 가입한 것으로 보인
다. 총동맹에서의 적극적인 활동이 작용한 것으로 보인다. 이때부터 그는
더욱더 만해 한용운과 인연을 맺게 되었다. 만해 사상의 체득, 만해 불교
개혁론의 내면화 등이 구현되었다.

넷째, 한용운과 조종현의 인연 관계는 잡지 『불교』를 매개로 전개되었
다. 조종현은 한용운이 불교사의 사장, 고문으로 재직 중에 집중적으로 시
조, 기고문 등을 왕성하게 기고했다. 이 과정에서 상호 간에 신뢰가 더 강
해졌다고 이해된다. 그런 단적인 실례가 조종현이 「대승기신론 강의」를 7
회나 연재한 것이었다. 20대 후반의 청년 학승에게 그런 연재를 맡겼다는
것은 매우 파격적인 대우였다.

다섯째, 조종현은 『불교』에서 만해의 시조에 대하여 극찬을 아끼지 않으
면서, 만해의 위상을 간디, 타고르, 석가에 비유하여 표현한 것도 유의할
내용이다. 만해 생존 시에 이런 평가를 한 것은 지금껏 주목되지 않는
바, 재인식할 측면임을 강조하고자 한다.

여섯째, 조종현은 다양한 분야에서 만해의 영향을 받았고, 어떤 분야에
서는 그를 계승하기도 하였다. 그 실례로 종헌인가설에서 나온 사법개정

운동과 종헌반포 기념일 제정에 대한 의견을 거론할 수 있다. 한용운과 조종현은 사찰령의 철폐 및 극복을 통해 불교의 발전을 의도하였다. 그래서 이들은 1929년에 제정한 자주적인 종헌의 실행을 통해서 그를 달성할 수 있다고 인식하였다. 이런 동질적인 인식은 정교분립 확립의 지향에서 보이듯 불교의 자주화 노선이었다.

일곱째, 조종현은 한용운의 대중불교론을 체득, 수용하였다. 나아가 '불교의 민중화'라는 자신의 불교관을 수립하였다. 이는 단순히 영향받은 것에 머물지 않고 실천적, 대안적인 성격의 독자적인 불교사상을 정립한 것이라 하겠다. 이런 기조하에서 본 고찰에서 필자는 조종현의 불교사상을 민족불교, 대승불교로 보고자 하였다. 추후 조종현의 불교사상과 여타의 동시대 인물, 승려들과의 동이점에 대한 분석을 시도하고자 한다.

여덟째, 조종현은 한용운의 영결식에 참석하였고, 해방 공간에서는 농민 중심의 사찰개혁을 주장하여 많은 시련을 겪었다. 이런 행보는 한용운과의 연계가 단순하지 않았음을 말해주는 단서이다. 지금껏 이런 측면은 학계에서 주목하지 않았지만, 본 연구를 통해 그것을 확인할 수 있었다.

지금껏 조종현의 불교계에서의 활동 및 사상을 한용운의 관련성을 특히 인연, 영향, 계승이라는 관점에서 살펴보았다. 추후에는 이런 기조하에서 현대 한국불교 공간에서 조종현이 만해 한용운의 사상을 어떻게 인식, 개념화하였는지 연구가 필요할 것이다. 이와 함께, 조종현의 삶 후반부에서 그의 불교관, 개혁론, 사상 등이 어떻게 정립, 변모하였는가도 유의할 측면임을 강조하고자 한다.

제7장_김어수
만해를 하늘처럼 존경한 저항시인

1. 서언

만해 한용운은 한국 근대사에서 큰 산맥과도 같은 존재이다. 그의 문학, 독립운동, 불교개혁의 행적과 사상이 뚜렷하고 당시 사회에도 큰 영향을 주었기 때문이다. 그래서 만해를 만나고, 만해사상에 영향을 받은 인물은 문학, 불교 등 각 방면에 산재하여 있었다. 필자는 이런 측면을 주목하여 그동안 만해의 동지, 제자 등에 대한 탐구를 해왔다.[1] 이런 탐구는 만해학의 외연을 넓힐 수 있다고 보기 때문이다.

이번 글에서는 시조시인으로 유명한 김어수(金魚水, 1909~1985)와[2] 만

---

1) 김광식 『우리가 만난 한용운』 참글세상, 2011 ; 김광식 「만해의 대중불교론과 허영호의 신불교운동론」 『만해학보』 14·15합호, 2015 ; 김광식 「조종현의 불교사상과 한용운」 『불교학보』 75집, 2016 ; 김광식 『백성욱의 삶과 한용운』 『만해학보』 18호, 2018 ; 김광식 「박광의 삶과 한용운」 『만해학보』 19호, 2019 ; 김광식 「화산의 삶과 한용운」 『만해학보』 20호, 2020.

2) 金魚水의 본명(호적, 주민등록)은 素石, 아호는 影潭이다. 어수는 범어사로 출가하여

김어수(金魚水, 1909~1985)

해의 상관성을 정리하고자 한다. 김어수는 시조시인으로 널리 알려진 인물이지만 그의 생애와 문학에 관하여는 깊이 있는 연구가 이루어지지 않았다.[3]

10여 년 전, 그의 탄생 100주년(2009년)을 기해 그의 고향인 영월에서 기념사업이 다양하게 펼쳐졌다. 자료수집과 선양회 발족, 시비 건립, 기념행사 개최 등이 전개되었다.[4] 그러나 그의 전집 발간, 문학 연구, 문학관 설립 등은 추진되지 않고 있다.

필자는 만해를 연구하면서[5] 김어수가 만해와 연고가 많았음을 파악하였다. 즉 그는 출가한 범어사에서 수학 중에 만해의 시집인 『님의 침묵』을 읽고 영향을 받아 문학 활동을 하였고, 동국대 전신인 중앙불전(中央佛專) 재학중에는 만해를 지근거리에서 만나고 가르침을 받았다. 그래서 그는 그의 문학 활동이 '만해의 민족사상에 커다란 영향'을 받았음을 살아 생전에 고백하였다.[6] 그래서 그는 만해에 대한 몇 편의 글을 남겼다. 그리

받은 법명이다.
3) 이숭원 「김어수 시의 불교정신 ─「이 짙은 향기를 어이하리」를 중심으로」『불교문예』 4호, 1997 ; 신대주 「김어수 시인의 생애와 작품」『내성의 맥』 23집, 2007.
4) 『영담 김어수 시인 백서』 영월문화원, 2017 참고.
5) 김광식 『한용운』 역사공간, 2015 ; 김광식 『우리가 만난 한용운』 참글세상, 2010 ; 김광식 『한용운 연구』 동국대출판부, 2011.
6) 김어수 「自序」『回歸線의 꽃구름: 金魚水 詩調集』 신진문화사, 1976.

고 만해백일장의 심사위원을 역임하고, 만해 강연도 하였다.[7]

이런 배경에서 집필된 이 글이 김어수 연구 및 만해학 심화에 도움이 되기를 기대한다.[8]

2. 범어사, 『님의 침묵』, 『불교』, 비밀결사

김어수는 강원도 영월군 중동면 직동리에서 1909년 1월 4일에 태어났다. 경주 김씨인 부친 김경호와 밀양 박씨인 모친 사이의 7대 독자였다. 궁벽한 오지인 영월에서 살던 그의 가족은 그의 나이 세 살 때인 1911년, 부산 범어사 인근으로 이주하였다. 그의 아버지가 일본에 국권을 상실한 울분으로 매국노를 비판하는 상소를 올리기를 거듭하다가 고향을 떠났기 때문이다. 범어사 부근에 머문 그의 아버지는 범어사 소유의 산판을 관리하는 책임을 맡았다. 그의 집은 마을과는 20리나 떨어진 산중이었다. 그래서 그는 유교적 지식이 해박한 아버지에게서 교육을 받았다.

아버지가 한학의 큰 선비였기 때문에 나는 네 살 때부터 글을 배우기 시작하여 열 살 미만에 사서삼경까지 대략 읽게 되었으며 나날이 들어온 것이 항일 사상과 충·효에 대한 이야기뿐이었던 것이다.[9]

---

7) 만해백일장 심사위원(1970.3.1, 탑골공원, 대한불교청년회 주관)을 지냈다. 만해 강연은 1979년 3월 10일 수원불교회관(대한불교청년회 주관), 1980년 6월 29일 조계사의 불교문화회관(대한불교청년회 주관)에서 있었다. 〈대한불교〉 1980.6.29, 「만해 입적 36주기 29일 추모재」.

8) 박옥실 「만해 한용운과 시적 계보 탐색」『만해학보』 16호, 2016, pp.60-61에서 김어수는 만해가 주관한 잡지『불교』를 통해 인연을 맺었음을 강조하고, 만해와 김어수에 대한 사상적 계보의 상관성을 최초로 서술하였다.

9) 김어수 「나의 이력서」『가로수 밑에 부서지는 햇살』한국출판문화공사, 1983, p.19.

아버지 덕에 유년시절에 이미 인문학적 소양을 착실히 갖추게 된 그는 민족정신, 충효정신이 투철했다. 그렇게 부친의 교육을 받던 그는 범어사가 설립한 명정학교(明正學校)에 입학하였다.

그 시절 학교라는 명정보통학교라는 것이 절 안에 있었는데 지금 말하자면 초등학교에 해당하는 것이며 4년제였다. 학생이 모자라 근처에 있는 아이들을 선생님들이 모집하러 다녔으며 심지어는 월사금이니 학용품까지 공짜로 주었다. 나는 그때 머리를 땋고 있었으므로 그대로 학교에 붙들려 가 6개월이나 다니다가 머리를 깎았던 것이다. (중략) 나는 입학하던 그해에 당장 3학년으로 뛰어올랐다. 학문과 교과서와는 서로 아무런 관계가 없는데도 불구하고 어쩐 일인지 배울 것이 없을 정도이며 어려운 것이라고는 아무것도 없었던 것이다. 그때까지도 아버지나 어머니는 학교 교육을 못 마땅히 생각하셨으며 신학문의 수입을 극히 반대하였다. [10]

그는 입학 이전, 부친에게서 사서삼경 등을 배운 이력으로 입학 후 월반하여 3학년으로 들어가서 배웠고, 신학문을 쉽게 접할 수 있었다. 그러나 명정학교를 졸업한 직후, 그는 부모가 모두 별세하는 바람에 고아가 되고 말았다.

그럭저럭 열네 살이 되던 해 봄에 보통학교를 졸업하였으며 또 하나 청천벽력 같은 일은 그해 겨울에 아버지가 돌아가셨으며 다음 해 가을 또 어머니까지 돌아가셨던 것이다. 정말 내가 설 땅이 없어졌으며 천지가 캄캄할 뿐이었다. (중략) 하는 수 없이 남의 집 작은 머슴살이도 해 보았고 이발소 심부름꾼도 해 보았다. 그러다가 절로 들어가 상좌 중이 되었다. 밥 짓고 빨래하고 나무하고

---

10) 위의 책, p.19.

반찬 만들고 청소하고 과연 피나는 고생으로 3년이 지나갔다.

　재주 있고 영리하다는 소문이 퍼져 일본 유학생으로 뽑혀 사중 공비를 가지고 5년제 중학교를 마치고 돌아와서 서울에서 3년제 전문학교를 졸업하였으니 실로 부처님 은덕이 크다는 것을 절감하지 않을 수 없는 바이다. 천애 고아로서 이만큼이라도 공부도 할 수가 있었으며 따라서 출세도 하게 되었으니 정말 뜻밖의 행복이 아닐 수 없는 것이다.[11]

위의 글에 나오듯이 그는 부모와의 사별 후 숱한 고생을 하다가 범어사로[12] 입산 출가를 하였다. 그 후에는 범어사 강원(초등과), 일본 유학(중학과정), 범어사 강원(대교과), 중앙불전(동국대 전신)에서 불교를 체계적으로 배울 수 있었다.

지금부터는 위에서 말한 그의 수학 과정에 따라 구체적인 행적을 살펴보고자 한다. 그런데 그에 대한 기록 문건이 애매하여 난관이 예상된다. 지금껏 그의 삶은 시조집, 수필집에 나온 연보에 의지하여 서술되었다. 그는 1921년(12세)에 명정학교 3학년에 편입하여, 1923년(14세) 봄에 졸업하였다고 기재하였다. 그런데 그가 회고한 다른 기록에, 그는 1919년 3·1 운동에 참가하였다고 나온다.

　그 뒤 1919년 3월 기미독립만세 사건이 발생하여 민족대표 33인의 이름으로 독립을 선언하고 그것이 전국으로 확산되어 왜경 및 헌병들과 곳곳에서 죽고 상하고 하는 전투가 일어났던 것이다. 이러한 물굽이를 똑똑히 보기도 했으며 약간의 가담도 했던 것이 어제 일처럼 생각나기도 한다.[13]

---

11) 위의 책, pp. 19-20.
12) 범어사 산내 암자인 계명암으로 출가하였다. 김어수 『달안개 피는 언덕길』 1975, 한진문화사, p. 41.
13) 위의 책, p. 70.

이렇게 김어수는 1919년의 3·1운동에 약간 가담했다고 기술하고 있다. 그렇다면 그는 언제, 어디에서의 3·1운동에 가담하였다는 것인가? 필자는 그를 범어사 만세운동으로 보고, 그가 재학하였던 명정학교의 학생으로 참가한 것이라고 본다.

　서울서는 3월 1일에 일어났지만 地方에서는 좀 늦었습니다. 범어사에서는 3월 17일에 일어났는데 저는 겨우 10세의 어린 나이로써 태극기 만드는 데 풀질을 했고 金尙憲, 尹相殷, 金漢琦, 朴槙國 씨 등이 主動 인물이었습니다.[14]

그 당시 범어사 3·1운동은 3월 17~18일, 동래 장터에서 범어사 학인 스님들의 주동으로 대대적으로 전개되었다.[15] 그때 김어수도 10세의 나이로 만세운동에 활용된 태극기를[16] 만드는 풀질을 하였다는 것이다. 김어수는 1980년대 초, 〈불교신문〉에 「만상만필(漫想漫筆)」이라는 회고담을 연재하였는데, 불교계 3·1운동 및 범어사 만세운동을 기술하면서 "필자의 나이 10여 세였지만 범어사 부근에 살았으므로 이러한 일들을 똑똑히 보았던 것이다"라고[17] 하였다.

범어사 만세운동은 범어사 학교인 명정학교 학생들과 범어사 강원의 학인들이 비밀리에 연합·준비하여 주동한 만세운동이었다. 필자는 김어수가 명정학교에 재학하였던 연고로 태극기 제작에 참여하였을 것으로 본다.[18] 그래서 필자는 김어수의 명정학교 입학의 시점을 재고해 보려고 한

---

14) 『법륜』 179호(1973. 8), pp. 20-27. 3·1운동을 맞이하여 김어수와 박영희의 대담이 게재되었다. 원문에는 4월 17일로 나오지만, 이는 오기이기에 수정했다.

15) 강대민 「범어사 3·1운동의 재조명」 『대각사상』 14집, 2010.

16) 당시 명정학교 졸업생으로 만세운동에 참여한 김한기는 작은 태극기 천여 장을 준비했다고 증언했다. 김한기 「범어사 사건」 『신동아』 1965년 3월호, p. 109.

17) 〈불교신문〉 1984. 6. 15, p. 6. 「만상만필 1: 각황사와 명진학교」.

18) 김어수는 1920년 무렵 범어사 원효암에 있었다고 회고하였다. 김어수 「목탁의 증언:

다. 김어수의 3·1운동 가담 문제와 명정학교 입학의 시점에 대한 상관성의 검토가 요청된다. 즉 그는 1919년, 3·1운동이 일어나던 그해에 명정학교에 입학하였을 것으로 필자는 보고자 한다. 그러나 이는 단정적으로 보기에는 어려움이 있어 문제를 제기하는 선에 머무른다.

김어수는 1920년대 중반, 범어사 강원의 초등과에 재학하였다. 이는 그 당시(1925년) 범어사 강원의 중등과에 와서 수학한 조종현의 회고에 그렇게 나오기 때문이다.[19] 조종현은 김어수가 그때부터 시(詩) 공부에 관심을 가졌다고 회고했다. 만해의『님의 침묵』이 1926년에 발간되자 김어수는 그 시집을 구해서 통독하였다. 그는 1969년『불교계』22호에 기고한「나의 개안시대(開眼時代)」에서 만해의『님의 침묵』이 그의 문학을 개안시켜 주었다고 회고했다.[20] 그의 나이 16세 때의 습작 시절을 다음과 같이 회고하였다.

그러니 내가 열여섯 살 때라고 기억된다. 한용운 선생의『님의 침묵』이 출판되어 세상이 깜짝 놀라도록 야단스러울 무렵이다. 그 당시『無情』이니『흙』이『有情』이니 하는 장편소설들의 정가가 겨우 八五전, 九十전 하던 시절인데『님의 침묵』이란 작은 시집이 勿譬 1원 50전이라는 엄청난 고가로 선풍을 일으키고 있었다. 어린 나이지만 평소부터 太陽처럼 존경하던 선생이시고 돈 많이 주면 으레 좋은 책일 것이라는 맹신으로 근근히 돈을 구해서『님의 침묵』을 사 왔다.[21]

한국불교 근세백년 목격기」『법시』185호(1980.9). 명정학교에 재학하지 않았는데, 태극기 제작에 참여한 것은 납득할 수 없기 때문이다.

19) 김어수「머리말」『회귀선의 꽃구름』『불교』22호(1926.4), pp.74-75,「범어사 講院 良績」의 졸업자 명단에 조종현이 나온다.

20) 〈조선일보〉1971.10.26,「回甲文人(7) 時調詩人 金魚水씨」참고. 이 기사에도 그가 만해 영향으로 시조문학을 하였음이 나온다.

21)『불교계』22호(1969.5), p.22.

이렇게 그는 태양처럼 존경하였던 만해의 시집『님의 침묵』을 16세에 거금을 들여 구입하였다. 그는 이후 1983년도에 나온 자신의 수필집에서는 그 전후 사정을 더욱 자세하게 기술하였다.

동래까지 3십 리 길을 걸어 시장엘 갔다. 시장까지 채 들어가기 전, 책방이 하나 있었는데 책 구경이나 좀 하고 나서 시장에 가도 늦지 않기 때문에 이책 저책을 보다가 새로 나온 한용운 선생의『님의 침묵』이 발견되어 그것을 빼어 들었다. 한용운이라 하면 하늘처럼 존경하는 어른이기도 하지만『님의 침묵』은 더구나 동경하던 책이었던 것이다. (중략) 평소 그의 사상을 흠모 존경하던 분의 글이므로 지금까지 중노동을 해가면서 그렇게도 사입고 싶었던 조끼를 포기하고『님의 침묵』을 사고 말았던 것이다. 3십 리 시장엘 걸어가서 1원5십 전 주고 겨우 조그만 책 한 권을 사 가지고 달랑 돌아왔던 것이다.[22]

이렇게 그는 범어사에서 7일간 중노동을 하여 번 돈으로 30리(12km)나 떨어진 동래의 책방에 가서 만해의『님의 침묵』을 구입하였다. 당시 그는 만해의 사상을 하늘처럼 존경하였다고 고백하였거니와 이런 존경은 3·1운동 민족대표를 비롯한 만해의 민족운동 행보를 알고 있었기 때문으로 보인다. 이를 보면 그의 문학은 민족의식에 출발하였음을 알 수 있다. 그는 어렵게 구해 온 만해의『님의 침묵』을 읽었다.

저녁에 일찍부터 호롱불을 켜 놓고 드러누워 오늘 사가지고 온『님의 침묵』을 펴 놓고 읽어 보았다. 그렇게도 기대가 부풀었던『님의 침묵』이건만 밤중같이 캄캄하기만 하다. 무슨 말인지 도무지 알 수가 없다. 마치 모래를 한 움큼 집어넣고 씹는 것 같다. 한없는 후회와 원망이 한꺼번에 쏟아져 나온다. 그만

---

22) 김어수「고비를 넘겨라」『가로수 밑에 부숴지는 햇살』한국출판문화공사, 1983, p.150.

세루 조끼나 사서 입었으면 보기 좋고 등 허리나 따듯할 것을 무엇 때문에『님의 침묵』은 사 가지고 알지도 못한 고생을 하게 되고 돈만 없어져 버렸으니 이 일을 어찌하느냐![23]

위의 글에 나오듯이 그는 『님의 침묵』을 읽어 보았으나, 도무지 이해할 수가 없어서 후회와 원망을 하였다. 그로부터 며칠 후 그는 동래의 서점에서 연애문학 대가였던 노자영의 책을 구해서 탐독하였다. 4개월 동안 노자영의 책을 읽고, 그 이후에는 연애편지 수십 통을 쓰기 시작하였다. 1년여 동안 노자영의 책을 통해서 연애문학을 치열하게 공부한 것이다. 그러던 어느 날 만해를 다시 만났다.

이러던 중 어느 하루 책 궤짝을 소제하다가 『님의 침묵』이 튀어나와 아무 데나 펴 놓고 또 한 번 읽어 보았다. 이것이 어쩐 일인가? 약 1년 전 캄캄하던 그것이 그만 환해지면서 무릎을 '탁' 치지 않고서는 견딜 수 없도록 눈이 확 떠지는 것이다. 지금까지 그렇게 탐독하던 『사랑의 불꽃』은 변소에 가지고 갈 휴지보다 더 천속해 보이고 이것이 정말 책이구나, 과연 한용운이다. 1원 5십 전이 아니라 백5십 원이라도 오히려 헐하다는 생각이 들게 되었다. 말하자면 약 1년 사이에 눈이 열렸다는 것이다.

이것을 개안(開眼)이라 하는 것인지도 모르겠다. 이제부터는 『사랑의 불꽃』은 버려 버리고 『님의 침묵』 한 권을 가지고 또 근 1년 동안 읽었던 것이다. 그 다음 우리나라 문학서적을 빼지 않고 읽었으며 세계문학전집이니 브루타크영웅전이니 하는 것들을 읽었던 것이다. 그리고나서부터 나도 문학이라는 것을 붙들고 흔들기 시작하였던 것이다.[24]

---

23) 위의 책, pp. 150-151.
24) 위의 책, pp. 152-153.

인용문에 나오듯이 그는 만해의 『님의 침묵』을 재발견하여 1년간 정독하였는데, 그것이 문학수업의 출발이 되었다.

이렇게 그가 문학을 통해 만해를 만난 것은 1926년 직후였다. 그렇다면 김어수 그가 만해를 직접 만난 시점은 언제였을까? 이에 대해서는 구체적인 기록을 남기지 않았다. 그는 1936년 3월에 동국대 전신인 중앙불전에 입학하였는데, 그 이후에 만해를 만났을 것으로 보인다. 김어수는 1927~1929년을 회고하면서 다음과 같이 서술했다.

> 만고의 지사 한용운을 만난 것도 이 무렵이었던 것이다.[25]

그러면서 1929년 광주학생운동을 언급하였다. 1928년 무렵, 어느 시점에 김어수는 만해를 만났을 것으로 이해된다.

한편 김어수는 그 무렵, 일본 유학을 갔다고 연보에 기재하였다. 지금껏 김어수 행장에는 일본 교토(京都)의 하나조노(花園)중학교를 1930년에 졸업했다고 기재되어 있다.[26] 그러나 필자는 화원중의 입학과 귀국 시점을 전하는 1차 기록은 보지 못하였다.[27] 추후 이에 대한 근거(문헌 기록, 증언)를 찾아 보완해야 할 것이다.

김어수는 1929년 무렵부터는 범어사에 있으면서, 범어사 강원에서 수학하였던 것으로 보인다. 『불교』 56호(1929. 2)의 범어사 강원 소식에는 김

---

25) 위의 책, p.70.
26) 위의 책, p.215, 「作者年譜」.
27) 『불청운동』 7·8합호(1932.10), p.32, 「사원 상황 조사보고-범어사」에는 범어사 교육사업 상황 조사가 나온다. 즉 유학생(학교, 명단)이 나오는데, 김어수가 花園中學을 다녔다는 내용은 없다. 그러나 김홍수, 박정국, 황학동은 화원중학을 다녔다고 나온다. 이경순 「일제시대 불교 유학생의 동향」 『승가교육』 2집, 1998, pp.279-297의 「일제시대 재일본 불교유학생 명단」에도 김어수는 나오지 않는다.

어수가 범어사 강원 강우회(講友會)의 체육부 전무간사로,[28] 『불교』61호 (1929.7)의 범어사 강원 소식에는 지육부(智育部) 상무간사로[29] 나온다. 그리고 1933년 2월 15일의 열반재 기념 법회에서 '열반의 의의'에 대한 강 연을 하였고,[30] 5월 2일 범어사의 부처님오신날 기념식에서도 김어수는 축사를 하였다.[31] 이런 사실은 1920년대 후반부터 1930년대 전반기에는 범어사 강원에서 수학하였음을 말해준다. 그는 24세에 범어사 강원(大敎 科, 隨意科)을 졸업하였다고 회고하였는데,[32] 1931년 3월에 대교과를 졸 업한 증서가 전한다.[33] 그 무렵 강원(사교과)에서 같이 배운 강석주(칠보 사, 조계종 총무원장 역임)와[34] 찍은 사진(1930.1)도 전한다.

한편, 그 무렵 김어수는 조선불교청년동맹 산하, 범어사 동맹의 맹원으 로 활동하였다.[35] 그는 불교 경전, 문학 등을 열심히 공부하면서도 청년 운동에도 적극 참가하였다. 그러면서 중앙 차원에서 전개된 교단의 정상 화, 불교대중화 그리고 식민지 현실의 극복에도 많은 관심을 기울였음을 말해준다. 아래는 그 당시에 김어수가 기고한 글이다.

「朝鮮僧侶의 마음과 靑年의 旗발」『佛靑運動』2호(1931. 10)

「靑年」『佛靑運動』3호(1931.12)

---

28) 『불교』56호(1929.2), p.119, 「梵魚講友會」.
29) 『불교』61호(1919.7), p.86, 「梵魚講撮」.
30) 『불교』107호(1933.6), p.56, 「범어사 열반재 紀念法會 及 講演會」.
31) 『불교』108호(1933.7), p.56, 「범어사의 성탄기념식」.
32) 김어수 「산따라 물따라」『달안개 피는 언덕길』한진문화사, 1975, p.31.
33) 앞의 『영담 김어수 시인 백서』p.142.
34) 강석주는 1933년 대교과를 졸업하였다. 「연보」『석주대종사 법어집』석주문도회, 2014, p.345. 강석주도 만해와 인연이 많은 고승이다. 김광식 「만해와 강석주」『우리가 만난 한용운』참글세상, 2011, pp.124-154.
35) 그는 범어사 동맹의 창립대회(1931.4.7)에서 書記를 보았고, 집행위원 후보가 되었다. 『불청운동』2호(1931.12) 「범어사동맹 창립대회」.

「學人 諸兄께 呼訴함」『回光』2호(1932. 3)

「宗憲 紀念과 나의 感想」『불교』106호(1933. 4)

「옛봄의 추억」『불교』108호(1933. 7)

　그가 기고한 글들에서 그가 품었던 청년기의 사상을 짐작해 볼 수 있다. 조선불교청년총동맹의 기관지인『불청운동』의「조선승려의 마음과 청년의 기(旗)발」과「청년」에서는 청년들의 자부심을 강조하면서 청년들이 중생 구제, 민중의 지도, 동포의 인도 등과 같은 일에 힘써야 함을 지적하였다. 조선불교학인연맹의 기관지인『회광』의「학인 제형께 호소함」에서는 학인의 정체성을 강조하면서 학인들은 인격을 도야하고, 역경에 유의하여, 미래를 준비하자고 호소하였다. 당시 교단에서 발행한『불교』의「종헌(宗憲) 기념과 나의 감상」에서는 교단의 헌법인 종헌을 철저하게 실천하는 것이 의무임을 지적하면서, 불교의 동량이 되어 불교발전에 이바지하자고 제언하였다.『불교』의「옛 봄의 추억」에서는 김어수 자신의 입산 이후 10년간을 회고하면서 부처님의 법을 배워서, 민중교화 및 주체적인 삶을 개척할 것을 다짐하였다.

　김어수의 이 같은 사상은 저항적인 민족운동 참여로 나타났다. 그는 불교청년운동의 하나로 항일문학을 시도하였는데, 그런 정황의 일단이 1934년 1월, 〈동아일보〉에 보도되었다.

　경남 동래(東來) 경찰서 고등계에서는 금월 상순경에 동래군 북면 범어사(梵魚寺) 불교청년동맹(佛敎靑盟) 간부인 김어수(金魚水, 25)를 검거하는 동시에 그 가택을 엄밀히 수사하여 서적, 서신 기타와 인쇄물 등을 압수하야 그동안 엄중이 취조 중이든바 무슨 단서를 얻었는지 지난 二十二(이십이) 일에는 고등계 최형사(崔刑事)가 경북 방면으로 출장하야 김천(金泉) 직지사(直指寺) 주지 리주식(李周植)과 경북 모사(某寺) 승려 한병준(韓秉俊)이란 청년 두 명을 압래하엿다 한다. 사건의 내용은 절대 비밀에 붙이므로 알 수 없으나 탐문한 바에 의하면 동래 범어사(梵魚寺)를 중심하야 불교 청년들과 승려들 사이에 적색 비사 사건이 탄로된 모양이라 한다. [36]

이 보도기사에는 사건의 전모가 나오지 않아서 김어수가 연루된 사건의 개요와 성격은 알 수 없다. 그러나 특이점으로 첫째, 범어사와 직지사의 불교 청년들이 연계하였다는 것이다. 둘째, 사회주의 성격이 개입되었다는 것이다. 그런데 김어수가 연관된 이 사건의 개요 즉 목적, 내용, 체포 사실은 일제 측 기록에서 확인할 수 있다. 경상남도 경찰부가 1936년 12월 15일에 업무용으로 펴낸 책인 『고등경찰(高等警察) 관계 적록(摘錄)』에 나온다. [37] 그 책에 나오는 김어수의 관련 내용을 정리하면 다음과 같다. [38]

목적 - 文友協會라는 비밀결사 결성
활동 - 비밀결사문, 강령, 규약을 정하고 기관지 「無明塔」 출판 기획. 박병우
(의성포교소) 외 승려 5명에게 원고 수집. 결사의 확대 강화를 위해
활약
회원(승려) - 김어수(동래), 한병준(김천), 이주식(김천), 김용복(김천), 박병
우(의성포교소) 등
피체 - 치안유지법 위반, 검거

위의 내용에 사건의 전말이 분명하게 나오거니와 이를 보면 김어수는

36) 〈동아일보〉 1934. 1. 2, 「佛敎靑年과 僧侶中心의 赤色 祕密結社가 綻露 - 梵魚寺와 直指寺에서 多數를 檢擧, 東來警察의 活動猛熱」.
37) 이 책은 일제 경찰들의 업무용이기에 그 책에 나오는 내용은 사실로 봐야 한다.
38) 『高等警察 關係 摘錄』 慶尙南道 警察部, 1936, p. 115.

문우협회(文友協會)라는 문학을 활용한 항일 비밀결사를 조직하였다. 강령과 규약을 정하고 기관지인 『무명탑』까지 준비한 것을 보면 조직적인 청년운동이었다. 치안유지법 위반으로 검거된 김어수는 재판을 받고 형무소에 수감되었다.

나도 스물네 살 때 전국적으로 조직된 청년운동에 가담하여 지하에서 왜적들과 싸울 계획을 수립하다가 사전에 발각되어 동래 경찰서에 피검된 뒤 석 달 동안 유치 구금되었다가 부산지방법원 판결에 따라 일 년간 징역을 살게 되었으니 맛은 골고루 보았다고 해도 결코 지나친 말은 아닐 것이다.[39]

고요히 앉아 돌아볼 때 청년운동을 하다가 왜놈들에게 발각되어 일 년 동안 징역도 살아 보았으며, 먹물 옷을 너풀거리면서 정처 없는 나그네 노릇도 해보았으니 이제 무슨 한이 있으랴.[40]

위의 김어수 회고에 나오듯이 그는 동래경찰서 3개월 구금, 재판, 징역 등 1년간의 고통이 그의 저항적 민족운동의 산물이었다. 김어수는 자신이 수행한 불교청년운동 차원의 항일운동에 대해서 〈불교신문〉(1984)에서는 더욱 상세히 기술하였다.

24세 때 일이니까 그때가 바로 한용운 선생이 지도하던 신간회(新幹會)가 해체되고 조선불교청년총동맹(朝鮮佛敎靑年總同盟)이 조직되어 지방에는 거의 지부가 결성되어 활동할 때다. 내가 그 동맹 문화부장직을 맡았는데 거기서 또 비밀 지하조직을 만들어 전국에 산재한 열성분자 49명이 김천시 황금동 포교

---

39) 『가로수 밑에 부서지는 햇살』 한국출판문화공사, 1983, p. 70.
40) 『가로수 밑에 부서지는 햇살』 한국출판문화공사, 1983, p. 21.

당에서 결사보국(決死報國)을 결의하고 3년간에 걸쳐 민족운동을 고취하는 글을 써서 방방곡곡에 돌렸던 것이다. 이것이 왜경(倭警)에 탐지되어 나는 동래 경찰서에 체포되고 검속(檢束)이라는 형식으로 5개월 동안 별별 고문을 당한 뒤 부산검사국으로 넘어가 필경 5년간 집행유예의 선고를 받고 풀려났다. 집행유예 기간에는 10리 밖을 나갈 때는 반드시 경찰서에나 파출소에 신고해야 되기 때문에 행동의 불편이 이만저만이 아니었다.[41]

김어수는 범어사 청년동맹 문화부장을 역임할 때, 항일비밀 조직체를 만들었다. 전국의 항일청년 49명이 김천의 직지사 포교당에서 모여 결사 보국을 결의하고, 3년간[42] 민족운동을 고취하는 글을 방방곡곡에 배포하였다. 그는 일제에 피체되어 5년 집행유예를 받고 방면되었다. 김어수의 독립운동 행적과 상세한 내용에 대해서는 더욱 치밀한 연구가 요청된다.

그의 일제에 의한 피체, 수감 사실은 김어수와 연고가 있는 사람들(후손, 제자, 후배 등)의 구술 증언에서도 찾을 수 있다. 옥살이를 하였고, 후유증으로 말년까지 고생하였다는 증언이다. 우선 그의 후손(딸)의 증언이 주목된다.[43]

– 고문을 받은 후유증으로 말년에는 몸이 안 좋아, 집에서는 누워 지내는 시간이 많았다.

– 고문의 후유증으로 눈이 늘 벌겋게 충혈되어 부득이 선글라스를 항상 착용하고 생활하였다.

– 오른쪽 허벅지 바깥쪽으로는 인두로 지진 듯한 어린아이 주먹만 한 크기

41) 〈불교신문〉 1984. 9. 5, p. 4, 「만상만필 6 – 조선불교청년총연맹 탄생」.
42) 1931~1933년이 아닌가 한다.
43) 김어수 맏딸(김명숙, 1939년생)의 구술 증언 확인서에서 발췌한 것이다. 김어수는 1남 6녀의 자녀를 두었다.

의 불에 지진 듯한 흉터가 있는데 마치 죽은 피부처럼 보이는 고문의 흔적이 있었다.

위와 같은 증언에서 고문의 실상과 후유증이 드러난다. 그리고 그를 따르던 제자(상욱 스님)와[44] 후배(이건호 포교사)[45]에게도 자신의 옥중 경험을 무덤덤하게 고백하였는데 거기에서도 고문을 당했다는 사실이 분명하게 나타난다.

　－ 법회에 가실 때 동행하여 항일운동에 여쭈어보았더니 그때 말씀이 "한때 젊은 혈기로 그런 시절이 있었죠"하고 '허허' 웃음으로 대답하신 것을 똑똑히 기억하고 있습니다. (상욱 스님)[46]
　－ 형사들에 발각되어 경찰서에서 갇혔다가 부산형무소에서 감옥살이를 하였는데, 고춧가루 고문을 당하였다는 것을 분명히 들었습니다. (이건호)

위의 증언을 통해서도 김어수가 수감되어 고문을 받았음을 인정할 수 있다.

한편 김어수의 1930년대 전반기 삶에서 주목할 것은 그가 시조시인으로 등단, 활동하였다는 것이다. 그는 특히 만해 한용운이『불교』의 편집인으로 활동을 할 때(1931~1933)에『불교』의 지면에 다수 작품을 기고하였다. 아래는『불교』에 실린 그의 작품 목록이다.

　90호(1931. 12):「黃昏」「가을밤」

---

44) 불암사에 거주하던 승려이다. 김어수 영향을 받아 출가하였다.
45) 조계종 전국신도회 사무총장을 역임하였으며 현재는 조계종 방생법회 회장이다. 김어수를 모시고 지방 법회를 다녔던 포교사이다.
46) 상욱 스님이 김어수의 독립운동에 대한 인우 보증서에서 발췌하였다.

92호(1932. 2):「가을」[47]「새벽」「幻想」

98호(1932. 8):「金井暮天」

100호(1932. 10):「별곡 二首」

103호(1933. 1):「山遊吟」

104호(1933. 2):「異鄕의 냇물」[48]「伽倻山行」

106호(1933. 4):「送別詞」「설음」「報恩」

이렇듯이 김어수는 등단 초기에『불교』에 시조 작품을 집중적으로 기고하였지만, 자신은 1932년 6월, 〈조선일보〉에「조사(弔詞)」를 발표한 이래 문학 활동을 시작하였음을 강조했다.[49]   그러나 필자는 김어수가『불교』에 기고한 연유와 그 시조에 대한 재평가가 더욱 중요하다고 본다. 당시『불교』는 불교 시단과 독자시조단을 신설하여 김어수의 기고가 용이할 수 있었다.

그리고 김어수는 그가 소속된 단체인 조선불교청년총동맹의 기관지인『불청운동(佛靑運動)』에도 다음과 같은 작품을 기고하였다.

2호(1931. 10):「우리 靑年아」「光明의 꽃」

7·8호(1932. 10):「단결」[50]

11호(1933. 8):「成熙君을 보내면서」

『불청운동』에는 만해의 권두언도 나오고, 불교청년들이 만해를 언급한

---

47) '靑蓮孤窓에서'라고 기재하였는데, 이는 범어서 청련암에서 지은 것을 뜻한다.

48) 이 시는 가야산 여행 중 옥류동에서 고향을 그리며 쓴 것이라고 적어놓았다.

49) 김어수가 〈조선일보〉에 기고한 작품은 본 고찰에서 서술하지 않았다.

50) 조계종 사회연구소에서 펴낸 자료집의 목차에서 확인했으나, 필자는 원본에서 확인하지는 못했다.

내용이 다수 나온다. 『불청운동』은 만해의 불교사상 및 불교 자주화 노선에 영향을 받은 불교 청년단체의 기관지였다. 즉 만해 사상의 범주로 분류할 수 있는 잡지였는데,[51] 김어수는 이 지면에서 작가로 인정받았다.[52] 지금껏 살핀 바와 같이 김어수는 1930년대 전반기부터 만해 사상에 영향을 받으면서 문학 활동을 펼쳤다.

3. 만해의 가르침, 중앙불전, 계승

지금부터는 김어수가 만해에게 영향을 받은 내용, 만해사상을 계승한 여러 분야를 살피고자 한다. 지금껏 만해문학 연구사에서 이런 점은 거의 주목받지 못하였다. 필자는 문학 전공자는 아니지만, 그에 대한 단서를 제공한다는 취지에서 그 문제를 들추어보고자 한다.

앞에서 살핀 내용에서 알 수 있었지만, 김어수는 10대 중반의 범어사 시절부터 만해를 존경하고 『님의 침묵』을 탐독하였다. 그런데 김어수가 만해를 언제 만났는가에 대해서는 정확한 기록이 전하지 않는다. 필자는 1928년 무렵으로 추정한다.

우선 김어수가 시조시인이 된 연유와 만해에게 문학 지도를 받은 내용을 살핀다. 아래의 글은 김어수가 시조에 관심을 갖게 된 연유와 만해에게

---

51) 김광식 「해제」『불교계의 3 · 1운동과 항일운동 자료집』 5권, 조계종 불교사회연구소, 2019.

52) 春皐 「佛教詩壇의 SOS-詩歌總評을 보고」『불청운동』 9 · 10합호(1932. 2), pp. 24-27. 김어수에 대한 간략한 비평이 나온다. 이 기고문은 조종현이 『불교』 103호(1933. 1)에 기고한 「詩歌總評」을 비평한 글이다. 조종현은 『불교』지에 기고된 김어수의 「환상」에 대해 성공한 작품이라고 평하였다. 김어수는 말년까지 조종현과 깊은 유대 관계를 맺었다. 한정섭 「김어수 법사 편지」『近代高僧 名人書翰集』 불교통신교육원, 2000, pp. 158-161.

사사(師事) 받았음을 전하는 회고이다.

> 이제부터는 文學의 여러 部 가운데 어느 쪽으로 들어가 보느냐가 문제이다. 오래오래 생각하고 연구한 끝에 時調 部門으로 발을 들여놓기로 결정했다. 이유는 時調란 純粹한 國民文學인 동시에 民族詩이기 때문이다. 洋風이 潮水처럼 밀려드는 이 판에 그래도 우리 固有의 文學을 부뜰고 傳統精神을 살려 보아야겠다는 것이 그때의 생각이었던 것이다. 그리하여 朝光 편집부에 찾아가 鷺山 先生을 만나고 가람 先生을 찾고 韓龍雲 先生에게 師事하고 이렇게 이렇게 하여 꾸준히 쓰기를 시작한 것이 오늘날 겨우 時調作家의 맨 끝 隊列에서 참에하게 된 動機이다.[53)]

위의 글에서 김어수가 시조시인이 되고자 한 이유가 잘 나와 있다. 즉 그는 서양의 문물이 밀려들어 오는 때에 한국 고유의 민족정신이 배어 있는 시가를 통해 우리의 전통을 살리겠다는 의지에서 시조를 선택하였다. 시조는 민족시라고 단언한 그는 이은상, 이병기, 한용운을 찾아다녔다. 그는 노산과 가람을 찾았다고 하면서, 유독 만해에게는 '사사'하였다고 회고했다. 즉 만해의 영향을 강하게 받았음을 시사하는 표현이다.

그렇다면 김어수는 만해에게 언제 찾아가서 지도를 받았는가? 1930년대 전반기인가? 아마도 『불교』에[54)] 집중적으로 기고한 1931~32년 이후로 보인다. 왜냐하면 그 시절은 범어사에 상주하였기에 1936년에 상경하여 중앙불전 재학 중에 지도를 받았다는 설명이 합당해 보이기 때문이다. 그는 1934년 민족운동의 문학 비밀결사를 추진하다가 일제에 구속된 이후, 서울로 올라와 1936년 4월에 중앙불전에 입학을[55)] 하였다. 1939년 2월에

---

53) 앞의 「나의 開眼時代」 p. 23.
54) 김성연 「일제 강점기 잡지 『불교』의 간행과 그 성격」 『선문화연구』 5집, 2008.
55) 〈조선일보〉 1936. 4. 9 「專門校合格者 中央佛專」. 이 기사에 김어수의 이름이 나온다.

졸업하였는데, 중앙불전에서 펴낸 교우회지 『일광(一光)』에 재학 시절의 글이 실려 있다.

今年에는 엇지다가 멀이 故鄕을 南國에 둔 시골 人物이 一躍 京城이라는 大都會에 제법 四脚帽와 學生服으로 鍾路의 繁華한 舞臺에 恥도 없이 出演케 되었으니 果然 人生의 一生이란 結局 歲月의 誘引과 運命의 희롱에 일종 玩具物에 넘지 못함이 아닌가? 하는 생각이 오늘 갑자기 이 가슴을 더욱 餘地 없이 憤怒케 합니다. (중략) 나는 오늘도 學校에서 돌아와 책보를 그냥 책상 우에 던져 놓고 땀을 식히려고 뒤산 짠듸밭에 올라가 신록이 욱어진 그늘 아래 가만히 앉아 새로핀 풀 향기를 마시면서 오날까지 소위 배워왓다는 學問과 부처님의 聖言을 드러온 것을 回想해 보고 또 앞으로 三年 동안 古名하신 여러 先生님네의 老婆心物의 지시와 苦口叮嚀의 訓育을 받을 것을 생각할 적에 이 모든 先哲의 가르치심이 (중략) 땀을 흘리고 學校에 왕래하는 本意인 줄로 생각하엿음니다.[56]

이렇게 그는 중앙불전에서 불교와 신학문을 배웠고, 문학을 하였던 연고로 학예부장을 역임하였다.[57] 김어수는 중앙불전 재학 시절에도 시조를 써서,[58] 그의 이름은 자자하였다고 보인다.

이 분의 時調는 임이 定評이 있는 바로 時調集의 단행본 한 券쯤은 내놓았으면 하나 親友의 出版 勸告를 항상 拒絶함은 謙遜과 自重을 직히는 그의 性格의

---

56) 김어수 「學窓所感」『一光』7호(1936.10), pp. 48-49.
57) 『룸비니』2집(1938.3), p. 108, 「학예부 보고」.
58) 『룸비니』1집(1937.5), p. 41, 「시조 – 盟誓」; 『룸비니』2집(1938.3), p. 69, 「시조 – 鄕愁」. 그리고 2집 목차에는 김어수가 「남은 잉크」라는 글을 기고하였다고 나오는데, 필자는 원본에서 확인하지는 못하였다. 김어수는 보성전문 주최 토론 대회의 傳統 편에 참가하였다. 『룸비니』1집, p. 118 참고.

表現인 것이다.[59]

이는 그의 중앙불전 친구가 졸업에 즈음하여 김어수를 평한 내용 일부이다. 당시 그는 조지훈, 김달진,[60] 서정주 등과 같은 교정에서 문학 활동을 하였는데, 추후 이에 대한 탐구가 요청된다.

이렇게 그는 중앙불전을 다니면서 문학에 대한 열망을 작품으로 승화시켜 갔다. 그는 10대 중반부터 만해에 대한 존경심을 갖고 있었는데, 마침 그의 거처가 만해의 거처(심우장, 서울 성북동)와 지근거리에 있었다. 그래서 만해의 가르침을 받고, 여러 인연을 갖게 되었다.

이것도 전세의 인연이었는지는 몰라도 한용운 선생님이 살고 계시던 심우장과 내가 하숙하던 곳과는 거의 서로 붙다시피 한 이웃이었다. 그러기 때문에 선생님과는 조석으로 만날 수 있었으며 친숙한 사이였던 것이다. 그러니까 1937년, 여름 일요일이었다.[61]

그는 자신이 살았던 곳을 '성북동(城北洞) 뒤 산골 청룡사' 혹은 '성북여창(城北旅窓)' 등으로 기재하였다.

중앙불전을 졸업한 그는 부산 범어사로 내려가서 다양한 활동을 하였을 것이다. 중앙불전 재학 중에는 김해의 백운암 주지로 있었다는 기록이 있다.[62] 범어사로 내려간 그는 1939년 8월 6일에 범어사 주최의 강습회에

---

59) 『룸비니』 3집(1939. 1), p. 107 「물망초의 그림자: 金魚水氏」.
60) 최동호 「『룸비니』에 수록된 김달진의 시와 산문」 『한국학연구』 31호, 고려대 한국학연구소, 2009.
61) 김어수 「내가 본 한용운」 『가로수 밑에 부숴지는 햇살』 한국출판문화공사, 1983, p. 15.
62) 『조선총독부 관보』 3471호(1938. 11). 그는 1935년 6월 12일부터 1938년 6월 11일까지 주지 소임을 보았다.

서 강사로 활동했다.[63] 그리고 1939년 10월에는 경남삼본산 종무협회의
종무부(宗務部) 간사로 있으면서 『불교』 지방기자로 위촉되었다고 전한
다.[64] 김어수는 그 무렵 범어사 금정강원의 교원으로 김법린과 함께 후배
들을 교육하면서 "애국정신을 고취하고 독립정신을 함양하다가" 1942년
의 조선어학회 사건에 휘말렸다고 한다.[65] 그래서 그는 평안북도 태천으
로 피신하였다고 하는데, 당시 『불교시보』에 기고한 글과의 상관성에 대
한 조사가 필요해 보인다.[66]

　　김어수가 범어사에서 활동하던 무렵 그가 존경하였던 만해가 1944년
6월 29일에 입적하였다. 그래서 심우장에서 5일 장례가 있었는데, 여기
에 김어수가 문상하였다는 기록은 현재 없다. 그러나 당시 만해의 별세는
〈매일신보〉에 보도되었기에,[67] 김어수도 문상은 하였을 것이다.[68] 만해
가 별세하자, 만해에게 바친 김어수의 시조를 소개한다.

　　한용운 스님의 영전에[69]
　　현해탄 사나운 물결 강산이 흔들릴 때

63) 『불교시보』 59호(1939.9), p.16, 「범어사 勤行會」. 범어사 보제루에서 열린 그 강습회
　　는 중견 승려, 유학생, 강원생 등을 대상으로 신앙, 선리실참, 글짓기 등을 가르쳤다.
　　김어수가 강의한 내용은 전하지 않는다.
64) 『불교』 신20집(1940.1), pp.59-64. 이 회의에서 김어수는 『불교』의 속간에 대한 의견을
　　피력하였다. 김어수는 『불교』 신25집(1940.7), pp.40-41에 「내 본산 자랑 ― 梵魚寺 三
　　奇八景」을 기고하였다.
65) 김어수 「불교의 참얼굴은 하산에」 『산은 산 물은 물』 부름, 1981, p.50.
66) 이와 관련하여 그가 『불교시보』 85호(1942.8.15)에 「인고의 決心」을, 『불교시보』 89호
　　(1942.12.15)에 「大恩을 알자」를 기고한 상관성을 생각해 볼 필요가 있다. 이 두 건의
　　기고 글에는 현실 타협적인 내용이 일부 나오는바, 이는 자신의 저항적인 행보를 감추
　　려는 의도가 아니었던가 한다.
67) 〈매일신보〉 1944.7.1, 3면 「韓龍雲大師 入寂」.
68) 범어사 출신인 허영호, 김상호는 조문한 기록이 있다.
69) 이 시는 3수였는데, 여기에서는 1수, 3수만 소개한다. 2수는 아직 확인하지 못했다.

반석처럼 버티고서 홀로 막은 거센 힘을
부드득 이를 갈으며 부릅뜬 눈 뜨거워라.

만주돌 수수밭에 총에 맞고 쓰러져도
웃으며 단련한 담(膽) 차돌보다 여문 절개
한평생 뭉쳐진 울분 층운(層雲)마냥 높아라.[70]

위에 소개한 만해를 기리는 이 시조는 지금껏 거의 주목받지 못했는데, 작품 수준에 대한 문단의 평가가 궁금하다.

이제부터는 김어수가 만해사상을 어떻게 인식, 계승하였는가를 살피고자 한다. 이에 대해서는 다양한 분석과 평가가 요청되는바, 그 디딤돌을 놓는다는 심정으로 필요한 단서만 제공하고자 한다. 그래서 여기에서는 만해 탄신 100주년(1979년)을 기해 그가 기고한 글을 소개하고자 한다. 이 글은 조계종의 전국신도회 기관지인 『법륜』에 「만해의 문학사상」이라는 주제로 기고되었다.

소박하고 솔직하게 쏟아 놓은 「뜨거운 목소리」

산이 크면 그늘도 큰 것이며 물이 깊으면 파장(波長)도 높은 것이다.

만해 한용운 선생의 비중은 너무도 엄청나게 크기 때문에 범유로서는 가히 그 전체를 바라볼 수 없는 것이며 함부로 구설(口舌)을 놀릴 수도 없는 것이다. 그분의 세계를 분류해 말한다면 애국사상, 불교사상, 문학사상 크게 나누어 세

---

70) 김영배 「김어수 시인(법사) 회고 7 – 선생님의 인격과 문학의 감상」 『영담 김어수』 영월문화원, 2017, p.178. 필자는 이 시가 어느 지면에 최초로 소개되었는지를 확인하지 못하였다. 이 시를 소개한 그의 제자인 김영배는 '많은 조객들을 흥분케 하였다'고 서술하였는데, 이를 보면 입적 당시에 쓴 것으로 추정되나 신중을 요한다. 김영배는 『수필문학』 2009년 5월호의 「특집, 나의 스승을 말한다」에서 그와 김어수의 인연을 소개하였다.

가지라 할 수가 있을 것이다. 그러나 이 세 가지가 가운데서도 어느 정도의 경중(輕重)이 전혀 없을 수는 없을 것이다. 그리고 이 세 가지가 완전히 분리될 수도 없는 것이다. 그 가운데 가장 기저(基底)가 되는 어느 한 가지의 사상이 있을 것이며 그 인생관에서 피어 오르는 여러 가지의 꽃구름이 찬란히 우주를 수놓을 것이다.

만해 선생의 사상은 무엇이니 무엇이니 하더라도 애국사상이란 이것이 그분의 주(主)된 정신이며 한평생 일관된 근저(根底)라는 데에 부정의 여지가 없는 것이다. 이것으로 다져진 그 뒤에 끝없는 정진력과 우주를 통찰 달관할 수 있는 색공불이(色空不二)의 경지를 체득하고 다시 광대무변한 십현육상(十玄六相)의 화엄 극리를 철견(徹見)하였으며 속으로 타고 있는 울분과 회한과 비통을 연소(燃燒)하는 동시 끓고 있는 정열을 승화시켜 놓은 것이 그분의 문학인지도 알 수가 없다.

곧 문학애의 못 견디도록 애타고 있는 갈망과 분통을 참을 수 없어 심장에 뛰고 있는 뜨거운 핏덩어리를 그대로 백지에 쏟아 놓은 그것을 우리는 만해의 문학이라고 박수를 치고 있는 것이나 아닌지 알 수가 없다는 이야기이다.

만해는 문학을 하기 위해 문학을 한 사람은 결코 아닌 것이다. 그러기 때문에 만해의 문학에는 기교(技巧)를 가지고 문장을 아름답게 만들려고 애쓴 대목이라고는 한 군데도 찾아볼 수가 없는 것이다. 그리 소박하게 나오는 그대로를 솔직하게 표현했을 뿐인 것이다. 만해의 마음속에는 자기의 문학을 문학으로서 영원히 전하게 되는 것을 원하지 않았으며 또한 문인으로서 위치를 굳히고 문인의 냄새를 피우겠다는 생각은 더구나 없었던 것이다. 그저 조국애에 불타는 일념의 붉은 소원에서 쏟아진 문학의 합리이므로 읽는 사람의 가슴을 푹푹 찌를 수 있는 감동력이 있었으며 불멸의 진주가 되지 않을 수 없었다는 이야기이다. 참회와 구도와 회한과 울분을 씹으면서 한평생 춥고 외롭게 살면서도 기나긴 어두운 밤을 혼자서 밝히는 등불이었으며 길 잃은 작은 배의 나침반이었던 것이다.

같이 맹세했던 사람들이 모두가 변해 기름지고 배부르고 권세 있는 길을 걷고 있었으나, 이것을 열화같이 꾸짖고, 눈 흘기고 한숨 쉬면서 한세상 살아가신 그분의 탄신 백 주년을 맞음에 있어 비록 나이는 어렸으나 항상 선생을 사모하여 곁에 잠깐 모시던 사람으로서는 무엄함을 무릅쓰고 이 글을 쓰는 바입니다.

서기 1979년 8월 29일

탄신 百주년 祭床앞에서 魚洙 씀[71]

김어수는 만해사상을 애국사상, 불교사상, 문학사상으로 나누면서 가장 기본이 되는 것은 애국사상이라고 보았다. 그러면서 이런 기조에서 나온 문학사상은 조국애의 불타는 일념에서 나온 진주라고 보았다. 지금껏 조지훈의 만해사상의 개념(혁명가와 선승과 시인의 일체화)은[72] 널리 알려졌거니와, 이제는 김어수가 설파한 만해사상의 개념도 주목해야 할 것이다. 김어수는 이와 같은 관점에서 만해의 시를 분석하였다. 즉 그는『법륜』의 161호(1979.7)부터 164호(1979.10)까지 4회에 걸쳐 '만해 한용운의 문학사상'이라는 주제로 만해의 중요한 시를 소개하고, 그 시를 자신이 '해설'하여 연재하였다.[73]

지금껏 김어수가 만해에게 배운 인연, 가르침 등을 자료에서 드러난 내용을 중심으로 살펴보았다. 추후에는 김어수가 본 만해사상, 만해문학, 만해 독립사상[74] 등에 대한 중점 연구가 후학들에게 이어지길 기대한다.

---

71) 『법륜』161호(1979.7), pp.94-95.

72) 조지훈 「흑풍 – 암흑 속의 혁명가」『사상계』155호, 1966 ; 김광식 「지절시인의 표상 – 한용운과 조지훈」『우리가 만난 한용운』참글세상, 2009.

73) 그는 김교식의 한용운 일대기 서술에 자문을 하였다. 김교식『한용운』계성출판사, 1984, p.10.

74) 『법륜』174호(1983.8)「특별기획 대담: 광복절에 생각한다」. 이 대담에는 박영희와 김어수가 회고한 만해의 독립운동, 정신과 사상 등의 내용이 나온다.

4. 결어

지금까지 김어수의 삶을 만해 한용운과의 관련을 중심으로 살펴보았다. 이로써 그의 문학세계와 민족운동, 그리고 만해와의 관련성을 새롭게 이해할 수 있었다. 맺는말은 추후에 필요한 김어수 관련 연구의 주제와 내용을 피력하는 것으로 대하고자 한다.

첫째, 김어수는 범어사에서 입산 출가를 하였고, 범어사 강원에서 수학하였다. 즉 그의 불교 및 문학의 출발처는 범어사였다. 때문에 추후에는 범어사와 김어수 간의 관계를 더욱 치밀하게 분석해야 할 것이다. 그가 공부한 명정학교, 강원 등에서 가르침을 준 스승은 누구였는지에 대하여도 연구조사가 필요하다.

둘째, 그가 일본 유학을 다녀온 사실과 연관하여 하나조노(花園)중학교와 연관된 기록을 파악해야 할 것이다. 언제 유학을 떠나서, 언제 귀국을 하였는가를 구체적 증거에 의해서 서술해야 한다. 일본에서 다녔던 학교에 그의 자료가 있는지도 살펴보아야 한다.

셋째, 동국대 전신인 중앙불전 재학 시절에 대한 연구가 집중되어야 한다. 김어수는 재학 중에 박한영, 권상로, 김포광, 김경주, 김잉석 등 학덕과 인격을 갖춘 스승에게 배웠다고 고백하였다.[75] 이런 스승들에게 무엇을 배웠고, 어떤 영향을 받았는지 분석해야 한다. 그리고 그가 재학 중에 만난 조지훈, 서정주, 김달진 등 이른바 동국문학인들과의 연관성도 살펴야 할 것이다.

넷째, 그의 일제 말기 행적에 대한 연구가 이루어져야 한다. 그가 중앙불전에서 학업을 마치고 범어사로 내려간 시점은 1939년이었다. 이때부터 1945년까지 그는 범어사를 중심으로 한 부산 불교권에서 무엇을 하였

---

75) 앞의 「나의 開眼時代」 p. 23. 〈대한불교〉 1979. 4. 1 「잊을 수 없는 스님, 권상로」에서 김어수는 권상로에 대해 언급했다.

는지 조사되어야 하겠다. 그는 그 무렵『불교시보』에 다양한 글을 기고했던 것으로 전한다. 그리고 그가 범어사 승려를 그만두고 '하산'한 연유도 살펴야 할 것이다.[76]

다섯째, 8·15해방 이후 그의 행적, 문학 활동에 대한 종합적인 검토가 요청된다. 이 글에서 필자는 8·15해방 이전의 행적을 주로 다루었다. 1945년부터[77] 그가 별세한 1985년까지 40년간 그의 삶에 대해서는 주제별(문학, 문학 단체, 교육, 불교 등), 시기별로 치밀한 정리가 있어야 할 것이다.

여섯째, 김어수 문학 및 삶과 그의 고향인 영월과의 관련성을 정리해야 한다. 단순히 그의 출신 고향이어서 영월에서 추모, 계승 사업을 한다기보다는 그의 문학성 및 사상이 영월문화와 동질성이 있었기에 사업을 추진한다고 생각할 수 있다. 요컨대 김어수와 영월문화의 관련성에 대한 조명이 요청된다.

지금껏 필자가 생각하고 있는 김어수 연구의 공백 지대를 제시하여 보았다. 이 공백이 후학들에 의해서 연구가 이루어지길 재삼 기대한다.

---

76) 김어수「불교의 참얼굴은 하산에」『산은 산 물은 물』부름, 1981.
77) 김어수는 부산 대각사를 거점으로 경남교구를 관리하였다. 그리고 해동고 교장 사택에 잡지사를 차리고『衆聲』이라는 잡지를 펴냈다. 김어수는 주필로「청년의 갈길」이라는 글을 기고하였는데, 창간호(1946.2)를 내고 중단되었다. 이 내용은 〈법보신문〉 1992.5.25, p.4,「한길 한평생: 청사 안광석 거사」에도 나온다.

제8장_강석주

만해사상의 계승 구현에 매진하다

1. 서언

만해 한용운의 기억 및 계승의 역사에서 간과할 수 없는 인물이 있었으니 그는 강석주(姜昔珠) 큰스님(1909~2004)이다. 석주는 행자 시절인 1920년대에 6년간 선학원(禪學院, 서울 안국동)에서 만해를 지근거리에서 시봉하였다. 이러한 연고로 그는 한용운의 정신사를 우리에게 전해 주었으며, 만해정신 실천에 앞장섰다. 그는 만해의 일화, 비사, 사상 등을 후대에 알려주었기에 만해학의 정립에서 중요한 인물이었다. 그리고 조계종단에서 불국사·은해사 주지, 총무원장, 포교원장, 선학원 이사장, 개혁회의 의장 등을 역임하였다. 석주는 이 같은 중요한 직책을 수행하면서도 하심의 자세로 임하였고 역경, 포교, 교육 등 다양한 방면에서 많은 업적을 남겼다.

그럼에도 지금까지 조계종단사와 만해학의 측면에서 그에 대한 관심과 연구는 매우 부족하였다. 필자는 15년 전에 석주의 생애에 대해 단편적으

로 연구하였던[1] 바가 있다. 그
리고 만해학회 회장 시절, 만
해학의 외연 확장을 위한 인물
탐구에 나서기도 하였다. 이런
전제에서 필자는 만해학 외연
의 확장 관점에서 석주의 생애
를 재조명하고자 한다.

강석주(姜昔珠, 1909~2004)

  본 고찰에서는 첫째, 석주가
살아생전에 만난 만해 한용운
에 대한 기억을 후대에 전한 증
언의 내용을 정리하고자 한다.
석주가 선학원에서 만해를 시
봉하고 지켜본 인연, 비사, 일
화 등은 가치가 있는 기록이다. 문헌기록(1차)에 못지않은 역사적 자료이
다. 이런 자료에 의지하여 우리는 만해의 역사와 정신을 살필 수 있다.

  둘째, 석주는 만해정신에 입각하여 만해정신의 계승·선양 사업에 나섰
다. 그는 만해가 유의하였던 역경, 포교, 교육 사업에서 실천적인 행보를
보였다고 할 수 있다.

  이와 같은 배경에서 집필한 필자의 이 글이 만해학의 외연 확장뿐 아니
라, 석주의 생애와 사상, 선학원 역사, 조계종사 등의 정립에도 참고가 되
길 기대한다.

---

1) 김광식 「천진보살의 평생의 정신적 사표 – 만해와 강석주」 『유심』 25호, 2006(『우리가
  만난 한용운』 참글세상, 2010에 재수록) ; 김광식 「강석주의 삶에 나타난 민족불교」 『민
  족불교의 이상과 현실』 도피안사, 2007,

2. 만해와의 인연, 만해의 일화와 정신 전승

석주는 1909년 경북 안동군 북후면의 옹천마을에서 태어났다. 그는 유년시절에는 동리의 서당(사익재)에서 한문을 배웠다. 그가 불교와 인연을 맺은 곳은 고향의 봉서사(鳳棲寺)라는 사찰이었다. 그런 그가 불교의 중심부로 들어오게 된 계기는 14세 때, 일하면서 공부할 기회를 얻고자 감행했던 상경이었다.

1922년에 상경한 그는 9촌 아저씨(강두회)가 운영하는 필방에 머물면서 신학문을 배우고자 궁리하였다.[2] 그러나 9촌 아저씨의 사업이 기울게 되자, 그는 필방에 드나들던 선학원 승려를[3] 따라 선학원으로 가서 행자 노릇을 하게 되었다. 그는 선학원 승려였던 남전(南泉)을[4] 은사로 삼고 1923년부터 6년간 선학원에서 행자로 있었다. 1921년에 창건된 선학원은 전국 선방 수좌들의 중앙본부로, 1922년에 출범한 수좌들의 자율 조직인 선우공제회(禪友共濟會)의 거점이 되었던 사찰이었다.[5] 즉 선학원은 한국불교의 선풍과 민족불교 수호를 상징하는 사찰이었다. 그래서 그 시절 전국의 수좌들이 서울에 오면 들러 가는 중앙 거점이었다. 선학원에서 석주는 6년간 행자 시절을 보냈는데 그때 그곳에서 만해 한용운을 운명적으로 만나게 되었다.

석주는 1928년 2월, 범어사에서 사미계를 받고 승적을 만들었고, 강원 수학을 시작하였다.[6] 1933년 3월 범어사 강원을 졸업하고, 선학원으로

---

2) 석주의 생애는 『석주대종사법어집』(석주문도회, 2014), 『도심 속의 도인 석주 큰스님』 (효림, 2005), 『크신 원력 수미산을 넘어』(간행위원회, 2002) 등의 연보를 참고하였다.

3) 선학원 원주였는데, 석주의 고향에 있던 봉서사 스님이었다. 그러나 법명은 알 수 없다.

4) 남전의 생애와 사상은 『南泉禪師文集』(인물연구소, 1978)이 참고된다.

5) 김광식 「일제하 선학원의 운영과 성격」 『한국근대불교사연구』 민족사, 1996 ; 김광식 「선학원 정체성의 재인식 – 만공과 한용운, 계승의 문제」 『한마음연구』 4집, 2020.

6) 상륜(승가사 비구니)은 이를 "이때 만해 한용운 스님은 이처럼 문제의식을 가지고 시대

올라와서 은사인 남전을 시봉하였다. 그 무렵 만해는 선학원을 떠나 조계사 인근의 사글셋방에서 거주하면서 잡지 『불교』를 만들고 있었다. 그러다가 1934년에 결혼하고, 1935년에는 심우장(서울, 성북동)으로 입주하여 비승비속의 경계에서 생활하였다.[7] 이 무렵 석주는 선학원에서 출범한 재단법인 선리참구원(禪理參究院)의 서기를 보았다. 그는 그때 이따금 심우장을 왕래하면서[8] 만해에게 인사를 드렸다고 한다. 석주는 그 무렵(1934. 12~1935. 2) 오대산 상원사 선원, 한암 회상에서 한 철 참선 정진을 하였다. 그러나 1936년 4월, 은사인 남전이 입적하자 그 뒤처리를 하고 금강산 마하연, 덕숭산 정혜사, 묘향산 보현사 등의 선원에서 지속적으로 정진하였다. 그 후인 1940년 9월에는 부산 금정사의 선원장을 맡았다.[9] 그는 1941년 3월 선학원에서 열린 유교법회(遺敎法會)에[10] 참가하였고, 1944년 6월 만해가 입적하자 심우장에서 열린 영결식에는 참가하였지만,[11] 일제 말기에는 범어사에서 지냈다.

이와 같은 석주의 일제하 행적을 고려할 때 그가 만해와 직접적으로 인연을 맺은 시점은 1923~1928년의 6년간이었다. 석주는 자신의 일생에 강한 영향을 주었던 만해를 만난 그 6년을 매운 시집살이와 같은 혹독한 기간으로 회고하였다. 그 덕분에 그는 6년간 지켜본 만해의 일화, 비사, 사상

를 앞서가는 석주 스님을 보고 '비분강개도 좋고 문제의식도 좋지만, 역사 앞에서 나서서 일하려는 사람은 우선 학문부터 익혀야 한다.'고 하셨다. 그리하여 석주 스님은 공부를 하기 위해 은사이신 남전 스님의 지도를 받아 부산 범어사 강원으로 떠나셨다고 한다."라고 하였다. 『크신 원력 수미산을 넘어』 문집간행위원회, 2002. pp. 293-294.

7) 김광식 「심우장의 어제와 오늘 – 한용운과 심우장의 정신사」 『전자불전』 21집, 2019.

8) 배영진 「청정불교도의 길」 『크신 원력 수미산을 넘어』 간행위원회, 2002, p. 496.

9) 당시 금정선원의 책임자인 스님이 선학원에 기증하면서, 석주 스님이 선원장으로 와야 인계한다고 하였다. 그래서 석주 스님이 선원장을 맡았다고 한다. 이청 『스님, 극락이 여긴데 어디로 가십니까』 우리출판사, 1995, p. 235.

10) 김광식 「유교법회의 전개과정과 성격」 『한국 현대선의 지성사 탐구』 도피안사, 2010.

11) 김관호 「심우장 견문기」 『한용운사상연구』 2집, 1981, p. 312.

을 후대에 전할 수 있었다. 석주는 일생을 하심의 자세로 수행 정진을 하면서, 당신의 삶에 대한 기록은 남기지 않았다. 그러나 만해의 일화를 비롯한 근현대 불교에 대해서는 다양한 증언을 많이 남겼다. 다만 석주의 삶과 위상의 가치를 인식하지 못한 불교계의 척박한 역사의식으로 인해 수준이 높은 성과물이 없는 것이 아쉽다.[12] 그는 『봉은』 10호(1993.7)에 기고한 글에서 해방 후 혁신불교, 정화운동 등에 참여하였음을 밝히면서 다음과 같이 역사의 기록에 대한 소견을 개진하였다.

나는 늘 불교 근현대사나 민족 근현대사에 기록될 만한 일을 누구보다 가까이 지켜보고 들을 기회가 많았다. 그래서 나의 경험들을 기록으로 남겨 보려는 생각을 가져 보았으나, 불교계가 문자와 역사를 홀대하는 경향이 있어 나 스스로도 기피해 온 것이 사실이다. 그러나 나이가 점점 들어갈수록 이런 기록은 남겨야지 하는 생각이 간절해졌고, 또 요즘 젊은이들은 우리 민족과 역사에 대한 관심이 눈에 띄게 높아져 더 나이 들기 전에 나라도 해야 하겠다는 생각을 하게 되었다.

나는 한국불교 근세사를 바로 아는 것이 한국불교를 중흥시키는 출발이라 생각한다. 한국불교가 중흥을 통해 민족사적 과제에 자기 몫을 하려면 지금 한국불교의 처지와 이런 처지로 된 연원을 알고 극복하여야만 가능하다. 그런 의미에서 우리 불자들은 역사에 더 많은 관심을 가지고 역사로부터 배우려는 진지한 자세를 가져야 한다.

나는 이 역사 이야기로 불자들의 역사인식이 각성되고 민족의 고통을 자기의 고통으로 이해하는 동체대비(同體大悲) 정신의 참된 보살(菩薩)이 더 많았으면 좋겠다. 그리하여 더 많은 불자들이 각성되고, 시대의 과제에 우리 종단이 눈을 떠, 불교가 민족사에서 자기 몫을 더 충실히 하여 우리 민족을 자유롭

---

12) 그가 입적하기 몇 년 전, 상좌들이 주도하여 만든 그에 대한 증언 자료집인 『크신 원력 수미산을 넘어』(2002)는 사료적 가치는 있다.

고 행복하게 하는 데 더 큰 기여를 했으면 좋겠다.[13]

이렇게 불교사 기록을 중시하였던 그가 남긴 만해에 대한 기록을 살펴보고자 한다. 석주가 남긴 만해에 대한 관련 기록은 다음과 같이 세 부류로 나눌 수 있다.

△만해: 구술증언

「한용운 스님·옹고집 만해」〈중앙일보〉 1979. 8. 30~31(불교 근세백년, 제65話)

「나의 행자 시절 – 선학원에서 보낸 고된 시집살이 여섯 해」『월간 해인』176호, 1996. 10.

「만해 스님을 기루며」『만해새얼』 2호, 1996년 가을.

「내 마음속의 만해: 아! 만해 님은 아직 내 곁에 있습니다」『유심』 7호, 2007년 겨울.

△근대불교, 만해: 구술증언

「큰스님의 사자후, 서울 칠보사 조실 석주 큰스님」『불교저널 21』155호, 2001. 4. 10.

「선학원 창건 80주년, 석주 스님에게 듣는다 1」『월간 선원』75호, 2001. 7. 1.

「선학원과 함께 한 40년」『22인의 증언을 통해 본 근현대 불교사』선우도량, 2002.

「특별대담: 내가 본 한국불교 근세사」『월간 봉은』복간 9호, 2003. 6.

김현준『도심 속의 도인 석주 큰스님』효림, 2005.

---

13) 강석주「봉은사 조실 강석주 큰스님 회고: 한국불교 근세사 이야기」『봉은』7호, 1993, p.8.

△만해정신: 기고

「한용운 선생을 생각한다」『불광』41호, 1978. 3.

「한용운의 불교사상」『법륜』128호, 1979. 10.

필자가 구분한 각 기록의 세부 내용을 보면 다음과 같다. 첫 번째 '만해: 구술증언'은 석주의 구술증언에 의지하여 기자가 쓴 글이다. 석주가 선학원 6년 동안 행자 생활을 하며 지켜본 만해에 대한 내용이다. 이 중에서 『월간 해인』에 수록된 글이 만해에 대한 첫 번째 구술 회고라는 면에서 중요하다. 석주는 당시 선학원에는 남전, 석두, 도봉, 만해가 주석하였다고 회고하면서 만해에 대해 다음과 같이 증언했다.

그 무렵이었을 게다. 모두 잠이 든 한밤중이었다. 누군가 요란하게 대문을 흔들어 나가 보니 만해 스님이었다.

"우리나라는 기필코 독립할 걸세. 그날을 위해 미리 축배 삼아 한잔했지."

휘적휘적 두 팔을 흔들며 승방채로 걸어가시던 그분의 뒷모습에 묻어나던 나라 잃은 선지식의 고뇌와 비애를 느낄 수 있었다. 만해 스님이 시집『님의 침묵』을 출간하였을 때, 그 시집의 출판을 알리기 위해 책방마다 시집을 돌리고, 시집 판 돈을 스님에게 갖다 드린 적도 있다. 성품이 강직하고 별말이 없던 분으로 기억된다.[14]

여기에서 만해의 인간적 면모를 진하게 느낄 수 있다. 그리고 1926년에 나온『님의 침묵』출간 직후의 사정도 전하고 있는데,『님의 침묵』을 배포하고 수금을 한 인물이 석주였음이 드러난다.

다음으로 살필 것은『만해새얼』2호(1996년 가을)에 기고된「만해 스님

---

14) 박원자『나의 행자 시절』다미디어, 2001, p. 23 참조.

을 기루며」이다. 『만해새얼』은 만해사상실천선양회(이사장 조오현)에서
펴낸 기관지였다. 『만해새얼』 2호에 석주는 「창간 축하 말씀」이라는 주제
로 「만해 스님을 기루며」를 기고하였다. 만해에 대한 회고의 내용 전체가
사실성이 높은 기록물이다.

제가 만해 스님을 처음 만난 것은 1923년 선학원에서였습니다. 당시 제 나이
가 15살 때였지요. 만해 스님은 백담사에 주석하고 계셨을 때인데 서울에 오시
면 꼭 선학원에 묵으셨습니다. 만해 스님은 신간회 경성지회 회장을 맡고 있었
지요. 스님께서는 주로 신간회 회의나 기타 독립운동 일로 오시는 일이 대부분
이었습니다. 선학원에서 신간회 회의를 참 많이 한 것으로 기억납니다. 선학원
으로 만해 스님을 찾아오는 사람들이 많았는데 대부분 신간회 관계자나 주로
독립운동을 했던 민족주의자들과 잦은 접촉을 했습니다.[15]

이와 같은 내용으로 시작된 그의 글에는 다음과 같은 중요한 내용이 나
열되어 있다.

- 천도교 주관 강연회에 참여가 많았음. 원효에 대한 이야기. 질문을 많이
받음
- 평소에는 과묵하나, 설법이나 강연에서는 말씀을 잘하였음. 글과 말에 군
더더기가 전혀 없었음. 선학원에서 만해는 엄격, 근엄.
- 최남선 변절, 만해는 방문을 걸어 잠그고 대성통곡.[16] 박한영의 화해 중

---

15) 『만해새얼』 2호, 만해사상실천선양회, 1996, p.2. 이 글도 석주의 구술을 제3자가 정리
한 것으로 보인다.
16) 그러나 석주의 상좌인 송운(온양 보문사 주지, 현 선학원 이사장)은 다음과 같이 회고
하였다. "한번은 스님께서 이런 말씀을 내게 해주셨습니다. '육당 최남선이 민족을 배
반하고 일제에 협력하자 이에 분개한 만해는 돗자리를 갖고 최남선 집 대문 앞에 깔고
앉아 고성통곡을 하자 사람들이 모여 왜 그러냐고 묻자 이에 만해는 '이제 최남선이는

재, 요청을 거절. 변절한 사람은 만나지 않음.

　 — 참선, 교학에 탁월.

　 — 만해의 방에는 책이 한 권도 없었음. 강연할 때도 볼 참고도서가 없음.

　 — 『님의 침묵』의 배포와 책값 받으러 간 인물은 석주.

　 — 젊은 승려들이 만해를 추종, 만당(卍黨) 지도

　 — 해인사·범어사·통도사에서 만해를 후원(권선). 다수의 스님과 사찰들이
만해를 음으로 양으로 도와줌.

　이와 같은 내용 중 일부는 만해의 일대기, 논문, 일화 정리에서 채택된
것도 있다. 그러나 추후에 검토될 흥미로운 내용도 있다. 만해사상실천
선양회에서 펴낸 『유심』 7호(2001)에 게재된 「내 마음속의 만해: 아! 만해
님은 아직 내 곁에 있습니다」는 석주의 증언, 기타 자료를 참고하여 제3
자가[17] 기술한 것으로 보인다. 이 글에 나온 주요 내용은 다음과 같다.

　 — 백담사 만해기념관 앞의 시비, 석주 글씨.

　 — 만해: 자그마하고, 단단해 보이는 몸집. 평소에는 무표정. 남전 스님과 서
로 외면. 선학원 대중의 작은 허물에도 벼락 치듯 야단. 강연 없을 때는 서화
(書)를 하였음. 어항(금붕어)과 화초(花草)에 애정을 보임. 군불을 약하게 하라
고 주문.

　 — 만해 소문: 독립운동가의 삼엄한 자화상이라는 칭송.

　 — 만해 강연: 청산유수의 달변가. 임기응변, 명쾌한 답변. 일제 비난, 독립의
열의를 비유하면서 강연. 미진한 질문은 선학원으로 오라고 함. 막상 질문자가

죽은 송장이다. 그러니 어찌 통곡을 하지 않겠나?'라고 했다는 말씀을 해주셨습니다."
　송운 「축사: 만해사상을 가슴에 품고 사신 은사 석주 스님」 『만해와 석주, 특별기획전
　도록』 만해기념관, 2009.
17) 그는 당시 불교신문사 기자였던 조병활로 추측된다.

오면 냉담함. 개인적으로 찾아오는 경우 희소.

 ―『님의 침묵』출간: 출판, 배포, 수금은 석주의 일. 시집이 나오자마자 만해에게 전달(석주). 만해, 석주에게 수고했다고 격려. 여학생이 찾아와서 편지 전달. 만해의 언행은 무표정인데, 시어는 부드러워서 석주는 충격.『님의 침묵』을 백담사 오세암에서 집필 시에 서연화라는 보살이 시봉하였다는 소문이 자자했음. 그 보살이 선학원으로 만해를 만나러 왔었고,『님의 침묵』에 나오는 '님'이 그 보살이라는 소문이 있었음.

 ― 신간회: 서울 지회장, 좌우파로 갈린 운동가들을 모으려고 노력. 홍성 신간회에서 만해 강연 초청, 거절. 만해 아들(홍성 신간회 사환) 한보국이 만해를 만나러 선학원에 내방하였으나 만해는 하룻밤도 재우지 않고 낙향 조치, 만해는 며칠간 독방에서 혼자 지냄.

이 같은 만해에 대한 다양한 이야기들을 찾아볼 수 있다. 그런데 석주가 어떻게 구술하였는가, 사실성이 있는 기록인가 하는 기록성 문제가 대두된다.

이제부터는 석주가 근대불교에 대한 구술증언을 하면서 만해에 관련된 증언한 자료들을 살피겠다.『불교저널 21』15호(2001.4.10)가 제일 먼저 주목된다. 효림(당시 보광사 주지, 실천승가회의장)이 대담 진행자로 나선 인터뷰에서 석주는 일제, 해방공간 불교를 회고하였다. 그때 만해에 대해서는 다음과 같이 증언했다.

── 만해 스님 계실 때 그분도 시봉하셨습니까?

▷스님 방에 불도 넣어 드리고 시봉을 다 했지요. 책(『님의 침묵』)이 나왔을 때 내가 직접 책방에 나누어 주고 수금도 했어. 그 당시 신간회 서울지부 회장을 하셨거든, 그 회의도 다 선학원 법당에서 하고 그랬어요. 뜻 있는 이들이 많이 왔다 갔다 하던 때였지.

이렇듯이 구어체로 회고하였기에 기록성이 있는 회고이지만, 내용이 소략하다. 「선학원 창건 80주년, 석주 스님에게 듣는다 1」는 선학원의 기관지인 『월간 선원』 75호 (2001.7.1)에 수록되었다. 이 대담은 선학원 직원(류봉수)이 진행하였는데, 선학원의 역사를 회고하면서 만해에 대한 증언이 나왔다.

만해 스님은 1926년 6월 9일 6·10 만세운동 사건 검속으로 선학원에서 나오시다가, 잠복해 있는 경찰들에 의해서 체포되어 수감되셨습니다. 만공 스님, 만해 스님은 지방에 계시다가 서울에 오시면 꼭 선학원에 머무르셨죠. 만해 스님은 민족과 불교개혁을 위해 태어난 인물이셨어요. 우리나라 민족운동의 마지막이라고 할 수 있는 신간회의 경성지회 회장을 역임하셨는데, 주로 선학원에서 회의하시고 간부들을 교육시켰죠. 선학원에서는 민족의 선각자들이 많이 모이셨죠. 만해 스님은 문장력과 변재를 두루 갖춘 분이셨죠. 『님의 침묵』은 내가 인쇄하고 책 만드는 것을 도와드렸어요. 그리고 『불교대전』은 오늘날까지 포교자료의 귀감이 되고 있고요. 한번은 천도교에서 주최하는 강연회에서 연설하셨는데, 수없이 많은 청중들의 마음을 완전히 사로잡아 버렸어요. 나도 그 당시 강연회에 참석했었는데 대중들의 열광이 대단했답니다. 아마도 그런 웅변가를 다시 보기 힘들 거에요. 대중적인 카리스마가 있었기 때문에 만해 스님이 강연하는 날은 인산인해를 이루었어요. 불교인을 떠나 모든 이들이 존경하시는 그런 분이셨죠. 만해 스님은 일본인에게는 말 한마디 하지 않고, 아는 척도 하지 않았어요. 나중에 딸을 하나 낳았는데, 호적에 이름을 올리지 않았죠. 조선인이 일본 이름을 받을 수 없다는 것이었죠. 나도 젊은 시절 만해 스님을 선학원에서 자주 뵈었기 때문에 그분의 영향을 많이 받았죠.

만해에 대한 회고가 비교적 장문이어서 주목되는 글이다. 다음으로 주목할 것은 『월간 봉은』 복간 9호(2003.6)에 수록된 「특별대담: 내가 본 한국불교 근세사」이다. 당시 봉은사 주지인 원혜가 대담을 진행하였는데, 석주는 그때 봉은사 조실이었다. 불교 근현대사 사료 확보 차원에서 진행된 그 대담에서 석주는 만해에 대해 다음과 같이 상세한 회고를 하였다.

— 당시 불교계의 대표적인 항일운동가였던 만해 한용운 스님을 친견하시기도 하셨는데, 그때 얘길 해 주시죠.

▷백담사에 계시다가 선학원에 오시면 내가 군불도 넣어 드리고 밥도 지어 드렸지. 『님의 침묵』이 나왔을 땐, 내가 직접 책방에 나누어 주고 수금(收金)도 해 갖다 드렸지. 그런데 『님의 침묵』은 당시엔 별 반응이 없었어. 책이 잘 안 팔릴 때였으니까. 『님의 침묵』 총판은 회동서관이라고 을지로 근처에 있었지. 한 선생(스님은 만해 스님을 존경한다는 뜻에서 한 선생이라 표현하신다)은 기미만세운동 뒤 감옥에서 한 3년쯤 사시고 나온 후여서 그런지 말씀도 잘 안 하시고 남들이 우스운 얘기를 하면 겨우 웃는 정도였지. 좀처럼 허튼 말하는 법이 없었어. 성품이 냉정하셨지. 그리고 생전에 책 보는 걸 못 봤어. 방에도 책 한 권 두지 않았어. 참 신기해. 그런데도 여기저기서 강연하실 때에는 대단하셨어. 한번은 천도교에서 강연했는데, 기독교 인사는 강연 시작할 때 미리 질문을 못 하게 하고 강연을 했지. 겁이 난 게야. 그런데 한 선생은 그게 아냐. 강연 뒤에 청중들이 와ㅡ 하고 질문을 해대면 그걸 끝없이 토론하셨지. 사람은 보통 말을 잘하면 글을 못하는데 '한 선생은 말, 글 둘 다 잘하시는 뛰어난 분'이라 생각했어. 그 뒤에 한 선생은 조선 최대의 민족주의 단체였던 신간회 서울지부장으로 활동하시기도 했지.

이와 같이 석주는 만해에 대하여 상세하게 회고하였다. 솔직 담백하게 만해의 성격, 일상, 강연 등을 묘사하였기에 기록성이 높은 증언이다. 그런데 선우도량이 주관한 「선학원과 함께 한 40년」(『22인의 증언을 통해 본 근현대 불교사』 2002)과 김현준이 지은 책 『도심 속의 도인 석주 큰스님』

(효림, 2005)에도 만해에 대한 회고가 나오지만 매우 소략하다. 우선 선우
도량의 증언에는 질문자(학담 스님)가 만해에 대하여 질문하였지만, 석주
는 간단하게 답변하였다. 그 답변은 위에서 나온 내용(백담사에서 상경 시
선학원 주석, 『님의 침묵』 발간 도움, 신간회 참여, 『불교대전』 변재, 대처
등)이었다. 그래서 선우도량의 대담에는 특이한 것이 없었다. 그리고 김
현준의 책은 그 이전에 나온 만해에 대한 회고와 인연을 종합하여 서술한
것이었다. 새로운 내용은 석주가 선학원에서 소리를 내어 탁구를 치다가
만해에게 꾸지람을 들은 것, 만해의 심부름을 많이 한 것, 만해 강연의 힘
은 정진력과 도력에서 나왔다는 내용 등이었다.

지금까지 살핀 것은 석주가 회고한 만해의 일화에 대한 것이다. 석주는
94세까지 장수하였기에 살아생전에 수많은 인터뷰를 하였다. 인터뷰 당
시 석주는 자신과 만해와의 인연, 그가 지켜본 만해의 일화 등을 소개하였
다. 그러나 그를 인터뷰한 기자들이 그 내용을 기록성을 갖춘 글로 묘사하
지 않았다. 아쉬운 대목이다.

이제부터는 석주가 만해정신을 주제로 기고한 글들을 소개하고자 한다.
그는 우선 『불광』 41호(1978.3)에 기고된 「한용운 선생을 생각한다」라는
글이다. 이 글은 『불광』이 기획한 특집 「한용운 사상의 원천」의 주제에 응
한 것으로 다음과 같은 내용이다.

　　내가 만해 스님을 처음 뵌 것은 출가한 지 얼마 안 된 15세 때였다. 그때 그분
은 백담사와 서울을 왔다 갔다 하시면서 서울에 오시면 꼭 선학원에서 기거하
셨다. 당시에 나이가 적지 않으셨는데도 대중들과 생활을 같이 하셨고, 부지런
하셔서 청소를 거의 도맡아 하다시피 하셨다. 그분이 『님의 침묵』 등을 내고 하
실 때 아직 나는 나이도 어리고 하여서 직접적인 접촉은 없었다. 그러나 늘 청
년들이 따라 다녔고 사실상 그들의 지도자로서 민족운동을 뒤에서 조정하셨
다. 그분은 지조가 대단하셨는데 특히 친일적인 행위에 대해서는 절대 용납하

지 않았다.

확실히 그분은 선각자였다고 본다. 「불교유신론」 등을 보면 '승려취처론' 등 몇 가지 문제가 있는 것을 제외하고는 우리가 받들어야 할 내용이 많다. 그러나 반세기가 지난 지금도 그때의 문제를 해결하지 못한 것이 많으니 우리 불교가 그만큼 구태의연하다는 반성이 든다. 강연을 아주 능란하게 하셨는데 말씀을 위한 준비나 글을 쓰기 위해 책을 참고로 하시는 일이 전혀 없었다. 틀림없이 예전에 이미 다 봐두고 연구하였을 것이다. 참선과 경학 공부는 물론 다른 공부까지도 철저히 하신 분이셨다.[18]

이와 같은 짧막한 글이다. 그러나 여기에는 석주가 그 이전에 밝힌 만해에 대한 회고가 다시 한번 요약되었기에 인상적이다. 다음으로 석주가『법륜』128호(1979.10)에 기고한 「한용운의 불교사상」에 대해 살핀다. 이 글은 만해 탄생 100주년(1979년)을 기해서 개최된 강연회에서 석주가 발제한 원고를 기고한 것이다. 만해선사100주년기념사업회의 발기 주역인 석주는 1979년 8월 29일 조계사에서 열린 강연회에서 '불교유신'이라는 제목으로 강연하였다.[19] 석주는 이 글에서 만해의 정체성, 위대성을 다음과 같이 주장하였다.

만해 한용운 스님은 근대 한국의 가장 위대한 선구자임에 틀림없습니다. 스님이 남긴 여러 분야의 업적들은 그 방면에서 각각 빛나고 있습니다. 민족을 생각하는 그의 철저한 애국애족 정신에 있어서나 인간 정신을 노래한 문학에 있어서나, 불타 사상의 가장 투철한 실천가로서도 그러합니다. 스님은 미망한 근대 한국의 가장 옳은 노선을 가장 옳게끔 그어 나간 하나의 지표가 되고도

---

18) 석주「한용운 선생을 생각한다」『불광』41호(1978.3), p.44.
19) 당시 그 강연회 연사는 송지영(근대 정신), 서정주(문학정신) 등이다. 〈대한불교〉 1979.9.2, p.2, 「만해탄신 1백주년 기념 강연회」.

남습니다.[20)]

만해를 선구자로 칭한 석주는 만해가 민족운동, 문학, 불교사상 실천의
측면의 업적에서 선구자가 분명하다고 보면서, 만해 노선이 가장 바른 방
향이었다고 피력하였다. 그러면서 석주는 만해의 불교 정신을 몇 가지 측
면에서 정리하였다.

  - 첫째로 만해 스님은 불교유신 운동과 대중불교 운동의 실현자라는 점입
니다.
  - 둘째로 선(禪)과 교(敎) 일치의 불교사상을 엿볼 수가 있습니다.
  - 마지막으로 만해 스님의 보살사상에 대하여 살펴볼까 합니다. 일생을 통
하여 걸어왔던 길은 한마디로 보살사상의 구현이었습니다.

즉 석주는 만해를 불교유신 운동과 대중불교(大衆佛敎) 운동의 실현
자,[21)] 선교(禪敎) 일치의 불교사상가, 보살사상 구현자라 하였다. 그러면
서 석주는 만해정신은 지속될 것으로 보았다.

  만해 한용운 스님의 위대한 정신은 오늘도 우리 겨레의 꺼지지 않는 영원의
등불이 되어 빛나고 있으며 스님이 계신 이 역사는 외롭지 않습니다.[22)]

요컨대 만해정신은 우리 민족의 등불로 자리매김이 되었다고 강조하였

---

20) 강석주 「한용운의 불교사상」『법륜』128호(1979. 10), p. 15.
21) 강석주는 1981년 3월 21일, 한국비구니대학의 입학식에서 중앙승가대 학장으로서 격
    려사를 하였다. 석주는 격려사에서 비구니대학 개교는 산중불교에서 대중불교로 전환
    하려는 개혁의식으로 평가하였는데, 이는 만해정신의 발로라고 이해된다. 강석주 「현
    대불교와 한국비구니대학」『신행불교』148호(1981. 5), 정각사 신행회, pp. 16-17.
22) 위의『법륜』자료, p. 19.

다. 지금껏 살핀 것과 같이 석주는 만해정신, 일화 등을 다양한 지면에 게재되도록 노력하였다. 그러나 성찰적으로 보건대 자신의 의도와 기획에 따라 한 일은 아니었다. 언론 매체나 단체의 요청에 피동적으로 응한 것이었다.

필자는 석주의 생전에 만해에 대한 집중적인 인터뷰를 해서 그 내용을 사료적 가치가 높은 기록물로 만들지 않은 것이 안타깝다. 필자가 만해를 연구하기 시작한 시점은 1999년이었는데, 2002년에 탄허 스님에 관하여 석주 스님을 인터뷰하였고,[23] 만해마을을 건립할(2003) 때에 만해문학박물관 전시에 참여하면서 본격적으로 만해를 탐구하였다. 그때 석주의 존재가 지닌 가치를 주목하지 못한 것이 아쉽다. 그럼에도 석주가 남긴 만해에 대한 다양한 구술, 증언, 회고는 만해의 사상과 1920년대 중반 만해의 활동을 실체적으로 파악할 수 있는 중요한 기록임은 분명하다. 이런 점에서 석주의 역사의식에 대하여는 긍정적으로 평가해야 마땅할 것이다.

3. 석주의 만해정신 실천

석주는 만해가 1944년 6월 29일(음력 5월 9일)에 입적하자, 심우장에서 열린 장례식에 참석하였다. 그리고 그의 거처인 범어사로 내려갔다가 8·15해방을 맞이하였다. 그는 해방을 맞이하여 새불교운동을 실천하기 위해 상경하였다.[24] 당시 김법린을 추종한 범어사의 젊은 승려들이 불교혁신의 꿈을 안고 서울로 올라올 때, 석주도 상경하였다.[25] 석주는 불교의

---

23) 「탄허 스님에 대한 원로스님 인터뷰」『방산굴 법어』오대산 월정사, 2003, pp. 454-462.
24) 〈대한불교〉 1979. 8. 19, p. 4, 「원로스님이 말하는 8·15와 나: 노전 일 봐, 새불교운동 편」. 석주는 범어사 노전으로 있다가, 해방이 되자 상경하였다.
25) 〈불교신문〉 1991. 8. 21, 「증언: 종무원 접수한 安光碩 거사 인터뷰」. 이 그룹에 석주도

구(舊)집행부가 퇴진하자 과도적인 교단을 맡아 새로운 불교 태동을 위해 자신이 할 일을 모색하였다.

해방공간에서 석주는 이전 거주처인 선학원에 머물면서 불교혁신 활동에 참가하였다. 여기에서 석주의 활동을 그의 육성 증언을 통해 살펴본다.

나는(석주—필자 주) 당시에 선학원에 있으면서 혁신 입장에 섰지. 조명기(전 동대 총장), 정두석(전 동대 총장), 백석기(당시 서울시 사회국장), 장상봉(월북), 곽서순(월북) 등과 일주일에 한 번씩 모여 토론도 하고 그랬어. 그때 우리는 '정치적인 데 참여하지 말고 오로지 불교혁신만 전력하자'고 약속했어. 그건 끝까지 잘 지켜진 편이야. 열심히 했어. 전문학교도 하나 세우고, 혁신정책도 연구해서 총무원에 건의도 많이 하고 그랬지. 그런데 총무원이 묵묵부답이야. 그래 이 총무원 갖고는 안 되겠다고 생각해서 '대한불교총본원'이라는 간판도 조계사에 새로 걸고 그랬지. 나중에 여성단체하고 이종익 씨가 했던 단체하고 힘을 합해 '불교혁신총연맹'이란 걸 조직하여 힘을 모았어. 위원장을 경봉(鏡峰, 전 통도사 조실) 스님이 하셨지. 사회적으로 토지개혁운동이 한창일 때 우리도 논의하여 '무상몰수 무상분배'를 결의하기도 했지. 그게 좌익 주장하고 같다고 좌익이라는 모함도 들었지. 게다가 김구 선생이 1949년 남북통일 협상하러 평양 갈 때 우리도 대표를 파견했어.[26]

즉 선학원에 있으면서 불교혁신 활동을 하였는데, 선학원은 당시 불교

___

포함되었을 것으로 본다. 석주는 「내가 본 불교근세사」 『봉은』 9호(1993.6)에서 "다음날 서울로 올라가려고 했어. 그러나 주지 스님이나 노스님들이 모두 '아직은 이르다'고 그랬어. 그래도 나는 건국준비위원회가 조각도 발표하고 가슴이 설레고 그래서 그냥 올라왔다. 그때 내 나이가 37세였지. 그런데 노장님네 얘기가 맞아. 과연 이르더구면."이라고 회고했다.

26) 『월간 봉은』 불기 2537년 6월호(복간 9호), p. 10, 「특별대담: 봉은사 조실 석주 스님과 성문 스님의 대화」.

혁신 활동의 핵심 거점 역할을 하였다. 때문에 불교혁신의 내용과 지향은 석주의 개혁인식과 연결된다. 석주는 불교혁신론자들과 조계사에서 일주일마다 모여, 불교혁신책을 연구하고 그 내용을 총무원에 제출하였다.

조명기, 백석기, 유성갑, 정두석, 곽서순, 이부열, 장상봉, 이종익 씨와 본인 등이 중심이 되어 일주일에 한 번씩 조계사 법당에 모여서 회의를 하였다. 그 회의 내용은 일본불교를 빨리 제거하고 불교가 혁신하여 대중불교화하자는 것이었는데, 정치에는 관여치 말고 오직 불교발전을 위해 노력하자고 하였다.[27]

석주는 정치적 이념과 무관하게 혁신 활동을 하였다. 그러나 당시 교단은 재야의 혁신단체가 건의한 방안을 적극적으로 수용하지 않았다. 이에 재야 혁신단체는 총단결하여 불교혁신총연맹(佛敎革新總聯盟)을 결성하여 교단과 대립적인 노선을 걸었다.[28] 그 결과는 개별적인 총무원 설립이었거니와 석주가 머무르던 선학원은 혁신단체와 함께 전국불교도총연맹을 결성하고, 그 기반 위에서 조선불교총본원(朝鮮佛敎總本院)을 출범시켰다.[29]

당시 혁신 활동을 주도한 핵심적인 인물들은 만해의 제자들이었다. 즉 혁신총연맹의 대표는 선학원 이사장이었던 경봉(통도사)이었고, 선학원 부이사장인 김용담(망월사, 선학원)은 총무로 활동하였다. 그 연결고리를 만든 인물이 석주였다. 경봉은 만해가 통도사 강원에서 학인들을 가르치던 1910년대 초반에 만해의 가르침을 받았다. 그 인연으로 그는 만해와 교

27) 석주「교단의 혁신을 위한 조선불교총본원의 활동」『법륜』146집 1989.8, pp.28-29.
28) 김광식「불교혁신총연맹의 결성과 이념」『한국 근대불교의 현실인식』민족사, 1998.
29) 김광식「전국불교도총연맹의 결성과 불교계 동향」『한국 근대불교의 현실인식』민족사, 1998.

류하고, 만해정신 선양 사업을 주도하였다.[30] 김용담은 만해 상좌였는데 그는 망월사 선원에서 수좌를 지도한 인물이었다. 해방공간에는 만해전집 발간에도 관여하였고, 김구의 정치회담에 동행하여 북한에 갔다가[31] 6·25 전쟁 당시 남하하여 총무원장을 역임했다.[32]

선학원에서는 불교혁신총동맹에 나 혼자 다니다가, 당시 이사장이셨던 경봉 스님과 부이사장인 용담 스님이 적극적으로 참여하게 되었죠. 용담 스님은 만해 한용운 스님의 제자이셨죠.[33]

선학원에선 혁신회에 나 혼자 다니다가 그것이 영향이 있었는지 이사장 경봉 스님, 부이사장 용담 스님도 나오시게 되어 선학원도 연맹에 참여하게 되었지. 그때 이사장 하시던 경봉 스님은 경찰서 불려가서 고문을 당하고 그랬지. 좌익으로 몰아 가지고. 수복해서 나도 종로경찰서에 사흘을 불려 다녔어. 선학원을 빨갱이로 몰았지. 나도 아주 심하게 당했지.[34]

이렇듯이 해방공간 불교혁신 활동에는 만해의 제자들이 참가하였다. 그래서 여기에서는 석주의 불교혁신 활동은 만해의 불교혁신 사상을 계승 구현하였던 것으로 본다. 당시 불교혁신총연맹의 노선은 강령과 당면주장 10개조에서 살필 수 있다. 총연맹의 성격을 단적으로 보여주기에 그 전체를 소개한다.[35]

---

30) 김광식「경봉의 삶과 한용운」『정토학연구』33집, 2020, pp. 195-209.
31) 김광식「한국전쟁과 불교계 – 북으로 간 승려들과 불교혁신운동」『불교평론』43호, 2010.
32) 김광식「김용담의 삶 복원」『한용운 연구』동국대출판부, 2011, pp. 381-412.
33)『선원』76호(2001.8.1.),「선학원 창건 80주년: 석주 큰스님에게 듣는다 2」.
34) 선우도량『22인의 증언을 통해 본 근현대 불교사』2002, pp. 41-42.
35) 김광식「불교혁신총연맹의 결성과 이념」『한국근대불교의 현실인식』민족사, 1998,

강령

－우리는 현 교단을 혁신하여 대중불교(大衆佛教) 실현을 기함.

－우리는 무아화합(無我和合)의 정신을 체(體)하여 민족통일 완수를 기함.

－우리는 대자평등(大慈平等)의 이념에 즉(即)하여 균등사회 건설을 기함.

당면주장 10개조

1. 교도제(教徒制)를 실현하여 대중불교를 수립하자.

2. 사유토지(寺有土地)를 개혁하여 교도는 생업(生業)에 근로하자.

3. 사찰을 정화하여 수행도량을 확립하자.

4. 사설 포교당을 숙청하여 전법도량을 통일하자.

5. 일제 잔재인 계급독재의 교헌(教憲)을 배격하자.

6. 교도는 모든 기관에 있어서 권리와 의무를 균등히 하자.

7. 매불적(賣佛的)인 법회와 의식을 철폐하자.

8. 친일파와 교단 반역자를 타도하자.

9. 교화운동에 전력하여 국가대업에 공헌하자.

10. 불편부당을 맹지(盟旨)로 하여 민족통일을 기하자.

이러한 내용에서 총연맹의 노선을 알 수 있다. 당시 교단의 배격을 분명히 하면서 교도제(교도 평등, 수행승 중심) 실천, 사찰 토지의 개혁, 사찰 정화, 교도의 평등 등 진보적 불교혁신론을 주장하였다. 나아가서는 민족통일 완수, 균등사회 건설, 국가 대업에 공헌, 친일파 타도 등 불교의 활동 범위를 넘어서는 정치적인 성향도 드러냈다. 그러나 교단에서는 혁신 노선을 이북불교 모방, 사회주의로 간주하였기에 해방공간에서의 불교 노선은 복잡하였다.[36]

---

p. 298.

36) 김광식 「해방공간의 불교」『한국불교사 연구 입문』지식산업사, 2013, pp. 339-348.

그런데 해방공간의 만해 제자들은 석주, 경봉, 김용담 등과 같이 진보노선에 참가한 부류도 있었지만 김법린, 최범술, 장도환, 허영호 등 보수노선에 선 부류도 있었다. 이런 이원적인 행보와 성격에 대해서는[37] 후일의 연구로 돌리고 여기에서는 그런 이질적 노선이 있었다는 것만 밝혀둔다. 어쨌든 석주는 해방공간에서 일관되게 만해정신을 실천하는 행보를 보였음이 분명하다.

석주는 해방공간부터 입적한 2006년까지 60년간 만해정신을 구현, 계승하기 위한 활동을 교육, 포교, 역경 등 다양한 방면에 걸쳐 활발하게 펼쳤다. 교육 분야의 활동은 중앙승가대의 설립에서,[38] 포교는 조계종단의 포교원장 역임 및 어린이 포교 활동에서 찾을 수 있다.[39] 이 글에서는 석주가 수행한 역경 활동만을 소개하고자 한다. 그가 수행한 역경 활동의 개요를 적시하여 후학에 의해 이 주제 연구가 더욱 심화되길 기대하는 의미에서다.

석주의 최초 역경 활동은 해방공간의 국문선학간행회였다. 정치적, 사회적으로 혼란이 극심했던 시절에 역경 활동을 본격화하였다는 것이 주목된다. 이에 관하여 석주 본인의 이야기를 들어본다.

질문: 1949년 당시 선학원에 국문선학간행회(國文禪學刊行會)가 조직되었습니다.

답: 당시에 운허 스님과 내가 선학원에 머물면서 의기투합했었죠. 그래서 운허 스님이 원장, 내가 부원장을 맡아서 국문으로 된 선서(禪書)를 번역했어

---

37) 그들의 이질적 노선은 교도제, 사찰 토지의 개혁에 있었다. 교도제의 수용에 따라 비구승(진보)과 대처승(보수)이 분열하였고, 사찰농지의 유상몰수(보수)와 무상몰수(진보)에서도 현실인식이 상이하였다.

38) 〈대한불교〉 1979. 4. 22, 「중앙불교승가학원 개원」 ; 김선근 「석주 큰스님과 교육불사」 『인도철학에서 본 근현대 한국불교 사상가』 동국대출판부, 2016.

39) 『월간 해인』 32호, 1984. 10, 「전법을 위한 노사의 서원: 염화실의 미소」.

요.[40]

순 한글로 번역을 시도하였는데, 출판의 실무는 부원장을 맡았던 석주가 담당하였다는 것이다. 해방공간에서 이런 작업을 시도하였다는 것 자체가 평가를 받아야 할 일이다. 필자는 2002년 6월 10일, 석주 생존 시에 그가 머물던 칠보사에서 다음과 같은 대담을 하였다.

질문: 석주 스님은 해방이 되고 나서 선학원에서 김용담 스님하고 선학간행회를 만들어『선가구감』을 간행하였지요?
답: 그랬지요. 용담 스님하고 나하고 선학원에서 선학간행회를 만들고『선가구감』을 펴냈는데, 지금 생각해 보면 그것이 제일 잘한 일이지요. 후일 법정 스님도 그것을 어느 정도 손질하여 법통사에서 다시 펴내기까지 했어요.[41]

이런 대담을 통해 필자는『선가구감』을 김용담이 번역한 것을 확인하였다. 김용담이 번역, 간행한『선가구감』은 법정이 다시 가다듬어 1962년부터 법통사라는 출판사에서 펴낸 이후 불교계에 많이 보급되었다. 그렇지만 석주는 북한으로 넘어간 김용담의 이념 문제로 인하여 남한에서 재출간된『선가구감』이 김용담의 이름으로 나오지 못한 것이 마음에 걸렸다.
그래서 그는 김용담이 번역한『선가구감』의 원고를 50여 년간 보관해 오다가 2002년 8월 효림출판사에서 '용담 스님 옮김'이라는 부제를 단『선가구감』을 발간하도록 주선하였다. 그 책의 말미에서 석주는 "용담 스님의『선가구감』을 다시 펴내며"라는 제목으로 다음과 같이 기술하였다.

---

40)『선원』77호, 2001. 9. 1,「선학원 창건 80주년: 석주 큰스님에게 듣는다 3」.
41) 김광식『방산굴의 무영수 – 탄허 대종사 탄신 100주년 기념 증언집』상권, 오대산 월정사, 2013, p. 17.

내가 용담(龍潭) 스님의 『선가구감』을 펴낸 지도 어언 50년이 넘었다. 당시 시중에 유통되고 있던 한글 불서로는 『송주』 『관세음보살보문품』 『극락 가는 길』 정도에 불과하였으므로, 운허(耘虛) 스님과 함께 국문선학간행회를 만들어 최초로 발행한 책이 『선가구감』이었다.

만해 한용운 스님의 수제자인 용담 스님은 선(禪)과 교(敎)에 두루 밝은 분이셨다. 스님은 수년에 걸쳐 『선가구감』을 번역하고 자세한 주석을 붙이되, 여러 사람에게 돌려 읽어보게 한 다음 의견을 듣고 거듭거듭 윤문을 하였다. 심지어는 어린아이들에게까지 이해할 수 있는지를 물었을 만큼 정성을 다하였다. 현재 시중에 여러 종류의 『선가구감』 번역본이 있지만, 용담 스님의 것을 따라올 책이 없는 까닭은 그만큼 스님께서 심혈을 기울였기 때문일 것이다.

그러나 용담 스님은 백범 김구 선생과 함께 '정당사회단체대표자회의'에 참석하러 갔다가 돌아오지 않아 월북자로 지목받았으므로, 그동안 스님의 이름을 밖으로 나타낼 수가 없었다. 또한 초판본을 격동기인 1948년 1월에 서대문 형무소에서 인쇄하였으므로 흡족하게 출간되지 못하였고, 교계의 이름 있는 스님이[42] 용담 스님의 글을 대부분 그대로 차용하여 자신의 편역서처럼 유포한 일도 있었다.

이러한 사실들을 늘 아쉽게 여겨오다가, 이제 도서출판 효림(曉林)에 내가 가지고 있던 판권을 넘겨 용담 스님의 이름으로 새롭게 출간하였다. 그동안 미루어 왔던 숙제를 마친듯이 마음이 후련하다. 부디 용담 스님께서 정성을 다해 펴낸 이 책이 백 년 천 년 후에까지 깨달음의 눈을 뜨게 하는 지침서가 되고, 2천만 불자들의 필독서가 되었으면 하는 마음 간절하다.[43]

강석주는 이렇게 그가 마음에 담아두었던 숙제를 하듯 50여 년 만에 김용담의 이름으로 『선가구감』을 펴낸 전후 사정을 자세히 고백하였다. 해

42) 법정을 뜻한다.
43) 청허 스님 지음, 용담 스님 역주 『선가구감』 효림, 2002, pp. 231-232.

방공간의 국문선학간행회에서 석주가 펼친 역경 활동의 성과에 대한 객관적인 평가는 후학에게 맡긴다.[44]

이제부터는 석주가 1960년대 역경 활동을 한 거점이었던 법보원에 대해 살핀다. 여기에서 필자는 1차 자료에 의한 분석은 시도하지 못하고 석주의 역경에 대해 주목하고 논고를 쓴 선학(윤창화)의 연구를 소개하는 선에 그치고자 한다.[45] 필자는 석주에게서 다음과 같은 발언을 청취하였다.

질문: 통합종단 출범 전후에 석주 스님은 법보원을 설립하여 여러 가지 경전을 번역, 출판하였지요?

답: 법보원은 선학간행회의 후신이나 마찬가지였는데, 그것은 내가 운허 스님에게 역경을 부탁해서 그것을 책으로 만들게 되었지요. 내가 낸 책이 『열반경』 『유마경』 『능엄경』 『선가구감』 『부모은중경』 등이었는데, 나중에 동국역경원이 출범하자 이중으로 할 필요 없다고 생각하여 그만두게 되었어요.[46]

석주가 운영한 법보원의 역경 활동 및 성격에 대해 분석한 윤창화는 다음과 같이 서술하였다.

1960년대 전후하여 우리 불교계에 '법보원'이라는 이름의 출판사가 있었다. 여기서 주로 펴내는 책들은 대부분 우리말로 번역된 불교 경전들이었는데, 이 출판사가 나로 하여금 더욱더 궁금증을 자아내게 한 것은 발행한 책마다 대부분 '비매품' 또는 '법공양판'이었다.

책을 만들어 그냥 무상으로 보시만 했다면 어떻게 출판사를 유지했을까? 도

---

44) 윤창화 「해방 이후 역경의 성격과 의의」 『대각사상』 5집, 2002, pp. 138-146.
45) 윤창화 「불교경전 한글화의 선구자 석주(昔珠) 스님과 법보원」 『불교와 문화』 55호, 2003. 11 ·12.
46) 위의 『방산굴의 무영수』 상권, p. 21.

대체 누가 했으며, 어떤 곳이길래 20여 종이나 되는 책을 간행할 때마다 비매품으로 보시했는지 궁금하지 않을 수 없었다. 하여 책 뒤를 들춰 봐도 주소란에는 '칠보사'나 '선학원'이고, 펴낸이 난에는 석주(昔珠) 큰스님의 함자가 적혀 있을 뿐 어떤 연유로 법보시를 한다는 문구도, 전후 사정을 알만한 말도 없었다. 『금강경』의 명구대로 '무주상보시'인 것이다.

그 당시만 해도 석주 스님께서는 이미 고승으로서 불자들의 존경을 받고 계셨는데, 그런 분이 '무엇 때문에, 무슨 돈으로 이렇게 많은 경전을 법보시 하시는 것일까, 혹시 장래 출판사업을 하시려고? 설마하니 큰스님께서 일반인들이나 하는 사업을?'[47]

윤창화는 한글 중심의 경전, 비매품과 법공양판 위주의 간행을 하는 출판사인 법보원의 설립 목적을 다음과 같이 요약하였다.

법보원은 석주 큰스님께서 만든 출판사로서 일반 출판사처럼 영리를 목적으로 설립한 것이 아니라, 한문으로 된 많은 불교 경전들을 우리말 번역하여 불자들에게 널리 독송하게 하기 위하여, 그리고 우리말로 된 대장경을 만들어 보자는 목적에서 설립된 것이다.[48]

법보원은 1961년 5월 10일에 등록되었다.[49] 그러나 법보원은 석주의 단독적으로 한 것이라기보다는 운허와 공동으로 운영한 것으로 보인다. 이 점에 대해서는 추후 정밀한 분석이 요청된다.[50] 그러면 법보원에서 펴

---

47) 윤창화 「불교경전 한글화와 석주 큰스님」『크신 원력 수미산을 넘어』 간행위원회, 2002, p.445.

48) 위의 책, p.446.

49) 윤창화는 위의 책, p.446에서 1957년부터 활동을 시작하였다고 했다. 이는 추후 조사할 내용이다.

50) 지환 「근대고승의 일대기 샘플 및 심화연구」『전자불전』 16집, 2014, p.66.

낸 출판물을 살펴보겠다. 윤창화가 정리한 목록은 다음과 같다.[51]

> 운허:『한글 금강경』(1958)『정토 삼부경』(1958)『사미율의 요략』(1959)『사분비구니 계본』(1959)『보현행원품』(1959)『유마힐경』(1960)『부모은중경』(1961)『불교사전』(1961)『승만경, 금광명경』(1962)『무량수경』(1963)『수능엄경』(1963)『화엄경』(1964, 40권)『열반경』(1965)『초발심자경문』(1965)『묘법연화경』(1971)
>
> 한길로:『육조단경』(1963)
>
> 탄허:『보조법어』(1963)
>
> 최종화:『불교리문답』(1963)
>
> 박한영:『석전문초』(1962)
>
> 김달진:『한산시』(1964)
>
> 전준렬:『선의 요체』(1964)
>
> 신소천:『원각경강의』(1964)
>
> 운문:『불교동요집』(1964)
>
> 행원:『道話集』(1965)
>
> 이종익:『현우경』(1965)
>
> 장설봉:『선문염송』(1966)
>
> 손정암:『불경요집』『해인사사지1963)『불자지송』(1964)『자비방생이야기』(1964)『해인사탐승기념첩』(1967)『문수사리발원경』(1967)『문수보살예찬』(1968)

위와 같이 대부분의 출판물은 운허의 번역을 출간하였다. 1950년대 후반부터 불교정화운동의 후유증이 심각하였고 불교계 재정 기반이 빈약한

---

51) 윤창화「석주 스님과 법보원」『불교와 문화』55호, pp.88-89.

정황하에서 이런 성과물을 냈다는 것은 간단치 않은 일이다. 법정도 법보원을 1960년대 중반의 유일한 불교 출판사라고 평하였는데,[52] 한국 현대 역경사에서 간과할 수 없는 역할을 한 것이 사실이다.

한편 석주는 팔만대장경을 번역하고 출간한 동국역경원의 실무 책임을 담당하였다. 즉 동국역경원(1964)의 부원장으로, 동국역경사업진흥회(1989)의 회장으로, 동국역경원 역경사업후원회(1995) 회장으로 동국역경원장이었던 운허와 함께 헌신적 자세로 역경 사업을 회향하였다.[53] 석주의 헌신적인 행보는 월운의 증언에서 확인된다.

> 노사께서는 복무 정신이 투철한 분으로 안다. 내가 알기로 정화 직후 불서 보급이 태무(殆無)할 때 법보원(法寶院)이란 출판사를 칠보사에 만들어 놓으시고 우리말 불서를 펴내신 일이나, 동국역경원 설립 직후 부원장 소임을 맡으셔서 20년 동안 한 번도 결근하지 않고 출퇴근하신 일이나, 요즘 동국역경원 후원회장님으로 모셨더니 사양치 않고 도와주셔서 지난 9월 완간 법회를 여법히 갖게 해주신 일 등, 여느 큰스님네와는 대조적인 면이 있다.[54]

월운의 증언에 나오듯이 석주는 명실상부한 헌신으로 경전의 우리말 번역을 위해 자신의 모든 것을 쏟아부었다. 이는 후일 객관적인 자료에 의해 더욱 조명되어야 할 것이다.

그렇다면 석주는 왜 이렇게 헌신적으로 역경 사업에 매진한 것일까? 그것은 만해의 한글 사랑과 역경에 대한 소신에서 영향을 받았기 때문일 것이다. 만해의 한글 사랑은 무척 남달랐고,[55] 역경의 필요성 역시 기회 있

---

52) 법정 「64년도 역경, 그 주변」〈대한불교〉 1964. 1. 1.
53) 앞의 『남은 글월 모음』 pp. 28-37, 「운허 스님 서찰」에서 그 정서를 찾아볼 수 있다.
54) 월운 「어느 맹인의 코끼리 구경」 『큰신 원력 수미산을 넘어』 p. 87.
55) 김광식 「한용운의 민족정신과 한글사랑」 『나라사랑』 128집, 2019.

이달의 문화인물 만해 한용운 특별기획전(1991.3.5, 덕수궁)에서의 석주 스님(중앙).
오른쪽에 이어령 당시 문화부장관과 운제 스님(태고종 총무원장)의 모습이 보인다.

을 때마다 강력하게 역설하였다. 만해는 3·1운동으로 수감되었다가 출옥
한 직후인 1922년 9월에 역경 단체인 법보회(法寶會)를 만들었는데, 이는
팔만대장경을 순 조선말로 번역하고 고승의 학설을 수집하여 발간하기 위
한 것이었다.[56] 그리고 1937년에는 「역경의 급무」라는 글을 『불교』 신제3
집에 기고하였다. 이런 만해의 역경에 대한 신념이 석주에게 이어졌을 것
이라 본다. 윤창화는 석주는 1930년대 초 범어사 강원의 수학 시절에 우리
말 경전을 만들겠다는 생각을 하였다고 서술했다.[57] 그리고 석주의 제자
인 송운은 만해의 시문학에서 석주의 한글화 원형을 찾을 수 있다고 피력
했다.[58] 이로 보면 석주의 역경 사업은 만해의 정신을 계승하려는 행보의
일환이라고 생각된다.

지금부터는 석주의 만해정신 실천을 만해 관련 사업의 지원에서 찾아보

---

56) 〈동아일보〉 1922. 9. 25, 「불교사회화를 위하여 한용운 씨 등이 법보회를 조직」.

57) 위의 윤창화 「석주 스님과 법보원」 p.87.

58) 송운 「축사: 만해사상을 가슴에 품고 사신 은사 석주 스님」 『만해와 석주, 특별기획전
도록』 만해기념관, 2009.

고자 한다. 석주는 만해 관련 사업 후원을 위해 다양한 일을 마다하지 않고 정성을 다했는데, 만해를 자신의 스승으로 인식했기 때문이라고 하겠다. 이에 대해서 석주의 상좌인 송운은 다음과 같이 피력하였다.

사실 석주 스님의 법맥은 한용운 스님과 아무런 관련이 없습니다. 선학원을 창설하신 남전 스님을 은사로 득도하신 완허 계열의 문도일 뿐입니다. 그러나 석주 스님은 재세 시에 일생 동안 한용운 스님과 관련된 모든 행사에 적극 참여하시고 앞장서셨습니다. 성북동 심우장 개장 증명법사로 참석하셔서는 친히 예식 집전까지 하셨고, 매년 망우리 제사에 참석은 물론 만해기념관을 찾는 등 만해 관련의 일에는 모두 참석하시는 각별함을 보이셨습니다. 특히 만해 스님 관련 휘호를 많이 남기셨습니다. (중략) 석주 스님은 출가하셔서 입적하실 때까지 만해 스님을 가슴에 품고 사셨습니다. 만해 스님의 법손들 못지않게 평생을 만해사상에 젖어서 그 이념대로 살아오신 분이 바로 우리 스님이십니다. 그러니 어찌 스승과 제자가 아니라고 하겠습니까?[59]

요컨대 석주는 만해의 철저한 제자였다는 것이다. 만해정신을 체득하고 구현하였을 뿐만 아니라, 후대에 알리기 위해 석주는 만해 관련 일에는 만사를 제치고 앞장섰다.

다양한 만해 관련 사업에 나선 석주의 활동에 대한 것은 추후에 더 광범위하게 조사되어야 할 것이나 우선 필자가 조사한 것을 소개하겠다. 석주가 참여한 첫 번째 사업은 서울 탑골공원의 만해 비석 건립이었다. 만해 묘소(망우리 공원)가 황무지로 방치되었다는 보도에 촉발되어 불교계는 그 해결책 모색에 나섰다.[60] 석주는 1965년 5월 31일, 선학원에서 출

---

59) 위와 같음.
60) 〈대한불교〉 1965. 5. 16, 「만해 한용운사의 유택엔 잡초만 — 5월 9일은 가신 지 21년째 기일, 이장과 묘비 건립 뒤늦게 추진」.

범한 '고 만해 한용운 선사 묘지 이장·입비(立碑) 추진위원회'에 참여하였다.[61] 조계종이 주체가 되고 대한불교청년회와 대학생불교연합회가 보조하는 단체로, 추진위원회의 위원장은 경봉이었다. 추진위원회의 본부는 선학원에 있었는데 석주는 재정위원이었다.[62] 그래서 경봉과 석주는 서로 논의하여 이장과 입비 사업을 추진하였다.[63] 그러나 묘지 이장은 만해 후손의 반대로 성사되지 못하고, 비석만 건립되었다. 수많은 우여곡절 끝에 1970년 3월 1일, 만해 한용운 선사 입비 추진위원회(위원장, 경봉)는 3·1절을 기해 만해의 비석을 탑골공원에 세웠다.[64] 석주가 참여한 두 번째 만해 기념사업은 만해 탄신 100주년을 기해, 1979년 3월에 발족한 용운당 만해 대선사 기념사업회이다.[65] 석주는 이 사업회의 발기인이었기에,[66] 핵심 주체로 볼 수 있다. 석주는 기념사업회가 주관한 강연회(8.29, 조계사)에서는 만해의 불교사상을 주제로 강연도 하였다.[67]

석주가 참여하고, 관여된 또 다른 만해 관련 사업은 만해기념관(남한산성 소재, 관장 전보삼) 건립이었다. 만해기념관 관장인 전보삼은 석주의 물심양면 지원을 다음과 같이 설명하였다.

---

61) 〈대한불교〉 1965.6.6, 「고 만해 한용운사 묘비 건립을 추진」.
62) 〈대한불교〉 1966.6.19, 「광고: 고 만해 한용운선사 묘지이장·입비 모연 취지문」.
63) 석주 엮음『남은 글월 모음』효림, 1997, p.38「경봉스님 서찰」. 경봉이 석주에게 건립 비용의 수금에 노력해달라는 당부가 나온다. 그런데『삼소굴소식』(극락선원, 1997), p.136에는 석주가 경봉에게 보낸 편지가 나온다. 여기에서는 1961년에 한용운의 비문은 다 써다가 놓아두었는데 남곡 스님이 가져가 刻字를 한다는 소식이 전한다. 여기의 1961년은 誤字로 보이는데, 1967년 무렵으로 보인다.
64) 〈대한불교〉 1970.3.1, 「용운 만해대선사비 건립, 3·1절 기해 파고다공원에」; 김광식 「경봉의 삶과 한용운」『정토학연구』 33집, 2020, pp.202-205.
65) 〈대한불교〉 1979.2.25, 「용운당 만해대선사 기념사업회 발족」; 〈대한불교〉 1979.3.11, 「만해 기념사업회 발족」.
66) 발기는 1978년 9월이었고, 본부는 서울불교신도회에 있었다. 전국신도회(회장, 이후락)가 주관하였다.
67) 〈대한불교〉 1979.8.2, p.1, 「萬海탄신 1백주년 기념강연회 성황」.

1980년 10월 31일 성북동 심우장을 정리하여 만해기념관으로 문을 열 때도 석주 스님은 격려의 말씀을 아끼지 않으셨다. 그 이후 만해 한용운 스님 관련 행사에는 합 번도 빠지지 않으시고 꼭 참석하시어 격려의 말씀을 해주셨다. (중략) 만해 한용운 선사의 망우리 묘비 제막식이 1982년 12월 31일에 있었다. 이날은 그믐날이라 바쁘실 텐데도 모든 것을 접으시고 쌀쌀한 기온에도 아랑곳없이 참석하시어 축원해주셨다. 그 이후의 만해 한용운 선사 열반일 추모식에는 거의 빠지지 않으시고 참석하여 주셨다. 이달의 인물 만해 한용운 특별기획전이 1990년 3월 1일 덕수궁 석조전에서 열렸을 때도 석주 스님께서 귀한 걸음을 해주셨다. (중략) 1990년, 남한산성으로 만해기념관을 이전하였다. 여러 어려움을 무릅쓰고 부지를 확정하여 신축공사를 위한 개토제가 있던 1997년 5월 20일, 그리고 남한산성 만해기념관 개관기념일인 1998년 5월 20일에도 참석하시어 격려의 말씀을 주시며 기뻐하셨다. 그리고 만해 선사 열반 추모일에는 어디에 계시든 거르지 않으시고 꼭 참석하시어 추모의 정을 나누어 주시는 그 정성은 스승과 제자의 관계를 넘어선 그 무엇이라고 생각된다.[68]

위의 내용에 나오듯이 석주는 만해기념관에 관련된 모든 행사에 참여하였다. 또한 자신이 소장한 만해 유품을 만해기념관에 기증하고, 만해의 작품을 자신의 글로 써주어 전시하게 하였다. 그 내용은 다음과 같다.

▷기증 유품:『조선불교유신론』(1913),『불교대전』(1914),『일광』(1936)[69]
▷친필 유묵: 만해 옥중 한시.「安海州」「黃梅泉」「獄中吟」「秋懷」「贈別」
▷친필 시비: 나룻배와 행인
▷기타: 강연 원고(한용운의 불교사상) 외 다수의 유묵

---

68) 전보삼「석주와 만해의 인연」『만해와 석주, 특별기획전 도록』만해기념관, 2009, pp. 106-107.
69) 만해와 연고가 있는 동국대의 전신, 중앙불전의 교지이다.

이상과 같은 자료는 현재 만해기념관에 전시되어 석주의 만해정신 계승을 웅변적으로 상징하고 있다.[70]

석주가 참여하고 지원을 아끼지 않은 여타 만해 기념사업은 백담사,[71] 대한불교청년회,[72] 대학생불교연합회,[73] 홍성의 생가 복원[74] 심우장의 추모사업 동참[75] 등을 꼽을 수 있다. 이러한 내용은 필자의 후일 연구로 남겨 두고자 한다.

4. 맺는말

본 고찰의 맺는말은 필자가 이 글을 집필하면서 미진하여, 추후에 더욱 탐구할 주제를 제시하는 것으로 하겠다.

첫째, 석주가 기억하고 전달하였던 만해의 일화 및 정신 등을 더 많이 찾아내야 할 것이다. 석주는 생전에 수많은 인터뷰를 하였는데, 그런 내용

---

70) 만해기념관에서는 2009년 11월 19일~29일에 「스승과 제자: 만해와 석주」라는 주제의 특별기획전을 개최하였다.

71) 만해사상실천선양회가 출범한(1996.6.29) 이후에 건립된 백담사의 卍海紀念館, 卍海教育館, 卍海堂, 萬海積善堂의 현판은 석주의 글씨로 제작되어 있다. 이에 대한 내용은 추가의 조사가 필요하다. 백담사 경내에 있는 시비(나룻배와 행인)도 석주의 글씨로 세워져 있다. 이 비석은 대불련 동문회(명호근, 이용부 등)와 만해사상연구회가 1991년에 건립한 것이다.

72) 〈법보신문〉 1996.9.8, 「만해 어록비 8일 제막」. 만해의 「조선독립에 대한 감상의 대요」의 도입부를 새긴 어록비 제막식의 행사가 독립기념관에서 있었다. 석주뿐만 아니라 한영숙(만해의 자녀), 송월주(조계종 총무원장), 전보삼과 필자도 참여했다.

73) 김광식 「한국대학생불교연합회의 한용운 정신 계승」『대각사상』 34집, 2020.

74) 「홍주일보」 2020.7.2, 「만해 한용운 선사로 부르자」 ; 김광식 「홍성에서의 한용운 정신 계승」『홍성문화』 188호, p.40 ; 〈법보신문〉 1992.4.16, p,1, 「만해생가 복원」. 복원 행사에는 석주, 의현(총무원장), 우송(수덕사 주지)이 참여했다.

75) 〈법보신문〉 1992.7.6, p.11, 「승가 주최 만해스님 추모제 치러」. 정토구현전국승가회가 주최한 이 행사에서 석주는 증명법사였다.

에 나오는 만해 내용을 찾아내야 할 것이다. 그런 대상의 잡지, 신문에 수록된 기사의 정밀 분석이 요청된다. 나아가서 그 기사를 전부 집약한 자료집 발간도 요청된다. 또한 석주와 많은 인연을 맺었던 대상자들에 대한 인터뷰도 필요하다. 예컨대 석주의 상좌(송운 스님 등), 인연 인물(전보삼[76] 등) 등이다.

둘째, 석주가 후원, 관여한 만해 기념사업을 추가 조사해야 한다. 이 글에서는 만해기념관(남한산성)에 머물렀다. 추후에는 만해사상연구회(회장, 김관호),[77] 망우리 공원의 묘비 건립(1981. 12. 29), 심우장의 만해기념관 건립(1981. 10. 30),[78] 대한불교청년회,[79] 대학생불교연합회, 만해사상실천선양회 등에 대한 조사가 필요하다.

셋째, 석주가 추진한 포교, 역경, 교육 등의 사업에 관련된 자료수집, 분석, 탐구가 요청된다. 필자는 이 글에서 그에 대한 필요성만을 강조하였을 뿐이다.

넷째, 석주의 불교사상을 심층 분석, 연구하여야 할 것이다. 만해사상과의 연관성, 계승 등 다양한 관점에서 접근이 가능할 것이다.

---

76) 전보삼 「평상심으로 큰 가르침 주신 우리 스님」 『크신 원력 수미산을 넘어』 2002.

77) 1979년 3월경에 출범한 단체인데, 신구문화사에 있다가 1981년에 심우장으로 이전하였다. 김관호가 회장이고 전보삼, 이근창, 이병교 등이 회원이다. 일반회원은 없었다. 전보삼 「심우장에 만해기념관의 문을 열다」 『차의 세계』 2020년 1월호. 만해사상연구회에서는 『한용운사상연구』(1~3집), 『조선불교유신론』 『님의 침묵』 등을 출판, 보급하였다.

78) 〈동아일보〉 1981. 10. 6, 「萬海 살던 집 尋牛莊에 연구회서 紀念館 건립」. 그때 찍은 사진에 '만해기념관 개관, 만해사상연구회'라는 내용이 나온다.

79) 교육 프로그램인 만해대학의 학장을 맡았다.

제9장_화산

만해의 가르침을 따라 불교혁신에 앞장서다

1. 서언

필자는 20여 년 전부터 만해에게 영향받은 인물들을 발굴, 조사, 정리하는 작업을 하고, 그를 지상에 발표하였다. 이런 배경에서 나온 것이 『우리가 만난 한용운』(참글세상, 2010)이었다. 그리고 만해학회 회장(2014~2018)으로 재임할 때는 '만해사상의 계보학'이라는 주제로 관련 인물을 정해 학술세미나를 통하여 조명하였다. 그래서 허영호(범어사), 조영암(건봉사), 최범술(다솔사·해인사), 백성욱(동국대 총장) 등을 심층 연구하는 기회를 가졌다.

한편 만해에게서 영향받은 인물들은 다양하였다. 그런데 지금까지의 연구 경향을 살피건대 기존에는 명망가 중심으로 접근하였다는 한계성을 부인할 수 없다. 그래서 필자는 주목받지 않았던 인물들 중에서 새롭게 조명할 필요성이 있는 인물을 발굴하여 만해학의 지평을 확장하고자 한다.

이 글에서 필자는 통도사 출신 승려인 화산(華山, 1919~2013) 스님의 만

화산(華山, 1919~2013)

해와의 인연에 대하여 살펴보고자 한다. 화산은[1] 1930년대 중반 통도사에서 수학 중, 만해의 가르침을 접하고 나서 만해를 인생의 스승으로 여기게 되었다. 그리고 만해의 영향으로 해방공간에서는 불교혁신운동에 나섰다. 화산은 생전에 만해와의 추억을 가슴에 담았고, 2006년 11월 23일, 자신의 거주 사찰인 보광원(대구) 경내에 만해의 「님의 침묵」 시비를 세웠다. 그리고 만나는 사람들마다 자신과 만해의 인연을 이야기하고 만해의 가르침을 전하였다. 또한 말년에 펴낸 자신의 수상록 『어디서 왔다가 어디로 가는가』(보광원, 2006)에서 만해에 대한 추억을 밝히기도 하였다.

필자는 화산을 생존 당시에 몇 차례 만난 인연이 있다. 오대산 도인인 한암 선사와 한암의 선 방면 수제자인 보문 선사에 대한 구술 증언록을 만들기 위한 과정에서 화산을 인터뷰하였다.[2] 그러나 그때는 한암과 보문에 대한 인터뷰에 집중하였기에 만해와의 인연 내용을 본격적으로 질문하지 못하였다. 이 점에 대해 필자는 진한 아쉬움을 갖고 있다.

필자는 이 글이 화산의 생애와 사상을 본격적으로 조명하는 기초작업으

---

1) 그의 승적부(1950년대)에는 法名은 正達, 堂號는 華山으로 나온다. 그의 상좌(한우 스님, 보광원)는 법명은 鶴鳴, 법호는 華山이라고 필자에게 전하였다. 그러나 화산 스님으로 널리 알려졌기에, 필자는 이 글에서 화산으로 서술하고자 한다.
2) 김광식 『그리운 스승 한암 스님』 민족사, 2006 ; 김광식 『보문선사』 민족사, 2012.

로 인식되길 바란다. 그리고 나아가서는 만해학 심화에 도움이 되기를 기대한다.

2. 만해와의 만남, 흠모

화산은 1919년 11월 17일, 경남 양산군 하북면 순지리에서 태어났다. 그곳은 통도사가 가까운 마을이었다. 그는 고향인 양산군 하북면에 있는 공립보통학교를 졸업하였다. 화산의 속가는 가난하여 근대적인 교육을 받을 형편이 안 되었지만, 그는 청소년 시절부터 신식공부에 대한 열망이 강하였다. 그래서 15세에는 일본행을 결심하고 밀항을 시도하기까지 하였으나 성사되지 않았다. 그의 그런 욕구를 해소할 수 있는 곳이 통도사였다.

이로써 나의 일본행은 수포로 돌아갔고 그동안 키워온 꿈은 산산이 부서져 버리고 말았다. 허탈감에 젖어 무기력하게 시간만 보내고 있던 나는 어떤 돌파구가 필요했다. 그러다가 생각이 미친 곳이 통도사 불교소년회였다. 당시 통도사에는 장만용, 윤이조라는 젊은 학인 스님들이 있었다. 이분들은 일본에 가서 대학까지 마치고 온 터라 교육에 대한 열의가 대단해서 신평에 불교소년회를 만들고 일주일에 한 번씩 와서 강의도 했다. 이 불교소년회에 나가서 두 스님들의 강의를 들은 것이 내 인생의 커다란 전환점이 될 줄이야.[3]

이렇게 그는 통도사 불교소년회에 나가서 학인 스님들의 강의를 들으면서 꿈을 키웠다. 마침내 그는 17세가 되던 해, 통도사로 입산 출가를 하게 되었다.

---

3) 화산 스님『목마는 길게 울고 돌사람은 춤을 추네』삼각형프레스, 2003, pp. 14-15.

출가에 대한 동경이 무르익을 무렵인 열일곱에 통도사 자장암에 계셨던 허몽초 스님을 뵙게 되었다. 스님은 당시 대단한 선지식으로 사중에서 대단한 존경을 받고 있었다. 며칠을 생각하다가 이 기회를 놓쳐서는 안 되겠다고 결심한 나는 동짓달 스무하루에 스님께 찾아갔다. 구도의 길을 가겠다고 내 결심을 말하고 입산을 한 것이었다.[4]

그가 통도사 자장암의 허몽초(許夢草)를 은사로 삼고 출가한 시점은 그의 나이 17세 때인 1935년 10월이었다.[5] 화산은 입산하여 은사를 시봉하고, 통도사에서 불교의 기초를 배웠다. 바로 그 무렵, 통도사에 온 만해는 민족의식에 대한 특강(제목 '철창철학')을 하였다. 이때 화산은 처음으로 만해의 가르침을 접하였다. 화산의 회고가 담긴 신문기사(2006. 11. 27)를 소개한다.

한평생 만해를 그리워하며 마침내 대구 지역 처음으로 시비를 제막한 화산 스님. 만해 스님과 어떤 인연을 맺었길래 평생을 그리워했을까. 스님은 뜻밖에 통도사에서 만해 스님을 만난 '단 며칠' 간의 인연이 평생 스님을 존경하게 되었다고 했다. 만해 스님이 옥고를 치르고 난 뒤 통도사를 방문했다. 화산 스님은 당시 통도사 강원을 다니는 학인이었다. 만해 스님은 통도사에서 강연했다. '기피 인물' 만해 스님을 모시는 사찰이 거의 없을 때였다. 스님들뿐만 아니라 인근 주민들까지 만해 스님의 강연을 듣기 위해 모여들었다. 만해 스님은 모인 청중을 향해 '철창철학'이라는 제목으로 강연을 했다.

화산 스님은 바로 엊그제같이 기억이 생생하다며 눈시울을 붉혔다. 만해 스님은 나라가 멸망한 뒤 만주 독립군 군관을 양성하는 학교를 찾았다. 만주에는 독립군뿐만 아니라 첩자들도 많았다. 군관학교에 대해 꼬치꼬치 캐물었던 만

---

4) 위의 책, p. 19.
5) 이학종 『산승의 향기』 운주사, 1998, p. 239에서도 1935년쯤으로 기억된다고 발언했다.

해 스님은 일본이 보낸 밀정으로 오해를 사 독립군이 쏜 총을 맞았다. 자칫 목숨을 잃을 뻔했다. 여기까지는 잘 알려진 사실. 통도사를 찾은 스님은 그날의 일에 대해 "아아, 나는 참으로 위대한 선물을 받았다. 이제 죽어도 여한이 없다." 만해 스님은 또 말했다. "독립선언서를 낭독한 뒤 서대문형무소로 끌려가는데 한 중학생이 '선생님 우리는 어떻게 하란 말입니까'라며 우는데 가슴이 찢어지는 듯했다" 화산 스님은 "강연을 듣고 모두 떠날 줄 모르고 울었다. 바로 어제 일처럼 생생한데 모두 꿈으로 돌아갔다."고 회고했다. 화산 스님은 또 "일제에 의해 불온서적으로 낙인찍혀 볼 수 없었던 시집 '님의 침묵'을 통도사 뒤 탁자에서 베끼던 일이 생생하다."고 말했다.

며칠을 통도사에서 머물던 만해 스님이 다시 길을 떠났다. 화산 스님은 강원 도반들과 함께 스님을 배웅했다. 가는 길에 큰 바위 위에 새긴 글을 보며 화산 스님이 말했다. "스님도 돌에다 이름을 새기시지요." 그러자 만해 스님은 "저 돌 위에 새기면 오가는 사람들 입에나 오르내리지. 새기려면 뭐하러 바위에 새겨. 삼천만 국민들 가슴속에 새겨야지."

화산 스님은 그 짧은 인연이 평생의 가르침이 될지 몰랐다.[6]

이렇듯 화산은 만해에게서 들은 그 말을 자신 삶의 지침으로 삼았다. 그러면 여기에서 위의 화산 어록에서 나온 내용을 몇 가지로 나누어 살펴보겠다.

우선 첫째, 만해가 통도사에 와서 특강을 한 시점이다. 화산의 입산 시점(1935년)을 보면 1936~1937년으로 보인다. 왜냐하면 그는 3년간 통도사에서 시봉, 수학을 한 직후에 참선 수행을 하기 위해 금강산으로 떠났다

---

6) 〈불교신문〉 2006. 12. 6,「수행의 향기: 대구 보광원 조실 화산 스님 – "짧은 만남-긴 그리움을 詩碑에 담았다네"」.〈경향신문〉1980. 3. 1,「명작의 숨결, 문학예술비를 찾아서: 만해 한용운과 님의 침묵」에서는 "생전 통도사에서 큰 돌에 이름을 새기자고 제안하였을 때. '나는 돌에 이름을 새기지 않는다. 만인의 머리에, 가슴에 내 이름을 남기면 되지 않겠는가'라고 했던 만해"라고 전했다.

고 회고하였기 때문이다.

둘째 특강을 한 장소에 대한 문제이다. 화산의 증언을 듣고 기록한 〈불교신문〉 기자는 통도사 강원으로 기재하였다. 그러나 그 무렵(1930년대 전반기), 만해가 통도사중학교(보광중 전신)에 와서 '강(講)'을 하였다'는 내용이 1970년대 『문학사상』에서 조사한 기록에 있다.[7] 통도사가 운영하였던 통도중은 그 이전의 통도사 지방학림을 계승하여 1930년대 초반에 설립된 학교였기에,[8] 강연회의 통도중 개최는 신뢰가 된다. 그 강연 때 통도사 학인(중학생, 강원생 등)과[9] 주변의 주민들도 와서 들은 것 같다. 그러면 당시 화산은 어디에 재학하였는가? 통도중이었는가, 강원이었는가. 그 당시에는 통도중과 별개로 통도사 전문강원도 존재하였다. 화산의 연령, 통도중을 졸업하고 강원 및 중앙불전에 입학한 내용, 그리고 그의 승적부 내용(통도사에서 중등과를 마치고, 통도사 불교전문강원 졸업) 등 여러 정황을 감안하건대 만해 강연을 들었을 시에는 통도중 재학생이었을 것으로 보인다.

셋째, 만해를 초빙한 승려는 누구일까 하는 점이다. 당시 통도사 주지였던 경봉이었을 것으로 필자는 본다. 경봉은 1912년 만해가 통도사 강원의 강사로 와서 후학을 가르칠 때 만해에게 배운 인물이다. 그리고 경봉은 만해의 영향으로 1920년대 전반기 불교청년운동 활동을 했다.[10] 이런 연고로 만해 초빙은 당시 주지인 경봉과 만해와 인연, 그리고 그 무렵 통도사

---

7) 『문학사상』 1973년 1월호, p.97, 「새 資料로 본 卍海, 그 生의 完城者」.
8) 김광식 「통도중학교의 민족교육과 폐교사건」 『한국 호국불교의 재조명』 8집, 조계종 불교사회연구소, 2019, pp.264-276.
9) 화산은 그 시점을 "내가 통도사에서 공부하고 있을 때"라고 회고하였다. 『목마는 길게 울고 돌사람은 춤을 추네』 p.60. 여기에 나온 공부가 통도중에서인지, 강원에서의 공부인지는 단정하지 못한다. 그의 승적부에는 '中等科 졸업 이후에 불교전문강원에서 고등과 졸업'이라고 나온다. 상좌가 제공한 행장에는 '통도 종립중 졸업 후에 통도사 전문강원 졸업'이라고 나온다.
10) 관련 사진이 경봉 스님의 사진집에 전한다. 『響聲』 통도사 극락암, 2012, pp.20-21.

운영의 실질적 주역인 구하(통도사 주지 역임)의 배려로 이루어졌다고 본다.[11]

넷째, 화산이 강연회에서 들은 만해의 회고는 만해가 신흥무관학교를 탐방하고 귀국 길에서 당한 저격 사건과 3·1운동 당시 일제 경찰에 피체될 때에 대한 학생의 질문에 답한 내용이었다. 만해는 1912년 가을 만주 탐방에 나섰다가 신흥무관학교의 학생들에게 친일파의 오인을 받아 저격을 받았지만 구사일생으로 살아났다. 그때 만해는 병원에 입원하여 머리에 박힌 총탄 제거 수술을 받았다. 당시 자신을 저격한 학생들이 찾아오자, 그들을 격려하면서 독립군의 후예가 살아 있음에 여한이 없다고 발언하였다.[12]

다섯째, 화산은 만해의 강연을 들은 청중이 모두 울었음을 회고하고, 만해가 통도사를 떠나면서 삼천만 가슴속에 자기 이름을 새긴다는 발언에 감명을 받았다. 그래서 화산은 『님의 침묵』을 필사했던 것이다.

그런데 화산은 위의 증언을 하기 12년 전(1994)에는 인터뷰에서 다음과 같이 만해 선생을 회고하였다. 일부 회고는 동일하지만, 새로운 내용도 있다. 자료 소개 차원에서 화산의 인터뷰 부분을 전재한다.

화산 스님은 그 시절 경과 선을 함께 공부하면서도 사회변화에 큰 관심을 갖고 있었다. 특히 만해 한용운 스님을 만나 가르침을 받고 큰 영향을 받았다. 통도사와 서울에서 몇 차례 만해 스님을 만났는데, 당시 만해 스님은 젊은 스님들로부터 절대적인 존경을 받고 있었다. 당시 젊은 스님들은 만해 스님 한 번 만난 것을 큰 영광처럼 생각했을 정도였다.

스님은 당시 만해 스님을 만났던 일화 하나를 소개했다.

---

11) 김광식 「한용운과 김경봉」 『우리가 만난 한용운』 참글세상, 2010, pp.68-109.
12) 김광식 「한용운의 만주행과 정신적인 독립운동론」 『한국민족운동사연구』 93집, 2017, pp.124-130.

"한번은 만해 스님이 통도사로 오신 적이 있습니다. 아마 그것이 통도사에 마지막으로 다녀가신 것으로 기억이 되는데, 마침 구하 스님으로부터 만해 스님이 오셨으니 인사들 드리라는 연락을 받고, 인사를 드렸습니다. 그때 일본 순사들이 서너 명씩 만해 스님을 감시하고자 따라 다녔어요. 감시가 심해서인지 절에서는 별말씀을 하지 않으셨는데, 절을 떠나실 때 배웅 길에 들려주신 이야기가 기억에 남아 있습니다. 통도사에서 나오다 보면 길옆에 석조비가 하나 있는데 한 학인이 그 비에 새겨진 제명(題銘) 중 모르는 글자가 있으니 알려 달라고 했어요. 그러자 스님은 돌비석은 쳐다보지도 않은 채 '아는 것도 실천하지 못하면서 모르는 것을 뭣에 쓸려고 알려고 해. 아는 것이나 실천을 잘해.' 하시며 야단을 쳤습니다. 그러자 또 한 스님이 통도사에 오신 기념으로 비에 새길 이름이나 하나 적어 달라고 하자 '내가 내 이름을 돌에다가 새겨 오가는 사람의 입질에 오르내리게 할 필요가 있겠는가. 정 제명을 한다면 3천만 민족의 머리빡에 내 이름을 새길지언정 돌에다가 내 이름을 새기지는 않겠네.' 하고 말씀하셨습니다. 그때 그 말씀이 참으로 감명이 깊었던 터라 지금도 기억이 생생합니다."[13]

화산은 만해의 이야기를 이와 같이 생생하게 기억하였다. 그런데 이 회고는 앞의 〈불교신문〉 기사와는 약간 차이가 있어 유의할 필요가 있다. 첫째, 화산은 만해를 몇 번 만났다는 내용이다.[14] 이를 신뢰하면 만해가 통도중학교에서 '철창철학'의 제목으로 강연한 시점과 통도사를 떠날 때 민족의 가슴에 이름을 새기겠다는 발언을 한 시점은 별개의 내용이라고 볼 수 있다. 〈불교신문〉의 기사에서 두 개의 사실이 하나로 된 것은 화산 혹은 신문기자가 같은 행적으로 묶었기 때문으로 보인다. 둘째, 첫 번째 초

---

13) 이학종 『산승의 향기』 운주사, 1998, pp. 240-241. 이 내용은 〈법보신문〉 1993. 8. 23, p. 5 의 「큰스님을 찾아서, 대구 보광원 조실 화산 스님」에도 유사하게 나온다.
14) 통도사 밖에서 만났는지는 알 수 없다. 그를 전하는 증언이나 문건 기록이 없다.

청(철창철학, 강연)은 경봉이 관련된 것이라면 두 번째 초청(민족의 가슴, 발언)은 구하가 관련된 것으로 추측된다.[15] 셋째, 화산은 철창철학 강연 시의 내용과 민족의 가슴에 새기겠다는 만해의 말씀을 듣고 만해사상을 그의 삶의 지침으로 삼았다.

화산은 그 이후, 만해를 만나지는 못했던 것으로 보인다. 그는 통도사에서 수학 후, 선을 수행하기 위해 금강산으로 떠났다. 그리고 오대산에 가서는 한암 회상에서 참선 수행을 하였다. 그러다가 은사(허몽초)로부터 경전 수학을 먼저 마치라는 엄명을 듣고 통도사로 복귀하여, 경전 수학을 하였다.[16] 그 이후에 그는 1943년 일본으로 유학을 하여 임제불교선문학교를[17] 다녔다. 그러나 일제가 조선 청년들을 강제 징집하여 태평양전쟁으로 끌고 가자 그는 검거를 피해 1944년 초에 귀국하였다. 그는 통도사에 일시 머물다가 만해가 입적하였던 1944년 6월에는 오대산의 상원사 선원에서 정진하였다.

오래된 일이라서 기억에 희미하긴 하지만, 8·15 광복되기 한 해 전에 오대산 상원사에서 중 생활을 하고 있었다. 그때 상원사에서는 방한암 스님이 여생을 마치기로 작정하시고 이미 십수 년째 주석하시면서 종풍을 크게 드날리고 계셨고, 그 스님을 계사로 구족계를 수지하여 한창 정진하고 있었던 나는 20대 후반의 거칠 것이 없는 눈 푸른 납승이었다.

어느 하루는 만해 스님이 입적하셨다는 소식을 들었다. 그 당시로야 강원도 그 첩첩산중 오지에 교통은 물론이거니와 통신 수단마저 변변할 리 만무했으

---

15) 추측하건대 『통도사 사지』 편집 건으로 내방한 것이 아닌가 한다. 그런데 상경 시, 신평으로 가는 전송 길에는 경봉 스님을 포함한 6~7명의 스님이 따라 나왔다고 한다. 앞의 책, 『목마는 길게 울고 돌사람은 춤을 추네』 p.60.
16) 그 당시에 강주인 오해련, 도반들과 함께 찍은 사진이 있다.
17) 그의 승적부에는 京都, 臨濟宗禪門高等學校로 나온다.

니 필경 뒤늦은 소식이 아닐 수 없었다. 입적 소식을 듣자마자, 그 옛날 만해 스님이 통도사에 잠깐 오셨을 때 이런저런 말씀으로 나이 어린 우리 납자들을 친근히 대하시던 장면들이 아련히 떠올랐고, 독립운동과 『불교대전』 편찬으로 애쓰시던 큰스님 한 분이 일찍이도 돌아가셨구나 하는 애석한 마음을 달래지 못했던 것이다. [18]

이렇듯이 화산은 통도사에서의 만해 스님을 가슴에 담았다. 그 추억은 그의 일생 추억에 머무르지 않고 그의 삶을 결정하는 가르침과 좌표로 구현되었다.

3. 만해정신의 계승, 실천

화산이 존경하던 만해는 1944년 6월 29일에 입적하였고, 그로부터 1년이 지나서 8·15해방이 되었다. 이때 화산은 오대산 상원사에서 정진하고 있었다. 해방공간에서 화산은 만해정신을 구현하기 위한 대열에 합류하였다. 그는 우선 통도사로 복귀하였다. 통도사 강원의 강사로 소임을 보면서 정국의 추이를 지켜보던 그는 1946년 봄 무렵에 상경하여 불교청년당의 본격적인 활동에 관여하였다.

개인적으로 부처님 다음으로 가장 존경하는 분이 만해(萬海) 한용운(韓龍雲) 스님이다. 감히 이렇게 말할 수 있는 것은 내가 한용운 스님을 오래 모시지는 못했지만 모시는 동안 말할 수 없는 감명을 받았기 때문이다. 스님의 일거수일투족이 큰 가르침이었기에 나는 스님을 본받으려고 무척 애를 썼고 스님

---

18) 임화산 「내가 좋아하는 시 한 편: 임화산」 『만해새얼』 9호(1998. 10), p. 45.

의 혼이 들어 있는 글들을 항상 마음속에 간직하려고 했다. (중략) 용운 스님의 이 말씀('민족의 가슴에 이름을 새긴다'—필자 주)에 무지몽매했던 나는 꿈에서 깬 사람처럼 정신이 번쩍 들었다. '이것이야말로 사는 길이로구나'라는 생각과 함께 스님의 말씀을 삼천만 민족의 한 사람인 나의 머릿속에 영원히 새겼다. 나는 이 말씀을 하나의 보배요 위대한 교훈으로 마음속에 간직했는데, 지금도 잊지 않고 있다. 나뿐만 아니라 이 세상을 살아가는 우리 모두가 간직해야 할 교훈이 아닌가 한다.[19]

이와 같은 만해정신의 체득으로 그는 해방공간 민족통일의 과업, 불교혁신운동에 동참하였다. 그가 참여한 것은 전국적인 조직체로 등장한 불교청년당 가입이었다. 그는 생전에 해방공간에서 통도사 강사를 하다가, 서울에서 연락이 와서 상경하여 불교청년당에 가입, 활동하였다고 회고하였다.[20]

그러면 여기에서 화산이 가입하여 활동한 불교청년당에 대해서 살펴보자.[21] 불교청년당은 1945년 9월 21일에 결성되었다. 그해 말에는 간부진을 구성하고, 1946년 봄에는 전국 대의원 총회를 개최하였다. 그런데 화산이 청년당에 가입한 시점을 전하는 기록은 없다. 그가 맡은 역할은 조직부장, 선전부장이었다고 필자에게 회고한 바 있다.[22] 또한 1950년 서울시인민위원회가 조사한 「정당사회단체 등록철」의 불교청년당 내용에는 간부진(위원 11명)에 화산의 세속명인 임정달(林正達)이 나온다. 그러나 1955

19) 위의『목마는 길게 울고 돌사람은 춤을 추네』p.62.
20) 〈불교신문〉1995.8.15,「독점발굴, 해방정국과 佛教革新 – 48년 訪北 華山 스님 활동 추적」.
21) 김광식「8·15해방과 불교계의 동향」『한국 근대불교의 현실인식』민족사, 1998, pp.263-266.
22) 김광식『그리운 스승 한암 스님』민족사, 2006, p.106.『불교신보』21호(1948), p.2의 불교청년당 간부 명단에도 선전부장으로 나온다.

년 서울시 경찰국에서 조사한 「사찰요람(査察要覽)(극비)」의 불교청년당 간부 명단에는 나오지 않는다.[23] 이는 6·25전쟁 직후에는 관여하지 않았음을 말해주는 것이다.

이렇게 그는 불교청년당의 핵심적인 인물이었다. 그렇다면 그는 통도사에서 어떤 연유로 상경하였는가? 필자가 확인한 자료에는 불교청년당은 1946년에 당원 수가 2,150명, 지부가 설치된 지역이 21곳이었는데, 경남에는 9곳이 있는 것으로 나온다.[24] 이를 고려하면 화산은 통도사의 책임자로 추정되는데, 그를 기반으로 상경하여 중앙에서 활동하지 않았을까 한다. 상경한 화산은 성균관대 동양철학과에 재학하면서[25] 불교혁신 활동에 적극 참가하였다. 그러면 불교청년당의 지향은 무엇이었는가. 불교청년당의 강령은 다음과 같았다.

- 조선불교의 혁명
- 교단 내 미신적 요소 배척
- 시대에 적응한 교학 수립
- 사찰토지 소유 반대
- 교단 반역자, 민족 반역자 숙청
- 조국 완전 자주독립

이처럼 진보적인 불교개혁을 주장하였다. 화산은 해방공간 불교혁신에 대하여 다음과 같은 발언을 하였다.

그때에 대동아전쟁에서 학도병 징용에 끌려갔다가 돌아온 의기충천한 청년

---

23) 이 자료는 서울대 韓國敎育史庫(책임자는 김기석 교수)의 수집 사업(미국 하버드엔칭 도서관 사서인 윤충남이 발굴)으로 공개되었다.
24) 김광식, 앞의 책, p. 266.
25) 이에 대한 입학 시점, 수료 등에 대해서는 세부적인 조사가 요청된다.

들이 모여서, 이제는 토지도 다 빼앗겼으니 막연하게 있을 수 없다며 새 시대의 종단으로 면목을 바꿔야 한다고 부르짖는 소리가 더 높아지자, 불교혁명이니 혁신이니 하고, 불교청년회, 불교청년당 기타의 여러 단체가 있었으나 결국은 불교혁신이라는 결속으로 종지가 모아졌습니다.[26)]

불교혁신 단체들은 자신들의 주장을 교단에 강력하게 주장하였다. 그러나 기존 교단은 보수적인 노선에서 미온적·개량적인 교단 개혁에 임하려는 입장을 견지하였다. 그러자 혁신단체들은 근원적인 불교혁신을 위한 단체인 불교혁신총연맹을 1946년 11월에 창립했다. 즉 교단과 혁신총연맹은 치열한 대립을 이어가고 있었다. 당시 총혁신연맹의 노선을 계승한 전국불교도총연맹(1947. 5)의 이념과 성격을 전하는 강령과 당면주장을 제시한다.[27)]

강령
– 우리는 大衆佛教를 실시하여 조선문화 발양을 기함.
– 우리는 無我和合의 정신을 체하야 민족통일 완수를 기함.
– 우리는 大慈平等의 이념에 즉하야 균등사회 건설을 기함.

당면 주장
1. 진정한 수도자만이 僧尼의 권한을 향유케 한다.

---

26) 이는 화산이 직접 쓴 글 「근대 한국 불교 개혁운동의 회고와 반성」임. 이 글은 1993년 8월 12~14일, 화엄사에서 열린 실천불교승가회의 1차 수련회에서 발표되었다. 〈불교신문〉 1993. 8. 18, 「70년초 제2불교정화 시도 – 화산 스님(실천승가회수련회)서」 참고. 위의 〈불교신문〉 기사(조병활 기자 작성)에는 일부 문장을 수정한 다음, 화산의 어록으로 반영함.
27) 김광식 「전국불교도총연맹의 결성과 이념」『한국 근대불교의 현실인식』 민족사, 1998, pp. 318-319.

2. 守戒 修道를 不肯하는 승니는 敎徒로 전입하여 수도자를 옹호하자.

3. 교도는 법계에 따라 布敎, 敎政, 寺務에 대한 권리와 의무를 가지게 하자.

4. 조선 민족의 생활 원리 될 敎學의 체계를 확립하자.

5. 수도·전법 도량 이외 사찰에는 교육 보건 사회사업 등 기관을 부설하자.

6. 승니 및 교도는 古祖師의 誠訓에 의하여 근로 생활하면서 수도하자.

7. 허위무실한 현행 승적과 법계를 개정하자.

8. 법요 의식을 간소, 엄숙히 하자.

9. 불교대학, 불교중학, 尼僧학교를 강화하자.

10. 교단 반역자를 숙청하자.

위의 강령과 당면 주장에서 화산이 강조한 불교혁신의 내용과 성격을 파악할 수 있다. 혁신총연맹의 단체들은 진정한 불교혁신을 위해 1947년 5월 8일부터 26일까지 조계사에서 전국불교도대회를 개최하였다. 이때 화산은 불교재건대책위원(33인)으로 선출되어 대회의 연단에서 불교혁신의 실천을 호소하였다. 다음은 화산이 당시를 회상하면서 쓴 글이다.

그 내용을 요약해 보면, 첫째, 재산이 없어졌으니 신도를 재산으로 삼자는 원칙에서 "산중 기복불교는 도시 교화 불교로" 둘째, 불교는 승려의 독점물이 아니라 일체중생의 불교라는 원칙에서 "승려불교는 일반사회를 위한 대중불교로" 셋째, "수도승과 교화승을 확립하기 위하여 수도승은 수도에 전념하여 종지 종풍을 거량하고, 불조사의 혜명을 이어가게 함과 동시에 여불 대접한다. 교화승은 교육과 교화 행정 및 가람 수호에 완벽을 기하고 승풍과 질서를 바로 잡아 불조사의 은혜에 보답한다"라고 요약한 슬로건을 들고나오자 기성 종단에 거부를 당했습니다.

기존세력과 노장파의 완강한 거부에도 불구하고 전국 불교 신행단체들은 조계사에 모여서 조선불교 재건대책위원 33인을 선출하여 발표하자, 제가 20대의 청년으로 감격에 복받쳐 단상에 뛰어 올라가서 제언한 바가 있는데, 그날이 오늘이라 생각하고 다시 한번 제언해 보겠습니다. "오늘 조선불교 재건대책 33 위원은 불교 33조사의 정신과 우리 민족대표 33인의 삼일정신을 이어받아 대작불사를 성취하기 위하여 위법망구 정신을 관철하기 위하여 단지혈판으로 불전에 서약합시다." 하고 외치자, 그때 장내는 울음이 터져 나오고 박수 소리가 울려 퍼졌습니다. 그러자 이만하면 단지까지 안 해도 충분히 뭉쳤다는 결론으로 끝났습니다.

그러나 결국 이토록 뜨거운 결속에서도 기존 종단에서는 받아들이지 않고, 좌우익의 대립으로 젊은 세대들이 휘말리기 시작하자 자연히 흐지부지 끝나버리고 말았습니다. (당시 주동자 명단: 백석기, 유성갑, 정두석, 장상봉, 곽서순, 김해진, 박봉석, 이불화, 김용담, 조명기, 김대월, 임화산 등).[28]

위 화산의 회고에는 해방공간에서의 화산의 혁신 의지와 활동이 잘 드러나 있다. 화산은 이 글을 쓰고 난 12년 후인 2005년 2월 2일 대구 보광원에서 필자에게 다음과 같이 증언하였다. 그의 개혁운동 관련 발언을 소개하고 연후에 그의 주장과 활동을 살피겠다.

나는 불교청년당에 가입하여 활동하였는데, 나이가 어렸지만 조직부장, 선전부장을 했어요. 불교개혁을 하려고 하였는데, 그러다 보니 좌익, 우익으로 갈려 괴로웠어요. 나는 당시 태고사에서 열린 전국불교도대회에 참석하여 재건불교대책위원 33인에 선발되어 단상에 올라가서 "불교계에는 33조사가 있습니다. 우리 민족대표에도 33인이 있습니다. 오늘날 재건불교대책위원 33인이 선출되었다는 것은 역사적 의의를 갖고 있다"면서 연설을 하였어요. 우리 33인은 그 역사적 책임을 완수해야 한다, 그러니 우리가 칼로 손가락을 자르

---

28) 화산 「근대 한국불교 개혁운동의 회고와 반성」 실천불교승가회(1993.8).

고, 그 피로 혈판에 도장을 찍고 맹세를 하자고 제안을 하였어요. 그랬더니 우레와 같은 박수 소리가 쏟아졌어요. 어느 스님이 이 정도로 왕성하였다면 혈판을 안 해도 완수할 수 있다고 해서 혈판선서는 안 하였지요. 불교개혁을 하자는 결의문이 있었는데, 그것을 한 번 더 강조하기 위해서 연단에 올라간 것입니다. 이제 와서 생각하니 젊은 혈기에 그리 주장한 것이고, 세상 모든 일이 뜻대로 잘되지 않아요. 그리고 백범 김구 선생도 따라다니고 그랬는데, 그때는 조국광복을 위해서 일하였지요. 그때가 가장 행복했어요.[29]

즉 화산은 불교청년당의 선전부장으로 불교재건대책위원(33인)에 선출되었다. 그래서 그는 1947년 1947년 5월 8일부터 26일까지 조계사에서 열린 전국불교도대회에서 불교혁신에 대한 제언을 하였다. 즉 혈서를 쓰면서 실천하자고 강력하게 호소하였던 것이다. 이런 화산의 행보에서 주목할 것은 그의 주장은 만해 한용운의 불교사상 및 혁신론을 계승하였다는 점이다. 만해의 불교혁신론은 다양한 관점에서 검토되기도 했지만, 필자는 그의 이론을 '대중불교론(大衆佛敎論)'이라고 규정한 바 있다.[30] 화산의 발언에 나온 '승려불교는 일반사회를 위한 대중불교'라는 것이 그를 상징적으로 보여준다. 여기에서 만해가 제시한 대중불교론의 성격을 제시한다.

불교의 대상은 無論 一切 衆生이다. '一切衆生皆有佛性' '有情無情悉皆成佛' 이것이 불교의 이상이므로 불교는 일체중생의 불교요, 산간에 있는 사찰의 불교가 아니며, 戒行을 지키고 禪定을 닦는 승려만의 불교가 아니다. (중략) 그러므로 불교는 염세적으로 孤立獨行하는 것이 아니오, 救世的으로 入泥入水하는

29) 김광식『그리운 스승 한암 스님』민족사, 2006, pp. 106-107.
30) 김광식「한용운의 대중불교·생활선과 구세주의·입니입수」『한용운 연구』동국대출판부, 2011.

것이다.[31]

在來의 조선불교는 역사적 변천과 사회적 정세에 의하여 다만 寺刹의 불교, 僧侶의 불교로만 되어 있었다. 이것은 불교의 역사적 쇠퇴의 일시적 현상에 지나지 않는 것이니 어찌 이것을 불교의 敎義라 하리오. 佛敎徒는 마땅히 이러한 현상에 대하여 斷然 타파하지 않으면 아니 될 것이다. '山間에서 街頭로' '僧侶로서 大衆에'가 현금 조선불교의 「슬로간」이 되지 않으면 아니 될 것이다. (중략) 대중불교라는 것은 불교를 대중적으로 행한다는 의미이니 불교는 반드시 愛를 버리고 親을 떠나 인간사회를 隔離한 뒤에 행하는 것이 아니라, 인간사회의 만반 현실을 조금도 여의지 아니하고 煩惱 중에서 菩提를 얻고 生死 중에서 열반을 얻는 것인즉 그것을 인식하고 실천하는 것이 大衆佛敎의 建設이다.[32]

만해의 위와 같은 대중불교론은 화산의 발언과 해방공간 혁신단체의 이념에 분명하게 계승되었다. 요컨대 화산은 만해의 불교사상, 대중불교론을 바탕으로 한 불교혁신을 계승하려고 노력하였다.

그러나 화산이 정열적으로 활동한 불교혁신 운동은 해방공간의 보수적인 교단의 흐름에서 수용되지 못했다. 혁신 인사들을 배척하는 현실을 극복하지 못하고 대립·분열 등으로 인해 성과를 거두지 못하였다. 이런 불교계의 흐름은 당시 정치계의 움직임과 크게 다르지 않았다. 즉 이념의 분열, 총선거, 분단이라는 문제로 민족끼리 대립하였다. 남한만의 단독선거 및 정부수립, 김구의 북행, 좌익이 주도해서 개최한 해주 인민대표자대회 등이 있었다. 이런 구도에서 불교혁신계 승려들은 진보적 노선에 참가하였다. 우선 김구의 북행(1948.4.19~4.26)에 불교청년당과 전국불교도총

31) 한용운 「조선불교의 개혁안」『불교』88호, 1931, p.8.
32) 위의 자료, pp.8-9.

연맹에 속한 진보 승려 몇 명이 참가하였다. [33] 북행하였다고 전하는 10여 명의 승려에 화산이 포함되었는지는 알 수 없었다. 그런데 그의 상좌인 한우(대구, 보광원)는 필자에게 다음과 같은 내용을 전했다

> 그 당시 회의를 마치고 김일성에게 종교를 인정하느냐고 물으니 지금 시국이 어수선하니 종교로 분열하면 안 된다고 하는 말을 들었다고 하시면서 몇 분은 북에 남고 스님께서는 백범 선생님을 모시고 남으로 오셨다고 하셨습니다. [34]

위의 증언은 신뢰할 수 있으나, 추후 이에 대한 문건 기록을 찾아야 하는 과제가 있다. 어쨌든 화산은 김구의 북한행에 참여한 것으로 보인다.

한편 북행에 참여한 혁신 승려 10여 명은 해주에서 1948년 8월 24~25일에 개최된 남조선 인민대표자대회에 참석하였다. [35] 이 대회는 민족의 분단을 막고, 통일적인 국가를 건설하자는 취지에서 열린 좌파 계열의 모임이었다. 대회에 남조선 대표 1,080명이 참가하였는데, 남측 대의원 360명이 선출되었다. 그런데 이 대회에 화산은 강원도 대표로 참가하였다. 이에 대한 정황을 취재하여 보도한 〈불교신문〉을 살펴보자.

> 이 중 전국불교도총연맹 대표자인 개운사의 김해진 스님과 장상봉 스님 등 5

---

33) 김광식 「한국전쟁과 불교계 – 북으로 간 승려들과 불교혁신운동」『불교평론』43, 2010, pp.194-198. 불교청년당 1명, 전국불교도총연맹 1명이라는 기록은 있다. 어떤 증언에는 10여 명이라는 설도 있는데 장상봉, 곽서순, 이부열, 김용담, 김해진이 포함된다.

34) 2020년 3월 8일, 이메일 송부.

35) 〈불교신문〉 2013. 3. 13, 「법공양: 대구 보광원 조실 화산당 학명대선사 圓寂」. 화산의 상좌인 한우 스님은 해주대회에 참가한 승려의 인원을 17~18명이라고 하였다. 이는 화산에게서 들은 내용이다. 화엄사에서 열린(1993.8) 실천불교승가회 수련대회에서 들었고, 화산은 강원도 정선 대표 자격으로 갔는데, 동참한 인물로는 이불화(이재열)를 거론한 것으로 한우 스님은 기억하였다.

명의 스님은 남하하지 않고 북에 잔류하였다. (중략) 연석회의와 함께 불교계 대표들은 48년 8월 21일 해주에서 열린 인민대표자대회에도 7명이 참석했다. 남측 최고인민회의 대의원 3백60명이 선출된 이 회의에 불교계 인사로는 김용담, 김해진, 장상봉, 임재영 스님 등이 뽑혔다. 화산 스님은 "민족주의 입장에서 해주대회에 참석했다"며 이 해주대회에서는 북측이 사전 계획에 따라 회의를 진행시키고 있다는 느낌을 많이 받았다고 밝혔다.[36]

위의 기사에 나오듯 화산은 해주대회에 민족주의 입장에서 참석하였다. 화산이 말한 민족주의 입장은 무엇인가? 그것은 민족 통합, 통일 지향의 국가건설이었을 것이다. 그러나 남북한에서 각각 정부가 수립되고, 이념 대결이 본격화하는 구도에서 화산이 지향한 노선은 현실적으로 받아들여지기 어려웠다.

4. 만해정신의 회향

해방공간의 불교혁신 활동에서 좌절한 화산은 1948년 12월, 부산으로 내려갔다. 그는 그곳에서 경남교구의 포교사, 해동고 교법사, 해남사(울산) 포교사로 활동했다. 그리고 국화여자전문대학(현 부산여대 전신)의 설립을 위해 노력하였다.[37]

한편, 6·25전쟁이 끝난 후, 불교계에서는 식민지 잔재 제거, 불교 노선 정비라는 명분으로 불교정화운동이 일어났다. 이 운동은 정화운동, 법난,

---

36) 〈불교신문〉 1995. 8. 15, 「독점발굴, 해방정국과 佛教革新 – 48년 訪北 華山 스님 활동 추적」.
37) 위의 자료. 화산은 김윤주, 김상조, 이선근 등과 학교 설립 인가를 받기 위해 노력했다고 증언했다. 이에 대해 보강 조사가 요청된다. 그의 승적부에는 강사 취임 경력도 나온다.

분규 등으로 지칭되고 있는데, 1950~60년대 불교계를 강타한 일대 사건이
었다.[38] 이로 인하여 기존 교단에서 대처승은 식민지 불교의 잔재라 지칭
되면서 비판받았다. 이에 따라 대처승 계열의 태고종이 창종되었다. 이때,
만해의 노선을 현실에서 구현하려고 하였던 만당(卍黨) 그룹은 대처승이
라는 명분으로 조계종단에서 소외되고 배척되었다.

이런 흐름 속에서 화산은 어떤 활동을 하였는가. 그리고 불교정화운동
에 대해서는 어떤 의견을 갖고 있었는지가 궁금하다. 필자가 보건대 불교
정화운동을 강력하게 추진한 비구승 측의 입장에는 서지 않았던 것으로
보인다. 다음의 글은 불교정화에 대한 그의 생각을 피력하고 있다.

불교정화의 발상은 우리 내부의 잘못도 있었지만, 기실은 정부의 힘에 의하
여 이루어졌기 때문에 우리의 자주적인 정화가 못 되고, 삐뚤어진 정화가 된
것에서 오늘의 불교가 타락일로로 향하게 되었다고 역사에 기록될 것이라고
생각합니다.[39]

요컨대 화산은 불교정화운동을 근본적으로 강력하게 비판하였다. 그가
불교정화를 비판한 이유는 자주적인 정화가 되지 못하고 사찰등록제의 모
순을 초래했다는 점 때문이었다. 그래서 그는 1970년 무렵, 당시 조계종의
종정을 역임하고 정화운동을 견인한 청담과 함께 '불교의 재정화(제2의
불교 정화운동)'를 추진하고자 계획하였다.[40]

이미 고인이 된 청담 스님과 이대휘 스님과 선학원에서 종단 정화가 잘못됐

38) 김광식 「한국 현대불교와 정화운동」 『한국 현대불교사 연구』 불교시대사, 2000.
39) 위의 「근대 한국 불교 개혁운동의 회고와 반성」 실천불교승가회, 1993. 8.
40) 〈법보신문〉 1992. 8. 9, p. 11, 「조계종 재정화 추진됐었다」. 1960년대 중반 조계종단 내
    부에서 재정화, 제2의 정화운동을 추진하자는 움직임이 있었다. 그러나 그 흐름에 화
    산이 있었는지는 더욱 조사해야 한다. 김광식 「제2정화운동과 영축회」 『한국 현대선
    의 지성사 탐구』 도피안사, 2010.

으니 다시 정화를 해야 하겠다는 얘기들이 나돈 것이 계기가 되어 화산도 협조해야 된다면 어떻게 해야 잘 되겠는가? 대안을 말해 보라기에, 내 거처를 돌아와서 깊은 밤 잠 못 드는 시간을 이용하여 생각나는 대로 기안해 본 초안이 있는데, 그때 다시 만나 초안을 보였더니 만족해하면서, 시일을 정하여 대구 동일호텔에서 청담 스님, 석암 스님, 구산 스님, 백안 스님, 원경 스님, 대심 스님, 이인제 거사와 진행방안을 검토하고, 극비밀리에 동지를 구하기로 약속하고, '지계'라는 배지를 만들어 이 배지 단 사람은 재정화 동지인 줄 알아 서로 연락하기로 하고 대구공항에서 헤어진 뒤, 소식이 없어 서울에 가 만나니, 총무원장을 해서 추진해야겠다기에, "종정을 지내고 어떻게 총무원장을 하느냐"고 물으니, 청담 스님 말씀이 "불교가 잘되기 위해선 급사라도 해야지." 하시기에, 참으로 신심이 대단한 분이라고 생각했는데, 총무원장 되고 얼마 지나지 않아서 열반에 들어 버려서 모든 꿈은 좌절되고 말았습니다.[41]

위의 회고 글에 보이듯 화산은 재정화의 꿈을 갖고 청담과 함께 진행했지만 제반 여건이 여의치 않아 중도에 무산되고 말았다.

이렇듯 그는 해방공간의 불교혁신 활동, 그리고 1950~60년대의 불교정화운동에서 좌절을 겪었다. 그는 그래서 1960년대 초부터는 대구 외곽에 그의 근거 사찰인 보광원을 세우고 그곳에서 독자적으로 수행하면서 포교에 나섰다.[42] 그러면서 진보 불교운동, 만해정신 선양에 힘을 기울였다. 그는 1980년대에는 전국불교운동연합의 법사, 1990년대에는 실천불교승가회의 고문을 맡았다. 1994년 종단개혁이 진행될 때에는 '백척간두진일보(百尺竿頭進一步)'라는 글과 개혁방안을 개혁 주체에게 전달하였다. 그가 제시한 방안은 삼권분립제도, 본말사제도, 재적본사승 제도, 수도승과

---

41) 위의 「근대 한국불교 개혁운동의 회고와 반성」.
42) 그는 조용명, 김대월과 함께 통도사 3대 나발승(喇叭僧)으로 불리며 대중교화에 앞장섰다.

교화승 제도, 수도·교화승의 특전법(特典法), 의회제도, 계율운영제도, 승려의 의상 및 분한규제 등 8개 항이었다.[43]

화산은 열반에 들 때까지 만해정신에 의해서 불교혁신이 이루어져야 함을 가슴에 담고 있었다. 그의 심정은 아랫글, 그의 상좌(한우)의 증언에서 찾아볼 수 있다.

서울 조계사에서 전국불교운동연합인가 하는 단체가 결성될 때 만해 스님의 마지막 상좌였던 김관호라고 하시는 거사님께서 참석하시어서 만나게 되었는데, 두 분이 껴안고 우셨다. 너무 오랜만에 만났다고 하시면서 만해 스님 모시고 불교혁신운동과 통도사 강원 학인 때 만해 스님께서 통도사에 오셨던 이야기 등을 나누시는 것을 들었다.[44]

1993년 7월 31일, 전국불교운동연합의 창립식에서 만해의 제자인 김관호를[45] 만나 함께 만해를 회고했다는 내용이다.[46] 다음 글은 그가 평생토록 만해에게 영향받은 불교혁신을 실천해야 함을 당위로 여기고 살아왔음을 전한다.

큰스님은 다시 만해(萬海) 스님의 '불교유신론'을 주제 삼아 말을 이었다. 불교혁신운동에 참여했던 당시의 상황도 회고했다. 불교 개혁의 기치를 높이 들었던 당시 인사들의 이름을 줄줄이 기억해냈다. 그리고 이 모두를 실현하지 못한 조선불교의 비운(悲運)을 마음속 깊이 삭이고 있었다. 1954년 이승만 정권

---

43) 『불교와 문화』 63호, 2005년 3·4월호, 「장로대담: 대구 보광선원 조실 화산(華山) 스님」.
44) 그의 상좌인 한우 스님이 필자에게 전한(2010. 3. 8) 문건 내용이다.
45) 김광식 「한용운과 김관호」『우리가 만난 한용운』 참글세상, pp. 193-209.
46) 『사진으로 본 통합종단 40년』 조계종교육원, 2002, p. 154에 당시 사진이 실렸는데, 여기에 화산, 김관호, 청화 등이 보인다.

의 정화 유시로 촉발된 비구-대처승 분규, 곧 교단정화운동은 그렇게 준비 없이 추진되었고 결국 잘못된 결과로 드러난 현대불교사의 큰 상처로 남았다.

"지금은 한국불교의 춘추전국시대라 할 수 있습니다. 주인공을 잃어버린 난립 시대 말입니다. 뜻있는 불제자들은 탄식을 하나 시간이 필요합니다. 정화 이전 시점에서 날개를 다시 달고 새로운 혁신을 추진해야 하겠지요. 이맘때쯤이면 만해 스님 같은 분이 다시 올 듯도 싶은데, 아직 오지 않았는지 소식이 적막합니다. 내 개인적으로는 한 번 더 중이 돼야 희망을 노래할 수 있을는지……."[47]

한편 화산은 1998년 5월 23일, 대구불교방송에서 열린 만해사상실천선양회 대구·경북지부(지부장 이영창)의 창립 법회에 명예총재로 참석하여 치사를 하였다.[48] 화산은 "만해 스님은 이 시대 민족정신과 개혁정신의 사표"라면서 "만해 스님의 정신 속에 살아 숨 쉬는 나라사랑과 생명사랑의 사상을 오늘에 되새겨 국난극복의 밑거름으로 삼아야 한다"고 주장했다. 그해 10월 2일, 대구 삼성금융플라자에서 열린 제3회 강연회에서도 화산은 '21세기 한국인과 만해정신'에 대해 강연하였다.

이렇게 그는 말년까지 만해정신을 널리 알렸다. 그는 2006년에는 자신의 주석처인 보광원에 만해의 시비를 세우기도 했다.

대구 어느 노(老)스님이 만해 한용운 스님의 시비를 제막한다는 소식이 들려왔다. 만해 사랑이 어느 정도이길래 아흔이 다 된 노스님이 시비를 제막할까, 호기심이 일었다. (중략) 대구 수성구 지산동 주택가. 대부분 그린벨트에다 농지였던 이곳은 최근 주택촌으로 형성된 신도시다. 화산(華山) 스님은 40여 년 전부터 이곳에 보광원을 창건, 불자들을 대상으로 참선을 지도하고 있다. 자세

---

47) 위의 『불교와 문화』 63호와 같음.
48) 『만해새얼』 9호, 1998, p. 127

히 살피지 않으면 주변 주택들과 큰 차이가 없다. 사람 교화에 관심을 기울여 온 것에 비해 건물 불사에 크게 집착하지 않은 탓이다. 절 입구를 들어서자 한 편에 서 있는 만해 시비가 확 들어온다. 대구에서 처음 세운 시비 제막식에는 지역 관계 인사, 동화사 주지 스님, 광복회 임원 등 많은 사람이 참석했다. 이날 제막식에서 스님은 젊은 시절 만해와의 인연담을 이야기하며 눈시울을 붉히고 만해를 추모하며 직접 지은 시 '님의 철학'을 직접 낭송하기도 했다.[49]

2006년 11월 23일에 시비 제막식을 거행하던 날, 그는 자신의 수행록 『어디서 왔다가 어디로 가는가』를 배포하였다. 그 수상록에는 자신이 지은 시(詩) 수십여 편을 수록하였다. 다음 시는 제막식 날에 그가 낭독한 「님의 철학」이다.

　　님의 님이여
　　님은 님을 위하여 살다가
　　님을 위하여 갔습니다

　　님을 위하여 그토록 못 잊었나요.
　　밤이면 밤마다
　　낮이면 낮마다
　　못 잊어 못 잊어 울었나요

　　일초각도 못 잊어
　　님! 님! 님이었습니다.
　　이 시집(詩集)은 여러분의 자손까지

---

49) 〈불교신문〉 2006. 12. 6, 「수행의 향기: 대구 보광원 조실 화산 스님 – "짧은 만남 긴 그리움을 詩碑에 담았다네"」.

읽히고 싶지는 않다고 하신 말씀
피 안 나게 남의 가슴을 찌르라는 부탁의 말씀
그러나 님은 애처롭게
눈앞에 님을 두고 갔습니다

옛말에 장군은 평화를 이룩했지만은
장군은 평화를 보지 못한다는 것은
바로 님이 아니신가요[50)]

    이 시는 만해와의 인연을 바탕으로 만해의 삶과 문학에 대해서 읊은 시들 중 하나이다. 수록한 시 중에는 만해의 행적을 소재로 한 흥미로운 작품이 있어 필자는 주목하였다.

총탄선물

아!
조선인 사관학교
문지기 병정에게

아!
위대한 선물을 받다니
이제는
죽어도 한이 없구나

---

50)『어디서 왔다가 어디로 가는가』보광원, 2006, pp. 24-25.

물장수

물장구 물만 퍼갈 줄 알았더니
밤새도록 담아둔 달까지 퍼가는구나

이 훗날 일러두리라
물장수
물만 퍼가라

위의 첫 번째 시 「총탄선물」은 만해가 1912년 가을, 만주 서간도에 위치한 신흥무관학교를 탐방하고 귀국 도중에 사관학교 학생들에게 친일파 오인을 받아 저격받을 때의 상황을 묘사한 것이다. 자기에게 총을 쏜 학생들을 오히려 칭찬하고 있다. 만해는 만주에서 불의의 사고로 귀국하여 범어사에서 휴식을 취하다가,[51] 1913년에는 통도사로 와서 통도사 강원에서

---

51) 당시 범어사에서 휴식을 취하던 만해가 화엄사의 진진응에게 보낸 엽서가 최근 공개되었다. 그 원본과 번역은 다음과 같다.
수신 − 全南 求禮郡 華嚴寺 內 陳震應 專 전남 구례군 화엄사 내 진진응 앞
발신 − 釜山府 梵魚寺 韓龍雲, 十二月 十七日 부산부 범어사 한용운, 12월 17일
積年眄候 伏悵曷已 伏未審寒沍 講體萬安 伏溯伏溯 生 布教次 今七月 往滿洲矣不幸 而路逢強盜 被六穴砲三發 一生於萬死之中 而今纔還國 劫後餘毒 尙未快復耳 奈宿障非輕 所志所事 百無一成 動輒得咎 幾無容身之地 且幾死於海外之爆彈 夫人間 何者非夢 半世夢 夢一何凶也 解夢之訣云凶則吉 以是自慰 會合何時 臨書增悵
(오랫동안 소식이 끊겼으니 그 아쉬움 어찌 한량이 있겠습니까. 추위에 강론 진행하시는 몸은 평안하신지요? 그립고 그립습니다. 소생은 포교차 이번 7월에 만주에 갔었는데 도중에 강도를 만나 육혈포 세 발을 맞고 구사일생으로 살아나 이제야 겨우 귀국했는데 위협을 당한 뒤의 여독이 아직도 완전히 가시지 않았습니다. 그렇지 않아도 묵은 업장이 가볍지 않아 뜻한 바나 하는 일마다 장애가 발생하여 거의 몸 둘 곳이 없는데, 해외에서 폭탄에 거의 죽을 뻔하기까지 했으니, 무릇 인간의 삶이 꿈이 아닌 것이 어디 있겠습니까만 반생의 삶에서 꾼 꿈이 어찌 이다지도 흉측하단 말입니까. 해몽 비결에서, "흉사가 극에 달하면 길하게 된다"고 하니 이것으로 자위할 뿐입니다. 언제 만나 뵐 수 있

대구 보광원에서 「님의 침묵」 시비 제막식을 봉행하는 화산 스님(2006년 11월).

후학을 가르쳤다.

그리고 두 번째 시인 「물장수」는 만해가 범어사에 왔다가 인근(기장)에 있는 사찰인 척판암으로 가는 도중에 자신의 심정을 읊은 시이다. 그런데 이 시에 얽힌 비사가 있는데 그는 범어사 승려로 전각을 배워, 후일에는 명인이 된 안광석이 〈법보신문〉과 행한 인터뷰에 나온다.

전각의 명인으로 익히 알려진 청사 안광석(晴斯 安光碩, 87) 옹은 한때 수행의 길을 걷던 스님이었다. 1938년 부산 범어사에서 출가한 옹은 우연히 그곳 범어사에서 만해 한용운(萬海 韓龍雲, 1879~1944) 스님을 만났다. 스님의 인품에 매료된 옹은 이후 서울과 범어사를 오가며 스님을 자주 친견했고 한동안 성북동 심우장에서 머물며 만해 스님으로부터 가르침을 받기도 했다. 3·1절을 며칠 앞둔 2월 22일 일산 자택에서 안광석 옹을 만나 만해 스님에 관한 이야기를 들어봤다. 안 옹은 구순을 바라보는 나이에도 만해 스님과 관련된 일만은 또렷이 기억하고 있었다. 심지어 만해의 말투와 몸동작까지도 잊지 않고 있었

을까요? 이 글을 적을 즈음 아쉬움만 쌓입니다.)

다. 옹이 가장 먼저 꺼낸 얘기는 만해 스님과 함께 부산 기장에서 척판암에 오를 때의 일이었다. 1943년 음력 9월 14일, 옹은 범어사 내원암에 내려와 있던 스님을 모시고 척판암을 향하고 있었다. 석양이 뉘엿뉘엿 기울고 초저녁 달이 뜰 무렵 사람들이 옹달샘에 모여 물을 퍼가고 있었다. "대희(당시 옹의 법명)야, 사람들이 무엇을 하느냐?" "가뭄 때문에 물을 뜨러 올라온 모양입니다." 이를 한참 굽어보며 만해는 즉흥시를 읊었다.

> 물장수 물만 퍼갈 줄 알았더니
> 밤새도록 담궈둔 달까지 퍼가는구나.
> 이후(以後)란 일러두거라
> 물장수 물만 퍼가거라.

당시 건강이 악화하고 있던 만해 스님이 척판암에 도착했을 때는 이미 한밤중. 적막한 산사에 달빛만이 방안을 환하게 비추고 있었다. 얼마나 지났을까. 만해가 다시 시를 읊조렸다.

> 공산(空山)의 寂寞이어.
> 어대서 한거한 근심을 가져오는가.
> 차라리 두견성(杜鵑聲)도 업시
> 고요히 근심을 가져오는
> 오오 空山의 寂寞이어.

옹은 만해 스님의 말 한 마디 한 마디가 시였다고 회상한다.[52]

---

52) 〈법보신문〉 2003. 3. 5, 「3·1절에 만난 사람 ― 청사 안광석 옹」. 후반부 시(공산의 적막이어~)는 원뜻에 맞게 필자가 일부 윤문했다.

이렇듯이 그 시는 만해가 1943년 11월경 범어사 내원암에서 척판암으로 가는 도중에 읊었던 작품이라고 한다.[53] 그런데 이 시가 화산의 책에 수록이 되었다. 어떤 전후사정이나 설명도 없이. 화산은 어떤 연고로 이 시를 자신의 시집에 수록한 것일까? 필자가 추측하건대 우연히 알게 되어, 그 일부를 수정하여 수록한 것이라 이해된다.

이렇듯 화산은 말년에도 수행과 포교에 몰두하면서 만해의 사상을 널리 알렸다. 이런 행적은 그의 상좌의 증언에서도 찾아볼 수 있다.

> 화산 대선사를 30년 넘게 모셔온 맏상좌 한우 스님(보광원 주지)은 스승의 원적을 담담하게 받아들이고 있었다.
> "은사 스님은 생각이 무척 진취적이었어요. 아마도 만해 스님의 사상을 가슴에 새겨 국가와 민족을 생각했고 불교도 혁신해야 한다는 평소의 지론을 가지고 계셨어요. 그래서 불교가 세상을 이끄는 선각자 역할을 해야 한다고 강조하셨어요."
> 사상적으로 만해 스님을 닮았지만 수행력은 한암 스님의 가풍을 이었다고 한다.[54]

위와 같이 화산의 상좌인 한우(대구, 보광원)의 증언에 화산의 정체성이 분명하게 나온다. 현재 보광원의 주지로 있는 한우는 그의 은사인 화산의 영향을 받아 진보적, 개혁적인 불교 활동을 하였다.[55] 추후에는 화산

---

53) 그런데 1943년 11월 그날에 만해가 이 시를 창작한 것인지는 애매하다. 왜냐하면 만해가 읊은 이 작품 '공산의 적막이어'는 〈조선일보〉 1936년 3월 27일 자의 5면, 「尋牛莊 散詩(1)」에 기고된 '山居'의 일부였기 때문이다. 신동욱 『한용운』 문학세계사, 1993, p.88. 어쩌면 '물장수'는 그날 창작한 것이고, '공산의 적막'은 예전의 시를 다시 읊은 것으로 볼 수도 있다.
54) 〈불교신문〉 2013. 3. 13, 「법공양: 대구 보광원 조실 화산당 학명대선사 圓寂」.
55) 『월간 해인』 373호(2013. 2), 「호계삼소: 대구 보광원 한우 스님」.

에게 영향을 받은 승려, 시인, 신도들에 대한 자료수집과 탐구를 해야 할 것이다.

5. 결어

맺는말은 앞으로 화산의 연구에서 유의할 측면을 몇 가지로 나누어 피력하고자 한다. 이런 개진은 필자가 이 글에서 감당하지 못한 한계를 자인하는 것이다.

첫째, 화산의 불교사상 즉 그의 수행, 불교혁신, 철학, 포교 등 모든 것을 포괄하는 그의 사상은 무엇인가를 주목해야 할 것으로 본다.

둘째, 해방공간에서 그가 불교 외부의 정치 활동에 참여한 내용을 정리해야 할 것이다. 간혹 그가 김구의 신탁통치반대운동에 참가하였다고 하는바, 그의 내용을 확인해야 할 것이다.

셋째, 그의 출신 사찰인 통도사와의 연관성에 주목해야 한다고 본다. 일제 말기, 해방공간, 불교정화운동 등의 시기에 그는 통도사에서 어떤 행적을 보였는가이다. 이 점에 착안하여 탐구하면 그의 새로운 행적을 찾을 수 있을 것이다.

넷째, 그는 1960년대 초반부터 입적하였던 2013년까지 대구의 사찰인 보광원(수성구 지산동)에 거주하고, 대구불교계에서 많은 활동을 하였기 때문에 그의 흔적, 활동, 영향 등은 대구에 남아 있을 것이다. 후학들이 그런 자료를 발굴, 정리할 수 있기를 기대한다.

제10장_허영호

만해 불교개혁론 본받아 신불교운동 제창

1. 서언

만해 한용운의 불교개혁론은 대중불교론(大衆佛敎論)이었다.[1] 이 같은
대중불교론은 "산중에서 도회지로, 승려 중심에서 대중에게로"라는 당시
불교청년들의 슬로건에서 상징적으로 표출되었다. 만해는 1913년에 펴낸
『조선불교유신론』에서 불교의 총체적인 개혁을 주장한 이래 1931년 「조선
불교의 개혁안」을 『불교』 88호에 기고하기까지 자신의 개혁론을 일관되게
주장하였다. 그러면서 만해는 불교 현실에서 개혁을 실현하기 위한 다각
적인 활동과 기고를 통해 1944년 입적하는 그날까지 자신의 논지를 실천
하고자 애썼다. 그래서 만해의 대중불교론은 당시 불교청년운동에 상당
부분 수용되었다. 1930년에 가시화된 불교청년들의 항일 비밀결사체인
만당(卍黨)과 1931년에 출범한 조선불교청년총동맹의 강령에 불교대중화

---

1) 김광식 「한용운의 대중불교 생활선과 구세주의 입니입수」 『한용운연구』 동국대출판부,
   2011 ; 김광식 「불교의 근대성과 한용운의 대중불교」 『한용운연구』 동국대출판부, 2011.

허영호(許永鎬, 1900~1952 ?)

와 대중불교의 실현으로 반영
되었음은[2] 그를 단적으로 예
증하는 것이다.

이 장은 위와 같은 배경하에
서 만해를 따르던 불교청년들
의 항일 비밀결사체인 만당의
당원이었으며, 만해와 함께 불
교 활동을 하였던 불교청년인
허영호(許永鎬, 1900~1952 ?)가
주장한 신불교운동론의 성격
을 살펴보고자 한다. 허영호[3]
는 범어사 출신으로 3·1운동에
참가하여 옥고를 치렀고, 출옥
후에는 부산에서 계몽잡지인 『평범』을 펴냈으며, 신간회 운동에 참여하
는 등 민족운동과 사회운동에 가담하였다. 그리고 1920년대 후반 일본으
로 유학을 가서 다이쇼(大正)대학에서 불교학을 공부하고, 귀국한 직후인
1932년에는 중앙불전의 교수로서 후학 양성에 나섰다. 이때 조선불교청

---

2) 김광식 「조선불교청년총동맹과 卍黨」『한국근대불교사연구』 민족사, 1996, p. 263,
   p. 275.
3) 허영호에 대해서는 생애 전반에 대한 종합적인 연구가 필요하다. 필자는 집필 준비 과
   정에서 허영호 후손으로부터 그의 제적등본을 제공받았다. 그래서 여기에서는 그의 가
   계를 간략히 소개한다. 허영호는 부친 許權과 모친 金水 사이의 4남매의 둘째 아들로
   부산시 동래구 명륜동에서 태어났다. 그의 형제는 許明(1897, 누이), 許新倫(1902, 동
   생), 許三倫(1905, 동생) 등이다. 허영호의 속명(호적 이름)은 許允이다. 그의 부친은
   1905년에 사망하였고, 그는 유년 시절(1914)에 복천동으로 이주하여 살다가 범어사로
   입산한 것으로 보인다. 그는 25세 때인 1924년 6월 18일에 韓容順과 결혼하였다. 허영
   호는 5남매를 두었는데 그들은 許英淑(1926, 女), 許國基(1931, 男), 許英姬(1936, 女),
   許英仙(1941, 女), 許賢基(1944, 男) 등이다. 이 중 현재 생존하고 있는 분은 넷째인 허
   영선이다.

년총동맹 2대 집행위원장을 맡았고, 교단의 문제점을 개신하려는 불교교정연구회(佛敎敎政研究會)의 연구부장을 맡기도 하였다.

요컨대 그는 1930년대 전반기, 불교 교단의 최일선에서 활동할 때, 만해 지근거리에 있었다. 그의 이와 같은 행보를 미루어 볼 때, 그의 신불교운동론은 만해의 대중불교론에 어느 정도 영향을 받았을 가능성이 있다. 그러나 그의 신불교운동론은 만해의 대중불교론과는 일정한 차별성을 가진다. 허영호는 대중불교론의 문제점을 지적하면서 초기불교 및 대승불교를 재인식하는 관점에서 불교개혁론은 생활에서 실천되어야 한다고 주장했다. 그가 이와 같은 입론을 세운 것은 불교개혁론은 승려, 승가의 생활 차원에서 전개되어야 한다는 소신 때문이었다.

필자는 만해 대중불교론의 수용과 파급을 염두에 두면서 근대불교에서 중요한 역할을 한 허영호를 재인식해야 한다는 평소의 생각으로 이 장의 서술에 임하였다.[4]

2. 만해의 대중불교론

만해는 1910년에 저술하고 1913년에 발간한『조선불교유신론』에서, 불교계 전체의 체질과 노선을 개혁, 유신해야 한다는 소신을 강력하게 피력하였다. 그가 유신론에서 주장한 개혁론은 당시 불교계에서 찬성과 비판을 동시에 받았다. 그러나 전반적으로 볼 때 그의 개혁론은 불교청년들을

---

4) 지금까지 연구된 허영호에 대한 글은 다음과 같다. 김광식「조종현·허영호의 불교교육제도 인식과 대안」『근현대불교의 재조명』민족사, 2000 ; 조명제「1920~30년대 허영호의 현실인식과 근대불교학」『대각사상』14, 2010 ; 조명제「'근대'와 '민족'을 화두로 고뇌한 지식인 허영호」『불교평론』47, 2011 ; 조명제「허영호의 전쟁담론과 근대불교」『항도부산』27, 2011.

중심으로 광범위하게 수용되어 갔다. 만해는 1930년대에 접어들면서『조선불교유신론』에서 제기한 일부 내용은 더욱 강하게 강조하고, 일부 내용은 보완하여 자신의 논리를 더욱 탄탄하게 구축해 나갔다. 이는 1910년대의 불교 현실이 1920년대를 거치면서 변동되었던 것과 무관할 수 없다.

만해의 1930년대 개혁론을 단적으로 보여주는 것은『불교』88호(1931. 10)에 기고한「조선불교의 개혁안」이다. 이 개혁안에서 더욱 강조된 것은 통일기관의 필요성, 교도의 생활보장, 대중불교 건설 등이었다. 이런 주장의 이면에는 당시 불교계에서 지속적으로 논란이 되었지만 현실에서 적용되지 못한 문제들을 타개하려는 고민이 있었다. 그리고 1930년대 초반의 개혁안에는 1910년대의 유신론의 주장을 토대로 하고 있으면서 보완하는 내용이 들어 있었다. 예컨대 통일기관, 사찰의 폐합, 경론의 번역, 선교의 진흥 등은 유신론에서 제기한 것을 더욱 보강한 것이다. 그 주장은 변화된 현실 아래에서 뿌리내릴 수 있는 대안을 제시한 것이다.[5]

필자는 만해의 1930년대 개혁론에서 가장 중요시하게 인식되어야 할 내용은 대중불교론이라고 생각한다. 대중불교론은『조선불교유신론』에서 나오지는 않았지만, 20년간 변화된 불교 현실을 고려한 가운데 표출된 불교개혁론이었다. 여기에서 만해 대중불교론을 들추어 보고자 한다. 만해는 대중불교론을 피력하기 전에 우선 불교의 당위성을 다음과 같이 피력하였다.

> 불교의 대상은 물론 一切衆生이다. 「一切衆生皆有佛性」「有情無情悉皆成佛」이것이 불교의 이상이므로 불교는 일체중생의 불교요, 산간에 있는 寺刹의 불교가 아니며, 戒行을 지키고 禪定을 닦는 僧侶만의 불교가 아니다. (중략) 불교가 출세간의 道가 아닌 것은 아니나, 世間을 버리고 세간에 나는 것이 아니라

---

5) 김광식「한용운의 조선불교개혁안 연구」『한용운 연구』동국대출판부, 2011, p.151.

세간에 들어서 세간에 나는 것이니, 비유컨대 蓮이 卑濕汚泥에 나되 卑濕汚泥에 물들지 아니하는 것과 같은 것이다. 그러므로 불교는 厭世的으로 孤立獨行하는 것이 아니오, 救世的으로 入泥入水하는 것이다.[6]

이렇게 만해는 일체중생이 불성을 가지고 있으며, 모든 중생(무정, 유정)은 성불할 수 있음을 불교의 이상으로 피력하였다. 그래서 그는 불교가 산간에 있는 사찰만의 불교, 승려만의 불교가 아님을 강조하였다. 이런 논지에서 불교는 구세적으로 입니입수하는, 즉 세간 및 중생 속으로 들어가는 구세주의임을 단언하였다. 만해는 불교의 이념과 노선을 대중불교로 표현하였던 것이다. 그래서 대중불교의 건설을 다음과 같이 강조했다.

> 在來의 조선불교는 역사적 변천과 사회적 정세에 의하여 다만 寺刹의 불교, 僧侶의 불교로만 되어 있었다. 이것은 불교의 역사적 쇠퇴의 일시적 현상에 지나지 않는 것이니 어찌 이것을 불교의 敎義라 하리오. 佛敎徒는 마땅히 이러한 현상에 대하여 斷然 타파하지 않으면 아니 될 것이다. 「山間에서 街頭로」「僧侶로서 大衆에」가 現今 조선불교의 「슬로간」이 되지 않으면 아니 될 것이다. 大心보살은 一切衆生을 제도하기 위하여 먼저 成佛하지 않는다는 것이 그들의 誓願이다. 그리하여 그들은 지옥중생을 제도하기 위하여 지옥에 들어가며 餓鬼를 제도하기 위하여 餓鬼道에 들어가며 일체중생을 제도하기 위하여 苦海火宅에 沈淪生死하나니 어찌 거룩하지 아니하리오. 그러므로 大衆을 떠나서 불교를 行할 수 없고, 불교를 떠나 대중을 지도할 수 없는 것이다.
> 大衆佛敎라는 것은 불교를 大衆的으로 행한다는 의미이니 불교는 반드시 愛를 버리고 親을 떠나 인간사회를 隔離한 뒤에 행하는 것이 아니라, 人間 社會의 萬般 現實을 조금도 여의지 아니하고 煩惱중에서 菩提를 얻고 生死 중에

---

6) 『불교』88호(1931.10), p.8.

서 涅槃을 얻는 것인즉 그것을 인식하고 실천하는 것이 곧 大衆佛敎의 建設이다.[7]

만해는 불교는 사찰의 불교와 승려의 불교를 떠나야 한다고 보았다. 즉 기존 불교의 현실을 과감히 탈피하여 「산간에서 가두로」 「승려에서 대중에게로」라는 기치를 세우고, 1930년대 식민지 불교를 벗어나 대중불교의 건설로 나아가야 한다고 강력하게 주장하였다.

그런데 만해는 대중불교를 건설하기 위해서는 시설과 실행이 필요하다고 역설했다. 시설은 불교의 교화를 대중에 파급시킬 수 있는 사회, 교육적 시설을 말한다.

그러나 大衆佛敎의 建設은 그러한 이론만으로 가능한 것이 아니오. 그만한 施設과 實行이 필요한 것이니 시설이라는 것은 불교의 社會敎育的 시설을 이름이오, 실행이라는 것은 불교도의 자체가 사회적으로 진출하여 불교 교화를 躬行 실천함이니 社會敎育的 시설은 불교의 교화가 大衆層에 파급할 만한 시설을 말함이니 보편적 독자를 얻을만한 불교적 문예작품, 불교교화에 대한 實寫 및 창작 영화, 선전적 비라 및 팜푸리트의 무료 반포, 불교 도서관의 공개, 勞農層에 대한 사회적 시설, 기타 種種의 대중적 교양에 필요한 시설을 말함이오. 佛敎徒의 實行이라 함은 불교도 스스로가 大衆佛敎를 건설하기 위하여 먼저 등장의 인물이 되지 아니하면 아니 될지니 불교도로는 俗世를 여의고 白雲流水의 청정도량에서 때로는 定에 들고 때로는 天供을 받을지라도 대중과 交涉이 없으면 부처님의 이르신바 小乘外道에 지나지 못하는 것이다. 불교도는 마땅히 '自未得度先度他人'을 體認하여 스스로 入泥入水 교화의 衝에 당하지 아니하면 아니 될 것이다.[8]

---

7) 『불교』 88호, pp.8-9.
8) 『불교』 88호, p.9.

이렇듯이 만해는 대중불교 건설을 위해서는 이론에 그쳐서는 안 되고, 사회교육적 시설을 세우고, 불교도가 스스로 사회에 나가서 교화를 실천해야 한다고 주장한 것이다. 사회교육적 시설은 구체적으로 문예작품, 영화, 선전문건, 불교도서관, 기타 다양한 시설이라고 지적했다. 그리고 불교도의 실행은 입니입수하는 자세로 세속으로 뛰어드는 것이라고 했다. 최종적으로 불교도 스스로가 대중과의 교섭에 나서야 한다는 것이 그의 생각이었다.

> 요컨대 대중불교를 건설하려면 산간암혈에서 淸淨自持하는 승려의 因襲을 타파하고 諸佛 菩薩의 方便力을 躬行 實踐하여 불교의 敎化로 모든 衆生의 幸福을 증진하지 아니하면 아니 될 것이다.[9]

대중불교 건설에서 가장 중요한 것은 기존 승려의 구태의연한 인습을 버리고 중생의 행복 증진을 위해 나간다는 각오를 분명하게 수립하는 것이라고 그는 강조했다.

지금까지 만해의 1930년대 전반기 대중불교론에 나타난 개혁론을 더듬어 보았다. 필자는 만해의 대중불교론이 1944년 그가 입적하는 그날까지 관통하였다고 보고자 한다. 아래의 만해 글은 이를 입증하는 단면들이다.

> 종교라는 것은 時代와 根機를 맞추어서 중생을 제도하는 것이 본령인 이상, 자본주의니 사회주의니 하는 것은 모든 主義와 制度의 구속을 받지 아니하고 그 시대 그 衆生에 적응한 方便으로 중생을 제도하는 가장 현실적 과학적 실행을 하는 것이다.[10]

---

9) 『불교』 88호, p.9.
10) 한용운 「세계 종교계의 회고」 『불교』 93호, 1932. 3.

그러한 과거를 가진 조선불교도로서 '山間에서 街頭로' 즉 산간에 칩거하던 불교를 가두로 진출하여 社會와 民衆 대상으로 하는 度生의 本務를 實行한다는 것은 일단의 進步인 것이 사실이다.[11]

그뿐 아니라 比丘의 出家는 출가 그것이 최대 목적이 아니오, 離塵 출가하여 悟道修行의 목적을 달하면 곧 出山 入世하여 度生衆生의 究竟 목적에 종사하는 것이다.

그러면 출가라는 것은 불교를 온전히 悟修하려는 일시의 방편이요, 最大 目的은 一切 衆生을 濟度하여 自他 함께 佛道를 성취하자는 것이다.[12]

이렇듯 만해는 수행의 최대 목적은 시대와 근기에 유의하여 중생을 제도하는 것이라고 단언했다. 중생이 사는 곳이 사회라는 전제하에, 사회에서 삶을 영위하는 중생을 근대적인 개념으로 대중(민중)이라고 표현한 것이다.

만해의 대중불교론은 당시 불교청년들에게 많은 영향을 주었다. 그러한 결과가 불교청년운동의 주축을 이룬 중앙 단체인 만당과 조선불교청년총동맹의 강령으로[13] 표출되었다. 당시 불교계 내부에서 기고된 글 중에서 이와 연관된 몇 가지 사례를 적시한다.

山林佛教의 지역이 신장되어 都市佛教가 되고 僧侶佛教의 범위가 확대되어 社會佛教가 되는 이때에(『불교』29호, 1926)[14]

---

11) 한용운「조선불교의 해외 발전을 요망함」『불교』98호, 1932. 8.
12) 한용운「불교와 효행」『불교』신13집, 1938. 5.
13) 김경주「나의 綱領觀」『불청운동』창간호, 1931.
14) 艮山의「개운사 불교전문강원 개원식 감상기」.

山寺로부터 都市에로! 僧侶本位에서 信徒 本位로! 隱遁的, 獨善的 佛教로부터 社會的 兼濟的 佛教로 進出하자! 즉 民衆 本位的 佛教運動의 제창은 現下 조선불교 更新運動의 當面案 中 하나이다. (중략)民衆的 佛教의 실현이 新佛教運動의 究竟 理想중 가장 중요한 것의 하나일 것이라는 見解가 이에 이 문제를 고찰하게 되는 筆者의 動機이다. (『일광』2호, 1929)[15]

좀 더 나아가서 社會的 民衆的 大衆的 進出에 꾀하라. (중략) 나아가 大衆的 進出과 大衆佛教 民衆佛教를 目標로 하고 나아가는 同盟의 힘을 돌아보자. (『불청운동』7·8호, 1932)[16]

그러나 나는 그네들에게 몸의 出家를 권하지 않으며 마음의 出家를 권하고 出家佛教보다 在家佛教를 讚美하기를 마지않는다. 그 이유는 小乘佛教를 떠나서 大乘佛教 實現에 있으며 山間佛教를 떠나서 民衆佛教 즉 大衆佛教 建設에 있는 까닭이다. (『불교』91호, 1932)[17]

우리 불교도 자신이 山間의 불교를 都市로 진출시키고, 僧侶의 불교를 民衆의 불교로 전환시키고자 하야 노력하야 온 것도 많지마는(『경북불교』12호, 1937)[18]

대중불교야말로 眞實한 宗教이며 近代人 生活에 가장 要求되는 宗教라고 믿는다. (『불교』신1집, 1937)[19]

---

15) 김법린「民衆本位的 佛教運動의 提唱」.
16) 장도환의「佛教의 大衆的 進出에 對해서」.
17) 김태흡「在家佛教와 出家佛教」.
18) 사설「朝鮮佛教總本山 創建에 就하야」.
19) 김진원「불교의 現實的 意義」.

조선불교가 山林의 불교로서 도시에 진출하고 民衆化를 부르짖은 지 30여 년이 넘되 얼마나 수확이 있었는가 하면 참으로 한심타 하고 아니할 수 없습니다. (『불교』신45집, 1943)[20]

이처럼 만해의 대중불교론은 보편화, 특히 불교청년들에게 적극 수용되었다.[21] 여기에서 유의할 것은 만해가 왜 중생이라는 고전적인 개념을 활용치 않고, 대중 혹은 민중이라는 개념을 내세워 자신의 불교개혁론을 피력하였는가 하는 것이다. 이는 필자가 보건대 만해의 적극적인 시대인식, 근대인식에서 비롯되었다고 보인다. 이 글에서 만해의 근대인식, 근대관에 대한 문제까지 다룰 여건은 안 되거니와, 요컨대 만해의 '시중의식(時中意識)'과 '사회의식'이 강렬하였음만 지적하고자 한다.[22]

3. 허영호의 신불교운동론

1) 묵은 불교에서 새로운 불교의 운동으로

허영호가 만해 한용운을 언제, 어디에서 처음으로 만나는가에 대한 인연의 전후 사정은 알 수 없다. 그에 관한 내용을 전하는 자료를 찾을 수 없기 때문이다. 그러나 허영호는 1919년 3·1운동 당시 범어사 강원(지방학림)의 학인으로 범어사 3·1운동의 주역이었기에, 그 이전에 만해에 관련된 제반 정황(저서, 활동 등)을 파악했을 것으로 보인다. 즉 만해의 『조선

---

20) 김태흡 「布敎傳道에 對하야」.
21) 강미자 「김법린의 민족운동과 대중불교운동」 『대각사상』 14, 2010 ; 김기종 「김태흡의 대중불교론의 전개」 『한국선학』 26, 2010.
22) 허우성은 일찍이 만해의 儒家佛敎, 時中思想에 대하여 논하였다. 허우성 「만해의 불교이해」 『만해학보』 창간호, 1992 참조.

불교유신론』(1913), 『불교대전』(1914), 『정선강의 채근담』(1917), 『유심』(1918) 등을 통해 만해의 사상을 접하였을 것이다.

　허영호는 부산 동래공립보통학교를 졸업하고, 범어사로 출가하여 경호(鏡湖)라는 법명으로 범어사 지방학림에서 수학하였다. 3·1운동 주도로 징역 6개월의 수감 생활을 마친[23] 그는 출옥 후, 1922년경에 일본 유학을 가서 동양대에 재학하면서[24] 재일본 불교청년회 지육부 간사를 역임하였다.[25] 동양대를 졸업하지 않고 귀국한 그는 범어사가 경영하는 동래유치원 원장을 역임하고 1926년에 동명학교(동래고 전신)를 졸업하였다.[26] 그는 1925년에는 동래청년연맹의 결성에 참여하였고,[27] 교양문에 잡지『평범(平凡)』을[28] 1926년에 펴내다가 1928년에는 신간회 동래지회에서 활동하였다.[29] 1929년에는 다시 일본 유학을 가서 대정대학 불교학과를 졸업하고,[30] 귀국한 1932년 초반에는 불교사 사원을 거쳐 중앙불전 학감으로 부임하면서[31] 조선불교청년총동맹 제2대 집행위원장에 취임하였기에[32] 그 무렵 만해를 만났음이 분명하다.[33] 그리고 허영호는 일본 유학 중

---

23) 강대민 「범어사 3·1운동의 재조명」『대각사상』 14, 2010, p.69.

24) 「四文學士를 보내면서」『금강저』 20호(1932. 12), p.57.

25) 「동경조선불교유학생 연혁 一瞥」『금강저』 21호(1933. 12), p.25. 1922년(壬戌年)에 재일본 불교청년회의 간사 소임을 본 것을 근거로 추정했는데, 그 당시 동양대에서 수학하다가, 중도에 귀국한 것으로 보인다.

26) 『부산불교 100년의 발자취: 물처럼 살거래이』 무량수, 2014, pp.124-125.

27) 그는 창립 준비위원, 창립위원이었다. 허영호는 1928년 동래청년동맹의 교양부에서 활약했다.

28) 1926년 8월, 9월, 10월의 3호까지 발간되었다. 허영호가 편집인 겸 발행인이었다.

29) 그는 동래지회 전형위원, 본부 대표위원, 정치문화부 총간사 등을 역임했다.

30) 「東盟研究會, 明春卒業生」『금강저』 19호(1931. 11), p.78 ; 「동경조선불교유학생 연혁 一瞥」『금강저』 21호(1933. 12), pp.22-29 ; 「교계소식-조선불교청년통맹 東京同盟 제2회 大會」『불교』 97호(1932. 7).

31) 박윤진 「佛敎誌 百號 記念辭」『불교』 100호, 1932. 7, p.88.

32) 〈동아일보〉 1932. 3. 20, 「統一問題로 重要한 決議, 佛靑 全體大會 經過」.

33) 만해는 당시『불교』의 편집 겸 발행인이었는데, 허영호는 불교사 사원으로 입사했다,

불교청년운동을 이면에서 추동하였던 만당의 당원으로 가입하였기에[34] 만해의 명성, 불교개혁론 등에 대해 소상히 이해하였을 것이다. 더욱이 허영호가 가입한 만당과 청년총동맹 강령에 만해의 입론인 불교대중화가 채택되었음에서 허영호의 만해에 대한 관심이 상당하였으리라고 이해된다.

필자는 1930년대 초반 허영호가 불교개혁에 대하여 기고한 글 3편을 분석하여 허영호의 불교개혁 인식을 분석하고자 한다. 허영호의 개혁론에 대한 소신을 피력한 첫 번째 글은 『불교』 87호(1931.9)에 기고한 「조선불교에 대한 잡감(雜感)」이다. 이 글을 서술한 시점은 1931년 7월 15일이고, 집필 장소는 부산의 '동래'였다. 추정하건대, 방학을 맞이하여 귀국하고 범어사에 머물면서 기고한 것으로 보인다.

허영호는 이 글의 서두에서 불교가 속한 종교에 대한 필요성을 강조했다. 반종교운동이 득세하는 현실에서, 반종교운동의 문제점을 지적하면서 종교는 결코 사라지지 않을 것이라고 보았다.

> 人類生活 人類社會에 宗敎가 必要하냐 아니하냐? 하는 것은 偏頗된 선전을 떠나 고집된 편견을 떠나 未熟된 生活 經驗을 떠나 필요한 것이 되지 않으면 안 된다는 것은 적어도 인류 생활이 經驗하는 바이다. (중략) 다만, 이 말끝에 한마디 하여 둘 것은 匹夫의 것이나마 生活 體驗에서 생긴 理想의 불꽃은 決코 사라져 버리는 것이 아니라는 말이다. 한물 그것이 普遍 妥當性을 內包한 불꽃에 있었으랴![35]

이렇게 허영호는 '생활 체험'에서 생긴 이상의 불꽃 즉 종교는 결코 사라

그리고 만해와 허영호는 1932년 7월 9일, 청량사에서 개최된 『불교』 100호 기념 좌담회에 불교사 대표로 함께 참여했다. 『불교』 100호(1932), p.100 참조.

34) 김광식 「조선불교청년총동맹과 卍黨」 『한국근대불교사연구』 민족사, 1996, p.269.

35) 허영호 「朝鮮佛敎에 대한 雜感」 『불교』 87호, 1931.9, p.27.

지지 않는다고 강조하며 종교, 즉 불교의 보편 타당성을 웅변적으로 서술했다. 여기에서 허영호의 불교개혁론 중심이 생활임을 알 수 있다. 그는 일본 유학 중 재일본 불교청년회의 기관지인 『금강저』 17호(1929. 5)와[36] 『불청운동』 창간호(1931.8)에서[37] 생활에 대한 중요성, 출가 수행자에게서 생활과 연관된 고뇌 등에 대하여 의견을 개진한 바가 있다. 즉 그는 '생활'의 관점에서 불교청년들의 진로에 대한 자신의 소신을 피력하였다.

그는 당시의 불교 현실을 타성에 젖어, 고민의 상태를 계속하고 있다고 보았다. 과거 10년간 노력으로 전락의 속도는 완화되었지만, 아직 회생의 방향을 바로잡지 못했다는 것이다. 그래서 그는 과거 불교의 호화를 몽상할 필요도 없다면서 자신의 심정을 다음과 같이 피력했다.

다맛 스스로 떨어져 뼈와 살로서 斷崖의 밑에 새로히 씨를 뿌리거나 그러치 않으면 앞발을 뻗치어 自爲의 安定을 가지어 精神을 가다듬을 뿐이다. 스스로 아니 不得已의 墮落의 亡爲를 자결할 것이냐? 발을 뻗치어 反撥의 巨力을 보일 것이냐? 두 길 가운데 하나를 갈니어야 할 것인가?[38]

즉 허영호는 기존의 불교 현실을 부정하고 새로운 씨앗을 뿌리거나 기존 현실에 반발하는 노선을 상정하였다. 그러면서 그는 교단적으로 이 두 경향의 싹이 나타나는 것을 느낀다고 했다. 그리고 그는 이 두 경향이 병립할 수 있는 것도 이해한다고 했다. 그러면서 새로운 불교가 일어나야 함을 지적하였다.

그러하면 漠然하나마 現下의 朝鮮佛敎는 어떤 方向을 向해서 展開될 엉터리

---

36) 그 기고문은 「佛靑年의게 一言」이다.
37) 그 기고문은 「佛靑同盟組織과 나의 雜感」이다.
38) 위의 「朝鮮佛敎에 대한 雜感」 p. 28.

를 잡았다고 볼 수 있다. 즉 時代와 交涉하면서 새로운 佛敎를 胚胎할 氣運에 들었다고 볼 수 있다. 나는 지금 미약하나마 이 氣運을 더듬어 보랴 한다. [39]

그래서 그는 당시 불교가 시대와 교섭하면서 '새로운 불교'를 배태할 기운에 들었다고 판단했다. 그가 주장한 '새로운 불교'를 배태할 기운은 무엇인가.

허영호는 자신이 모색하고 있는 구체적인 주장을 번뇌가 보리(菩提)이고, 중생이 불(佛)이라는 개념을 들추면서 시작하였다. 그는 사람과 불교는 시대 및 장소와 더불어 교섭하며 발전 혹은 폐기되었다고 보았다.

이러함으로 사람은 아니 불교는 언제든지 場所와 時代와 로더우려 交涉하며 揚棄되어 왔다. 묵은 둥지를 썩히면서 그것을 걸음으로 하여 새싹 새움이 터져 나와 자라서 왔다. 現代라고 이 過程을 밟지 않을 理 있겠느냐? 그러하므로 새로운 佛敎의 運動이 具體化되지는 아니 하엿지마는 그 싹이 터지랴 하고 그 싹은 묵은 불교를 걸음으로 하랴는 것에 아무 作農上 錯誤는 없다고 생각한다. 同時에 묵은 불교는 그 自爲의 特徵 어대까지든지 保持하랴 하고 그 特徵의 保持로 말미암아 法燈의 長明을 是認케 하랴는 것도 決코 無理라고 생각지 않는다. [40]

위와 같이 허영호는 당시 불교는 새싹, 새움에서 터져 나와야 한다고 주장했다. 구태의연한 '묵은 불교'에서 '새로운 불교의 운동'으로 전환되어야 함을 강조한 것이다. 아직 새로운 불교운동으로 구체화되지는 않았지만, 그 방향 및 노선으로 나가야 함을 주장했다.

허영호는 이런 전제하에서 교단 발족의 역사, 즉 상좌부불교 및 출가불

---

39) 위와 같음.
40) 위의 자료, p. 29.

교에서 대중불교 및 보살불교로의 전환을 유의해야 한다고 주장했다. 그는 부처의 진의가 어디에 있었는가를 살펴야 한다고 강조하면서 이런 전환을 이론불교에서 실행불교로의 제창이라 보았다. 그래서 결국은 당대 불교에서 새로운 싹을 틔워야 한다고 보았다.

그러하므로 지금에 새로운 불교의 제창의 싹이 보인다고 결코 末法의 탓이라고 생각지 않으면 따라서 물론 當수에 있어서 그 傾向이 좋은 결과를 가져올 것이라고 斷言하는 바도 아니지마는 나는 도로혀 그러한 新佛敎運動이 불교 각 部門에 뻗치어 提唱되기를 바란다. 물론 천태불교 화엄불교 정토불교 진언 불교의 부활을 의미하는 말은 아니다. 다맛 佛陀의 敎法에 의지한 時代를 嚮導할 만한 새로운 佛敎가 提唱되기를 바란다. 어떠한 名目으로 나타나더래도 상관없다고 생각한다. 現代人의 生活相 要求에 解答을 주고 滿足을 주면 그만이다. 여기에 새 불교의 意義가 있고 불교의 未來가 約束되어 있다고 생각한다. 그래서는 가장 현대인의 生活을 捕捉하고 현대인의 苦惱를 把握한 新佛敎만이 勝利를 얻을 것이다.[41]

그래서 그는 '새로운 불교'의 제창이 불교의 각 부문에서 자생적으로 일어나기를 기대했다. 그가 말한 '새로운 불교'는 불타의 교법에 의지하여 시대를 이끌어, 현대인의 생활을 포착하고 현대인의 고뇌를 파악하는 불교라고 주장했다.

2) 대중불교론의 비판, 신불교운동의 제창

허영호는 기성 행태에 젖은 구태의연한 불교에서 과감히 벗어나 붓타의 가르침에 의거하면서도 현대인의 생활(고뇌)에 도움이 되는 불교로 나가

---

41) 위의 자료, p.29.

야 한다고 주장하였다. 그는 그런 방향으로 가는 것을 '신불교운동'이라고
보았다. 그러나 그는 당시 유행처럼 널리 번져 나가고 있던 대중불교론에
서 대해서는 일정한 비판을 가하였다.

　　요사이 걸핏하면 大衆佛敎 民衆佛敎라고 '山間에서 社會로'의 표어를 듣게
　되나 과연 무엇을 어떻게 準備하고 하는 말인지 내용을 알기 어려우나 결코 名
　目이 內容을 決定하지는 못한다. 大衆佛敎 民衆佛敎 社會佛敎될 내용을 規定
　하지 않으면 안 된다. 在來의 불교가 世俗的 生活을 民衆 속에서 營爲한다고
　불교가 民衆的으로 되는 것은 아니다. 그것도 한 形式상 特徵은 될지 모르나
　決코 民衆佛敎의 內容은 되지 않는다. 僧院이 都市 속에 세워진다고 社會佛
　敎가 되는 것은 아니다. 一般社會 一般民衆으로부터 要請되고 요청되어질 불
　교라야 비로서 民衆佛敎 社會佛敎라고 이를 수 있는 것이다. 果然 이름을 스
　스로 받을 만한 準備가 되어 있느냐? 아직 못커라 그 準備됨을 듣지 못하였노
　라.[42]

이렇게 그는 당시 불교계에서 '산간에서 사회로'라는 표어를 표방하면
서 제기되는 대중불교와 민중불교의 준비성과 개념에 대한 회의를 표명
했다. 그는 대중불교, 민중불교, 사회불교가 될 수 있는 구체적 내용을 규
정해야 한다고 보았다. 명목으로만 불러서는 곤란하고, 그런 이름을 받을
만한 내용과 자격이 있어야 한다는 것이다. 즉 일반 사회와 일반 민중으
로부터 불교가 요청될 때 민중불교·사회불교라고 부를 수 있다고 단언했
다. 그는 자신의 비판이 불교의 통일운동이 전개되는 시점에서 결코 불교
의 분열을 의미하지 않는다고 했다. 다만 그는 불교가 본래의 이상을 잃어
버리고, 자기 보존에만 급급한 것이 불교를 살리는 것이 아님을 지적했다.

---

42) 위와 같음.

변화 시점을 계기로 적절한 변화가 있어야 하기에 자신은 '새로운 불교'의 제창이 필요함을 역설한다는 것이다.

> 새로운 時代的 飛躍에 있어서 그것을 契機로 하여 비로소 可能한 일이다. 이런 의미에서 民衆佛敎가 그 名目만 내세울 것이 아니라 實質的 內容과 組織이 相伴된 運動됨을 바라마지 않는다.[43]

거듭하여 그는 신불교운동은 대중불교(민중불교)에 걸맞은 실질적 내용과 조직이 조화되는 운동으로 나가야 함을 강조했다. 그러나 그는 이런 기조하에서 과거의 불교, 전통의 불교를 무조건 배척해서는 안 된다고 했다. 또한 과거 및 전통을 변화시킬 수 있는 것도 그 내부의 주체라고 했다, 즉 주체가 스스로 해야 함을 지적했다. 그렇지만 대세의 흐름은 '시대와 생활'이라는 힘으로 말미암아 변혁되어 가고 있다고 적시하면서, 당시 불교는 자력의 운명을 자력이 청산해가는 과정에 있다고 보았다. 그래서 그는 다음과 같이 당시 불교 교단 내부의 흐름을 판단했다.

> 이렇게 보아오면 自己네만이(혹은 保守派라 할까) 慧命의 維持者로 自任하는 것도 錯誤된 생각이며 또 자기네의(혹은 進步派라 할까) 理想이 保守派로 말미암아 沮止된다고만 하는 것도 성급한 慨嘆이라 할 수 있다. 그것은 자기들의 이른바 그 慧命이란 槪念이 모르는 사이에 그 내용이 變革당해 가며 자기들의 이른바 理想이 모르는 사이에 그 傳統의 內部를 崩壞식켜 가면서 있었으므로 서다. 그러나 현 敎團 維持를 限界한 이 두 傾向은 本來의 朝鮮佛敎에 대해서 이러타 할 만한 具體的 理想 있음을 보지 못한다.[44]

---

43) 위의 자료, p.30.
44) 위와 같음.

허영호는 당시 보수파(선학원, 수좌 계열)[45] 와 진보파(개혁파, 불교청년 계열)가 명목으로 내세우는 불조혜명(佛祖慧命)과 새로운 이상에 동의하지 않았다. 왜냐하면 양측은 당시 불교에 대한 구체적인 이상을 갖지 못하였다고 보았기 때문이다. 허영호가 보수파를 비판하는 것은 당연한 입론으로 볼 수 있지만, 진보파를 이렇듯 비판하는 것은 예사롭지 않은 것이다. 즉, 은연중 만해 노선, 대중불교론을 비판하고 있다.

허영호는 이 두 경향의 색채가 너무나 미약하고 불분명하다고 보았다. 그리고 두 경향의 미래도 암담하다고 전망하면서, 조만간 두 경향은 색채를 더욱 분명히 해야 하는 현실에 직면할 것이라고 보았다. 그러면서 동시에 불교는 새로운 고민이 심각하게 될 때 그 새로운 고민은 자연스럽게 새로운 불교를 잉태, 생산할 것이라고 전망했다.

그는 반종교운동이 득세하는 현실과 종교를 싫어하는 사람을 직시해야한다고 보면서도, 이념과 무관하게 생활하는 다수의 민중은 종교의 필요성을 느끼고 있다고 인식했다. 그래서 조선불교는 어떤 사회제도, 정치 형식이 생겨도 없어질 수 없다고 했다. 그렇지만 그는 당시 불교 현실에서 새로운 불교가 일어나지 않으면 안 된다고 보았다.

이것은 餘談이나 如何間 朝鮮佛敎의 現今은 새로운 佛敎運動이 일어나야 하고 일어나게 되었다. 그러함에도 불구하고 조선불교는 지금 어데로 갈지 모르는 혼돈된 상태에 있다. 偉大한 敎役者가 나타나지 않음도 탓이려니와 老壯階級은 名利에만 분주한 嫌이 없지 않고 少壯佛徒는 自棄傾向하는 탈이 없지 않다. 禪者는 世外에 自適하려고 하고 敎者는 訓話에 汨沒하랴 하니 抑 조선불교는 누를 기다려야 하나? 不離衆生은 世尊의 至訓이요 衆生濟度는 불교의 전폭이거늘 衆生과 世間이 함께 不義와 苦惱에 들었으나 불교도의 절실한 願行을

---

45) 김광식 「일제하 선학원의 운영과 성격」『한국 근대불교사연구』민족사, 1996 ; 김광식「조선불교선종과 수좌대회」『한국 현대선의 지성사 탐구』도피안사, 2010.

들지 못함은 섭섭한 일이다. 불교에 대한 두려운 생각이 있다면 나는 寂寂 無
聞한 이 現狀이다. 해야 될 일에 하지 않는 것만치 두려운 일이 또 있을 수 있느
냐?[46]

허영호는 이와 같이 자신의 의견을 솔직하게 피력하면서 조선불교를 개
탄해 마지않았다. 그는 당시 조선불교는 어디로 가야 하는지를 모르는 혼
돈 상태라고 단정했다. 그가 이같이 본 연유는 노장층은 명리에만 분주하
고, 소장층은 자포자기하는 경향에 매몰되었고, 수좌는 세상 밖에서 유유
자적하고, 강사들은 부처와 조사의 가르침에 빠져 있다고 보았기 때문이
었다. 그는 중생과 떠나지 않는 것이 붓다의 가르침이고, 중생을 제도하는
것이 불교의 근본이건만, 중생과 중생이 사는 사회가 불의와 고통에 처해
있는데도, 이 문제를 정면으로 인식하여 해결하려는 불교도의 원행(願行)
을 듣지 못하였다고 진단하였다. 그래서 그는 이런 문제에 대하여 아무런
움직임이 없는 불교 현실을 개탄한 것이다.

그는 노장계급은 시대의 낙오자이기에 논할 가치는 없지만, 소장계급
의 자포자기 경향은 묵인할 수 없다고 보았다. 그는 간혹 종교, 즉 불교가
필요치 않다는 말을 들었는데, 이를 도무지 인정할 수 없다고 보면서 그
런 '불필요'라는 말이 '절실한 이유'에서 나오지 않았다고 이해하였다. 그
러면서 불교의 필요성은 생활이라는 관점에서 재검토, 재인식되어야 한다
는 의견을 피력했다. 허영호는 불교의 불필요라는 말은 불교 그 자체에 대
한 분석과 비판이 아니라, 불교의 제도·형식(조직, 승려 생활 등)에 대한
비판으로 보았다. 불교의 제도와 형식이 아편적(阿偏的)이고, 비생산적일
뿐만 아니라 착취적이기 때문이라는 것이다. 그러나 그는 이런 문제에 대
한 분석과 비판은 불교뿐만 아니라 사회주의 이론과 사회주의자들에게도

---

46) 위의 「朝鮮佛教에 대한 雜感」 p. 31.

나오는 문제라고 지적했다. 이런 전제하에서 그는 불교에 대한 비판을 다음과 같이 반박하였다.

그러함으로 寺院制度 僧侶生活에 약간의 矛盾 不合理만을 잡아서 反佛教의 理論 根據로 삼는 것은 옳지 못할 뿐 아니라 危險한 일이다. 불교의 根本 教理가 인류 생활에 背馳되는 것이냐 모순되는 것이냐?의 檢討 批判으로 생긴 것이라야 비로소 可能한 理由라 할 수 있을 것이다. 그러함으로 불교가 生活에 必要하냐 아니냐가 언제든지 理論의 根據가 되어야 한다.
그러면 불교가 生活에 必要하냐 아니하냐? 무릇 眞理라는 것은 生活로 말미암아 評價되는 것이므로 그 事物의 옳고 그른 것은 언제든지 生活을 標準해서 決定되는 것이다. 西洋流的으로 생각할 때에는 이해하기 곤란한 말이나 불교에서의 眞理 標準은 生活이다.[47]

위의 내용에 나오듯이 허영호는 사원제도, 승려 생활의 일부 단면을 가지고 반불교 이론의 근거로 삼는 것은 절대 인정할 수 없다고 보았다. 그러면서 불교 교리가 인류 생활에 부합되는가가 비판 이론의 근거가 되어야 한다고 주장했다. 나아가서 그는 불교가 생활에 필요한가를 고민해야하며, 불교에서의 진리 표준은 생활임을 거듭 단언했다. 이처럼 그는 불교에서의 생활을 치열하게 강조했다. 이런 측면은 허영호에게서만 찾을 수있는 특성이라 하겠다.
이렇듯 허영호는 생활적으로 진리를 결정해야 한다고 하였다. 그리고 그는 불교에서 외도는 생활을 진리의 표준으로 하지 않는 학설을 지칭한다고까지 말했다. 그러면서 거듭하여 불교와 생활의 연관성을 다음과 같이 강조했다.

---

47) 위의 자료, p.32.

그러함으로 불교는 生活로부터 생긴 眞諦이며 생활로부터 要請된 生活觀이다. 그러함으로 불교가 생활에 必要하냐 아니하냐? 하는 지지분한 理論을 나열하는 것보다 불교는 생활에 필요하지 않으면 안 된다. 불교가 생활에 필요하지 아니면 안 되게 됨으로 불교의 不定은 생활의 不必要를 是尙하는 一面을 대표한다고 볼 수 있다.[48]

즉 불교는 생활에서 나온 진제(眞諦), 요청된 생활관이라고 단언했다. 그렇기 때문에 불교는 생활에 필요하지 않으면 안 된다고 보았다.

허영호는 이와 같이 불교가 생활과 밀접한 연관이 있음을 설파한 후에 당시 불교청년들의 문제점을 분석, 비판하였다. 왜냐하면 허영호가 주장하는 새로운 불교, 신불교운동으로 나가려면 핵심적인 주도층이 불교청년들이어야 하기 때문이다. 허영호는 불교청년들의 문제점을 자기적(自棄的)인 경향, 준순적(逡巡的, 뒷걸음질하는) 태도라고 보았다. 이런 문제점은 여러 이유로 인해 농후해지고 있기에 신불교운동의 태동에도 지장을 주었다고 인식했다.

더구나 敎學에 대한 비교적 無知한 것과 時代 思想에 대한 비교적 無批判한 태도는 注油의 助力을 하게까지 된다. 그러므로 움터지려는 新佛敎運動도 대담한 출발을 延期하게 되고 回生하려는 反撥의 巨力도 挫折되어 들어가는 것 같다. 時代 思潮의 影響으로지마는 有爲한 小壯佛徒가 너무 「밥」을 많이 생각하는 傾向이 있어 도로혀 탈이 아닌가 하는 느낌을 준다.[49]

불교청년들은 자포자기, 나약 등과 함께 교학의 무지, 시대사상에 대한 무비판 등이 이제 막 싹이 움트고 있는 신불교운동을 연기되게 만들었다

48) 위의 자료, pp. 32-33.
49) 위의 자료, p.33.

는 것이다. 더욱이 소장층은 '밥'에 대한 생각에 매몰되었다고 보았다. 허영호가 말하는 '밥'은 인간 생존의 최소한의 조건이자, 의식주 문제라 하겠다. 허영호도 '밥'의 필요성을 인정했고, 그에 대한 인식이 자본주의 및 사회주의 등장으로 말미암아 더욱더 필요성이 강조되었음을 직시했으나, 그 이론이 인류의 축복을 보장하지는 못한다고 생각했다. 그래서 허영호는 소장층의 좌절, 명리에 매몰, 진취적 기상의 박약이 문제라고 보았다.

이것은 쓸데 없는 소리거니와 여하가 少壯佛徒의 불교에 대한 태도가 冷靜에 가까운 嫌이 있는 것은 未來佛敎를 위해서 걱정되는 일이다. 全佛敎를 佛敎徒니 生活에 體現하여야 한다는 것이 물론 理想이고 또 그러기에 노력할 것이나 이것은 賢者 位에 聖者 位에 나아간 분이 감히 할 일이라 하고라도 적어도 그 생활에 불교의 香薰쯤 나게 하는 것은 佛敎徒의 표가 되어야 할 것이다. 그러나 이러한 노력까지 보기 드물다는 것은 섭섭한 일이다.[50]

그는 소장층의 불교에 냉정한 태도는 미래불교를 위해 좋지 않다고 단언했다. 불교도는 불교를 생활에서 체현하는 것이 이상이지만 생존, 자리 등에 매몰되어 근근이 매달리는 것은 보기에 딱하다는 것이다. 불교도는 의식주나 직위에 연연하지 않으려는 노력이라도 해야 한다는 것이다. 그러면서 그는 불교도라고 해서 가사장삼을 반드시 입어야 하고, 비구계를 다 지켜야 한다고 주장하는 것은 아니라고 했다. 그러나 불교도로서는 최소한 37도품(道品)과 보살 10계는 체득, 실천해야 하지 않겠느냐고 주장하면서 그는 다음과 같이 설파했다.

불교를 時代에 살리어라? 불교를 人類와 交涉케 하여라! 그러기 위해서 어

---

50) 위의 자료, p.34.

떠한 冒險도 辭치 않을 覺悟를 가져야 한다. 大乘佛教 菩薩들이 小乘教徒 聲聞들에게 辱 듣고 참든 일을 회상하고 약간의 非難쯤 排斥쯤은 참어야 할 寬量을 가져야 할 것이다. 이것이 時代的으로 부과된 現 朝鮮佛教徒의 運命임을 反省할 것이다.

世界의 불교를 보라! 이러한 未來佛教에 대한 약속된 任務가 朝鮮佛教徒를 두고 달리 감행할 佛徒가 있는가를? 歐美에 불교 연구가 盛하기는 하나 語學佛教의 域을 넘지 못하고 중국의 불교는 역사는 오래나 處士佛教로 미래를 기대하기는 한심되는 感이 있으며 西藏佛教는 左道에 들었고 錫蘭佛教는 化石化하였다. 일본불교 오로지 中天에 빛나는 듯하나 學者佛教로 되어 들어갈 뿐이다. 새 未來佛教를 위해서 歐洲佛教가 약간의 관심을 가지게 하나 基督思想에 凝固된 그들의 두뇌가 언제나 鑽古紙 할까 걱정이다.

새로운 理想에 타는 者는 幸福일진저! 미래가 약속됨으로서다. 이 말은 오로지 조선 불교도가 차지할 말이 되지 못할까?[51]

허영호는 시대를 살리고, 인류와 교섭하는 불교를 새불교, 신불교라고 보았다. 그러기 위해서는 불교도들이 고난을 각오하고 진취적으로 나가야 한다고 보았거니와, 바로 이것을 조선불교도의 역사적 과제, 운명이라고 적시하였다. 또한 그는 세계 여타 국가 불교의 문제점과 한계를 지적하면서 새불교, 신불교의 개척은 조선불교도가 담당하자고 제언하는 것으로 그의 주장의 대단원을 마감했다.

3) 신불교운동의 노선: 우상적 신앙 타파, 현대불교·대중불교의 재건축

허영호는 『불교』 87호(1931.9)에 기고한 「조선불교에 대한 잡감」에서 국내 불교계에서 전개되는 현실, 보수층과 진보층의 행태, 개혁론을 다 함께

---

51) 위의 자료, p.35.

비판하면서 새로운 불교, 신불교운동론을 피력하였다. 그는 시대를 살리고, 인류와 교섭하는 불교를 새로운 불교로 인식했다. 그래서 그런, 새로운 불교로 나가는 움직임을 신불교운동이라고 불렀다.

허영호는 그 글을 기고하고 나서 4개월 후, 국내 불교청년운동 기관지인 『불청운동』의 3호(1931. 12)에 「불청운동의 신과제(新課題)」를 기고했다. 이 기고문은 그가 아직도 일본 동경에 체류하고 있을 때, 대정대학을 졸업하기 직전에 쓴 것이다. 그가 이렇게 불교청년운동에 대한 과제를 피력한 것은 그가 염두에 두고 있는 신불교운동은 당연히 청년들이 중심이 되어야 한다는 생각에서 나온 것이라 하겠다. 그는 이전 글에서 소장층 불도의 나약함, 실력과 미래에 대한 준비 부족 등을 비판하는 것에 머물렀지만, 이제는 구체적인 과제를 제공하려는 의도가 개재되었다.

그러면 허영호가 개진한 불교청년들이 행할 과제가 무엇인지 살펴보고자 한다. 허영호는 그 글의 서두에서 국내의 불교 현실을 비판하였다. 왜냐하면 당시 불교는 현상 유지, 전통 유지의 불교가 기득권을 아직도 갖고 있기에, 그를 극복하여 새로운 활동(사법개정, 교정쇄신, 신앙 고취, 교법 선포 등)을 하기에는 난관이 있다고 보았기 때문이다. 그럼에도 그는 불교 청년들이 이상을 가져야 한다고 강조했다.

스스로 理想을 가지지 아니한 者에게는 人類가 생긴 이후로 計劃이 없는 者이라는 經驗을 우리는 가졌다. 未來에 대한 현 朝鮮의 佛敎靑年은 어떠한 理想 어떠한 計劃을 가졌느냐? 엄치 엄치 깊고 힘 있고 굳고 참된 소리를 나는 듣고 싶노라! 이상이 없는 자에게는 길이 없노라! 하물며 평탄한 길이니 험준한 언덕의 區別이 있겠느냐?

진정한 金剛 같은 「이데올로기」를 가지기를 바란다. 여러분의 가진 「불교의 이데올로기」는 얼마나 뒤떨어지고 낡고 묵은 것인지를 反省한 적이 있느냐? 時代를 살피고 釋尊을 찾아 訂正할 여유가 가진 적이 있느냐? 그래서 護法의 열정에 타는 소리로 미래를 향해서 외친 적이 있느냐? 아니 외치려 하였느냐? 새로운 意氣가 없는 자에게는 創造의 피가 흐르지 않는다. [52]

즉, 그는 이상을 갖지 않은 자는 계획이 없다는 역사적 경험을 제시하면서, 불교청년들은 이상과 이데올로기를 반드시 가져야 한다고 강조했다. 이를 위해서는 우선 노장층 신앙(가람수호 신앙, 노예 신앙)의 수용 거부, 무비판적인 신앙의 청산이라는 기조하에 석존 교법을 신수봉행(信修奉行)해야 한다고 주장했다. 붓다가 걸어간 길을 모색하여, 불국토와 승가의 완성을 기해야 한다고 했다. 허영호는 석존의 사상, 생활은 열반증득(涅槃證得)과 정불국토(淨佛國土)를 넘지 않는다고 단언했다. 그러면서 석존의 경률론도 그 시대, 그 민족, 그 지방을 고려하여 이해하여야 하거늘 지금까지는 너무도 맹목적으로만 이해하였다고 분석했다. 그래서 그는 당시 불교사회의 제반 현상은 맹목적인 신앙 행태라는 그릇된 신앙 및 이데올로기의 위에 서 있기 때문이라고 보았다. 그러면서 응당 청년들의 미래불교에 대한 약속은 그 우상적 신앙을 타파하는 것에서 출발해야 한다고 주장했다.

새로운 運動은 새로운 「이데올로기」를 필요로 한다. 封建社會의 立脚地에서 관찰되고 이해되고 해석되고 연역된 어떤 時代的 佛敎를 그대로 축음기 모양으로 反復하고 확성기 모양으로 외친다 하더라도 일종 幻燈布幕의 斷影에 지나지 않는다. 釋尊의 本意에 돌아가서 元始佛敎의 심금을 뚜드려 현대적 調音을 울리게 하여야 할 것이다. 여기서 비로소 여러분의 眞正한 신앙의 힘은 북돋우어질 것이다. 미래불교에 대한 여러분의 義務의 土臺를 파악할 것이다. [53]

---

52) 허영호 「佛靑運動의 新課題」 『불청운동』 3호 (1931. 12), p. 5.
53) 위의 자료, p. 6.

즉 허영호는 불교청년들이 기존 봉건사회의 입각점에서 나온 모든 것들을 타파하고, 석존의 본의로 되돌아가서 원시불교를 현대적인 조음으로 울리게 해야 한다고 주장했다. 여기에 허영호 주장의 특성이 나타난다. 그는 원시불교의 재해석, 신뢰를 통해 미래불교, 신불교운동의 토대를 구축하자고 강조했던 것이다.

결론적으로 허영호는 불교청년들의 신앙에 많은 문제가 있다고 전제하고, 청년들 스스로 자신들의 신앙을 검토하기를 당부했다. 그는 신앙은 인류 생활에 대한 자각, 이상의 자각, 자신감이라고 보고 견고한 신앙이 없는 자는 위대한 사업을 할 수 없다고 단언했다.

여러분의 信仰을 勇敢하게 大膽하게 淸算하고 訂正하고 建立할 것이다. 굳은 自信이 있는 발 앞에 斷崖絶壁이 없노라. 하물며 荊棘溝渠가 놓일까부냐? 여러분의 偶像的 信仰의 打破가 어찌 上記한 一二에 꺼치랴! 그러나 종래 傳統的 死灰的 信仰에서 먼즘 脫却하도록 하여야 할 것이다.[54]

요컨대 전통적 신앙인 우상적 신앙을 청산해야 한다는 것이다. 이것이 신불교운동론의 최우선적인 행보라는 것이다. 이러한 전제하에서 허영호는 당시 불교청년들이 처한 현실에 많은 동정을 하였다. 우선 갓 출범한 조선불교청년총동맹의 침체, 불교 사회 내부의 의기와 활기 부재, 청년들의 의기를 꺾는 현실, 그릇된 제도와 전통에 대한 대안 부재 등등이 그렇다고 했다. 더욱이 이런 현실에 안주하면서 자신의 안일만을 추구하는 불교청년의 행태는 다수 청년의 피를 끓게 할 것이라고 보았다. 그러면서도 사찰의 종무소의 분위기, 세속화된 종무원, 주지 선거, 삼직 획득을 위한 취직운동 등등에 나타난 현실에 침묵하고, 어떤 이의도 제기치 않는 무기

---

54) 위와 같음.

력 풍토 등에 대해 반성한 적이 있느냐고 반문하였다. 그러면서 허영호는 이런 모든 부조리한 현실을 만든 것은 당시 불교의 제도 내지는 불교의 전통적 신앙이라고 단언하였다. 그래서 허영호는 최종적으로 다음과 같이 개혁 방안을 피력하였다.

새로운 信仰 새로운 佛教 새로운 이데올로기에 의한 再建築이다. 釋尊의 本意에 돌아간 재건축이다, 망치를 들고 재건축의 못 소리를 낼 일이다. 재건축의 북을 뚜드릴 일이다. 菩薩佛教徒의 意氣를 보아라 大乘佛教徒의 意氣를 보아라. 지나간 불교의 재건축의 意氣들이다. 당시의 出家佛教를 재비판하고 당시의 聲聞佛教를 재비판한 것처럼 여러분은 현 조선불교를 再批判, 再建築할 義務를 가지고 있다. 자유로운 불교, 無住의 僧伽를 재건축할 의무를 불교 역사는 여러분에게 부여한 것을 自覺하여야 할 것이다. 經藏에서 시대적 編補를 抽出하고 律藏에서 교단적 編額을 除却한 뒤 佛陀의 原意에 돌아가서 現代佛教 大衆佛教를 재건축할 것이다. 이것이 새로운 우리의 課題인 同時 腐敗한 현 制度를 匡正할 길이요 불교도의 眞 使命을 확립할 길이다.[55]

즉, 석존의 본뜻으로 돌아가서 불교를 재건축해야 한다는 것이다. 그렇게 하기 위해서는 당시 불교의 재비판을 통해 현대불교·대중불교를 재건축하자고 강조했다. 다만 여기에서 논란이 되는 것은 허영호가 적시한 대중불교와 만해의 대중불교의 동이점(同異點)은 어떻게 바라볼 것인가의 문제이다.

허영호는 이와 같은 소신, 개혁론을 피력하고 얼마 후에 귀국하였다. 귀국해서는 중앙불전의 교수로 부임하였고, 조선불교청년총동맹 제2대 중앙집행위원장을 맡았다. 그 이전에는 일종의 국외자, 비판자적인 입장이

---

55) 위의 자료. p.7.

었던 그가 운동의 일선에 서게 된 것이다. 그는 1932년 가을, 『불청운동』 7·8호(1932. 10)에 「불청운동과 이상 확립」이라는 간략한 글을 기고했다. 이 글은 그가 이전에 기고한 내용, 주장한 논지, 신불교운동론과 어떤 관련을 찾을 수 있는지 살펴보겠다.

허영호는 그 글의 서두에서 정법의 기치를 높이 들고 인류구제의 대원(大願)으로 형극의 황야에서 투전(鬪戰)할 의무를 가진 불교청년들의 수확이 얼마나 되는가를 질문하였다. 그는 청년들의 수확은 생활을 윤택게 하는 동시에, 그 원동력의 준비량이 되면서, 일상생활을 규정하는 준승(準繩)도 되고, 향도(嚮導)해 가는 법석(法錫)이 될 것이라고 확신했다. 그러면서 그 수확은 경제적 가치로 인식될 수 없는 것이라고 하면서, 당시 유행하고 있는 경제사관으로만 인간 생활을 판단할 수 없다고 분석하며 경제사관(유물사관)을 강하게 비판하였다. 그는 물질 위주, 정신 위주로 나누어서 세상, 존재, 가치를 판단한 인식론의 여러 사례를 거론하면서 문제가 있음을 설명하였다.

그러므로 물질현상이거나 정신현상이거나 生活을 原基해서 同一하게 觀察된 현상에 지나지 않습니다. 즉 모든 現象은 法(Dharma)으로 存在하는 것입니다. 환언하면 정신현상이고 물질현상이고 모두 法이라는 동일 槪念의 속에 넣어서 관찰하는 것입니다. [56]

그러면서 그는 위와 같이 법이라는 개념하에서 물질현상과 정신현상은 존재한다고 보았다. '법'의 이해를 이렇게 한 연후에 만법(萬法)과 생활과의 연관을 다음과 같이 피력했다.

---

56) 허영호 「佛靑運動과 理想確立」 『불청운동』 7·8호(1932. 10), p. 3.

그러므로 萬法은 우리의 生活로 말미암아 그 價値性을 保有할 수 있다고도 볼 수 있으니 이것을 極端으로 擴充할 때에는 불교의 이른바 三界唯心 萬法唯識의 心識說이 구성되는 것입니다. 그러나 불교의 心은 이른바 心만을 의미하는 말이 아니요 業(Karama)을 의미하는 말이요 行(Samskara)을 의미하는 말이요 生活을 의미하는 말입니다. 그러므로 三界唯心은 三界가 다 生活的 現象이라는 말이 되니 一草一木도 내 生活에 關聯되었고 내 生活의 일부이니 三界의 災가 내 生活의 災이요 衆生의 病이 내 病이 된다는 所以입니다. 一草一木이 내 生活로 말미암아 存在되고 存在될 것이면 내 生活의 淨化는 세계의 淨化를 促進시킬 것입니다.[57]

즉 삼계유심, 만법유심의 심(心)은 업, 행, 생활을 이르는 말이라고 지적했다. 허영호가 이렇듯이 경제사관을 비판하면서 물질현상 및 정신현상과 법의 문제, 그리고 삼계유심과 만법유식의 문제를 끝내는 생활에 연관시키는 것은 곧 불교는 생활과 결코 배제될 수 없다는 자신의 주장을 거듭하여 강조하기 위함이다. 그렇기 때문에 불교청년들이 이런 원칙하에서 각자의 생활을 정화시키면 세계정화도 촉진할 수 있다는 희망을 제시하였다. 허영호는 이 글의 최종 단계에서 불교수행을 다음과 같이 정리하였다.

이렇게 佛敎修行의 기본 대상은 그 이론의 必然的 歸結로 우리의 生活이 되나니 眞理 善法 美淨을 가능케 하는 것이 즉 그러한 것들의 그러한 것들이 되게 함은 오직 우리의 生活이므로 人類 一般의 모든 것을 規定해 주는 標準은 우리 生活뿐입니다.[58]

허영호는 이와 같이 불교수행의 기본은 우리 각자의 생활이 된다고 보

57) 위의 자료, p.4.
58) 위와 같음.

았다. 진리, 선법 등이 가능케 하는 것도 우리의 생활이고, 인류의 모든 것을 규정하는 기준도 생활뿐이라고 단언했다. 그렇기 때문에 이런 논리를 수용한다면 모든 불교청년들은 각자의 생활에서 수행을 철저하게 해야 함을 은연중 강조하였다. 즉 불교개혁, 불교청년운동의 이상은 생활에서 구현되어야 한다고 주장하였다.

4. 결어

맺는말에서는 만해의 대중불교론과 허영호의 신불교운동론을 비교, 분석하는 것을 초점으로 하여 서술하고자 한다. 그 비교를 하기 이전에 우선 허영호의 개혁론인 신불교운동론의 성격을 대별하여 살펴보고자 한다.

첫째, 허영호의 신불교운동론은 그가 기고한 3건의 글에 나타난 것을 위주로 분석하였거니와, 그 기본 성격은 불교개혁론의 범주로 볼 수 있다.

둘째, 그가 주장한 신불교운동론은 새로운 불교의 제창이었는데, 그는 붓다의 가르침에 의거하여 시대와 생활을 이끌고 도움이 되는 불교라고 정의했다.

셋째, 그러나 그는 만해에 의해 선도된 대중불교론의 풍조를 일정하게 비판하면서 자신의 입론을 피력하였다. 그는 대중불교론, 민중불교론이 개념이 모호하다는 것이었다. 즉 그 개념의 내용에 대한 보완이 요청된다고 하였다.

넷째, 허영호는 신불교운동론을 제시하면서 당시 불교청년들의 행태, 생활, 신앙, 학문 등을 강력하게 비판하였다. 즉 불교청년들의 나약, 명리추구, 교학 무지 등을 문제로 삼았다.

다섯째, 그래서 그는 불교청년들이 기존의 우상적 신앙을 탈피하여 현대불교, 대중불교를 세우는 데 나서라고 강조했다. 그의 신불교운동론은 붓다의 교법에 근거하여, 불교도의 생활 및 신앙에서 구현되는 불교의 추구였다.

필자는 본 고찰에서 이상과 같은 허영호의 신불교운동론을 도출할 수 있었다. 그러면 여기에서 만해의 대중불교론과 허영호의 신불교운동론을 비교해 보고자 한다.

첫째, 만해의 논리는 명쾌하고 당위론이 강한 이론이지만, 그에 반해 허영호 논리는 생활, 신앙의 차원에서 접근한 이론이었다. 즉 만해의 논리는 운동론 및 이념론의 성격이었다면 허영호는 생활철학적인 성격이었다.

둘째, 만해의 논리는 대승불교의 성격이라고 한다면, 허영호 논리는 붓다의 교법을 강조한 이른바 초기불교를 계승하자는 성격이었다. 즉 만해보다 허영호는 붓다의 원음, 근본적인 불법을 강조하였다. 이는 허영호가 초기불교, 불교 언어에 대한 관심, 연구를 하였던 정황에서 기인한 것이라 이해된다.

셋째, 만해의 논리는 불교 사업의 논리, 불교도의 전체 논리에 대한 성격을 가진다면 허영호 논리는 주로 불교청년들의 생활, 신앙에 초점을 맞춘 것이라고 이해된다.

이상과 같이 만해와 허영호의 논리, 개혁론 등을 비교하여 보았다. 필자가 분석한 측면 이외에도 다양한 접근이 가능할 것이다. 특히 이 글에서 다루지 못한 허영호의 불교학, 현실인식 등은 더욱 다각적인 관점에서 이해, 분석될 필요성이 있다. 이런 점은 필자의 후일 연구로 남겨 두고자 한다. 한국불교의 정체성, 교단관 등은 그 사례이다. 특히 그의 교단관은 그의 일제 말기 행적과 연관하여 '친일'이라는 지적을 받고 있는 현실에서 더욱 주목을 요하는 주제이다.

제11장_박영희

만당(卍黨) 결성 주도한 항일 독립운동가

1. 서언

응송(應松) 박영희(朴暎熙, 1893~1990)는 파란만장한 근현대 불교라는 무대에서 자신에게 닥친 현실을 직시하고 자신의 길을 묵묵히 걸어간 승려이다. 그에게 다가온 현실은 두 가지이었거니와 첫째는 나라를 빼앗긴 것이었고, 두 번째는 자신이 승려로서 활동하는 공간인 불교계가 처한 어려움이었다. 일본에 나라를 빼앗긴 국권상실(경술국치)과 사회의 중심에 서지 못하고 있었던 산중불교에서 도회지불교로 전환되어 가던 과도기 불교의 모순이 중첩된 현실이었다. 응송은 100년에 가까운 그의 생애 동안, 위의 두 가지 과제를 해결하기 위해 부단히 노력하였다. 물론 그의 가치관의 근원은 그가 승려로서 80년을 살았기에 불교가 바탕을 이룬 사상이었다. 본 고찰의 주된 초점은 응송의 삶을 지배한 불교사상은 과연 무엇이었는지를 모색하려는 것이다.

응송이 평생 헌신한 일에 대한 의미와 가치 등에 대해서는 국가로부터

독립운동가 지정(1977),[1] 그
의 다맥을 계승하고 있는 학자
및 연구소의 활동을 통해서 일
정한 평가가 있어 왔다. 그러
나 정작 그가 활동한 불교의 공
간에서 그에 대한 역사적 조
명, 자리매김 등은 적절하게 이
루어지지 않았다. 그와 연고가
있는 불교계는 조계종단, 태고
종단, 동국대, 대흥사 등인데,
이 같은 여러 공간에서 그를 기
억하고, 그의 불교적 삶과 존재
에 대해 가치 부여를 하는 흔적

박영희(朴暎熙, 1893~1990)

은 찾을 수 없다. 그 원인은 다각적 측면에서 설명이 가능하다. 그것은 이
른바 대처승의 역사적 가치를 홀대하는 교계의 몰지성, 대승불교의 근대
적 변용인 민족불교에 대한 무관심 등을 거론할 수 있다.

그래서 본 고찰에서는 응송 박영희의 독립운동을 '민족불교'의 관점으로
서술하고자 한다. 필자는 '민족불교론'을 불교대중화론과 불교사회화론의
이념적 결합에서 나온 것으로 보면서 "불교의 보편성(교리, 사상)을 띠고
근대불교에 부여된 역사적 사명(민족운동, 독립운동)을 구현하며, 한국불
교의 전통을 계승하려는 논리 및 고뇌"라고 정리하고,[2] 이 개념으로 근현
대 불교를 설명, 서술하였다.

한편 응송에 대한 삶, 특히 독립운동에 대한 제도권 학계에서의 학술적

---

1) 박영희는 1977년 대통령 표창에 이어 1990년, 건국공로훈장 애족장이 추서되었다.
2) 김광식 「대한승려연합회 선언서와 민족불교론」『민족불교의 이상과 현실』 도피안사,
  2007, p.83.

글은 단 한 편도 존재하지 않는다. 다만 만해 한용운을 따르던 불교청년들의 항일 비밀결사인 만당(卍黨)을 서술하면서 당원이었던 응송의 인적사항을 적시한 것과 대중적 차원에서 항일 행적을 정리한 글, 그리고 응송이 소장했던 문건을 분석한 글이 있었을 뿐이다.[3] 필자는 응송의 민족운동, 독립운동의 연구를 개척한다는 차원에서 이 글을 집필하였다. 또한 이 글은 응송을 '친일승려'로 단정, 매도하려는 것에[4] 대해 이의를 제기하는 성격도 갖는다.[5]

또한 필자는 응송의 자필 유고 『자서전』(1976)을 기본 자료로 하고, 필자가 이 분야를 연구하면서 발굴, 활용한 유관 자료를 접목하여 응송의 독립운동 행적을 복원하려고 한다.

2. 항일 의병진 참가

응송은 1893년 완도군 완도읍에서 출생하였다.[6] 그의 집안은 조부가

---

3) 김광식 「조선불교청년총동맹과 卍黨」『한국 근대불교사 연구』 민족사, 1995, pp. 261-301 ; 임혜봉 「박영희 스님의 항일투쟁」『일제하 불교계의 항일운동』 민족사, 2001, pp. 381-402 ; 이종수 「응송 박영희 소장 불교문헌의 종류와 가치」『불교학보』 68집, 2014.

4) 임혜봉 『친일승려 108인』 청년사, 2005, pp. 195-203.

5) 응송은 2010년, 친일파 진상규명위원회의 판정으로 국가유공자에서 해촉(서훈 취소) 되었다. 응송의 친일파 단정에 대하여 후손, 후학 등이 강력하게 이의를 제기하지 않은 측면이 있었던 것으로 보인다. 유사 사례인 최범술(다솔사)과 김구하(통도사)는 후손, 후학의 강력한 이의 제기, 항일 자료 제출, 학술세미나 개최를 통한 공개적인 활동으로 친일파 선정 과정에서 제외되었다.

6) 응송의 생애 전반은 기본적으로는 『자서전』을 근간으로 하면서, 응송이 1936년 8월에 작성한 「수행이력서」를 함께 활용하여 기술하겠다. 이 「수행이력서」는 응송이 대흥사 주지 선거 시에 작성하고, 총독부의 주지 취임 인가 신청서류에 첨부된 것이다. 이 자료는 국가기록원에 보관되어 있다.

호방을 지낸 것을 보면 중인 계층이라고 하겠다. 그러나 그가 두 살 때 조부가 사망하자, 집안의 가세가 기울어 소농으로 전락하였다. 이런 집안 환경에서 응송은 서당, 즉 향교(명륜당)에 다녔다. 그는 농사일을 거들면서 농사를 쉬는 봄, 겨울에만 유학을 3년 정도 배웠다. 이런 생활을 하던 그는 17세 때(1909년), 향교에서 운명적으로 황준성(黃俊成)이라는 인물을 만나게 되었다. 황준성은 1907년 군대 해산령에 불복한 죄로 완도에 유배된 대한제국군인 출신이지만, 한학에도 조예가 깊은 애국지사였다. 응송은 향교에서 만난 애국지사 황준성의 민족의식과 나라 사랑 등에 대해 깊은 감명을 받고 그를 따르고자 결심하게 되었다. 결과적으로 황준성은 응송의 민족운동, 독립운동을 격발시킨 은사이자 정신적 지주라고 할 수 있다.

일제의 국권강탈에 저항한 의병전쟁은 전국적으로 전개되었다. 특히 전라도 지역의 항일 의병의 기세는 상당하였다.[7] 이런 항일 의병에 승려가 참여하였음은 여러 기록에 산발적으로 나온다. 승려의 의병 참여는 승군, 사찰 등과 같은 불교 조직체에 의해서 전개되지는 않고 승려 개인 차원으로 나타난다. 1895년 단발령이 강행되었을 시에는 구룡사 승려 무총, 지리산 승려 기현 등이 참여하였다. 그리고 진주 노응규 의병진의 선봉장이었던 서재기도 승려 출신이었다.[8] 또한 1905~1906년에 거병한 최익현, 이석용 의병진에 진안의 금당사 승려 김대완과 임실의 상이암 승려인 덕흥·봉수·계화 등이 참여한 것은 대표적인 사례이다. 그리고 양주 의병진의 박순근, 홍주 의병진의 이만직도 승려 출신이었다. 의병들은 일본불교의 포교소, 일본인 승려 거처 등을 급습하기도 하였다.[9] 그렇지만 승려 출신 의병 활동의 기록을 찾기 어려워서, 승려 의병 활동에 대한 전모나 성격 등에 대한 학술적인 접근 분석은 거의 이루어진 예가 없다.

7) 홍영기『대한제국기 호남의병 연구』일조각, 2003.
8) 김광식『우리가 살아온 한국불교 백년』민족사, 1999, p. 17.
9) 위의 책, p. 27.

이런 점을 주목한다면 지금부터 살피게 될 응송의 항일의병 참가 활동은 주목할 만한 사례 중 하나이다. 완도 향교에서 애국지사 황준성을 만난 응송은 운명적으로 의병에 참여케 되었다. 1908년 무렵 완도, 보성, 해남 등지에서 의병이 일어났는데 그 주역은 안남일(보성)과 황두일(해남)이었다. 황두일은 300여 명의 의병을 거느리고 있었는데, 일본 수비대와 교전 중에 전사하였다. 그러자 황두일 의병진은 진용을 재정비하기 위해 그 지역에 내려와서, 마침 은둔하고 있던 황준성을 의병장으로 추대하였다. 이를 수락한 황준성은 1909년 6월경, 완도를 떠나 해남으로 가서 의병을 진두지휘하게 되었다.

황준성 의병진이 채택한 작전은 산악전투였다. 산악을 주 무대로 일본군과 전투하는 것이었다. 그러다 보니 산악전투에 유리한 지형을 구축하기 위해 거점으로 정한 사찰이 두륜산 대흥사였다. 이에 의병들은 대흥사의 산내 암자인 심적암(深寂庵)으로 집결하였다. 이런 과정에서 응송 역시 자연스럽게 황준성의 진용에 가담하였다. 그가 담당한 소임은 의병장인 황준성의 시봉(호신병)이었다.

의병진의 거점을 심적암으로 정한 황준성은 인근 지역 유지(이규0)를 찾아가 군량미 두 섬과 소 한 마리를 얻어서 심적암으로 향하였다. 심적암에 도착한 황준성은 확보한 군량미로 의병을 위로하고, 일제 당국에 정식 교전을 통보하였다. 1909년 7월 9일(음력), 일제의 수비군과 교전을 당당히 전개하였지만 안타깝게도 60여 명의 의병진은 궤멸당하고 말았다. 그때 심적암 승려 5명을 포함하여 24명이 사망하고 8명이 일제에 체포되었다.[10]

심적암 승려들은 의병을 숨겨주었다는 죄목으로 일제에 처형되고 말았다. 그러나 황준성과 응송 일행은 그곳을 탈출하여 재기를 도모하기로 했

10) 이에 대한 구체적인 근거를 찾아야 한다.

다. 방책의 하나로 황준성은 자수하여 의병진의 희생을 최소화하고, 다른 일행은 농촌이나 친척집에 피신하여 후일을 도모하기로 한 것이다. 응송에게는 일단 피신하되, 기회를 보아 입산, 출가하여 승려가 되어 독립운동에 투신할 것을 당부하였다. 당시 대흥사 승려들은 인근 주민들과 함께 의병의 시신을 수습하여 대흥사 입구의 다리(장춘교, 매표소 근처)에 봉분을 만들지 않고 평장으로 매장하였다.

이상에서 살핀 대흥사 심적암 의병 전투는 작은 사건에 지나지 않는다. 그러나 그 당시 의병과 일본군과의 전투가 벌어질 때 상당수[11] 사찰들은 일본 사찰에 관리청원을 요청하였다. 관리청원이라는 함은 일본 종파의 말사로 자진하여 가입함으로써 일본군으로부터 피해를 보지 않으려는 포석이었다. 이런 불교계 행적에 비추어 볼 때 대흥사 심적암 의병 사건은 불교의 독립운동사에 마땅히 포함되어야 할 것이다.

해방 이후, 심적암 의병 투쟁은 이 투쟁에 참여한 응송의 유언에 따라 대흥사의 말사인 백화사에서 매년 9월 9일에 충혼제를 올리고 있다. 이 충혼제에 감명을 받은 그 지역 주민들은[12] 장춘교 부근에 충혼탑을 세우고, 정월 대보름날을 기해 제를 지내고 있다.[13] 그리고 최근 대흥사에서는 심적암 복원에 나서기도 하였다.[14] 이런 역사적인 의병 사건에 응송이 청소년 시절에 참여하였음은 그의 일생을 관통하는 정신적인 밑거름이 되기에 충분하였을 것으로 생각된다.

---

11) 그 사찰들은 150여 개에 달한다.
12) 해남군 삼산면의 장춘마을 및 대흥사 상가번영회다.
13) 〈해남신문〉 2007. 3. 30, 「지금도 살아 숨 쉬는 심적암 의병투쟁」; 〈해남신문〉 2008. 12. 19, 「항일의병투쟁 격전지 운동 희생자 위령탑 건립에 앞서: 오길록」.
14) 〈불교신문〉 2007. 3. 9, 「항일 격전지 심적암 복원추진」; 〈불교신문〉 2010. 7. 17, 「항일 의병투쟁 격전지 '해남 심적암' 복원된다」.

3. 입산 출가, 3·1운동 참여

응송은 심적암 의병 참여 직후, 강진의 외가댁으로 피신했다. 그러다가 얼마 후에 대흥사로 가서 출가하였다. 1911년 1월 15일이었다.[15] 정인담(鄭印潭)을 은사로 하여 사미계를 받았는데 이때 받은 법명이 응송이었다. 그 후 의병장 황준성의 소식을 탐문해 보니, 일제에 의해 대구형무소에서 처형당했음을 알게 되었다. 그래서 그는 가슴이 미어지는 비통한 심정을 감출 수 없었다.

입산 직전에 겪은 파란만장한 의병 사건으로 입산 출가를 단행한 것에 대해서 응송은 다음과 같이 의미를 부여했다. 첫째는 일제의 감시를 피할 수 있었던 것, 둘째는 자신의 큰 뜻을 펼치려면 불교의 수련이 필요하다는 것이었다.

그는 입산 직후에는 초등학교로 생각되는 대흥학교(大興學校)에서 3년간 수학했다. 그 후에는 대흥사의 불교전문강원에서 허원응(許圓應)을 스승으로 모시고 교학을 공부하였다. 1913년 4월 8일에 대흥사에서 유금해(柳錦海)에게 비구계와 보살계를 받았고, 강원의 사교과 과정을 1914년 3월 28일에 수료하였다.

그 당시 중앙 불교계에는 새로운 신식의 불교 학교가 등장하였는데, 1915년에 중앙학림(中央學林)이 설립되어 개교한 것이다.[16] 이 학교는 1906년 불교가 최초로 중앙에 세운 명진학교(明進學校)의[17] 후신으로서 포교와 강학을 담당할 수 있는 인재를 양성하기 위한 차원에서 설립되었

---

15) 그런데 그의 이력서에는 득도 시점을 1907년 1월 16일이라 하였다. 이는 아마도 그가 심적암 의병 사건을 노출하지 않고자 하여 그렇게 기재한 것이 아닌가 한다.

16) 김광식 「중앙학림과 식민지 불교의 근대성」『민족불교의 이상과 현실』 도피안사, 2007,

17) 김광식 「명진학교의 건학정신과 근대 민족불교관의 형성」『민족불교의 이상과 현실』 도피안사, 2007,

다. 중앙학림은 전국 본사에서 우수한 학인 승려 약간명을 보내고, 그들의 수학 및 숙식 등 일체의 비용을 종단이 부담하는 일종의 장학 제도로 운용하였다.

신식 불교 학교인 중앙학림에 대흥사 대표로 응송이 선발되었다. 당시에는 지방에서 서울로 올라와서 공부하는 것 자체를 유학이라고 부르고 대단히 영광스럽게 여겼다. 응송은 당시 심정을 다음과 같이 표현하였다.

그러므로 대흥사에서도 본사 승려 대중들이 회합하여 유학 후보자를 선발하였다. 대흥사 공비생으로 내가 선발될 줄이야! 꿈에도 그리던 유학길이 나에게 주어졌던 것이다. 나는 이 우주 胎中에 온 후 이런 기쁨을 난생처음으로 만끽했으니 당시의 기쁨을 어찌 언설로 표현할 수 있으랴! 이 당시 寺中에서는 절의 모든 公事 처리를 사중의 大衆들이 모여서 민주적인 방법으로 처리하는 풍습이 있었다. 나는 서울로 유학이 결정된 후, 종무소로 가서 주지 스님을 만나 공부를 열심히 해서 장래에 불교 발전에 많은 공헌을 하겠다는 誓約을 하는 등, 제반 수속을 마치고 2일 후에 행장을 꾸려 유학길에 올랐다.[18]

응송은 자신이 서울로 올라온 시점을 1914년경이라고 자서전에 기술하였다. 이에 대한 시점은 재고가 요청된다. 왜냐하면 중앙학림은 1915년 11월 5일에 총독부에서 인가가 나와서 1916년에 개교되었던바, 시점에 일종의 착각이 있었을 것이다. 1915년 후반이나, 1916년 초가 아닐까 생각된다.

그런데 그의 「수행이력서」에는 1915년 4월 1일, 중동학교(中東學校, 서울 수송동)에[19] 입학해서 1916년 4월 2일에 졸업하였다는 내용이 나온

---

18) 박영희 「응송 박영희 자서전」 『동다정통고』 이른아침, 2015.
19) 중동학교는 지금의 중동고등학교 전신이다. 설립 인연, 위치 등이 불교와 연고가 많다. 당시에는 속성과정(3개월~12개월)이 보편화되어 있었다.

다. 그리고 그는 1917년 4월 2일 중앙학림에 입학해서 1920년 3월 25일에 중앙학림을 졸업하였다고 기재하였다. 이 자필 이력을 신뢰하는 것을 전제로 응송의 수학 과정을 서술하고자 한다. 필자가 보건대 응송은 중앙학림의 종비생으로 선발되자, 우선은 상경하여서 제반 상황을 파악하였을 것이다. 그리고 나서, 그는 우선 중앙학림을 입학하기 이전에 입학 자격을 갖추기 위하여서나, 혹은 신식 사회의 공부를 익힐 필요성이 있어 중동학교의 고등과를 속성과정으로 마쳤던 것이 아닌가 한다.

어쨌든, 응송은 1917년에 중앙학림에 입학하였다. 자서전에는 중앙학림에서의 수학 과정이나 내용은 전하지 않지만, 그는 1919년 3·1운동에 적극 참여하였다. 3년 과정의 중앙학림에 재학 중이던 그는 그해에 서울에 있었기에 3·1운동에 참여하였을 것으로 보인다. 그런데 응송의 자서전에는 3·1운동의 발발 배경, 전후 사정 등은 상세하게 나오지만 정작 자신이 참여하게 된 구체적인 내용은 나오지 않는다.

지금까지 3·1운동 당시 만해 한용운과 중앙학림 학인 간의 연계 및 만세운동에 대해서는 김법린(중앙학림 재학생)의 회고를 근간으로 설명하였다. 그 요지는 다음과 같다.

불교 대표로서 3·1운동의 최일선에서 활약한 만해 한용운은 역사적인 3월 1일 하루 전날, 평소 그를 따르던 중앙학림 학인 10여 명을 늦은 밤 자신의 자택(유심사)으로 불렀다. 거기에서 그는 그간 3·1운동 거사를 준비한 전후 사정, 운동에 임하는 각오, 3·1운동 참가 권유, 추후 할 일에 대한 당부 등을 전하였다. 이때의 모임에 참가하여 그 내용을 역사적 증언으로 남긴 김법린의 회고에는[20] 응송의 이름이 나오지 않는다. 이 모임에 대한 일제의 재판 과정에서도 응송의 이름은 나오지 않는다. 당시 응송은 '박학

---

20) 김법린 「三一運動과 佛敎」『신생』 창간호, 1946.

규(朴鶴圭)'라는 이름으로 불렀다고 한다.[21] 하지만 1919년 2월 말, 응송은 중앙학림을 졸업하기 전이었기에 그의 입산 배경, 출가 과정을 고려할 때 만세운동의 참가는 당연한 것으로 이해할 수 있다.

그런데 응송은 1973년 8·15 광복절을 기해 가진 『법륜』과의 대담에서는 다음과 같이 발언하였다.

나는 그 시절 중앙학림(中央學林)에 다녔는데 三·一운동이 일어나기 얼마 전 만해(萬海) 선생이 비밀리에 나를 인사동 포교당으로 밤에 불러 3·1운동이 있을 것을 말씀하시면서 서울 지역에 연락책을 맡아 달라는 지령(指令)을 받고, 최린, 백용성, 이승훈 씨 등에게 수차에 걸쳐 기밀문서(機密文書)를 가지고 심부름을 했습니다. 그때 보니 만해(萬海) 선생과 최린(崔麟) 선생 두 분이 완전히 영도(領導)한다는 것을 알았습니다.[22]

이와 같은 응송 증언을 신뢰하면 김법린 등 중앙학림 재학생들을 부르기 이전, 약 얼마 전(한 달 전쯤, 필자 주)에 이미 만해는 응송을 인사동 포교당[23]으로 불러 서울 지역 연락책을 맡으라는 당부를 했고 그래서 다양

---

21) 박동춘은 「응송 박영희의 다도사상」(『진주 산업대 세계차학회 발제 자료집』 2008)에서 '學珪'라고 하였다. 그러나 『금강저』 19호(1931. 11) p. 54에는 '鶴珪'로, 『금강저』 21호(1933. 12), p. 40에는 '鶴圭'로, 동국대 동창회 명부에는 '朴鶴珪'(전남, 작고, 1919년 졸업)로 나온다. 또한 『조선불교총보』 3호(1917. 5), p. 55에는 '科第二會 進級生 朴鶴規(大興寺)'로 나온다. 그의 속명(호적명)이 '暎熙'라면, 학규는 어떤 연유에서 나온 이름인가를 밝혀야 한다. 이 점에 대해서는 정밀한 고증이 요청된다. 응송은 법명이고, 아명은 浦吉, 호는 一舟이다.

22) 『법륜』 174호(1973. 8), pp. 21~22 「특별기획, 대담 광복절에 생각한다」.

23) 이 포교당은 1912년 5월에 건립된 임제종 중앙포교당의 명칭이 전환된 것이다. 일제의 압력으로 선종 중앙포교당으로 바뀌었다가, 범어사가 운영하는 연고로 1917년 경부터는 범어사 포교당으로도 지칭되었다.

한 활동을 하였다는 것이다. 최린, 백용성, 이승훈 등에게 기밀문서를 전달하기도 하였다는 것이다. 그런데 지금껏 이와 같은 응송의 활동은 거의 주목하지 않았다. 그러나 필자는 응송의 증언을 신뢰하자는 입장이다. 당시 응송의 연이 20대 후반이고, 항일투쟁 경험이 있는 점 등을 고려할 때, 만해가 그에게 특별한 심부름을 부탁했을 가능성을 추론할 수 있다.

그리고 응송은 1989년 삼일절을 기해 〈불교신문〉 기자(홍사성)와 가진 인터뷰에서도 위의 증언과 유사한 발언을 하였다. 응송의 발언에 기초한 당시 〈불교신문〉 기사는 다음과 같다.

스님이 3·1운동에 참가하게 된 것은 민족대표 33인으로 독립선언서에 서명한 한용운에 의해서였다. 당시 중앙학림 학생이었던 스님은 독립선언이 있기 전 계획 과정에서부터 한용운의 밀명을 받아 천도교의 최린, 기독교의 이승훈, 불교의 용성 스님 등에게 기밀문서를 전달하는 연락책을 했었다. 거사 전날에는 밤늦게 한용운이 운영하던 잡지 『唯心』社(桂洞)에 동지였던 신상완 김법린 백성욱 김상헌 오택언 김대용 김봉신 등 학승들과 모여 최후의 지령을 받았다. 한용운은 이 자리에서 그동안 비밀로 진행됐던 거사 계획과 독립선언의 내용을 밝히면서 선언서 1만 장을 이들에게 나누어 주었다고 스님은 회고했다. 이들은 선언서를 전달받은 뒤 인사동에 있던 범어사 포교당으로 자리를 옮겨 다음날에 있을 행동 요령을 정하는 한편, 그날 밤 안으로 시내 사찰과 학교, 시민들에게 거사를 急報했다.[24]

---

24) 〈불교신문〉 1989. 3. 1, 「3. 1절 70주년 특별취재: 그날 파고다 공원서 대한독립만세 부른 應松 스님」. 그런데 이 기사에는 2월 28일 밤의 만해 자택 모임에 응송도 참가한 것으로 나온다. 그런데 불교신문 기자(홍사성)는 2월 28일 밤 참가 사실을 응송의 구술을 통해서 쓴 것인지, 아니면 취재 후 추가 자료를 확인을 거쳐 쓴 것인지에 대해서 기억을 하지 못했다. 필자가 제반 사정을 보건대 3월 1일의 한 달 이전에 응송이 만해 심부름을 한 것은 분명하다고 본다. 그 연유는 심부름하지 않고서는 그런 구체적인 내용을 알 수 없기 때문이다. 그러나 2월 28일의 참가는 응송이 3월 1일 이전에 만해를 만

위와 같은 말년(98세)의 증언은 위에서 소개한 김법린의 기술 내용과 거의 같다. 그렇다면 응송도 2월 28일 밤, 만해의 집에 참가한 것으로 추측할 수 있다.[25] 김법린의 기술에서 "現 惠專의 前身 佛教中央學林의 學生 申尙玩 白性郁 金祥憲 鄭炳憲 金大鎔 吳澤彦 金奉信 金法麟과 中央學校의 朴珉悟[26] 等은 故 萬海 韓龍雲 先生의 緊急한 命令에 依하야 桂洞에 있는 先生의 自宅으로 모이엇다"의[27] 등(等)에 포함되지 않았을까 한다.[28]

났다는 말을 듣고 사건을 재구성하면서 응송을 포함했을 개연성이 높기에 때문에 사실이 아닐 가능성이 크다. 그리고 한용운의 일제 재판 시 문답에서도 2월 28일 모인 학인들의 이름을 거명할 때에도 응송의 이름은 나오지 않았다. 그리고 한용운은 재판정에서 독립선언서의 배포는 3월 1일 밤에 해야 한다고 당부한 사실, 그리고 김법린은 만해 집을 나와 인사동 포교당에서 여러 대책을 협의하고 나온 시간이 새벽 3시라고 하였다. 〈불교신문〉이 2월 28일 밤에 사찰, 학교, 시민에게 거사를 급보했다고 쓴 것도 사실과 부합하는 것은 아니다. 이런 점에서 응송의 학인 모임 참가는 추가적인 검증이 필요한 부분이다.

25) 김어수는 〈불교신문〉165호에 기고한 「漫像漫筆 1: 覺皇寺와 明進學校」에서 응송도 만해의 집 모임에 참가했다고 서술했다. 그런데 그 서술에는 지금껏 김법린 증언에 들어 있지 않았던 정맹일, 강재호, 박근섭, 장도환, 양무홍, 박영희 등이 추가되어 나온다. 요컨대 그날의 모임에는 중앙학림 학인 10여 명 이상이 참가하였을 가능성이 크다. 그러나 김어수의 이 증언도 사료 검증을 거친 연후에 활용해야 할 것이다.

26) 중앙학교는 중앙학림이 아닌 중앙고등학교의 전신이다. 당시 승적을 가지고 있었던 박민오는 朴魯英으로 불렸는데, 3·1운동 후 미국으로 유학을 가서 미네소타대학에서 철학박사를 받았다. 『인물로 본 중앙 100년』 중앙교우회, 2005, p.665. 그의 연고사찰은 통도사인데, 그가 이 모임에 참가한 것은 아마도 만해가 1913년의 통도사 강원의 강사를 할 때의 인연 때문이 아니었을까 한다.

27) 위의 김법린 「삼일운동과 불교」 p.15.

28) 김법린은 〈대한불교〉 1964.9.6, 「한국불교항일투쟁 회고록: 동래읍 기미만세사건」에서 만해는 자신이 신뢰한 대상들을 불렀다고 하면서 그 참가자 중앙학림 학생 10여 명을 신상완, 정병헌, 오택언, 백성욱, 김상헌, 김봉신, 金正源, 金太容, 박민오, 필자(김법린) 등으로 기술하였다, 여기에도 응송 박영희(박학규)는 나오지 않는다. 2월 28일 모임에 참가한 오택언은 "내가 간 후에 신상완, 김상헌, 김법윤 김대용, 김봉신, 백성욱, 정병헌, 김규헌이 왔다"고 증언했다. 이 증언을 유의하면 오택언이 도착하기 이전에 다녀간 대상 인물이 있을 수 있다. 『한민족독립운동사 자료집』 14, 국사편찬위원회, 1991, p.116. 그런데 김상호는 그 모임에 참가하지는 않지만 〈대한불교〉 1964.8.23, 「한국불교항일투쟁 회고록: 3·1운동에서 8·15광복까지 숨어 있던 이야기」

역사적인 3월 1일, 그날 응송은 33인이 모여 독립선언을 하던 태화관에 가서, 만해가 연설하는 것을 듣고 탑골공원으로 갔다. 응송의 자서전에는 3월 1일의 탑골공원 만세운동 광경이 자세하게 묘사되어 있다. 그의 회고에 의하면 선언문이 낭독되었고, '대한독립 만세' 삼창을 목이 터지도록 외쳤고, 대중들은 종로에서 광화문 네거리로 행진한 뒤, 4개 분대로 나뉘어 시가행진을 하였다는 것이다.

당시 나는 제3대의 선두자로 행진하던 중 정동 대법원 앞에 이르러 부상을 입게 된다. 바로 손가락 끝을 잘라 길이 3~4척 정도의 흰 명주에 '대한독립만세'라는 혈서를 썼다. 혈서를 들고 행진하는데 어떤 승려가 대나무를 구해 와서 혈서로 깃발을 만들었다. 혈서 플래카드를 앞세우고 행진하니 그 기세가 하늘을 찌르는 듯했다.[29]

응송 스님은 3조의 선두에서 행진하다가 정동 대법원 앞에 이르러 오른손 중지를 돌에 찧어 목에 둘렀던 하얀 명주 수건에 '대한독립만세'라는 혈서를 썼다. 손에 든 것이 아무것도 없어 즉석 플래카를 만든 것이었다. 누군가가 대나무를 구해 그것을 붙들어 맸다. "혈서를 쓰고 손가락에서 피가 떨어지는데도

에서 "거사 2월 28일 밤 한용운 스님은 평소 아껴오던 중앙학림(지금 동국대학교 전신) 신상완, 김상헌, 정병헌, 백성욱, 김법린, 오택언, 김봉신, 김대용, 그리고 중앙학생인 박민오 등을 계동에 있는 잡지 「唯心」사로 긴급히 불러 모아 서울과 전국 각지의 승려 및 신도들을 총동원하여 독립만세운동을 전개할 방략을 세워 지시하였다고."고 서술했다. 여기에서도 응송의 이름은 나오지 않는다. 여기에서 기이한 것은 한용운은 재판 과정에서 김대용은 오지 않았고, 김동신(김봉신?)은 그때 비로소 왔다고 발언하였다. 김대용은 김법린의 회고에 분명히 나온 인물인데 왜 만해는 오지 않았다고 하였는가이다. 또한 김법린 증언에 나오는 박민오는 오택언의 증언에서 누락되었다. 요컨대 2월 28일 밤, 모임의 참가자는 일부 오류가 있을 가능성이 있는 것이다. 따라서 응송의 참가 사실 여부는 단언하기 어렵다.

29) 박영희 「응송 박영희 자서전」『동다정통고』 이른아침, 2015.

아픈 줄 몰랐어, 온몸이 솟구치고 가슴이 벅차 올라 온몸이 터질 것 같았지. 마음 놓고 만세를 불렀더니 금방이라도 독립이 될 것 같았어." 응송 스님은 그때 혈서를 썼던 중지를 내밀어 보였다. 손톱 부근이 약간 꼬부라져 있었다.[30]

이렇게 응송은 만세 시위에서도 혈서 깃발을 들고 용감하게 행진하였다. 응송은 3월 1일 오후 내내 시위에 참여하였고, 그 이후에는 일제가 시위대를 향해 발포하면서 생긴 부상자들의 치료를 하였다. 그러고 나서 일주일 후에 응송은 출신 사찰인 대흥사로 떠났다. 대흥사의 만세운동을 추진하기 위함이었다.

3·1선언 시위가 있은 후 倭警의 감시가 더욱 강화되었다. 따라서 독립운동은 겉으로 드러내고 활동할 수가 없었기 때문에 자연스럽게 지하운동으로 전개하라는 상부의 명령을 받는다. 당시 서울 동부 책임자로서 지하운동에 활약하던 나는 약 1주일이 지난 후 상부의 명령을 받는다. 바로 독립선언서를 휴대하고 해남군 대흥사에 돌아가서 이 지역 청년들을 집합한 후 독립운동의 취지와 세계정세의 흐름을 설명하는 것과 독립선언서를 다시 인쇄하여 해남 장날을 이용하여 선포하라는 것이었다.[31]

인용문에 따르면 그는 대흥사, 해남, 화엄사 등의 만세운동을 추동하게 되었다. 위의 증언에서 주목되는 것은 '상부'라는 것이다. 중앙학림 차원에서 조직한 신상완을 중심으로 한 단체를 염두에 둔 것으로 추정되지만, 신중한 판단이 요청된다.

응송은 광주를 거쳐 대흥사에 도착하여, 그곳 승려인 정재성(鄭在成)·

30) 〈불교신문〉 1989.3.1, 「3.1절 70주년 특별취재: 그날 파고다 공원서 대한독립만세 부른 應松 스님」
31) 앞의 「응송 박영희 자서전」

정홍창(鄭興昌)·김재선(金在善) 등에게[32] 해남 지역의 만세운동을 추진하게 하였다. 그리고 완도로 들어가서는 오석균(吳錫均)을[33] 만나서 선언서와 태극기를 주고 만세운동을 당부하였다. 그 후에는 화엄사로 나와서, 중앙학림 출신으로 만세운동을 권유하려고 와 있던 정병헌을 만나서 구례 장날을 이용하여 만세 시위를 하도록 조언하였다. 이렇게 해남의 대흥사, 완도, 구례의 화엄사 등에 3·1운동의 파급을 위해 노력을 하고 응송은 상경하였다. 상경한 직후 그는 '본부'에[34] 보고하고 피신하였다. 그러나 그는 집요한 일제 경찰의 추적을 피하고자 서울을 떠나 만주로 향했다.

4. 만주 신흥무관학교 입교

응송은 3·1운동의 최일선에서 활약하였다. 만해 한용운을 도와 3·1운동의 발발과 조직적인 거사를 목격했고, 불교의 3·1운동 추동 및 전국화(기획과 파급)에 직접 참가하였다. 이런 활동을 하던 그는 피신할 겸 새로운 독립운동에 가담하였다. 만주의 독립운동 요원을 양성하는 무관학교에 입학한 것이다. 그 당시 응송의 심정을 전하는 글이다.

그리고 만세 사건이 터지고 난 다음에는 도저히 국내에서 견딜 수가 없어 그 해 4월 만주로 변장도주(變裝逃走)해 가지고 4년간 종적을 감추었다가 남모르

---

32) 대흥사 승려들을 만나 거사를 권유하였다는 내용은 자서전에 나오지 않는다. 〈불교신문〉에는 대흥사 승려들을 접촉한 내용이 나온다. 그가 대흥사 출신인데, 대흥사 승려와 접촉하지 않았음은 납득할 수 없다.

33) 오석균은 응송의 친구인지 지방 유지인지 애매하다.

34) 여기에 나온 본부는 3·1운동 직후 중앙학림에 있었던 민단본부, 즉 전국불교도 독립운동본부를 지칭하는 것으로 보인다. 3월 말, 4월 초부터는 항일승려인 백초월이 책임자로서 운동을 이끌었다. 김광식『백초월』민족사, 2014, pp.71-72 참조.

게 국내에 잠입(潛入)해서 완도 소안면 무인도에 가서 사립학교에 다니다가 다시 해남(海南) 사립학교로 전학했습니다.[35]

"거우 체포는 면했지만 이제 더 이상 숨을 곳이 없다는 것을 알았어. 그 무렵 마침 만주 군관학교가 생겼다는 소식이 들리더군, 나는 동지들과 그리로 가기로 했지."[36]

마침내 응송의 발걸음은 만주로 향하였다. 여기에서 주목할 것은 응송의 만주 군관학교 입교는 단순히 응송의 개인적인 차원에서 시도된 것이 아니라,[37] 당시 불교계 독립운동의 본부 차원에서 결정한 것이라는 점이다. 이 내용은 추후 보완, 보강될 내용이지만 응송의 『자서전』에서는 이를 다음과 같이 설명했다.

나는 3·1독립운동 이후 지도부의 지시로 여러 명의 청년(대부분 학생들이었다)들과 출국 대열에 합류하였다. 나는 신흥무관학교로 출발하기 전 3일간 훈련을 받았다. 당시 훈련의 내용은 線, 즉 목적지까지 갈 수 있는 연락처 및 암호, 중국의 풍습을 예습하고 암기하는 정도의 교육이었다. 1919년 4월 초 어느

---

35) 앞의 『법륜』174호, p. 22.
36) 앞의 〈불교신문〉「삼일절 70주년 특별취재」.
37) 당시 불교도 독립운동 본부에 관여한 김상호는 "또 조국광복을 위한 武力을 기르는 同胞들이 설립한 만주 군관학교에 박달준, 강재호, 박영희, 김봉율을 파견하여 臨戰의 실력을 기르도록 하였다"고 회고했다. 김상호 「3·1운동에서 8·15광복까지」〈대한불교〉1964.8.23. 김법린도 「三一運動과 佛教」에서 「滿洲 軍官學校 學生派遣」이란 제목으로 "전국의 불교청년 동지는 3월 중순 이래 京城에 雲集하야 諸方으로 활동하면서 끓는 熱血에 못 익여 軍事訓練의 必要를 느끼는 中 國內外의 諸 情勢에 鑑하야 武力 養成이 光復의 唯一한 길이라는 것을 痛感하자 마츰 滿洲에 軍官學校 創設을 듣고 希望 同志가 많았다. 해인사의 박달준, 김봉율, 대흥사의 박영희 등 諸氏가 特派된 듯 기억된다"고 서술했다.

날 오전 10시경에 경성역(지금의 서울역)에서 신의주행 열차에 몸을 실었다.

응송은 숱한 어려움을[38] 겪으면서 신흥무관학교(新興武官學校)에 도착하였다. 그러나 만주행을 단행한 불교청년들 전체가 응송과 함께 행동한 것은 아닌 것으로 보인다. 응송과 함께 만주 독립군 부대로 향한 학승들은 필자가 조사한 바에 의하면 11명으로[39] 파악된다.[40] 그 학승들의 이름은 박영희(응송), 박달준, 김봉율, 김장윤, 강재호, 송복만, 손덕주, 박덕윤, 이창옥, 이덕진, 김성수 등이다. 그러면 여기에서 응송이 찾아간 만주 벌판은 어디이고, 어떤 성격의 단체인지 알아보자.

만주군관학교는 奉川省 柳河縣 孤山子에 위치해 있었다. 韓末 이시영 선생이 동포 자제를 위해 세운 학교였는데 3·1운동을 계기로 군관학교로 체계를 바꾸어 군사교육을 실시하게 된 것이다.[41]

응송이 찾아간 신흥무관학교는 국권상실 이전부터 비밀결사 운동을 추진한 신민회 계열의 독립운동가들이 추진하여 1911년 말, 1912년 초에 창

---

38) 10여 명이 같이 떠나지 않고 개별적으로 이동했다. 이는 일제의 추적, 검문, 체포 등을 고려한 전략으로 보인다. 응송의 이동 과정은 자서전에 상세하게 나온다. 이 내용도 주목할 수 있는 것인데 당시 독립운동 지원 조직체에 대한 설명이기 때문이다. 그를 요약하면 신의주 米穀商社(독립운동가 편의 제공) – 朝鮮商社(안동현, 독립운동 지원) – 안동현부터 도보 – 개원의 朝鮮旅館 – 안동현, 일본 경찰에 피체(5일간 고문) – 도보(400리) – 고산자(목적지) 도착 등이었다.

39) 11명이라는 근거는 일제의 비밀 첩보문(「독립운동 자금 모집가 검거의 건」)에서 밝혀진 것이다. 김정명 『조선 독립운동』 제1권, 분책.

40) 앞의 『백초월』 pp. 76-79. 그런데 응송은 불교신문 기자와의 인터뷰에서는 해인사의 박달준, 김봉율과 일반 학생이었던 허황, 강근섭, 권태원 등이었다고 했다. 필자는 여기에서 나온 허황, 강근섭, 권태원에 대한 정보를 갖고 있지 않다. 즉 만주 독립군에 참여한 승려들의 숫자와 대상은 더욱 정확하게 검토되어야 한다.

41) 앞의 〈불교신문〉. 자서전에도 거의 같은 표현으로 나온다.

설한 학교였다.[42] 군사과는 1년 과정, 중등과정은 3년이었다. 3·1운동 이후 국내에서 지원자가 몰려들자 속성반(3개월, 6개월)을 운영하였다.

이때가 4월 중순경으로 서울을 떠난 다음 해인 1920년의 일이다. 나는 신흥무관학교에서 입학 수속을 마치고 이론과 교련 등 그날그날의 정해진 학교 생활에 충실하였다. 30여 일을 지나니 소위의 계급을 달아 주었다. 당시 내가 받은 소위 계급은 학과를 공부하는 중에서는 반장의 임무를 수행하고 교련 에는 중대장이었다. 국내에서 온 학생들은 대개 만주에서 온 학생들보다 수준이 높았기 때문에 대개는 나처럼 대우를 해주었던 것이다.[43]

응송이 신흥무관학교에 도착, 입학한 것은 1919년 4월경[44] 으로 보인다. 즉, 이때부터 응송은 무관학교 과정을 배우고 익혔다. 응송은 간부(소위)로 반장, 중대장의 역할을 하면서 신흥무관학교의 속성반의 간부로 활동하였던 것이다.

한편 그 무렵 일제는 국내와 근거리에 있는 만주 일대에서 독립전쟁 준비 및 국내 진입작전을 위해 군사훈련을 하는 독립군 부대에 대하여 제재를 가하기 시작했다. 이런 제재의 결과는 마침내 1920년 10월의 그 유명한 봉오동·청산리대첩으로 전개되었다.[45] 한국 독립군(홍범도, 김좌진)은 연이어 일본 군대를 유인하여 큰 전과를 올렸다. 그러나 이 대첩에 패

---

42) 서중석『신흥무관학교와 망명자들』역사비평사, 2000.

43) 앞의「응송 박영희 자서전」.

44) 그런데 당시 만주 군관학교에 파견된 강재호는 그 시점을 7월이라고 하였다.「정맹일 공적서」(강재호의 구술을 정맹일의 아들인 정충호가 대필하고, 서명한 문건이다. 정맹일의 독립운동가 공적을 위해 1983년에 작성)에서는 "그 후 본인이(그해 7월경) 만주로 가서 만주 독립군에 가담 활약하던"이라고 하였다.

45) 서중석「청산리전투 독립군의 배경-신흥무관학교와 백서농장에서의 독립군 양성」『한국사연구』111, 2000.

한 일제가 본격적인 만주 출병을 감행, 만주 지역의 독립군 부대 및 동포들에 대한 초토화 작전을 전개하면서 불가피하게 독립군 부대는 만주를 떠나 노령으로 이전하였다. 이런 와중에 응송은 청산리 전투의 본격화 단초를 열었던 전투에 참가하였다.

내가 신흥무관학교에서 학교 생활을 하는 동안에 자주 들려오는 소문은 바로 왜놈들의 압력설이었다. (중략) 8월 하순 무렵 어느 날인가 우리 정보원의 내통에 의하면 오늘 내로 왜군이 대동원되어 기습해 온다는 전갈을 받는다. 우리는 이에 대한 대비책으로 정예 부대원 삼백여 명을 동원해서 산악의 요소요소에 배치하여 만반의 전투태세를 갖추고 지키고 있었다. 3일째 되던 날 밤중에 왜군들이 쳐들어 왔다. 나는 이 전투의 선두에서 지휘하다가 적탄에 머리에 맞고 수풀 속에 쓰러져 정신을 잃고 말았다. 얼마 후에 왜놈들이 불리해져 후퇴한 후 인원을 점검해 보니, 우리 측의 부상자가 8명, 왜놈 측의 사망자는 근 10여 명이었다. 우리 측 부상자는 다 끌고 갔는지 그 상황을 파악하기 어려웠다고 한다. 우리 대원이 핏자국이 있는 곳을 찾다가 피투성이가 된 채 숲속에 쓰러져 있는 나를 발견했다고 한다. 나는 후방 야전실에서 치료를 받은 지 40여 일 만에 겨우 완치되었다. 이와 같은 사변을 치르고 나서는 자연히 학교를 지속적으로 운영하기가 어려워져 나와 같은 학생들은 하나둘씩 흩어지기 시작했다. 나 역시 슬픈 한을 품고 고산자를 떠나지 않을 수가 없었다.[46]

위의 기술에 나오는 바와 같이, 응송은 신흥무관학교에 재학 중 1920년 8월경 일본군과[47] 교전 중에 부상을 당하였다. 응송은 그 전투 이후 쇠락해 가던 신흥무관학교를 떠났다. 근 1년간, 만주 벌판에서 독립군을 양성

---

46) 앞의 「응송 박영희 자서전」
47) 그 정체가 정식 일본군인지, 아니면 일본의 사주를 받은 마적단인지는 더욱 분석할 여지가 있다. 응송은 불교신문 기자에게는 마적단이라고 하였다.

하는 무관학교에서 훈련을 받고 일본군 혹은 마적단과 전투를 하고 국내로 복귀하였다.

그런데 웅송이 신흥무관학교에서 훈련을 마친 과정이 1년의 정식 과정인지, 아니면 속성반(3개월, 6개월)인지, 그리고 무관학교의 입학 시점과 졸업 시점에 대한 문제는 추후 세밀한 검토가 요청된다.[48] 그리고 북로군정서(김좌진) 산하의 대한군정서 사령부 부관 겸 사관연성소 학도단장을 맡았다는 박영희(朴寧熙)라는 인물이 있었다고 선학의 연구 성과에 나온다.[49] 물론 박영희는 신흥무관학교 출신이었다. 그렇다면 여기에서 나오는 박영희와 웅송 박영희는 동일 인물인지, 동명이인지를 따져볼 필요가 있다. 문제이다. 당시 웅송은 자신은 그 시절에는 박위(朴緯)라는 이름을 썼다고 밝힌 것을 보면 별개의 인물로 생각된다. 어쨌든 웅송에게 신흥무관학교의 기억은 결코 지울 수 없는 일이었다.[50]

---

48) 여기에서 신흥무관학교에 웅송과 함께 갔던 것으로 추정되는 해인사 출신인 박달준의 자료 즉 「박달준 이력서」(독립기념관 소장 자료 ; 1-001533-000)를 참고 자료로 검토할 수 있다. 그 이력서에는 "서울 連絡이 有하여 朴達俊 金奉律 李昶旭 李德珍 金成秀(청산리전 전사) 李宗仁 孫德炳 金陽午 등은 上京하여 臨政府의 지시로 靑年들은 앞으로 軍事訓鍊을 必受토록 되어 滿洲 柳河縣 三源浦 所在 臨政 第一軍政署에 倒着 同地 新興武官學校에 入學하다. 1919년 11월 同校를 卒業하고 繼續해서 敎成隊에 編入되어 1920년 3월 1일까지 高等 軍事敎育을 受하고 同年 3월 5일부로 유하현 多沙灘 小學校 屬 敎官으로 復命 勤務中 동년 8월경에 日軍 入滿한다는 情報를 接하자 李靑天 李範奭 吳光鮮 氏는 敎成隊員 大多數를 引率하고 北滿 軍政署로 移動되어 結局 靑山里戰役에 進0케 되고 本人 박달준은 第一軍政署 地區 警備 別動隊에 編入되어 梁恩錫 朴一 隊長에 劉基 先生, 各軍 多數 安覺함 等은 晝夜 (중략) 거듭하던 中 日軍 大擧 南滿 一帶를 蘯襲해 왔음으로 衆寡不敵하여 부득이 國內에 潛入하여" 나온다. 즉 박달준 이력서에는 졸업이 1919년 11월로 나온다.

49) 앞의 『신흥무관학교와 망명자들』 pp. 202-203.

50) 웅송은 신흥무관학교의 계승 차원에서 설립된 신흥대학(현 경희대)의 이사로 활동한 바 있다.

5. 만당의 참여, 독립운동 지속

응송은 만주 신흥무관학교 입교, 훈련, 일본군과 전투 등을 겪고 1920
년 후반경[51] 국내로 귀국하였다. 응송은 1920년 9월 30일부터는[52] 대흥
사의 사립학교인 장춘보통학교에[53] 근무하면서 후학을 가르치는 일에 전
념하였다. 그 후, 1922년 10월에는 완도군 전일면에 있는 사립학교에서,
1925년 4월부터는 완도군 소안면의 사립학교에서 교편을 잡았다. 그러다
가 1926년 1월경 대흥사로 복귀하여 장춘보통학교에서 학생들을 가르쳤
다.[54] 이렇듯이 그는 고향에서 15년간 교직에 종사하였다.

응송은 1928년 중앙불전에 입학하여 불교학을 더욱 공부하면서, 3·1운
동 무렵의 동지들을 규합하여 민족운동을 다시 추진하겠다고 다짐하였
다. 그런 다짐의 산물로 나타난 것이 항일 불교청년들의 비밀결사인 만당
(卍黨)이었다.[55] 만당은 1930년 5월경에 창립되었다. 만당은 강령을 정교
분립(政敎分立), 교정확립(敎政確立), 불교대중화로 표방한 것에 보듯 불
교의 자주화와 불교의 대중화를 통한 불교혁신을 목적으로 한 조직이었
다. 이런 노선은 결과적으로 식민지 불교체제의 극복과 항일불교 지향으
로 이어졌다. 만당의 결성은 일본 유학생 출신인 조학유 계열과 중앙학림
출신인 응송의 이원적인 추진에서 가시화되었다. 응송은 자신이 추진한
만당 결성의 배경을 다음과 같이 회고하였다.

  "아마 내가 中專 3학년 때라고 생각하는데 어느 날 만해 스님이 학교로 나를

---

51) 이 시점도 재고가 요청된다.
52) 그런데 「수행이력서」에는 이 시점은 1920년 11월 13일이라고 하였다.
53) 이 학교와 대흥사의 관련성은 세밀한 검토가 요청된다.
54) 『금강저』 21호(1933. 12), p. 40, 「18인 印象記」.
55) 김광식 「조선불교청년총동맹과 卍黨」 『한국 근대불교사 연구』 민족사, 1995.

찾아오셨어. 그리고 비밀결사를 조직할 것이니 인물을 물색하라고 지시했지. 그래서 옛날 함께 운동했던 최범술, 이용조, 강재호, 박근섭 등을 만나 탑골 근처에서 막걸리 한 잔씩 마시고 決死不變의 맹세를 했지. 그 뒤 점차 동지를 규합했는데 30~40명을 확보했지."[56]

1930년, 만해가 중앙불전(中央佛專)으로 응송을 찾아와서 비밀결사를 조직하라는 당부에서 만당 결성이 시작되었다는 증언이다. 그래서 응송은 그 이전에 같이 운동을 하였던 최범술, 이용조, 강재호, 박근섭 등을 만나 규합하였다는 것이다.

응송이 회고한 만당의 내용은 다음과 같다. 만당은 3·1독립운동의 정신을 따르는 것에 근본 뜻이 있었지만 표면상 목적은 불교유신 및 혁신으로 하였다. 비밀결사였기에 입당심사는 세 사람으로 3회의 사전 심사를 거쳐야 한다. 그리고 공휴일에 야외로 나가 집회를 갖고 신입 당원에게 규약, 선서, 강령을 발표케 하였다. 그러나 회의 서류는 일제의 탄압에 대비하기 위해 일절 비치하지 않았다. 만당이라는 명칭은 만(卍)이 불교를 상징하고, 한용운의 호가 만해(卍海)였던[57] 점을 고려하였다. 또한 중앙 불교계에 문제가 생기면 그에 개입하여 여론을 조정하고, 총독부의 불교 개입이 지나칠 때도 여론을 조성하는 것을 목적으로 하였다. 만당 당원의 재정 충당을 위해 당원들이 각 사찰의 주지 및 간부진으로 나가서 자금을 모금하기도 했다.

한편 응송은 만당 당원들의 주도적인 노력으로 1931년 3월에 출범한 조선불교청년총동맹의 서기장으로 피선되었다.[58] 그리고 1931년 2월 중앙불전 졸업에 즈음하여 졸업생들이 불교 발전을 위해 순교하자는 각오로

---

56) 앞의 〈불교신문〉.

57) 萬海라고도 사용했다.

58) 〈동아일보〉 1931. 3. 26, 「불교청년총동맹 창립대회 종료」.

결성된 모임인 2958회에도 가담하였다.[59] 응송은 졸업 후, 대흥사로 복귀하여 대흥사 감무(監務)를 맡으면서[60] 이 모임의 제1대 책임자로 활동하였다.[61]

그러나 만당은 1930년대 초반 불교청년운동의 정상화, 불교혁신, 교단 종헌체제의 가동, 식민지불교 체제의 극복 등 다양한 활동을 담당하였음에도 불구하고 1933년경에 자진 해소하였다. 그 해소의 연유는 다음과 같다. 중앙 교단의 간부에 취임치 않는다는 약속을 어긴 일부 당원이 등장했고, 당시 등장한 교단 내부의 갈등(중앙불전 휴교, 재단 증좌 등)에 당원들이 관련되면서 결과적으로는 당원들 간의 갈등이 나타났다. 그러자 만당의 노출, 일제의 탄압을 예상한 일부 당원들의 결단으로 해소되었던 것이다. 그런 가운데 당원이었던 이용조는 만주로 떠나고, 김법린과 허영호는 최범술이 주지로 있었던 다솔사(경남 사천)로 낙향하여 후학을 가르치면서 만당의 재기를 꿈꾸었다.[62] 따라서 다솔사는 만당 당원들의 집합처, 항일 및 배일의 근거지가 되었다. 또한 경남 지역의 배일 인사들이 다솔사를 왕래하고 만해 한용운도 서울에서의 환갑 모임을 마치고 바로 이곳으로 내려와 동지, 후학들과 회포를 풀기도 하였다.[63]

이렇게 하여 공식적인 만당은 해소되고, 당원들은 지방에서 칩거하던 시절에 응송은 만당의 재원을 모금하여 충당하기도 했다. 그는 장흥의 보림사 주지(고인봉), 나주 불회사 주지(김병연), 화엄사의 승려인 정홍창과

---

59) 김광식「二九五八會考」『한국 근대불교의 현실인식』민족사, 1998.
60) 응송은 1932년 후반에 대흥사 감무를 맡으면서도 불교청년총동맹의 산하 大興同盟의 檢查委員의 역할을 하였다.『佛青運動』7·8호(1932.10), p.34, p.37. 그는 1936년 3월부터는 재단법인 중앙교무원의 補欽理事로 선임되었다.
61) 위의 책, p.97. 이 모임의 2차 대회는 1931년 8월 6일, 응송이 거주하던 대흥사에서 개최되었다.
62) 김광식「卍黨과 효당 최범술」『민족불교의 이상과 현실』도피안사, 2007, pp.166-177.
63) 김광식『만해 한용운 평전』장승, 2007, p.248.

정재성 등으로부터 비밀 자금을 모아서 만당의 재정에 활용케 하였다. [64]

만당은 1937년경[65] 만당 당원의[66] 고발로 일제의 조사를 받고 당원들이 검거되었다. 지방의 사찰에서 은둔하면서 재기를 모색하고 있었던 당원들도 각 연고지의 경찰서에 끌려가서 무수한 고문을 당하고 고초를 겪었다. 응송도 전남 도경에 끌려가서 40여 일간 고문 조사를 받았다. 당초 만당의 당수는 만해 한용운을 생각은 하였으나 공식적으로는 당수를 정하지 않았다. 이는 후일 일제에 노출될 것을 염려하여 그렇게 한 것이다, 그래서 당원들은 한용운을 찾아가서 지도는 받았지만, 만해에게는 '당수로 모신다거나' 혹은 '당수로 여긴다는' 말을 일절 하지 않기로 약속했다. 후일, 실제로 일제에 검거되었을 때 당원 대부분이 당수는 없다고 진술하였다.

나는 전남 경찰부 고등과장이었던 경부 호진이란 사람에게 취조를 당했는데 그 고통은 말로 표현하기 어려웠다. 심리적인 고통뿐 아니라 몸의 고통이 대단하였다. (중략) 만당의 고발자에 의하면 분명 만당은 항일투쟁운동 단체인 줄을 알았는데, 고문을 하면서 취조를 해봐도 모두 佛敎維新으로만 진술할 뿐 아니라 항일 투쟁단체라는 증거가 나오질 않았다. 다른 한편으로 조선총독부의 비밀정책상, 한용운을 중심으로 조직된 단체가 이처럼 확대되었는데도 그 내용을 알지 못했다는 것은 상부의 문책이 두려워서 우리의 진술 내용처럼 만당은 불교유신을 위한 단체라는 결론을 내고, 이 사건을 종결시켜 버렸다. 지금도 왜인들과 싸우던 생각을 하니 가슴이 찢어질 것 같다.[67]

이렇게 응송은 만당의 당원이었기에 일제로부터 갖은 고초를 당하였다.

---

64) 앞의 〈불교신문〉. 그런데 이런 모금 활동을 한 구체적인 시점은 단언할 수 없다.
65) 일부 기록에서는 1938년이라고도 한다.
66) 鄭 某라고 전하는데, 그는 정상진이었다.
67) 앞의 「응송 박영희 자서전」

응송은 이렇듯이 1930년대 후반까지 치열하게 독립운동을 하였다. 문제는 만당 문제로 고문과 구속을 당한 이후의 응송의 행적에 대한 평가이다. 구속된 이후에도 민족의식은 여전히 살아 있었겠지만, 응송은 1937년부터 해방되던 1945년 8월까지 대흥사 주지로 있으면서 불가피하게 일제에 협조하였다.

이에 대하여 일부 연구자는 그 시절의 응송의 행적을 '친일'로 보고 있다. 그래서 여기에서는 응송을 비판적으로 인식한 관점을 살펴보고, 필자의 의견을 개진하고자 한다. 문제의 그 연구자는 2001년 민족사에서 펴낸 『일제하 불교계의 항일운동』이라는 책에서 응송의 행적을 「박영희 스님의 항일투쟁」이라는 주제로 다루었다. 그러다가 2005년도 청년사에서 펴낸 『친일승려 108인』에서는 「의병운동과 3·1운동 참여 후 친일로 변절한 본산 주지」라는 제목으로 응송을 '친일승려'의 범주에 포함시켰다. 이런 이원적 인식은 애매하고, 기회주의적인 인식이다.

문제가 되는 시점은 1937년 이후이고, 문제가 되는 내용은 본산 주지로서 행한 조치와 행보이다. 친일적인 논란을 야기하는 구체적인 행보는 중일전쟁 출정군인의 위문금 납부, 북지황군 위문단 격려, 중일전쟁 전몰장병 추도식 참석, 창씨개명, 해군 비행기 헌납금 납부, 신궁 참배, 국방헌금 납부 등이었다. 이와 같은 행적은 본산 주지라는 공적인 입장에서 수행된 것이다.

그렇다면 본산 주지로, 교단의 방침을 수용한 행정적인 조치를 두고 해당 본산 주지를 친일승려라고 단정할 수 있는 것인가? 일제 말기에 본산의 주지를 한 승려는 수십여 명이 넘는다. 그런데 왜, 어떤 연유로 이종욱, 허영호, 박영희, 최범술, 김구하가 주로 논란이 되었는가?[68] 진보적 역사가들이 위의 승려들을 바라보는 공통점에는 '선항일, 후친일'이 있다. 이

---

68) 최범술과 김구하도 논란의 대상이 되었지만 후손, 후학의 적극적인 이의 제기, 자료 제출, 학술적 검토 및 대응 등으로 제외되었다.

런 평가의 저변에는 배신, 변절이라는 감정적 관점이 개재되었다. 그들은 응송의 명예, 일생, 가치 등을 자기의 주관으로 판단하고 표현의 자유(사상, 양심, 언론)라는 명분으로 한 인간의 삶을 자기의 취향으로 재단하였다.[69] 필자는 응송이 적극적, 자발적으로 개인 명리를 위한 친일 행보를 취했다고 보지 않는다. 그가 본산 주지를 하면서 개인 영달을 하였다는 기록과 증언을 찾을 수 없고, 그런 영향을 끼치지도 않았다고 본다.

필자는 한 인간의 생애에 대한 가치 평가는 삶 전체의 행적을 놓고 판단해야 한다고 본다. 정치적, 감정적인 평가는 일시적으로는 통할지는 몰라도, 그런 판단이 보편성, 공정성을 유지하기는 힘들다고 본다. 물론 응송에게도 '친일'로 인식될 수 있는 행적은 있다. 그런 행적에 대한 분석과 비판은 학술적 접근을 통한 연구에 맡겨야 한다. 한 인간에 대한 해석은 자유이지만, 다면적 관점에서 접근해야 하며 개인적 감정, 보복, 매도 등이 개입될 소지가 있다면 이미 학문이 아니라고 본다.

6. 결어

이제 맺는말은 앞에서 살핀 응송이 펼친 민족의 독립운동을 재음미하면서, 그에 담긴 의미를 추출하고자 한다.

첫째, 응송의 삶, 특히 독립운동에 나타난 이념은 민족불교로 볼 수 있다. 이는 필자가 제시한 민족불교의 이념에 부합하는 것이다. 다만 민족불교의 한 부분인 불교대중화 측면이 본 고찰에서는 미진하였지만, 그가 해방 이후 다도(茶道)의 발전과 보급에 기울인 노력을 고려하면 응송의 민족불교 이념은 수긍할 수 있다.

---

69) 임혜봉은 일제 말기 응송의 행적을 분석하고 '적극적인 친일 인물이 되었다'고 서술했다. 앞의 『친일 승려 108인』 p. 197.

둘째, 입산 직전의 의병 참여, 그리고 입산 출가의 배경으로 작용한 독립운동에 투신하고자 했던 일념이 그의 삶 전체에 걸쳐 투영되었다. 이로써 그의 독립운동은 우연적인 것이 결코 아니고 동기와 목적이 분명한 대의적 행보였다.

셋째, 응송의 3·1운동 참여와 역할은 지금껏 간과되어 온 측면이 적지 않다. 특히 그가 만해를 도우면서 3·1운동 1개월 전에 행하였던 행적은 적극적으로 인식, 수용할 필요가 있다.

넷째, 응송이 신흥무관학교에 입교한 것과 그를 비롯한 불교청년 10여명이 신흥무관학교에 단체로, 조직적으로 입교한 것은 지금까지 만주 독립운동사에서 거의 취급되지 않았다. 불교계, 불교청년들의 신흥무관학교 입교와 훈련, 대일 전투 참여는 재조명되어야 할 내용이다.[70]

다섯째, 만당은 지금껏 만해의 항일운동 차원에서 주목되었다. 최근 만당의 당원에 대한 연구가 진일보하면서,[71] 이제는 응송의 관련성도 재탐구하여야 할 것이다.

여섯째, 기존의 친일파 연구도 새롭게 서술할 필요성이 제기되었다. 이 문제는 불교 외부에서도 논란이 적지 않았지만 응송의 경우도 새로운 관점으로 조명해야 할 것이다.

이상 필자가 이 글을 서술하면서 정리한 응송의 독립운동과 연관된 문제를 제시하여 보았다. 이런 측면 이외에도 추가적인 문제, 관점 등이 노정될 것이다. 이에 대한 진지한 학술적 접근이 이루어지길 기대한다.

---

70) 지금까지 나온 신흥무관학교의 저술, 논문 등에서 불교와 연관된 내용은 거의 없다. 만해 한용운이 1912년 경, 신흥무관학교를 방문하고 귀가 도중에 학생들에게 친일파로 오인받아 충격을 받은 것은 반영, 서술되어 있다. 이 내용은 신흥무관학교를 설립한 이회영의 부인의 회고록에 전한다.
71) 최범술 연구는 효당사상연구회(반야로) 주관으로 수년 전부터 진행되었고, 최근에는 허영호에 대한 연구도 만해학회에서 주관하여 시행되었다.

제12장_조영암

만해 문학을 계승한 건봉사 출신 승려시인

1. 서언

근현대 불교는 역사의 굽이마다 파란만장한 비사를 남겼다. 그 비사에는 정의와 부정, 명예와 오명, 항일과 친일, 승리와 패배, 주류와 비주류, 전통과 신문명 등 극단을 오갔던 이야기가 담겨 있다. 그런 극단의 이야기 속에는 아직도 정당하게, 객관적으로 평가를 받지 못하고 역사의 뒤안길에 묻혀 있는 인물이 적지 않다. 이 장에서 다루고자 하는 조영암(趙靈巖, 1918~2001?)도 그런 인물이라고 볼 수 있다.

조영암은 건봉사 출신 시인으로 독특한 개성을 지닌 승려였건만, 지금껏 그에 대한 온당한 평가는 이루어지지 않았다. 다만 일부 연구자들에 의해서 건봉사 출신의 시인이었다는 정도의 미미한 접근이 이루어졌다.[1]

---

1) 그에 대한 연구는 이명찬의 연구가 유일하였다. 다만 한계전과 이흥섭이 건봉사 출신들의 문인들을 정리하는 가운데 조영암의 존재를 기록하였고, 정남채가 종군문학가의 일원으로 다룬 정도였다. 이명찬 「虛寂에 이르는 길 - 조영암의 시세계」 『만해학보』 창

조영암(趙靈巖, 1918~2001?)

그러나 조영암은 건봉사에서 수학하였을 뿐만 아니라 오대산 상원사에서 도인으로 명망이 높았던 방한암 회상에서 수행하였고, 월정사 강원에서는 승려 독립운동가로 유명한 백초월에게서 수학하였다. 그리고 말년에는 한국 현대불교의 최고 선지식이었던 성철에게서 증명과 인가를 받아 그의 법제자가 되었다. 또한 그는 개성적인 선시(禪詩)를 썼고, 『시산(屍山)을 넘고 혈해(血海)를 건너』(정음사,

1951)로 대표되는 6·25전쟁 소재의 시집을 낸 종군작가로 활약하였다. 우파적인 입장에서 현실참여 성격이 강한 행보를 걸었던 그는 『임꺽정(林巨正)』(전 5권, 공동문화사, 1973)과 같은 소설을 썼고, 『고금소총』을 집필한 베스트셀러 작가였다. 그의 다양한 글쓰기는 성명철학서 및 『당뇨 완치 일기』(우리출판사, 1994)의 발간에 이르기까지 종횡무진 그 자체였다.

필자는 만해 한용운을 연구하면서 만해의 활동 무대였던 건봉사의 근대기 문화와 건봉사에서 경영한 학교인 봉명학교 출신들의 행보를 연구[2] 하

_____

간호, 1992 ; 한계전 「만해 한용운과 건봉사 문하생들에 대하여」 『만해학보』 창간호, 1992 ; 한계전 「만해와 건봉사 봉명학교」 『유심』 4호, 2001 ; 이흥섭 「건봉사와 만해 한용운 시문(詩門)」 『금강산 건봉사의 역사와 문화』 인북스, 2011 ; 정남채 「한국전쟁기 종군시의 주제의식과 미적 특성 연구 ; 조지훈·조영암·유치환을 중심으로」 경성대 박사학위논문, 2007 ; 정남채 『전장에서 피운 시문학』 보문각, 2013.
2) 김광식 「건봉사의 재일 불교유학생과 봉명학교」 『금강산 건봉사의 역사와 문화』 인북스, 2011.

면서 조영암을 주목하였다. 필자는 조영암이 만해를 간디와 타고르의 요소를 겸한 인물이라고 서술하여,[3] 만해의 정체성을 해방 이후 최초로 개념화한 것을 주목하였다. 필자는 이처럼 조영암에 대한 관심이 적지 않았으나, 그의 생존 시에는 인연이 닿지 않아 만나지는 못하였다. 이후 항일 독립운동가인 백초월의 일대기인『백초월』(민족사, 2014)을 집필하면서 조영암의 후손을 만났다. 이런 인연의 어울림으로 이 글을 집필할 수 있었다.

이 글에서는 조영암의 불교와 연관된 생애를 정리하고자 한다. 특히 조영암이 승려였던 점을 주목하여, 그의 불교계 행적과 고승들과의 인연을 중심으로 불교사상을 추출하는 데 중점을 두었다.

2. 건봉사, 한용운

조영암은 1918년 5월 27일, 강원도 회양군 장안사면 신풍리(금강산 비로봉)에서 출생하였다. 그의 속명은 승원(勝元)[4]이었는데 그의 조부는 의병 참가로 희생되었다. 그의 선친은 그런 집안 환경으로 고초를 겪지 않았을까 한다. 그래서 그는 외할머니의 소개로 유년 시절에는 석왕사에서 생활하면서 불교와 인연을 맺은 것으로 보인다. 그는 15세 때인 1932년에 건봉사로 출가하였다. 은사는 강백이었던 김일우(金日宇)였다.

건봉사에서 승려의 길을 걷던 그는 건봉사에서 운영하는 신식학교인 봉명학교에서 수학하였다. 봉명학교는 초등부, 중등부가 있었는데, 그는 중등부에서 수학하였을 것으로 추정된다. 봉명학교는 신식학교였기에 불교

---

3) 그는『자유세계』1권 4호(1952.5)에 기고한「祖國과 藝術: 젊은 韓龍雲의 文學과 그 生涯」의 서두에서 자신의 만해관을 피력했다.
4) 珏元이라고 하였다는 기록도 있다.

뿐만 아니라 신사조와 문학 등을 광범위하게 가르쳤다. 특히 건봉사 출신으로 일본 유학을 거친 인재들이 건봉사로 돌아와서 봉명학교의 후배들을 지도하였는데, 그들의 행적은 건봉사 학인들의 문화적 충격으로 작용하였다. 봉명학교의 인문학적인 수업 과정(토론회, 글짓기, 연극, 운동회 등)은 다양한 인재를 배출한 원동력이 되었다. 이런 토양 덕분에 문학 방면으로 다수의 시인이 배출되었다.

그런데 건봉사는 만해 한용운과 인연이 많은 사찰이었다. 한용운의 출가 사찰은 백담사였지만, 백담사의 본사인 건봉사에서 만해는 강원의 수학 과정을 거쳤다. 또한 그에게 만해라는 법명을 준 법사인 만화 선사도 건봉사의 재적승이었다. 이런 연고로 만해는『건봉사 사적』을 1928년에 편집하여 출간케 하였고, 시간이 나면 건봉사에 내려가서 후학들에게 문학과 불교사상에 대하여 특강을 하였다. 그런 연유로 건봉사의 학승이나 청년 승려들은 만해에게서 큰 영향을 받았다. 이런 측면은 선학의 연구에서 이미 밝혀졌다.

조영암과 건봉사, 만해와의 관련성을 찾아내는 것이 이 글의 중요한 의도이지만, 조영암의 회고록이나 관련 기록 등이 미약한 상황이기에 이를 구체적으로 제시하기는 난감하다. 그러나 조영암과 함께 1930년대 중반, 건봉사에서 수학한 박설산의 회고록에는 그 내용의 일단이 다음과 같이 나오고 있다.

만해 선사께서 오셨다. 소설『흑풍(黑風)』을〈조선일보〉에 연재하실 때이다. 우리는 호롱불 밑에서 신문지가 닳아 찢어지도록 돌려 읽었다.『흑풍』의 주인공 왕한이 만해 선사 같다며 웃기도 했다. (중략) 봉명학교 측도 만해 선생의 이야기를 듣고 싶어 했으나 만당 사건으로 고생하신 여독이 가시지 않아 등단 강연회는 하지 못하고 좌담으로 이야기를 듣기로 했다.

금암 스님이 만당의 취지와 전망에 대해서 물으셨다. 만해 선사는 부처님 파사현정(破邪顯正)의 준엄한 법에 근거하여 조선불교를 젊은이들이 짊어지고 나아가야 한다고 말씀하셨다. 임진왜란 때 사명대사가 이 절에서 의병을 조련하여 왜병을 무찌른 것처럼, 만당도 건봉사에서 시작했다고 하셨다. 19명 위원 가운데 금암 스님은 활동을 도와주는 큰일을 하고 있다며, 우리 모두가 다 함께 하는 것이라고 말씀하셨다. 만해 스님의 말씀에 박수 소리가 끝날 줄 몰랐다. 독서 모임에서 작품에 대한 가치를 높게 평가했다고 말씀드렸다. 더불어 『흑풍』의 왕한은 만해 스님의 화신으로 내세운 것이 아니냐고 물었다. 만해 스님은 웃으시더니 소설은 사실을 엮어내는 것이 아니라 사실처럼 꾸며 현실보다 더 흥미로운 이야기를 만드는 것이라고 하셨다. 그리고는 봉서소년회가 하는 일들을 칭찬해주셨다. 박태산 형이 답답해하며 무엇인가 물었더니, "박 군! 남들이 그대를 무엇 때문에 사회주의자라고 하는지 아는가? 박 군이 알려던 참선공부를 많이 하게."라고 말씀하셨다. 마지막으로 만해 선사는 시조 한 수를 긴 한숨에 실어 읊고는 좌담회를 끝냈다.

소년회 문예부장 조영암(趙靈岩)과 펜글씨 모임의 책을 가지고 만일회 조실방으로 만해 스님을 뵈러 갔다. 『첫걸음』 책을 자세히 넘겨 보시더니, "그래, 잘들 했다. 물 한 방울이 바위를 뚫는다. 이제 책 이름을 『글동산』이라고 해라." "스님, 어떻게 해야 시를 잘 쓸 수 있습니까?" "시는 마음으로 쓰는 것이지 재주로 쓰는 것이 아니다." "노스님, 저희가 하고자 하는 일이 언제나 끝이 나겠습니까?" "준용아, 네가 소년회 조직을 잘 이끌어 나가면 곧 끝날 것이다. 기다리지 말고 작은 일이라도 네가 먼저 솔선수범하여라. 『불교대전(佛敎大典)』을 발행하는 데 네 은사 의산 스님의 도움이 매우 컸다. 『불교대전』 속에는 성불이 있고, 사랑이 있고, 괴로움에서 벗어나는 해탈의 길도 있다."

다음날 청년회원과 학생들은 떠나시는 만해 스님을 십리 길이 넘는 노루목 고개까지 전송했다. 그 후로는 건봉사에서 만해 선사를 만날 수 없었다.[5]

---

5) 박설산『뚜껑없는 朝鮮 역사책』삼장, 1994, pp.135-136.

이 글을 지은 박설산은 봉서소년회 회장이었고, 조영암은 봉서소년회 문예부장이었다. 건봉사를 내방한 만해로부터 좌담회를 통하여 시와 소설에 대한 지침을 받았음이 잘 나와 있다.[6] 박설산이 1935년에 봉서소년회 회장으로 취임하였고, 만해가 「흑풍」을 〈조선일보〉에 연재한 시점은 1935년 5월부터 1936년 2월 4일까지였기에 위의 증언은 1935년 가을경으로 추정된다.

이렇듯 10대 후반의 조영암은 봉명학교에서 불교와 신학문을 배우면서 인문학 공부를 치열하게 하였다. 그 중심에는 '문예'가 있었고, 만해 한용운의 가르침이 자리 잡고 있었다. 조영암은 봉명학교를 다니면서 건봉사의 강원에 재학하였을 것으로 추정된다. 그런데 1936년 후반에 봉명학교와 건봉사 강원은 문을 닫고 말았다. 이 사정도 설산의 회고록에 나온다.

조선어 시간에 '돈이냐? 훈패냐?'라는 주제로 토의했다. 물론 돈으로 살지 말고 나라와 민족에 공헌하라는 결론이 내려졌다. 조선어 시간이 끝나자마자 교무주임 정두석 선생과 형사가 교실로 들어와 조선어책을 다 거둬 갔다. 이것이 마지막 조선어 시간이었다. 그 후로 학교가 폐교되었기 때문이다.

이제 남은 것은 불교전문강원뿐이었다. 강원의 교육과정에는 외전(外傳)이라고 해서 국어(일본어), 산수, 지리 세 가지를 강습소 수준으로 교육시키고, 내전(內典)은 부처님의 일대시교로 철저하게 배우도록 짜여 있다. 건봉사는 교육열이 높은 사찰이었다. 물론 학생을 모아 교육을 시킬 정도로 부찰(富刹)이기도 했지만, 만해 선사의 사상적인 힘과 금암 스님의 정신적, 물질적 후원이 많았던 것이다. 그러나 이러한 교육열도 왜제의 집요한 간섭에 견디지 못하고 그만 문을 닫고 만 것이다.

---

6) 위의 글에 나오는 "시는 어떻게 쓰는 것입니까?"라고 질문한 인물이 조영암이었다. 선우도량 한국불교근현대사연구회 『22인의 증언을 통해 본 근현대불교사』 선우도량, 2002, p.99.

정중섭은 학교의 문을 닫게 한 다음에도, 이런저런 트집을 잡아 당시 학교의 실질적 책임자였던 금암 스님을 고성경찰서로 몇 번씩이나 끌고 다니더니 끝내는 1936년 늦가을에 모든 것에서 손을 떼게 한 후 간성으로 낙향하게 만들었다.[7]

이렇듯이 일제의 외압으로 건봉사의 봉명학교와 강원은 1936년 후반에는 폐교되고 말았다. 즉 조영암은 5년간 건봉사에서 불교·문학·인문학을 수학하였지만, 1937년 초반에는 건봉사를 떠나, 새로운 공부를 모색하였다. 그는 오대산 상원사에서 수행하다가, 1941년에는 건봉사 종비 장학생으로 혜화전문(동국대, 전신)에 입학하였다.

건봉사에서 공부하면서 조영암은 문학에 대한 꿈을 키워가고 있었다. 그 꿈의 실현에는 만해 한용운의 영향이 자리 잡았다. 이런 내용은 지금까지의 선학의 연구에서도 그 단면이 분석, 소개되었다.

필자가 여기에서 지적하려는 것은 건봉사 출신 문인들에 대한 보다 집중적인 연구가 필요하다는 것이다. 선학의 연구에서는 건봉사 승려 중에서 한용운 문단의 1세대로 박종운과 조영출을 거론하였다. 그리고 한용운 문하의 2세대 문인은 박설산,[8] 조명암(조영출), 최재형, 박기호 등을 거론하였다.[9] 1세대는 젊은 학승들의 스승, 문학적 동료의 성격을 가진 멘토라고 보았다. 그러나 이런 선구적인 지적이 있었음에도 불구하고 각 인물에 대한 심화되고 구체적인 연구는 이루어지지 않았다. 조명암에 대해서는 연구가 상당히 진척되었지만, 여타의 문인에 대해서는 전반적으로는

---

7) 위의 박설산『뚜껑없는 朝鮮 역사책』pp. 150-151.
8) 그러나 필자는 박설산은 문학인으로 보기는 힘들다고 본다. 그는 만해 한용운의 영향을 받았지만, 문학 작품은 남기지 않았다.
9) 한계전「만해 한용운과 건봉사 문하생들에 대하여」『만해학보』창간호, 1992, pp. 167-169.

이를테면 방치된 느낌을 받았다. 이는 다양한 요인때문이었다. 국내 문학 방면의 불균형적인 접근, 조명암의 실례에서 드러난 이념의 문제 등이 거론될 수 있다.

그러나 이념의 문제가 해소되면서 조명암에 대한 문학적 연구가 이제는 10여 편에 달하였고,[10] 이동순(영남대)에 의해 『조명암 시전집』(2003)과 장유정(단국대)·주경환[11] 에 의해 『조영출 전집』(3권, 2013)이 출간되는 등 연구 환경이 변화되었음을 주목해야 한다고 본다.

필자는 이와 같은 건봉사 출신 문학인들의 사상적 지형에 만해 한용운이 있음은 당연하다고 생각한다. 그리고 건봉사의 경제적 능력, 개신적인 노선, 일본 유학을 다수 배려한 문화 등에 착안해서 봉명학교 출신들의 재일 유학 문제를 정리하였다. 이런 결과 건봉사 출신들은 진보성이 강렬하였음을 파악하였다. 즉 사회주의 계열이 적지 않았던 것이다. 이런 점으로 인해 그간 연구의 적극성이 나타나지 않은 것으로 보인다.

그러나 필자는 이제는 이념의 해소로 인해 건봉사 출신으로 월북한 작가들에 대한 연구도 필요하겠지만, 남한에 잔류한 혹은 월남한 건봉사 출신에 대해서도 연구를 심화해야 한다고 본다. 요컨대 남한 문인, 국내파, 우파 계열의 문인에 대해서도 관심을 기울여야 한다는 것이다. 이런 관점에서 최우선적으로 탐구할 인물은 이 장의 주인공인 조영암이라 하겠다. 전술한 바와 같이 그는 우파적 행보를 가면서, 불교적 관점으로 다수의 작품을 남겼다. 작품의 장르도 다양하였다. 또한 필자는 조영암과 유사한 사례의 인물로 이원섭도 연구 대상에 포함시켜야 한다고 본다. 이원섭(1924~2007)도 건봉사 출신은 아니지만 일제강점 말기에 혜화전문을 다니면서 건봉사 출신인 조영암을 통해 만해 한용운을 만나[12] 영향을 받았

---

10) 그 연구자는 이숭원, 장유진, 서영희, 최원식, 김효정, 정우택, 전영주, 박명진 등이다.
11) 주경환은 조영출의 사위이다.
12) 그는 혜화전문 재학 중, 친구인 조명암의 부탁으로 재일 불교 유학생들의 잡지인 『룸

다. 그는 선시를 쓰면서 불경 및 한시의 번역[13]과 불교 저술에도 심혈을 기울인 인물이었다.[14]

필자가 조영암에 대해서 주목하는 또 다른 이유는 만해 한용운에 대한 인식과 계승의 문제이다. 건봉사 출신 문인들이 만해의 영향을 받은 것은 당연하다. 그러나 만해의 사상, 행적 등을 후대에 전하는 노력을 기울인 것은 건봉사 출신 중에서는 조영암이 유일하지 않은가 한다. 지금까지 이 측면은 강조되지 않았다. 이런 측면의 강조는 만해와 심우장에서 인연을 가졌던 조지훈에게 방점이 찍혀 있었다. 물론 조지훈이 만해의 정체성을 정리하여 기고한 글[15]의 내용이 만해 연구사에서 기념비적인 의의가 있는 것은 사실이다. 더욱이 조지훈은 만해전집을 만들려는 노력까지 기울였다. 그러나 조영암이 만해에 대한 글을 집필, 기고한 것도 일정한 의미가 있다. 조영암의 만해 관련 글은 다음과 같다.

「한용운 선생 유고, 오도송」〈민국일보〉(1948. 12. 15)[16]

「哭 韓龍雲 스승님: 五周忌를 當하야」『죽순』11집(1949. 7)

「祖國과 藝術: 젊은 韓龍雲의 文學과 그 生涯」『자유세계』1권 4호(1952. 5)

「韓龍雲評傳」『녹원』1호(1957)

비니』를 심우장의 만해에게 전달하였다. 그리고 학병에 나가지 않기로 정한 모임, '不出牌(13명)'의 일원이었는데 그는 조영암과 함께 석왕사에서 은거하였다.

13) 그는 만해의 『조선불교유신론』과 『불교대전』을 번역하였다.

14) 조병활 「이원섭 선생 대담: 불교는 부정의 미학」『유심』7호, 2001.

15) 조지훈의 관련 그 글은 다음과 같다. 조지훈 「한용운 선생」『신천지』9권 10호, 1954 ; 조지훈 「흑풍·암흑속의 혁명가 – 한국의 민족시인 한용운」『사상계』155호, 1966 ; 김광식 「지절시인(志節詩人)의 표상 – 한용운과 조지훈」『우리가 만난 한용운』참글세상, 2010.

16) 그 신문에 만해 오도송(한문)이 제시되고, 조영암이 한글로 번역한 내용이 나온다. 조영암 번역은 기존 번역과 달라서 여기에서 소개한다. "일마춘 큰사람이 닿는 곳 고장마다/ 어화 라라리 꽃 피는 江마을아/ 나그네 길 길찬 자리에 우는 이 얼마런구/ 한소리 큰 한소리! 너랑 나랑 무너지니/ 눈서리찬 옛 고장에 복사꽃 웃는구야."

「추모 만해 한용운 선생」 미발표 유고(1954년?)[17]

  조영암이 만해에 대한 글을 쓴 시점이 해방공간이었으며, 그는 조지훈이 만해의 글을 쓴 시점보다도 5년이나 빠르다. 이 중에서 필자는 「곡(哭) 한용운(韓龍雲) 스승님: 5주기(五周忌)를 당(當)하야」(1949)를 주목하고, 그 전문을 소개한다.[18]

성북동 깊은 골짜기 핏빛 안개 자우욱하고
하늘을 덮는 倭帝의 칼날이
서릿발 같이 차거운 속에
巨嶽인양 鬱然하야 오히려 유착스러워라.

모조리 倭奴의 앞잡이 되어
山河가 뒤끓는 한반도
호을로 외로히 尋牛山莊 님모습 조촐하고
한그루 風蘭 요란한 향내
무시로 그마음 위로할적 있었거니
다섯자 남직한 몸뚱이 안에
어이크옵신 담보시뇨?

쇳소리 찌룽찌룽 우람한 獅子
겨레 위해 무서운 咆哮여!
채머리 완강한 拒否여!

————————

17) 그런데 필자는 이 글을 확인하지는 못하였다.
18) 필자는 조영암이 『선문광가집(禪門狂歌集)』 대홍기획, 1997, pp. 14-16에 수록한 것을 옮겼다.

이제 가신 지 몇십 년에[19] 님의 침묵

굳기도 하옵소라.

허물어진 山城 허겁히 頹落한 城壁

심우장 낡은 懸板 님모습 선연히 어리는데

北漢을 내리덮는 黑風

끓는 義烈을 싣고 상기 돌아오지 아니하냐.

피투성이 지친 넋이 隕石처럼 떨어지는 날

님하! 정녕 巴蜀之萬里

아득한 葱嶺을 넘어섰느뇨?

꽃다발 어즈러히 疆土를 뒤덮는데

님은 실로 薄明하오이다.

두견이 처절히 울던 밤

심우장 덧문을 굳게 닫고

밤새어 이윽토록 남기신 遺囑

마디마다 겨레 위한 사랑이었거니

두갈래 찢어진 서러운 하늘아래

님하! 길이 침묵하시뇨!

　이 추모시는 지금껏 만해 계승의 관점에서 전연 주목되지 않았다. 필자
는 이 시가 조영암의 만해에 대한 추모와 존경을 절절하게 표현하고 있다
고 본다. 조영암은 건봉사에서 만해에게 배우기도 했지만, 1940년대 초반
서울의 혜화전문 불교과에 재학할 때도 심우장의 만해를 탐방하였다. 조

---

19) 1949년에 기고한 시에는 '다섯 돐'이라고 나온다.

영암의 회고에도 그 같은 내용이 전한다.

> 만해 한용운 선생은 나의 출가득도 본사인 금강산 건봉사의 말사인 설악산 백담사 승려였다. 선생을 뵈온 것은 혜화전문에 다닐 때 성북동 222번지 심우장에서였다. 조선총독부 건물과 정반대 방향으로 지으셨다는 그 심우장 말이다. 선생은 「심우장 산시(尋牛莊散詩)」라는 것을 조선일보에 연재하고 있었다. 얼마 뒤 신문은 폐간되고 일제는 선생에게 위협과 회유로 대했지만 선생은 태산부동이었다. 그 후 내가 학도병으로 끌려나가게 되었을 때 선생은 총부리를 왜(倭)에게 돌리라고 하셨고, 될 수 있으면 도주하라고 권유하셨다.[20]

그는 일제의 태평양전쟁에 학도병으로 차출되었을 때, 만해를 만나 조언을 구하였다. 일제에 강력히 저항하라는 만해의 당부를 받자, 조영암은 석왕사에 은거하면서[21] 학도병을 거부하였다. 이렇듯 조영암은 만해로부터 민족의식을 키워 민족문학, 민족불교의 길로 매진했다고 할 수 있다.

여기에서 필자가 강조하고 싶은 것은 조영암에 대한 문학적 분석과 연구가 조속히 이루어져야 한다는 점이다. 동시에 만해 연구사에서 조영암의 기고문에 대해서도 일정한 평가가 뒤따라야 한다는 것이다.

3. 고승과의 인연

1) 김일우

조영암의 은사는 김일우(金日宇)였다. 그런데 지금껏 조영암 연구에서 만해의 영향은 지적되었지만 정작 그의 출가 은사인 김일우에 대해서는

---

20) 조영암 「나의 인생, 나의 불교」『불교사상』 15호, 1985, p. 33.
21) 위의 박설산 회고록, p. 240. 조영암과 이원섭이 함께 숨어 있었다.

크게 주목하지 않았다. 김일우가 별로 중요하지 않은 승려가 아니라면 모를까, 강백으로 전해지는 그에 대한 최소한의 행적은 알아야 한다고 본다. 조영암은 김일우에게서도 영향을 받았을 가능성이 있기 때문이다.

　그러면 김일우는 어떤 승려였는가? 그는 건봉사 강원의 강사였는데,[22] 현전하는 그의 글로 주목되는 것은 『조선불교총보(朝鮮佛敎叢報)』제5호 (1917.7)에 기고된 「건봉사소신대석탑신축기(乾鳳寺燒身臺石塔新築記)」이다. 그 글의 필자가 운고(雲皐) 김일우(金日宇)로 나오기 때문이다. 건봉사의 소신대는 지금은 등공대(騰空臺)라고 불린다. 신라 경덕왕 17년 (758년) 건봉사에서 만일염불도량을 개설하여 27년째 되던 785년, 만(萬)일이 되자 같이 수행하던 31인이 함께 공중으로 솟아 극락왕생하였다고 전하는 유적이다. 염불한 승려가 공중으로 날아가다가 그곳에서 몸을 버렸다고 하며, 그 유골은 소신대의 돌 속에 간직하였다고 전한다. 승려들의 다비 장소로 이용되기도 했으나 세월이 지나 황폐해지자 이곳에 기도를 다녔던 보살이 건봉사에 시주하여 부도를 세울 것을 제안하였다. 그러자 건봉사에서는 사부대중의 원력을 모아 1915년(제5회 염불만일회)에 석탑을 세워 기념적인 성지가 되었는데, 바로 그 신축의 전후 사정에 대한 글을 쓴 당사자가 김일우였다. 건봉사의 중요한 신앙적 내용을 썼다는 것을 보면 그는 건봉사에서 인정받은 강사, 지식인이었다.

　또한 김일우는 건봉사의 사지의 초고를 수집, 정리한 주역이었다. 1928년, 건봉사 주지 이대련은 건봉사지, 즉 『건봉사본말사적(乾鳳寺本末事蹟)』을 펴내면서 그 사지의 「서(序)」에서 다음과 같이 자신의 역사관을 피력하였다.

---

22) 동국대 교수였던 장원규는 1925년 무렵, 건봉사 강원에서 김일우에게 수학하였다고 한다. 신규탁 「장원규: 역사적 맥락의 화엄교학 연구 선도자」 『불교평론』 59호, 2014, p.385.

朝鮮寺刹의 歷史의 不完全은 共通的 缺陷이 될 것이다. 斷片的 紀錄은 多少 잇으나 無論 系統的이 아니오 또한 統一的이 아님으로 朝鮮寺刹은 歷史의 不完全이라고 하나니 보다 實로 歷史가 없는 것이다. 寺刹의 歷史는 佛教 歷史의 大部分이 될 것인즉 寺刹歷史의 缺陷은 곧 佛教 歷史의 缺陷이라. 이것이 어찌 佛教徒의 重大한 責任이 아니리오. 余 – 乾鳳寺 住持에 被任한 後로 생각이 이에 미쳐서 爲先 乾鳳寺 本末寺의 歷史를 編纂코자 하야 硏究를 繼續하다가 드디어 本末寺 會議의 議決을 經하야 編纂에 着手할 새 먼저 金日宇 崔觀洙 兩師로 各 末寺를 歷訪하야 古記錄을 抄集하야 마참내 編輯을 竣成하기에 至하니 實로 欣幸을 不堪하는 바이다. 나어가서 此가 後日에 朝鮮寺刹 歷史 完成의 一助가 된다면 어찌 榮幸이 아니리오.

二九五五年 六月 九日 李大蓮[23]

즉 이대련은 사찰의 역사가 미비한 것을 알고, 건봉사라도 사찰의 역사를 찾고 정리하여 불교 역사를 정비하겠다는 취지로 건봉사 본말사의 사지를 편찬하였음을 밝히고 있다. 그런데 『건봉사본말사적』의 편찬자가 만해 한용운인 것은 널리 알려졌지만 정작, 그 사적 편찬에 활용된 고기록의 수집자가 누구인가는 주목하지 않았다. 이대련의 위 서문에는 건봉사 본말사를 탐방하여 고기록을 수집한 인물이 김일우와 최관수(崔觀洙)라고 전하고 있다. 이런 전후 사정은 최관수, 즉 최금봉[24]이 자료수집을 위해 건봉사 본말사를 순례하였던 내용을 『불교』에 기고한 글에서 다시 확인할 수 있다.

本年 本末寺 住持總會에 通過되야 圓滿한 決意를 得한 結果 多大 豫算을 編

---

23) 이대련 『乾鳳寺本末事蹟』 아세아문화사, 1977, p. 1.
24) 한동민 「일제강점기 사지 편찬과 한용운의 『건봉사 사적』」 『금강산 건봉사의 역사와 문화』 인북스, 2011, p. 224.

成하야 本年 以內에 此를 編輯하게 되야 此에 대한 記草員으로 本寺 全圭鉉氏
와 筆者가 當選된바 全氏는 事情에 依하야 責任을 履行치 못하게 되고 그 代로
金日宇師와 同伴이 되야 乾鳳寺 本末寺를 巡禮하게 되엿다.

六月 三日 乾鳳寺에서 出發 豫定하야 두엇던 六月 三日이 되엿다. 本山 乾
鳳寺 住持 李大蓮尊師의 叮嚀하신 囑託을 바다 가지고 行李를 거두어 金日宇
師와 가치 出發의 途에 登하니 時는 午前 九時이다.[25]

明日부터는 沿革을 記抄하기에 着手할 豫定이기 때문에 午后에는 日宇師와
가치 深谷寺에 잇는 記文 等 文記를 謄寫하기에 奔忙하엿다. 抄記를 終了하니
午後 五時이엇다.[26]

위의 순례기에는 당초에는 건봉사 전규현과 최관수가 실무 기초원으로
선출되었으나, 전규현의 사정으로 김일우가 대신 참가하였다는 내용이 나
온다. 최관수는 건봉사 말사인 신흥사 승려로[27] 1926년에는 관광용 책자
의 성격을 띤『신흥사지』편찬을 주도한 인물이다. 인용문에서 보듯 김일
우는 건봉사 사지 편찬을 위한 자료수집의 실무를 역임한 인물이다. 그는
건봉사 강원이 일제의 강압에 의해 해체된 직후인 1936년경에 설립된 건
봉사 백화암의 법우경원 강사로 활동하였다는[28] 것으로 보아 일제 말기
까지는 건봉사에서 활동한 것으로 보인다.

지금까지 살핀 바에 의하면, 김일우는 근대 건봉사 강원과 건봉사 사지

25) 崔金峰「乾鳳寺本末寺巡禮記」『불교』38호, 1927. 8, p. 22.
26) 崔金峰「乾鳳寺本末寺巡禮記」『불교』39호, 1927. 9, p. 41.
27) 그는 신흥사 산내 암자인 내원암, 계조암, 안양암 등의 주지를 역임하였다. 「조선총독
   부 관보」1935. 10. 8. 주지 이동 참조.
28) 앞의 한동민 논고, p. 224. 그런데 한동민은 그 내용에 대한 근거를 제시하지 않았다.
   신규탁은 장원규가 1933년, 관악산 연주암에서 김일우에게 구족계, 보살계를 받았다
   고 서술하였다. 앞의 신규탁 글, 참조.

편찬의 역사에서 결코 간과할 수 없는 역할을 한 승려임이 분명하다.[29] 그래서 필자는 조영암의 문학적, 인문학적 능력은 그의 은사인 김일우로부터도 일정한 영향을 받았다고 본다.

2) 방한암

조영암은 1938년 여름경(?)에 오대산 상원사로 향하였다. 그는 건봉사의 봉명학교와 강원에서 수학하였지만, 1936년 후반경에 일제 외압으로 봉명학교와 강원이 문을 닫자, 새로운 곳을 찾아 수학을 모색하였을 것이다. 그곳이 오대산 상원사였다. 당시 상원사에는 건봉사, 월정사, 유점사의 3개 본산이 연합하여 청년 승려를 교육시키던 3본산 연합수련소가 개설되어 있었다. 1년 과정으로 개설된 그 수련소에 각 본산에서 5명 내외의 승려들을 보내면, 상원사의 조실인 방한암은 『금강경』과 참선을 가르쳤다.[30] 이에 대한 사정을 추론할 수 있는 조영암의 회고를 보자.

내 소년 시절이 끝나려는 이십 안팎의 일이다. 그때 나는 사교입선(捨敎入禪)은 아니지만, 화엄경을 마치고 염송전등도 끝내고 오대산 상원사로 방한암 선사를 찾았다. 그곳에는 백여 명 가까운 선객이 수선(修禪)하고 있었고, 나는 그 말석에 앉아 참선이랍시고 시작하였다. (중략) 그 후 한암 스님은 육이오를 만났다. 권속과 운수들이 다 남천(南遷)할 것을 권유하였지만 노사께서는 좌당생사(坐堂生死), 이 말씀을 관철하셨다. 실로 앉아서 생사를 뛰어넘으신 것이다. 조동선풍이 아닌 임제선풍의 기봉이 칼날처럼 빛남을 본다.[31]

---

29) 조영암은 『선문광가집』 대홍기획, 1997, pp.115-116에 기고한 「북방의 김일우 강백」에서 김일우를 남방의 진진응 강백과 대응되는 북방의 강백이라고 지칭하면서, 그 위상을 강조하였다.

30) 김광식 「김탄허의 교육과 그 성격」 『한국현대불교사연구』 불교시대사, 2006, pp.475-490.

31) 조영암 「나의 인생, 나의 불교」 『불교사상』 15호, 1985, p.31.

조영암은 이처럼 오대산 상원사의 방함암 회상에서 수학하였다. 이 글에는 자신이 수련소생이라는 단서는 나오지 않지만, 여러 사정을 고려할 경우 그는 수련소생이 분명하다.[32]

이렇게 그가 오대산 상원사에서 참선에 전념한 덕분에 그는 수행력을 키울 수 있었고,[33] 추후 불교시와 선시 등을 쓸 수 있는 저력이 되었을 것이다.

3) 백초월

조영암은 오대산 상원사에서 참선수행을 하면서, 월정사 강원에서 경전 수학을 하였다. 그 기간은 2년(1938~1939?) 정도로 이해된다. 이 사정도 조영암의 회고에서 찾을 수 있다.

> 필자와 오대산은 상당히 인연이 깊다. 방한암 스님뿐 아니라 백초월 스님을 2년간이나 모시고 있었기 때문이다. 나는 월정사에서 초월 스님에게『화엄경』을 이수하고 있었다. 초월 스님은 우리 불교계가 소유한 독립운동의 거봉이다. 그는 일제에 의해 청주형무소에서 옥사하셨다. 봉원사 대웅전 주련은 초월 스님의 글씨다, 초월 스님의 글씨는 힘차고 놀랍다. 한번은 스님을 모시고 오대산 산정에 오른 일이 있다. 그때 선생은 갑자기 큰 소리로 "대한독립 만세!"를 외쳤다. 나는 깜짝 놀랐다. 선생은 그 후 금강산에 가셨을 때도 만세를 불렀다고 한다. 이러한 기벽이 선생을 일제의 모진 고문 앞에 쓰러지게 하였다.[34]

---

32) 그는 3기생으로 추정된다. 그와 함께 상원사로 갔던 박설산 회고록에도 설산은 수련 소생으로 나온다. 1기, 2기의 명단은 전하는데 그와 설산의 법명은 나오지 않아 3기생으로 이해하였다.

33) 조영암은『완치 당뇨일기』우리출판사, 1994, p.35에서 비몽사몽 간에 염라대왕과 싸우던 그를 "오대산 상원사에서 탄허(呑虛)와 함께 방함암(方漢巖) 스님을 뫼시고 삼년 동안 수선(修禪)한 선정(禪定)의 힘이 아니었나 생각한다."라고 술회하였다.

34) 조영암「나의 인생, 나의 불교」『불교사상』15호, 1985, p.33.

월정사 강원에서 수학하였을 적에 그는 백초월로부터 『화엄경』을 배웠는데, 백초월에게서 배운 것을 높이 평가하여 전강을 받았다고 후일에 기재하였고, 그로 인하여 월정사 강원에서 나온 직후에는 동학사 강원의 강사를 지냈다.[35]

여기에서 백초월에 대하여 알아보자. 백초월은 불교 독립운동사에서 크게 주목받지 못해 왔지만, 2009년 서울 진관사에서 태극기를 비롯한 독립운동 자료가 대거 발견되면서, 그 자료의 주인공인 백초월이 재평가되었다. 필자는 20년 전에 백초월의 행적을 주목하고, 그에 대한 논문 및 평전을 쓰려고 준비하였다. 그런 과정에서 백초월과 인연이 많았던 조영암의 존재를 알게 되었다. 필자는 2014년에 백초월의 일대기 『백초월 – 독립운동가 초월 스님의 불꽃 같은 삶』(민족사)을 펴냈는데, 백초월은 3·1 운동 당시 민족대표 33인으로 활동한 만해 한용운이나 백용성에 버금가는 승려였다고 평가한다.

그런데 바로 이와 같은 백초월의 존재 및 독립운동을 1980년대 중반, 불교 잡지에 기고하였던 인물이 조영암이었다. 조영암이 백초월에 관하여 서술한 내용은 다음과 같다.

백초월 스님의 또 다른 이름은 최승이요, 별호는 구국당이다. 항상 상기된 머리를 바른 손으로 어루만지는 습관이 있었다. 키는 육척의 장신이요, 몸은 중후하였다. 옛말 그대로 헌헌대장부였고, 사실이 그러했다. 스님은 그 일생을 항일과 교학에 바치셨으나 그 행적은 오리무중에 깔려 있고 드러난 것이 자세하지 않다. 그러나 필자가 탐문하고 아는 범위에서 초월 스님의 항일에 대한 몇 가지 새로운 발견을 기록고자 한다.

초월 스님이 상해임시정부에 당시의 돈으로 이천 원의 막대한 돈을 모금하

---

35) 조영암은 講主라고 하였지만, 필자는 강사로 본다.

여 보낸 사실이다. (중략) 이러한 사실로 스님이 서울의 아현동 조그만 암자에
계실 때 밀고자의 모진 독아에 걸려 경기도 경찰부와 서대문경찰서에서 무서
운 고문 끝에 척추가 부러지는 최후의 수간을 맞이하였으나 스님의 무서운 항
일의식에서 불타는 증오는 왜제(倭帝)의 간담을 서늘케 하였으니, 「너희 같았
으면 독립운동을 않았겠느냐…… 이 주릴할 놈들아!」 함이었다. 일본인 고등계
삼륜(三輪)도 그 말에는 과연 한국의 고승이로구나 하고 승복하였다지만, 그때
에도 이미 척추를 상하였고 대뇌도 상하신 뒤였다. 스님은 연고지인 청주형무
소로 끌려가 그곳에서 앓으시다가 끝내 회생치 못하시고 대열반에 드셨다.

　한국불교의 산 항일의 원훈이요, 거봉이 아닐 수 없겠다. 그 인품, 그 지조,
그 글씨, 그 웅변, 그 홍탕, 그 방일, 그 사자와 같은 포효, 어제 어디서 찾아볼
것인가? 항일운동의 스님은 많았어도 실제 일제의 매서운 채찍에 맞아 순국한
분은 오직 백초월 스님이 계실 뿐이다. 어허, 웅장한지고. 어허 고약한지고.[36]

이렇게 조영암은 백초월의 항일행적을 밝히면서, 스님의 독립에 대한
불꽃 같은 의지와 웅혼한 기개를 널리 알리고자 하였다. 백초월이나 불교
의 독립운동에 대한 의식이 전무하였던 1980년대 불교계의 정서를 고려
하면 조영암의 이 글은 매우 특별하다. 또한 조영암은 백초월이 독립운동
가로 지정되도록 탄원서를 작성하였고, 백초월의 순국비문을 썼다. 이런
백초월과 조영암의 남다른 인연 비사를 통해 조영암 연구의 필요성을 거
듭 강조하고자 한다.[37]

4) 성철

　80세가 될 때까지 승려의 신분을 지니고 치열한 글쓰기를 멈추지 않은
그는 60대 후반에 당뇨병을 앓았다. 그는 당뇨병을 자신만의 독특한 방법

---

36) 조영암 「스님들의 항일운동」『불교사상』16호, 1985, p.65.
37) 김광식 『백초월』민족사, 2014, pp.215-220 참조.

으로 치료하면서, 그 전후 사정 및 경과를 일기로 남겨 수많은 당뇨병 환자들에게 도움을 주었다.

이와 같은 치병 과정에서 주목할 것은 그는 치료하면서도 참선수행에 무서울 정도로 집중했다는 점이다. 다음의 글들에서 당시 조명암의 심정을 헤아릴 수 있다.

내 당뇨병도 심화되지만, 나의 선(禪)에 대한 집념과 애착과 결의도 점점 더 해 가고 있었다.[38]

끊임없는 창조와 정진 다함 없는 탐구와 실천, 결단 불기(不羈) 이것만이 나로 하여금 이 당뇨병의 나락으로부터 구출하게 되는 길이요, 소생하는 길이요, 갱생하는 길인 것이다. 이런 뜻에서 나는 최근 임제선(臨濟禪)을 이 나라에 수입한 최초의 조사(祖師)인 태고보우에 경도(傾倒)되기 시작하였다.[39]

요즈음은 나를 내가 맹렬히 매질한다. 낮이고 밤이고 선(禪)이다 좌선(坐禪)이다. 이 뭣고, 이게 뭣고(是甚麽) 만법은 하나로 돌아가는데 그 하나는 어디로 돌아가는고(萬法歸一 一歸何處)[40]

참선밖에 나를 구출할 것이 없구나 생각했고, 나는 그것을 실천하기 시작했다. 좌선, 행주좌와 어묵동정(行住坐臥 語默動靜) 일체처 일체시(一切處 一切時)에 선(禪)을 생각하고 선을 실천하였다.[41]

---

38) 조영암『완치 당뇨일기』우리출판사, 1994, p. 137.
39) 위의 책, p. 139.
40) 위의 책, p. 145.
41) 위의 책, p. 148.

이와 같이 그는 오직 참선하면서 무자화두에 매달렸다. 참선으로 자아를 찾았던 것이다. 그러다가 1986년 2월, 그는 마침내 깨달았다.

　　나는 순간 말할 수 없는 경악과 함께 내 가슴이 시원해오고 홀연히 큰 깨달음을 얻었다. 벼락치듯 푸드덕 하고 날아가는 장끼의 그 방대한 힘과 율동, 그 나래 치는 기백 속에 감춰진 생명의 비약, 나는 한참 동안 어리둥절하다가 「바로 저것이다……」「바로 저 우렁찬 몸짓이다……」 하고 씨부리며 옛 큰스님들이 경험한 깨침의 세계를 경험하고 한 수의 시를 읊었다. (중략) 이때부터 나의 생활 속에 변혁이 오기 시작하였다. 나의 생활은 당뇨가 지배하는 것이 아니라 나의 깨침의 미학이 나를 지배하기 시작하였기 때문이다. 여태까지는 당뇨의 노예였는데 북한산 새벽의 장끼 소리에 나는 모든 문제를 해결해버린 것이다. 자유, 대자유를 얻은 것이다, 내 마음의 대자유, 대해탈을 얻은 것이다. 나는 미친 사람 모양 멍하니 행동했다.[42]

그는 깨침과 함께 대자유를 얻었다. 오도였다. 그로부터 얼마 후 법당의 벽이 무너지면서 벼락 치는 소리를 접하면서 재차 한 소식을 접하고, 오도송을 읊었다. 그 이후에도 그는 몇 차례 신기한 현상을 경험하였다.

　　나는 춤을 추다가 다시금 옆에 있던 노트에 마구 노래를 지어 불렀다. 그 노래는 누구도 부른 일이 없는 큰 노래였고 그 노래를 부른 후, 나는 스스로 견성했음을 자각하였다.[43]

이로써 그는 견성했음을 확인한 그는 그의 선적 증험, 도달한 경지에 대

---

42) 위의 책, pp. 193-194.
43) 위의 책, p. 216.

한 인가를 받아야 하겠다고 결심하였다. 그래서 인가를 해줄 스님으로 정한 인물이 조계종 종정을 역임한 성철 선사였다.

성철 스님은 내가 보기에 성철 이전에 성철 없고, 성철 이후엔 앞으로 몇백 년 동안 성철 없을 그런 어른으로 꼽고 있었기 때문이다. (중략) 나는 이해 5월 26일 빗줄기가 장대처럼 쏟아지는 속에서 해인사 백련암을 찾았다. (중략) 성철 큰스님은 내 시가 다 끝나기 전에 좋아하시었다. 스님은 눈을 꿈쩍이시었고 나는 일어나 삼배를 올렸다.

"나이 많은 상좌올시다.……"

임자생(壬子生)과 무오생(戊午生)의 영원한 만남이오, 여섯 살 차이의 사좌(師佐) 관계란 그리 흔한 것이 아니었다. 그때 스님은 자비스러운 얼굴로

"그게 무슨 소리! 부처님 맏상좌가 누구인가. 마하가섭 아닌가. 석존보다 20년이나 나이 위에 있지 아니한가?"

순간 나는 억제할 수 없는 감격과 흥분으로 전신이 홍조가 되었다. 드디어 그 어려운 성철 스님과의 선문답에서 한 치의 오류도 없이 또 내 여러 편의 선시(禪詩)가 우리 스님을 흡족하게 해드린 데 대한 무한한 영광과 무한한 감격을 어찌할 수가 없어서 나는 눈물이 핑 도는 것을 억제할 수 없었다. 그것이 정묘년(丁卯年) 5월 26일 오전 아홉 시에서 열 시였다. 이 시간에 이루어진 성철 큰스님과의 사좌(師佐) 관계의 성립은 구원의 광겁으로부터 놀라운 인연이 아니면 안 되는 일이며 또 이 나라 근세 선종사(禪宗史)에서 큰 금을 긋는 획기적인 대사건이 아닐 수 없다.[44]

위와 같이 그는 성철로부터 인가를 받았다. 그는 그를 법을 전수(傳受)한 것으로 간주하면서, 경이롭게 인식하였다. 그는 "석 달 동안 한잠도 잘

---

44) 위의 책, pp. 225-229.

수가 없었다"고 표현하였다. 그 이후 그는 욕망을 방하착(放下著) 하였다. 그의 일지는 성철로부터 법을 전수한 2개월 후부터는 중단되었다. 평상심이 도(道)라는 마음으로 여생을 보냈을 것이다.

4. 불교사상

조영암은 10대에서 출가하여 80여 세로 입적할 때까지 승려의 정체성을 버리지 않고 생활하였다. 그러면서 다양한 수행을 하였으며, 불교사상을 자신의 많은 시와 산문을 통해 표출하였다. 그러나 전집 미발간, 그의 문학에 관한 연구 미흡 등으로 인하여 그의 불교사상을 단언하여 말할 수는 없다. 그래서 여기에서는 그에 대한 단초를 제공한다는 차원에서 시론적으로 제언하는 것에 그치고자 한다.

우선 조영암의 불교사상은 그에게 영향을 주었던 고승에 대한 것에서 찾을 수 있다. 그는 자신의 생애에서 영향을 준 사람들을 다음과 같이 꼽았다.

이제까지 내 생애에서 영향력을 주신 몇 분의 얘기를 했다. 돌이켜 보건대 한암에게서는 보이지 않는 수행을, 고암에게서는 침묵의 각고를, 만해에게서는 불변의 저항을, 초월에게서는 웅혼(雄渾)과 불퇴전(不退轉)을 본 셈이다.[45]

즉 그는 방함암, 윤고암, 한용운, 백초월 등을 거론했다. 방한암은 오대산 상원사 수행 시절에 영향을 준 근대한국의 최고 도인이었다. 종정을 네

---

45) 조영암 「나의 인생, 나의 불교」『불교사상』15호, 1985, p.33.

차례나 역임한 고승으로 오대산을 27년간 불출산(不出山)한 선지식이었다. [46] 조영암은 그에게서 수행의 힘을 얻었다. 윤고암은 상원사 선방에서 만났던 선승으로, 1960~70년대 조계종단 종정을 세 차례나 역임한 고승이었다. 백용성의 법을 전수한 그는 율사, 자비보살로 유명하다. [47] 이런 그에게서 침묵의 각고를 배웠다는 것이다. 그리고 만해에게서는 불변의 저항 즉 민족의식을 배웠으며, 항일 독립운동가인 백초월에게서는 웅혼과 불퇴진이라는 강한 정신력을 체득하였다. 백초월로부터 얻은 정신력은 강한 정진력으로도 나타났다.

　이로써 필자는 조영암은 방한암과 윤고암으로부터는 수행의 힘과 깊이를 체득하였다고 이해한다. 이는 그가 말년에 치열한 참선수행을 통하여 오도할 수 있었던 기반을 제공한 것이었다. 따라서 조영암의 불교사상은 선사상을 최우선으로 꼽아야 한다. 그리고 만해와 백초월로부터 받은 정신력은 항일정신, 민족정신을 지칭한다. 이를 호국불교, 민족불교로 보고자 한다. 그가 스님들의 항일운동을 기술하면서 송만공, 백초월, 김구하, 박종운, 이종욱 등을 거론한 것을 간단하게 볼 일이 아니다. [48] 그러면서 항일 승려로 백성욱, 김법린, 이운허, 이청담, 조학유, 도진호, 최범술, 김포광, 이용조, 장도환, 박근섭, 박준용 등의 활약까지 파악한 것을 보면 그의 민족의식의 폭이 상당했다고 볼 수 있다. 이런 측면을 1980년대에 이미 파악하였음은 불교 민족운동에 대한 선구적 인식이라 하겠다. 그가 1960년대 중반에 『순국선열 전서』를 기획, 출간하였다는 사실도 새로운 관점에서 살필 필요가 있다.

---

46) 김광식 「용성과 한암에 나타난 정체성」 『대각사상』 23집, 2015 ; 김광식 「방한암과 조계종단」 『한암선사 연구』 민족사, 2015.
47) 김광식 「고암의 정체성과 백용성 사상의 계승」 『대각사상』 24집, 2015,
48) 조영암 「스님들의 항일운동」 『불교사상』 14호, 1985.

고성 건봉사에 세워져 있는 조영암의 「출정사(出征詞)」 시비

日帝의 모진 羈絆으로부터 풀린 지도 於焉間 二十年의 歲月이 흘렀다. 大陸의 荒野에서 싸우다 차거운 氷原 위에 싸늘한 屍體를 누인 武名의 勇士, 南北 十萬里, 異域의 푸른 하늘 아래 오로지 一念은 祖國光復, 七顚八起의 수많은 志士들, 敵의 모진 笞刑 앞에 속절없이 가버린 毅烈의 壯士, 風餐露宿, 飢餓線 上에서 굶주려 죽은 愛國者들, 斷頭臺上에서 오히려 의젓했던 獄死하신 殉魂들, 倭의 拷問으로 한평생 不具가 되어 굶주려 不遇히 돌아가신 抵抗者들, 倭와의 格鬪에서 壯烈한 戰死를 이룬 忠魂義膽들, 그리고 이들의 遺家族이라 하여 日帝의 酷毒한 채찍을 받던 수많은 同胞들, 생각을 이들의 身上에 미칠새 凄然한 한줄기 눈물을 禁할 수 없다. 일찍이 이들의 行績을 더듬어 十有餘年, 史料의 湮滅과 關係人士의 他界 等으로 險路는 많았으나 여기 于先 先烈全書 第一券을 내어놓는다.[49]

이렇게 전문학자도 아닌 그가 갖은 고난을 이겨내고 『순국선열 전서』를

---

49) 조영암 「自序와 凡例」『순국선열 전서』 1권, 협동출판사, 1965, p.3.

펴냈음은 그의 민족의식, 민족불교에 대한 애정이 남달랐음을 수긍할 수 있는 대목이다.

이제부터는 그의 불교사상의 근원이라는 관점에서 불교 경전에 대한 문제를 거론하고자 한다. 현전하는 시집에『관음시집(觀音詩集) 관음보살대의왕(觀音菩薩大醫王)』(1983, 한국불교원효종 총무원)이 있는 것을 보면 그의 불교사상은 관음신앙과 무관할 수 없다고 본다. 여기에서 그가『관음경』과 관음사상을 어떻게 인식하였는가를 살펴보고자 한다.

관음에 대한 신앙은 거의 절대적이다. 오십 년 전 혜화전문(惠化專門, 東國大 前身) 시절 그 어렵던 시절에 내 생활의 밑바닥이 되어주신 분이 관음이셨고, 그 어려운 인생의 고비마다 관음은 내 등대의 지침이셨다. 어려운 고비마다 나를 삶으로 인도하신 것이다.[50]

그는 이렇게 관음신앙에 절대적인 귀의를 하였다. 그는 자신이 일제 말기에 학도병에 차출되었지만, 최종의 소집에서 제외된 것도 관음신앙에서 기인한 것으로 보았다.

법화경 보문품(관음경)의 광대한 원력으로 나의 뻴건 딱지가 날아오지 못하게 하였으니…… 그 신통 불가사의를 무엇으로 표현하오리까. 관음의 보살은(菩薩恩)은 그뿐이 아니었다. 내가 위기에 봉착하였다 하면 그 부사의(不思議) 무외력(無畏力)을 발휘하신다.[51]

이렇듯이 그는 인생의 고비마다 관음신앙에 의해서 구제된 것으로 이해하였다. 여기에서 그의 관음신앙에 대한 회고를 다시 들추어 보겠다.

---

50) 조영암『완치 당뇨 일기』우리출판사, 1994, p.88.
51) 위의 책, p.90.

1948년 5월, 내가 38선상에서 겪은 아슬아슬한 일은 관음보살의 실력이 아니고는 감당키 어려운 그러한 부사의한 현상이었다. [52]

6·25의 인민재판 직전에 나를 명륜동 우거에서 도피케 하여 인민재판을 면케 한 것이 우연한 일이겠는가. [53]

한번은 향로봉 부근에서 지프를 타고 가다가 적의 포탄이 가까이 덜어지는 바람에 산비탈에 나뒹굴어 떨어졌는데 운전사는 직사하고 동승했던 중령은 다리가 부러졌지만 나는 얼굴에 약간의 찰과상을 입었을 뿐이다. 그것은 참으로 희한한 일이었다. 이것 역시 관음의 위신력이 아니고 무엇이랴. [54]

수복 때 인천상륙작전에 참가하여 신현준(申鉉俊) 대령의 해병대를 따라 서울 입성을 서두르던 중 수차의 위기에서 나를 구해주신 것은 염피관음력(念被觀音力)이 아닐 수 없겠다. [55]

위와 같이 그는 월남 당시, 6·25전쟁 기간에서 수 없는 관음보살의 위신력, 가피력을 입었다고 확신하였다. 그래서 그는 70세 무렵까지도 그런 생각을 하고 있었다.

나는 지금 확신한다. 내가 이 불치의 병을 앓고 있지만 기필코 관음위신력(觀音威神力)과 관음부사의력(觀音不思議力과) 관음신변난산(神變難思) 힘으로 치유될 뿐만 아니라 완치될 것이라고 확신하는 바이다. [56]

---

52) 위의 책, p. 90.
53) 위의 책, p. 95.
54) 위의 책, p. 98.
55) 위의 책, p. 99.
56) 위의 책, pp. 102-103.

그래서 그는 관음시집을 출간하였다. 일반 대중에게 시를 통하여 관음 신앙을 널리 전하려는 충정이었을 것이다. 관음신앙은 관세음보살의 위신력, 관세음보살의 중생구제에 대한 발원을 믿는 사상이다. 그래서 관음보살은 중생의 고통, 난관, 어려움 등을 낱낱이 굽어살피고, 그를 해결할 수 있는 능력을 가진 보살로 나타난다. 그렇기 때문에 관음신앙은 대승불교라 하겠다.

지금껏 조영암의 불교사상을 관련 자료를 제시하며 살펴보았다. 그렇다면 이 같은 조영암의 다양한 불교사상, 수행, 신앙을 어떻게 정립할 수 있을 것인가? 이에 대해서는 필자의 후일 연구로 미루고자 한다. 그러나 그의 불교사상은 선사상, 관음신앙이 저변에 있었고, 그 전제하에서 사회와 국가에 관련된 사상은 호국불교, 민족불교였다는 것을 지적하고자 한다.

5. 결어

본 고찰의 맺는말은 필자가 전술한 내용 중에서 중요한 것을 대별하여 제시하면서, 추후연구에 유의할 측면을 동시에 제시하는 것으로 대신하고자 한다.

첫째, 조영암은 건봉사 출신의 문학인이었다. 그는 건봉사에서 입산하여 건봉사 부설의 신식학교인 봉명학교와 건봉사 강원에서 수학하였다. 그래서 그에게 건봉사는 결코 간과할 수 없는 탯줄과 같았다. 즉 근대기 건봉사의 역사와 문화는 조영암의 정신적인 기반이 되었다.

둘째, 조영암은 건봉사에서 제공하는 장학금을 받고 동국대 전신인 혜화전문에 입학하였다. 이는 그의 문학적 자산이 동국문학과 연계됨을 말한다.

셋째, 조영암은 건봉사 시절, 만해 한용운에게서 지대한 문학적 영향을 받았다. 그로 인해 시인이 되었다. 따라서 조영암의 탐구는 저절로 만해학의 계보에 포함된다. 이런 측면은 건봉사 출신 문학인들의 탐구는 만해학, 만해문학의 계보에서 결코 배제할 수 없음을 의미한다. 그럼에도, 지금껏 만해문학의 제자 계보에서 조영암을 주목하지 않은 것은 의아스럽다.

넷째, 조영암은 만해를 연구하고, 만해를 대중들에게 소개한 인물이라는 점이다. 만해 연구 1세대의 대표로 지금껏 조지훈을 그 선두에서 이해하였다. 그러나 조영암이 쓴 만해에 대한 글도 이제는 기본 자료로 인식해야 한다.

다섯째, 조영암은 근대 고승과 많은 인연을 가졌다. 은사인 김일우 강백, 선승인 한암, 독립운동가인 백초월, 선승인 성철 등이 그에게 영향을 끼친 스승들이다. 이 같은 다양한 스승과의 인연은 조영암의 삶이 풍성하고, 긴장감 넘치는 열정적 행보였음을 말해주는 것이다. 이런 인연과 비사는 해당 고승의 역사에도 스며들어야 할 것이다.

여섯째, 조영암의 불교사상은 관음사상이었다. 대승불교 사상으로 널리 알려진 관음사상에 대하여 조영암은 신앙, 수행 차원에서 강력하게 수용하고, 말년에는 참선수행(간화선)에 매진하였다. 본 고찰에서는 이 같은 측면을 부분적으로 묘사하는 것에 그쳤지만 추후에는 보편적 시각에서 정리해야 할 것이다. 나가서는 그의 불교사상이 호국불교, 민족불교와는 어떻게 연결되었는가도 탐구할 수 있다고 본다. 동시에 그의 불교사상이 그의 문학적 성격인 종군문학, 보수 우파적인 성향과는 어떤 상관성이 있는지도 유의할 측면이라고 본다.

저서

『北韓日記』(1950, 삼팔사)『屍山을 넘고 血海를 건너』(1951, 정음사)『古堂 曺晩植』(1953, 政治新聞社)『韓國代表作家傳』(1953, 廣文社)『雩南讚歌』(1954, 동서문화사)『新·林巨正傳』(1-10권 ; 1956, 인간사)『海東野史 : 名 將 名妓篇』

(1959, 정양사)『素月의 密語: 抒情詩人素月의 一代記』(1959, 신태양사)『古今笑叢』(1962, 신양사)『今古奇觀』(1963, 정음사)『殉國先烈全書』(1965, 협동출판사)『林巨正』(卷1-5 ; 1973, 공동문화사)『詩人靈巖占術 放浪記: 나의 姓名易學』(1973, 삼신서적)『禪門狂歌集 卷之壹 - 땡초 重光祖師猊下』(1988, 空超庵 出版部 金剛園)『(古典傑作選)古今笑叢』(1982, 동도문화사)『(觀音詩集)觀音菩薩大醫王』(1983, 한국불교원효종 총무원)『길흉화복은 이름에 달려 있다: 시인 영암 큰스님 점술방랑기』(1991, 토방)『완치 당뇨일기』(1994, 우리출판사)『禪詩叢書 第一』(1993, 토방)『禪門狂歌集』(1997, 대흥기획)

기고문, 시와 산문

『불교시보』35호(1938.6)「사랑의 慈母 觀音大聖」/ 39호(1938.10)「默禱」/ 52호(1939.11)「아주 첫길에서」/ 88호(1942.11)「龍頭觀音聖母讚」

〈조선일보〉1938.9.5.「파초」/ 1938.12.26.「묘지」

『불교』신24집(1940.6)「藍比尼園」

『金剛杵』25호(1941.12)「圓寂誌(聖歌其八」

『백민』5권 2호(1949.3, 백민문화사)「虛(其二)」

『竹筍』10집(1949, 죽순시인구락부)「虛(其四): 於萬像森羅影現中」/ 11집(1949)「哭 韓龍雲 스승님: 五周忌를 當하야」

〈경향신문〉1949.5.1,「五月의 노래」/ 1949.8.10,「산과 바다」(수필) / 1950.1.18,「새해의 비원-숙에게 주는 시」/ 1956.12.22,「쓰고 또 쓰다가」(칼럼) / 1957.2.22,「哭 金來成님 여보시오 어디로 가시우」/ 1958.1.25,「生命의 斷片,『詩心의 季節』을 읽고」(독후감)

『白民』18호(1949.3)「林巨正과 洪碧初」/ 21호(1950.3)「虛」(詩壇 27人集)

『문학』6권 3호(1950.5 ; 중앙문화협회)「亡命에의 길」/ 6권 4호(1950.6)「李軒求論: 宵泉과 怡山의 友情을 主로 하여」

『문예』12호(1950.12)「殘留한 附逆文化人에게(保導聯盟의 再版을 警告한

다)」

『自由世界』제1권 제1호(1952.1)「西伯利亞에의 길: 追慕古堂先生」

『전선문학』1호(1952.4)「釜山文學者의 活動」

『自由世界』1권 4호(1952.5)「祖國과 藝術: 젊은 韓龍雲의 文學과 그 生涯」

〈동아일보〉1953.4.23,「서평: 民族의 原罪 노천명詩集을 읽고」/ 1956.12.4~5,「小說의 재미」

『文化世界』1호(1953.7)「新人登場에 對한 文壇的 分析: 濫造의 弊를 除去하기 爲한 小論」

『青史』창간호(1955.6)「異蹟과 不可思議 行狀記(震默堂 散稿)」

『文學藝術』2권 7호(1955.12)「虛 第41章」

『전망』1956.1「일제에 항거한 시인 군상」

『녹원』1호(1957.2)「한용운 평전」

『現代詩』창간호(1957.10 ; 정음사),「虛 第24章」

『夜話』7월호(1959.7)「소위 화와이 근성 시비」

『新思潮』2권 8호(1963)「政談·情談·客談」

『東國詩集』6호(1957.10 ; 동국문학인회)「虛(四十四章)」/ 11호(1973.12)「虛(제41장·43장)」/ 13호(1977.10)「虛(70章) ; 實타洛가山」/ 15호(1981.11)「虛 九十九章: 補陀洛迦山 其三」

『불교사상』15호(1985.2)「나의 인생, 나의 불교」/ 16호((1985.3)「스님들의 항일운동」

『금강』5~11호(1985.5~11),「두고 온 산하, 두고 온 일주문」(영명사, 장안사, 신계사, 표훈사, 패엽사, 성불사, 신광사) 연재

『北韓』174호(1986.6)「願力으로 지킨 대장경과 유점사·건봉사의 소실」

미발표 유고(1954년?)「추모 만해 한용운 선생」

제13장_김법린*
민족불교 재건과 조국독립에 헌신한 지식인 승려

1. 조국독립 염원을 가슴에 품고

  범산(梵山) 김법린(金法麟, 1899~1964)은 1899년 경북 영천군 신녕면 치산리에서 태어났다. 그는 김정택(金玎宅)과 김악이(金岳伊) 소생 1남 1녀의 장남이었는데, 본관은 김녕(金寧)이었다. 그의 본명은 진린(振隣)이고 승려로서 이름은 법윤(法允)이었는데, 중국에 망명하여 바꾼 이름이 법린이고 호는 범산이다.

  유년 시절에는 신녕보통학교에서 배웠는데, 그의 열두 살 무렵에 나라가 망하였다. 그는 국망을 슬퍼하는 어른들의 모습을 보았는데, 그 때문에 조국독립이 그의 평생 염원이 되었다.

---

* 김법린은 2012년 6월 국가보훈처, 광복회, 독립기념관이 공동 주관한 '이달의 독립운동가'로 선정되었다. 이 글은 국가보훈처가 행사를 홍보하는 책에 수록되었는데, 필자가 집필하였다. 필자는 이 글을 2012년 6월 19일, 김법린의 공훈선양 학술강연회(백범기념관)에서도 발표하였다.

내 나이 열두 살 때(1910년, 합방 당시), 조국을 빼앗겼다는 소식을 듣고 비분통곡하는 어른들의 그 몸부림을 보았다. 그분들의 서러워하던 모습이 내 일생의 가는 길을 지배하는 자극이 되었는지도 모른다. 그래서 내 평생 동안 조국독립(祖國獨立)의 염원(念願)이 유일의 신념처럼 몸에 배었을 것이다.

위의 회고에서 보이듯, 그는 유년 시절부터 민족독립을 위해 헌신하겠다는 싹이 움텄다. 그런데 그 무렵 그의 부친 사망으로 가세가 기울자 그는 고향 인근의 명찰인 은해사(銀海寺)로 1913년에 입산, 출가하였다. 당시의 사찰은 인재를 발굴하고, 그들에게 배움을 열어주는 것이 관행이었다. 은해사에서 양혼허를 은사로 모시고 출가한 그는 1914년까지 은해사에서 배우다가, 범어사(梵魚寺)로 승적을 옮기고 떠났다.

김법린(金法麟, 1899~1964)

이는 그의 은사인 혼허가 대구포교당 포교사, 범어사 강원의 교사로 부임한 것과 연관된 것으로 보인다. 즉 은사를 따라 범어사로 온 것으로 이해된다. 김법린은 범어사에서 신식학교인 명정학교(明正學校) 보습과 및 구학 교육인 강원(사교과)에서 배웠다. 이때 국어학자인 권덕규와 독립투사인 서상일에게 배우기도 하였는데, 이것이 후일 그가 조선어학회 활동과 3·1운동에 참여한 동기가 되었을 것으로 보인다.

당시 범어사는 항일불교, 민족불교의 중심 사찰이었다. 이런 배경에서 범어사는 1912년 서울 인사동에 임제종 포교당을 개설하면서 민족불교의 중앙 본부 역할을 지원하였다. 그리고 인재 양성 차원에서 명정학교 졸업생 중에서 엘리트를 선발하여 서울로 유학을 보냈다. 그 대상자로 김법린이 선출되어, 그는 1917년에 휘문의숙에 입학하였다.

그러나 김법린은 얼마 후, 불교계 신식학교인 중앙학림으로 편입하였다. 당시 중앙학림은 전국 각처의 우수한 청년 승려들이 입학하여 배우던 학교로 불교계에서는 가장 선진적인 신식학교였다. 그래서 중앙학림의 청년 승려들은 불교와 신문명을 배우면서 불교계와 민족의 진로에 대하여 고민하였다. 그 고민의 무대가 유심회라는 자생적인 단체였다.

바로 이럴 즈음, 3·1운동 당시 33인 민족대표였던 만해 한용운은 서울 계동, 자신의 집에서 『유심』이라는 계몽지를 발간하면서 민족 청년들의 각성을 고취하고 있었다. 그러면서 그는 이따금 중앙학림의 특강에 나가서 학승들을 지도하였다. 이런 흐름은 자연스럽게 한용운과 김법린을 비롯한 중앙학림 학생들과 끈끈한 연계를 맺게 하였다. 특히 김법린은 『유심』에 철아(鐵啞)라는 필명으로 기고도 하였다.

3·1운동이 발발하기 하루 전날인 1919년 2월 28일 밤 열 시, 한용운은 그를 따르던 중앙학림 학생들을 자신이 처소로 불러들였다. 여기에서 만해는 학생들에게 3·1운동에 임하는 자신의 소회를 밝히고 여러 일을 당부하였는데, 그의 얼굴에는 비장한 환희의 감정이 가득했다. 만해는 3·1운동 준비, 불교계 교섭, 시국 인식, 독립선언서 등 운동 전반에 대한 그간 경과를 전하면서 다음과 같이 말했다.

군등(君等)과 이제 분수(分手)하면 언제 만날지 모른다. 조국의 광복을 위하여 쾌연히 나선 우리는 아무 애(碍)도 없고 포외(怖畏)도 없다. 군등도 우리의 뜻을 동포 제위에게 널리 알려 독립완성에 매진하라. 특히 군등은 서산(西山) 사명(四溟)의 법손(法孫)임을 굳이 기억하여 불교청년의 역량을 잘 발휘하라.

한용운의 독립 완성에 매진하라는 당부를 받은 김법린은 동료들과 함께 범어사 포교당(인사동)으로 가서 만세운동의 전개 대책을 숙의하였다. 역사적인 3·1운동의 그 날, 김법린은 탑골공원의 만세운동에 참여했다. 그리고 3월 4일, 김상헌과 함께 범어사로 내려가서 범어사 만세운동을 추동하였다. 김법린은 범어사 학인들과 협의하여 만세운동을 기획하고 자신은 상경하였다. 범어사의 학승들은 만세운동을 하기로 결정, 선언서를 등사하고, 30여 명의 결사대를 조직하여 범어사 인근 동래에서 만세운동을 일으켰다. 범어사 만세운동의 결정적인 역할을 한 김법린은 4월 하순에는 중국 상해에 임시정부가 수립되었다는 소식을 접하고 신상완, 백성욱, 김대용과 같이 상해로 건너갔다.

상해에 체류하던 김법린은 임시정부 특파원 자격으로 국내에 파견되었다. 국내에서 그는 불교계 동지들에게 상해 임정의 소식을 전하였다. 그연후에는 만주 안동현으로 건너가 동광상점이라는 쌀가게를 내고, 그곳을 근거로 상해와 국내 간의 비밀 활동을 담당했는데, 그중 하나가『혁신공보』발행이었다. 그 후에는 상해 임정의 밀령(密令)에 따라 독립사료의 집성과 전달에 나섰다. 그는 임시정부가 한국독립의 타당성을 뒷받침할 수있는 사료집 발간에 필요한 자료를 모으고, 그를 초록하여 임시정부에 보내는 것이었다. 그는 수집한 자료를 들고, 농부로 위장하여 상해로 향하였다.

당시 상해에 모였던 승려들이 추진한 것은 임시정부의 독립운동을 위한 자금 모집과 불교계의 힘을 한데 모을 수 있는 조직체인 의용승군 조직이었다. 이를 위하여 범어사, 통도사의 재원이 임정에 전달되고 중견 승려가 임정 고문에 추대되었다. 그리고 학승 김포광이 불교 대표로 상해에 파견되었다. 또한 중견 승려 12명의 이름으로 발표한 불교승려선언서가 상해에서 발표되었다. 그 연후 김법린은 의용승군 조직체의 가동을 위해서 국내로 잠입하였다. 그는 범어사, 석왕사 등지를 돌아다니면서 기밀부를 설치하였다. 그러나 이 움직임은 1920년 4월, 신상완이 검거됨으로 인해 일제의 검거망에 걸려들었다. 당시 김법린은 일제에 붙잡히기 일보 직전의 상황에 놓이게 되었다.

2. 미래 준비를 하면서 피압박민족대회에 참가하다[1]

김법린은 일제의 수사망이 좁혀오자, 자신의 진로를 진지하게 고민하였다. 독립운동을 지속할 것인가, 아니면 보다 먼 미래를 위해 학업을 재개할 것인가였다. 그는 학업의 재개를 결정하였다.

나의 스물두 살에 이르렀고 젊음을 구사(驅使)하기엔 무엇인가 내 안에 허전한 것이 있음을 깨달았다. 그리하여 이 길로 만주(滿洲)로 가서 독립군(獨立軍)에 가담할 것이냐, 아니면 미주(美洲)로 건너가서 학업(學業)을 계속할 것이냐 하는 문제를 가지고 심각히 생각하던 끝에 우선 다시 상해로 가서 영어(英語)와 중국어(中國語)를 공부하기로 했다.

그래서 1920년 4월 남경의 금릉대학에 입학하였다. 그 대학에서 영어와 중국어를 배우면서 미국 유학을 생각하였으나 여의치 않아 단념하였다. 그 무렵 유능한 중국 청년들을 선발하여 프랑스로 유학을 보내는 유법장학회(留法奬學會)가 있었는데, 김법린은 이 장학회의 후원을 받아 프랑스로 유학을 떠났다. 그는 기존 이름인 김법윤을 김법린으로 개명하고, 범어

---

1) 김광식 「김법린과 피압박민족대회」『새불교운동의 전개』도피안사, 2002.

사에서 보내준 여비와 『불화사전(佛和辭典)』한 권을 들고 프랑스로 떠났다. 1921년 2월, 그는 상선을 타고 싱가포르해협과 인도양을 거쳐 40일 만에 프랑스의 마르세이유항에 도착하였다. 프랑스 파리에 도착한 그는 어느 부호의 집에 들어가서 청소부를 하면서 불어를 배웠다. 또한 파리대 부설 외국인학교에서 공부하면서 파리의 동포들을 규합하여 한인친목회를 조직하였다. 그리고 1923년 11월, 파리대학교(소르본대) 철학과에 입학하였다. 1926년 7월, 대학을 졸업한 그는 은행에 근무하면서 대학원에 진학하였다.

바로 이럴 즈음, 김법린에게 새로운 도전의 계기가 다가왔다. 그것은 1927년 2월 10~14일, 벨기에 브뤼셀 에그몽 궁전에서 열린 세계피압박민족대회였다. 이 대회는 한국 독립운동역사에서 간과할 수 없는 대회로, 세계 각국에서 21개국 174개 단체가 참가하였다. 조선에서도 이 대회를 독립운동의 여론 조성 기회로 인식하여 관심이 지대하였다. 그래서 조선 대표로 4명이 참여하였는데 김법린, 이극로, 이미륵(이의경), 황우일이었다. 김법린은 파리한인회 회장 자격으로, 이극로와 황우일은 서울 한인작가언론인협회 소속으로, 이미륵은 재독 한인학생회 소속으로 대회 본부에 등록하였다. 김준연과 허헌은 비공식적으로 대회를 참관했다.

대회는 예비회(2.5~2.9)와 본회(2.10~2.14)로 나누어 진행되었다. 4명으로 구성된 조선대표단의 단장은 이극로가 맡았다. 김법린은 본회 첫날인 2월 10일, 조선의 태극기가 게양된 회의장에서 일제를 규탄하는 연설을 했다. 2월 14일, 최종회의에서 김법린은 '아세아민족회'의 조선 측 위원으로 피선되었다. 그리고 이날 조선대표단은 '한국대표단 결의안'을 작성하여 제출하였다. 그 내용은 일본으로부터 한국 독립 확보, 한국에서 일본 스스로 취한 모든 권리는 헛된 시도라는 요지가 담겨 있었다. 그리고 조선 대표는 대회의 개최 이전에 한국 식민통치 상황, 독립투쟁의 의지 등을 정리한 8쪽 분량의 책자인 『한국의 문제(DAS KOREANCHE PROBIEM)』를 각국 대표에게 전달하였다. 이 책자(이미륵 소장본)는 독립기념관에 기증, 보관되어 있다. 이 책자의 저자는 전하지 않는데 재독 유학생단체 소속의 유학생들이 작성한 것으로 추정되고 있다.

다행스럽게도 김법린이 이 대회에서 행한 연설문 내용이 전하고 있다. 베를린의 노이어 도이처 출판사(Neuer Detscher Verlag)에서 대회 의사록을 모두 독일어로 번역하여 『에그몽 궁전의 봉화』라는 제목의 단행본으로 출간한 덕분이었다. 이 책자에는 김법린 연설문의 전문, 한국 참가자 명단과 직책, 한국 대표단 결의안이 수록되어 있다. 김법린 연설문은 그의 이름이 영문명 'Kim Fa Lin'으로 표기되어 있는데, 7쪽 분량이며 낭독 시간은 35분 정도 소요되었을 것으로 보인다.

김법린 연설문은 「한국에서 일본제국주의 정책 보고」라는 제목으로 되어 있고 서론, 본론, 결론으로 구성되어 있다. 그는 서론에서 일본의 제국주의, 영토 확장의 역사를 비판하였다. 당시 일제의 영토 확장 정책은 첫째, 동아시아 영토 확장의 일환으로 일제가 한국에 권력을 행사하는 것이고 둘째, 미국 및 대서양에는 이민을 통한 평화 침투를 셋째, 중국 서부 및 몽골의 침투로 시베리아의 경제적 이익을 강탈하는 것이라고 서술하였다. 그러면서 일제의 그런 정책은 인간의 가치를 부정하는 것으로 비판했다. 본론에서는 한국에 대한 일본의 폭력(1장)과 일본의 한국 점령(2장)의 두 부분으로 구성되었다.

1장에서는 강화도조약부터 1910년 일제 강점까지의 불평등한 관계와 역사를 요약하였다. 2장에서는 1910년 일제가 한국을 강점한 이후에 한국이 성장, 발전되었다는 논리를 반박하는 내용을 서술했다. 김법린은 이를 위해서 행정조직, 사법행정, 교육, 경제정책과 식민지화, 노동 등의 5개 분야에서 식민통치 실상을 조목조목 설명하였다. 결론에서는 한국에서의 일제 식민지 통치책이 국제 사법 정책 중에 가장 범죄적이고 추악한 사실이 명백하기에, 문명과 인류를 더럽히는 수취를 제거하기 위하여 일제 범죄를 단죄하고 처벌해야 함을 역설하였다.

이렇듯이 김법린이 유럽을 비롯한 각국의 대표자들에게 일제 침략의 부당성을 객관적으로 제시한 것은 독립정신 구현 그 자체였다.

3. 고국에서 독립정신을 펼치다

김법린은 피압박민족대회에 참가하고 나서 프랑스로 돌아왔다. 그리고 그해 12월 9~11일 벨기에 브뤼셀에서 열린 반제국주의연맹 총회에 최린과 함께 참석하여 한국의 실정을 보고하였다. 그 후 김법린은 프랑스에서 학업을 지속하려고 하였으나, 국내 불교계의 간곡한 귀국 요청으로 1927년 중반 귀국을 결심하였다. 국내 불교계, 즉 재단법인 교무원에서는 그의 귀국 보조비 지급을 결의하였다. 범어사 만세운동 동지인 김상호가 전국 사찰을 돌며 그의 귀국 여비를 모금하고, 김법린에게 국내 불교계를 위해 일해 달라는 편지를 보냈다. 마침내 그는 네덜란드에서 기차를 타고 시베리아를 경유하여 1928년 1월 14일 귀국하였다.

좀 더 공부하야 박사학위나 얻어 가지고 오려 하였으나 고국 떠난 지도 오래였고 고국을 그리는 마음이 간절하매, 본국에서 일하는 분의 일을 돕는 것이 그곳에서 학창생활을 더 계속하느니보다 낫겠다는 생각으로 돌아온 것입니다. 칠팔 년 전에 본국에 돌아오니 모든 것이 많이 변하였습니다. 우리는 모든 것을 이 안을 중심으로 일하지 않으면 안 됩니다. 장래는 교육계에 힘쓰며 더욱 학술방면에 연구코자 합니다.

이와 같이 국내에서 민족과 불교를 위해 일하겠다는 다부진 마음을 표현하였다. 귀국한 그는 범어사, 각황사 등에서 강연하였다. 그리고 권상로가 주관하는 잡지사인 불교사에 입사하였다. 불교사는 당시 유일한 불교계 잡지인『불교』를 발행하였는데, 식민지 불교정책을 비판하고 불교의 미래를 제시하던 불교지성의 터전이었다. 김법린은 그 잡지의 학술부를 책임지고 있었는데, 구라파 지역의 불교학 동향을 상세하게 전달하였다.

귀국 후 강연과 기고 활동을 하던 그는 점차 국내 불교계의 불합리한 문제를 파악하였다. 그는 문제 해소를 위한 활동에 나서서 1928년 조선불교청년회의 재건, 1929년 1월 3~5일 각황사에서 열린 조선불교 선교양종 승려대회 개최를 주도하였다. 그가 주도한 승려대회는 일제 사찰령의 부정, 불교의 통일운동, 종단 건설의 성격을 띠는 것이었다. 대회는 성사되어 불교계의 자주적 규율인 종헌(宗憲)을 제정하고, 종단 성격을 갖는 교무원 및 종회를 출범시켰다. 이런 결실은 불교 자주화 운동사에서 매우 귀중한 의미를 지닌다. 불교계 구성원들이 종헌에 의거하여 자주, 자립의 활동을 할 수 있는 기반을 마련한 것이다.

그러나 일제는 그 대회의 진행을 감시하면서 파장을 예의주시하였다. 그래서 김법린을 경찰서로 구속하기도 하였다. 그렇지만 김법린이 주도한 종헌 제정은 근대불교 최초의 자주적인 의사 결정, 불교의 근대적 시스템화라는 성과를 남겼다. 그러나 3~4년 후, 종헌체제는 일제의 억압, 친일적 주지들의 비협조로 해소되고 말았다.

귀국과 함께 다양한 활동을 펼치던 김법린은 자신의 학문을 더욱 정비하고자 일본 유학을 단행하였다. 그는 일본 고마자와(駒澤)대학에서 초기 불교 언어와 인도철학을 공부하였다. 바로 그 무렵, 국내의 불교청년들은 항일 비밀결사체인 만당(卍黨)을 결성했다. 만당은 자주적 불교화, 민족불교 지향을 위한 조직이었다.[2] 김법린과 함께 불교혁신에 나선 동지들이 주도적으로 추진하였다. 다음의 선언문에서 만당의 성격과 노선을 파

---

2) 김광식「조선불교청년총동맹과 卍黨」『한국근대불교사연구』민족사, 1996.

악할 수 있다.

> 보라! 3천 년 법성(法城)이 허물어져 가는 꼴을
> 들으라! 2천만 동포가 헐떡이는 소리를
> 우리는 참을 수 없는 의분에서 감연(敢然)히 일어선다.
> 이 법성(法城)을 지키기 위하여, 이 민족(民族)을 구(救)하기 위하여
> 향자(向者)는 동지(同志)요 배자(背者)는 마권(魔眷)이다. 단결(團結)과 박멸(撲滅)이 있을 뿐이다.
> 우리는 안으로 교정(教政)을 확립하고 대중불교(大衆佛敎)를 건설하기 위하여 신명(身命)을 도(賭)하고 과감(果敢)히 전진(前進)할 것을 선언(宣言)한다.

만당은 비밀엄수, 당에 절대복종을 약속한 당원만 선발하였는데 전국적으로 80여 명에 달하였다. 강령은 정교분립, 교정확립, 불교대중화를 표방하였는데 불교의 자주화, 식민불교에 저항을 통한 민족불교를 지향하였다. 일제에 대한 저항 정신을 바탕으로 비밀리에 결성되었으며, 당수로 한용운을 추대한 것 등을 보면 만당은 민족운동의 결사체임이 분명하였다.

김법린은 일본에서 만당 결성의 소식을 듣고, 즉각 만당 일본지부 결성에 나섰다. 그래서 다수의 불교청년들을 당원으로 포섭하였다. 그리고 조선불교청년총동맹의 동경 지부장을 맡기도 했다. 1932년 3월 귀국하게 된 김법린은 그의 모교인 중앙불전에서 원전 중심으로 강의하였다. 그러면서 『불교』에 식민불교 정책을 비판하는 글을 다수 기고하였다. 그가 귀국하기 직전부터 한용운이 불교사 사장을 맡으면서, 그 이전보다 일제의 불교정책과 나약한 친일 주지를 비판하는 글이 더욱 빈번하게 게재되었다. 아래 김법린의 글은 불교개혁 방향을 상징적으로 시사한다.

> 사찰령과 그 시행세칙은 조선불교의 교무행정에 대한 일체를 간섭하여 그

내부적 자주권을 부인하고 있다. 사법의 시행, 주지의 임면, 寺有재산의 처분, 사찰의 조직 등 일체가 정치 당국의 손에 달려 있다. 실로 조선불교의 一動一靜이 위정자의 재가를 기다려서 비로소 된다.

그는 일제의 불교정책과 그에 기생하는 불교 구성원들의 행태를 강력 비판하는 이와 같은 성향의 글을 『불교』에 다수 기고하였다. 그의 이런 활동은 한용운의 노선을 지지하는 현실 인식에서 비롯된 것이었다. 한용운은 기존의 산중 중심, 승려 중심의 불교를 비판하고 대중 중심의 불교를 제창하였다. 한용운 불교혁신의 논리는 대중불교론(大衆佛敎論)이었다. 그래서 김법린도 한용운의 영향을 받아 '민중 본위의 불교운동'을 주장하였다.

산사로부터 도시에로 승려 본위로부터 신도 본위로, 은둔적 독선적 불교로부터 사회적 경제적 불교로 진출하자! 즉 민중 본위의 불교운동의 제창은 現下 조선불교 갱신운동의 당면안 중 하나다. (중략) 종교는 사회적 현상이다. 대중의 교도(敎導)가 그의 천직이요, 대중과의 접촉이 그의 생명이다. 이 천직을 망각하고 이 생명을 무시함이 현재 조선불교와 같은 자 없나니, 보라! 신조선의 전도에 적체한 제 문제에 대하여 조선불교는 어떠한 지도적 방안과 독실적(篤實的) 분투로서 그 시급한 해결을 성원 기도하는가?

이렇게 그는 한용운의 대중불교론을 한 단계 진일보시켜, 구체성을 띤 대안을 내놓았다. 중앙불전 강사를 역임하면서 교육을 통한 민족 자각에 나서고, 불교혁신론에 입각하여 식민지 불교를 극복하는 활동의 중심에 있었다. 그런데 그 무렵 교단 운영의 재정 문제와 함께 불교 노선에 대한 의견 차이에서 비롯된 불교계 갈등이 내분으로 이어졌다. 그 결과 비밀 결사 만당이 자진 해소되고 『불교』가 휴간되었으며, 김법린은 중앙불전에서 퇴진하였다. 그는 가족을 이끌고, 만당 동지인 최범술이 주지로 있는 다솔사로 내려가 칩거하였다. 그는 쓰라린 가슴을 부여잡고, 다솔사 강원에서 후학을 가르치면서 후일을 대비하였다.

4. 민족의 역사, 민족의 언어를 갈고닦다

경남 사천의 다솔사에는 동양철학의 권위자로 알려진 김범부도 거주하였다. 그래서 최범술, 김법린, 김범부라는 지성적 엘리트들의 집합처 다솔사에는 자연적으로 민족지사들이 모여들었다.[3] 만당의 당원, 한용운, 경남 지역의 애국지사들이 왕래하는 명소가 되었던 것이다.[4]

> 범산(김법린, 필자 주)과 나는 사천 다솔사에서 그곳 주지이며 동지인 최범술과 더불어 학원을 경영하고 있었다. 범산은 역시 다솔사 원장으로 있으면서 틈틈이 불경과 한국역사를 교수하며 조국 정신을 고취하기에 진력하였다.

김범부가 다솔사 시절을 회고하는 위의 내용에 김법린의 당시 정황이 언급된다. 그런데 1935년 9월, 다솔사 강원과 해인사 강원이 합병되었다. 그러자 김법린은 해인사 불교전문강원의 원장을 맡았다. 그러다가 1936년 1월에는 범어사로 옮겨가서, 범어사 불교전문강원 학감을 맡아 후배 승려들을 지도하였다. 그는 다솔사와 범어사 강원에서 불교, 영어, 역사 등을 강의하면서 민족의식, 독립의식을 고취했다. 특히 해인사에 있을 때는 팔만대장경의 소중함을 인식하고, 대장경을 통한 민족문화와 불교문화

---

3) 김광식 「만당과 효당 최범술」 『민족불교의 이상과 현실』 도피안사, 2007.
4) 김광식 「만해와 효당, 그리고 다솔사」 『우리가 만난 한용운』 참글세상, 2010.

재건을 후배 승려들과 함께 고민하였다. 범어사에서 그의 강의를 들었던 제자들은 김법린은 학생들과 숙식을 같이하면서 우리 민족이 반드시 독립을 쟁취할 수 있도록 각자의 재주를 갈고닦아 독립운동에 힘써야 한다고 가르쳤다고 회고하였다.

1938년 무렵, 항일 비밀결사체인 만당이 노출되어 당원들이 대거 일제에 체포되는 사건이 일어났다. 김법린도 진주경찰서에 3개월간 수감되는 고초를 겪었다. 모진 고문을 이겨낸 그는 범어사로 다시 돌아와 강원에서 강의를 계속하였다.

> 우리들은 임진란에서 조선의 명장 이순신이 귀갑선을 만들어 일본군을 격파함과 같이 옛 위인이 우리 조선을 지키고 충절을 다해서 장구한 조선 역사를 보존해 왔음을 잊지 말고 옛 위인의 정신을 내 정신으로 해서 몸으로써 조선을 지켜 그 발전을 위하여 일하지 않으면 아니 되는……

이렇게 그는 역사를 통한 민족의식 고취에 남다른 노력을 하였다. 이는 교육을 통한 민족운동이었다. 그가 3·1운동 이래 한결같이 지녀온 민족정신의 발현이었다.

한편, 그는 범어사에서 강의하던 그 무렵부터 조선어학회의 활동에 관여하였다. 그가 조선어학회에 참여한 것은 외국에서 유학하면서 모국어에 자연스럽게 관심을 가지게 되었기 때문이다. 더욱이 그는 초기불교를 공부하면서 불교용어에 많은 소양을 쌓은 학자였다. 그래서 그는 조선어학회의 사전 작업 시에 프랑스어와 불교용어의 심의와 자문을 맡았다.

> 조선인으로서 조선어를 모른다는 것은 조선인으로서의 자각을 잃고, 조선민족의 존재를 망각함에 이르는 것이다. 조선어의 발단은 조선 민족의 발전과 지대한 관계가 있는 것이다. 조선어의 쇠퇴는 조선 민족의 멸망을 의미하는 것

이므로 조선어를 연구하여 조선의 발달을 도모하지 않으면 안 된다.

　김법린은 조선어 자체가 민족을 의미한다고 보았다. 그래서 조선어의 쇠퇴는 민족의 멸망을 의미하기에 한글의 발달을 적극 도모해야 한다고 강조했다. 그는 이런 입장에서 조선어학회에 열성적으로 참여하였다. 그렇지만 일제의 간악한 탄압으로 피체되어 1942년 10월 19일, 함남 홍원경찰서에 구속되었다. 그는 최현배, 이희승 등 12명과 함께 재판에 회부되어 9차례의 공판을 받고 징역 2년 집행유예 4년을 선고받고 1945년 1월 18일, 출옥하였다. 그의 구속으로 인해 범어사 강원은 강제 폐교를 당하였다. 그는 고문으로 악화된 건강을 회복하기 위해 범어사에서 요양하며 휴식을 취할 수밖에 없었다. 그러나 그의 독립 의지와 민족의식은 절대 꺾이지 않았다. 다만 미래를 위하여 잠시 휴식에 들어간 것이었다.

5. 해방을 맞아, 불교와 민족의 진로를 걱정하다

　1945년 8월 15일, 역사적인 해방을 맞게 되었다. 범어사에 있던 김법린은 그를 따르던 일단의 인사들과 함께 급거 상경하였다. 서울 선학원으로 간 그는 서울의 중견 승려들과 상의하여, 우선 교단 집행부를 접수하였다. 8월 19일, 그는 중앙 교단이 있는 태고사(현 조계사)로 가서 구(舊)집행부 승려들을 면담하고, 정상적으로 평화롭게 종권을 인수하였다. 그리고 나서 그는 조선불교혁신회를 조직하고, 9월 22일 태고사에서 전국승려대회를 개최하였다. 이 승려대회에서는 불교의 진로, 식민지불교의 잔재 제거, 해방공간의 불교 정책 등을 결정하였다. 이런 과정을 주도한 그는 조선불교 총무원장(總務院長) 자리에 올랐다. 김법린과 함께 교단 집행부에 가세한 승려들은 일제하의 만당 당원들이 주축을 이루었다.

새로 출발한 교단 집행부는 1946년 3월, 제1회 전국교무회의에서 결정한 노선을 신중하게 이행하였다. 그 결정은 교헌제정, 교구제 실시, 재산통합, 교도제 실시, 역경사업 발기, 일제 잔재의 제거, 광복사업의 협조 등이었다. 당시 김법린이 추진한 노선은 일제하 불교에서 한용운과 자신이 구상하였던 대중불교, 대승불교 노선이었다. 과거의 산간불교, 승려 중심의 불교에 머물지 않고, 새로운 시대에 맞는 불교로 나아가고자 하였다. 그러나 혁신계열의 이의 제기, 정치적 혼란, 미 군정의 비협조 등으로 인하여 혼미한 상황이 잇따랐다. 그럼에도 그는 해동역경원 설립, 일제가 폐교한 혜화전문학교의 개교, 해인사에 모범총림 개설 등을 추진하면서 점진적으로 불교 발전을 꾀하였다. 하지만 혁신계열의 반발로 일시적으로는 교단이 분열되는 아픔을 겪기도 했으며, 미 군정의 사찰령 철폐, 사찰재산 임시보호법의 시행, 일본불교 사찰 인수 등은 의도대로 이루어지지 않았다. 그래서 그는 번민을 거듭하였다.

　몰이해한 이민족 이교도의 손에서 부대낌은 갱생의 길이 참으로 막연한 바가 있다. 사해화(死骸化)한 사찰령으로 사찰 재산의 동결을 꾀하는 위정자의 몰이해한 조치도 있어서 불교의 자산 신장과 자유 산업 운영의 편익은 전연 희망이 없다.

불교 교단의 실질적인 책임자였던 그의 고민은 깊어 갔다. 게다가 혁신계열들은 대처승들을 승단에서 배척하여 교도의 지위로 내려오게 하자고 강력하게 주장하였다. 이 주장의 이면에는 비구승 중심의 승단을 만들자는 것이 포함되어 있었다. 그러나 그는 만해 한용운의 주장인 대중불교, 대승불교로 가야 함을 역설하고, 그를 실천하고자 하였다. 교단의 분열이 깊어지자 그는 더 이상 총무원장의 직위를 포기하고, 그 자리에서 내려왔다. 대중불교의 좌절이었다.

그는 불교계의 최일선에서 물러난 뒤에도 광복사업, 국가 재건사업에는 지속적으로 참여했다. 비상국민회의 대의원(1946. 2), 남조선 과도입법의원 의원(1946. 12), 감찰위원회 위원(1948), 고등고시 위원(1949), 고시위원회 위원장(1952), 유네스코 한국위원회 위원장(1953), 원자력 위원장(1959), 문교부 장관(1952), 부산 동래 제3대 국회의원 등을 역임하였다.

그는 5·16이 일어난 직후에는 그의 모교이자, 불교계의 대표적인 대학인 동국대학교에서 명예 철학박사 학위를 받고, 1963년 7월에는 동국대 총장으로 취임하였다. 그의 열정을 마지막으로 쏟아부을 분야로 교육을 선택한 그는 학문을 최우선으로 하는 대학운영 방침을 천명하였다.

학문 없는 학원은 시체와 같고, 업적 없는 학자는 노래 않는 가수다. 백성을 괴롭히는 정치가 필요 없듯, 공부하지 않는 학생은 소용없다.

공부 제일주의, 학문 제일주의였다. 그는 이런 원칙하에 동국대에 인도철학과 신설, 박물관 신설, 대학선원 등의 다양한 기관 설립을 추진하였다. 특히 승려들의 교육(종비생 제도, 대학선원 설립 등)에 큰 노력을 기울였다. 오로지 학교 발전을 위해 진력하던 그는 1964년 3월 14일 심장마비로 순직하였다. 당시 그의 나이 66세였다.

그는 승려의 신분으로 민족 독립, 조국 재건의 최일선에 나섰던 독립운동가, 교육자였다. 그리고 불교대중화, 대승불교운동을 제창한 불교혁신론자였다. 그의 뜻은 비록 아직까지도 이 땅에 뿌리 내리지는 못하였지만, 그의 기개와 정열, 의지는 불교사, 민족독립운동사에 각인되어 있다.

범산 김법린. 그의 장례는 동국대학교장으로 치러졌다. 그는 이 땅을 떠났으되 후학들은 그를 잊지 못하였다. 그의 1주기를 맞이한 후학들은 그를 다음과 같이 추모하였다.

그가 가신 지 벌써 한 해, 선장을 잃은 배는 그대로 제자리에서 뱃전을 들이치는 파동 때문에 흔들리고 있다. 그리고 범산의 청사진은 배의 갑판 위에 펼쳐진 대로 휘돌아 부는 바람(毘藍)에 찢겨가고 있다.

겨레의 역사와 함께 배는 낡았을망정 그대로 현대사의 地圖를 항해할 수 있는 나침반은 있다. 다만 그 나침반을 읽고 용감하게 항해를 시작할만한 선장이 없다. 근해를 도는 뱃사공은 필요 없다. 원대한 청사진을 펴고 遠海를 향하여 과감하게 출범하는 위대한 선장이 필요하다.

수많은 잔별이 반짝이고 있더라도 하나의 큰 별이 떨어질 때 천지는 갑자기 어두워지는 법이다. 범산은 큰 별이었다. (韓守「法隣은 가고 梵山은 남고」중에서)

梵山 兄

兄님은 가시였소. 우리들을 참마 매치고 兄님은 가시였오. 강물처럼 가시었나요. 구름처럼 가시었나요.

또 가셨으면 어데로 가셨나요. 오신 곳으로 가셨나요. 가신 곳은 따로 계신가요.

金井聖域에는 오신 소리 아직 여여하고 東國學園에는 가신 자취상도 완연한데 달 밝은 다락에서 敎界로 政界로 學界로 뛰었던 형님의 천년 꿈은 劫外에 서렸을 뿐 오실 때에도 말이 없고 또 가실 때에도 말이 없으니 당신의 침묵은 永劫의 비밀 위에 한 겹을 더 덮은 듯 더욱 아득만 하여이다.(유엽「梵山 兄의 小기를 맞아」중에서)

이렇듯 그는 영면의 세계로 갔지만, 그의 굳센 의지와 행적은 역사의 무대에 의연하게 남아 있다. 민족불교의 생생한 증거를 우리에게 남긴 그의 역사, 그는 살아남은 자들이 후세에 전하는 당위의 표상으로 우리 앞에 남아 있다.

제3부

만해사상의 계승 단체

한용운 추모사업과 비석 건립
만해사상 계승을 실천한 단체
홍성 지역의 한용운 정신 계승

제14장_한용운 추모사업과 비석 건립

1. 서언

근대 불교를 대표하는 승려 만해 한용운의 정체성은 시인, 독립운동가, 불교 개혁가 등으로 그의 활동에 나타난 진정성이 대중에게 널리 알려진 결과이다. 이런 위상은 1930년대 초반, 당시 불교를 대표하는 인물을 선정한 '조선불교 대표인물 당선 발표'에서 만해가 1등(477표 중에서 422표)을 하였다는 사실에서[1] 단적으로 증명한다.

현대기에 들어와서도 만해의 그와 같은 상징성은 지속되었다. 이러한 만해의 위상은 1973년에 발간된 『한용운전집』(전 6권)에 힘입은 바가 크다. 전집의 발간 이후 창작과비평사, 대한불교청년회, 만해사상연구회, 만해사상실천선양회, 만해학회, 홍성군, 만해사상실천연합 등 다양한 단체

---

1) 『불교』 93호(1832.3)에 실린 기사이다. 투표의 배경, 과정, 일시 및 장소 등은 보도하지 않았지만, 결과와 투표 장면은 나온다. 3표 이하는 생략하였다는 것을 보면 500여 명의 인원이 투표한 것으로 보인다.

탑골 공원에 세워진 만해 스님 비석

에서 만해 추모 및 선양 사업을 추진하였다. 그리고 전국에 걸쳐 만해 박물관 및 기념관, 시·어록비, 동상, 흉상 등이 수십여 곳에 조성되어 있다.

그러나 해방공간과 1950~60년대에서의 만해의 추모 사업은 빈약하였다. 그 연유는 다양한 측면에서 설명할 수 있다. 주요한 이유로 한국사회 전반의 독립운동 정신 계승 미진, 불교계의 정화운동이라는 격변에서 조성된 대처승 배제 시류, 만해 제자들(만당 당원, 대처승 등)의 퇴진 등을 거론할 수 있다.

이 글에서는 만해사상의 계승에 관한 연구의 범주를 확장하는 목적의 하나로, 1960년대 중반부터 추진되어 건립된 만해 비석의 건립 문제를 다루고자 한다. 이 비석은 1970년 3월 1일, 서울 탑골공원에 건립되었다. 그러나 이 비석은 수많은 우여곡절을 거쳐서 그곳에 세워졌다. 비석 건립의 전후 사정에는 1950~60년대 만해에 대한 당시 한국사회의 인식이 내포되어 있다. 따라서 건립 추진 과정을 파악하게 되면 만해에 대한 추모와 정신 계승의 상황을 이해할 수도 있다.

이와 같은 배경에서 집필된 이 글이 만해학의 지평 확대, 만해사상 계승의 새로운 이해에 도움이 되기를 기대한다. 여타 문제(심우장, 묘지 이장, 만해 행사, 만해기념관 등)와의[2] 관련성은 이후의 장에서 탐구를 이어가고자 한다.

2. 만해 유족의 생활

만해의 추모 및 계승의 문제에 관련된 대상은 다양하다. 만해의 전집, 묘소, 비석, 심우장, 기념관, 학술사업, 선양사업 등을 거론할 수 있다. 그런데 만해에 대한 본격적인 추모 사업은 8·15 해방공간부터 시작된『한용운전집』발간 추진부터 시작되었다. 이에 대해서는 필자가 그 개요 및 성격을 정리한 바 있다. 전집 간행은 해방공간에서 시작하였으나 6·25전쟁으로 중단, 1950년대 후반 조지훈 주도의 고려대문학회에 의해 시도되었으나 중단, 1973년 최범술에 의하여 신구문화사 출간 등으로 요약할 수 있다.[3]

한편, 만해 비석의 건립은 1965년부터 만해의 묘소 이장을 검토하면서 비석을 세우자는 불교계의 논의에서 비롯되었다. 만해의 묘지, 비석 등의 문제가 제기된 것은 만해 후손의 생활이 어려워 만해의 묘지를 정상적으

---

2) 김광식 「심우장의 어제와 오늘 – 한용운과 심우장의 정신사」『전자불전』 21, 2019.
3) 김광식 『『한용운전집』 발간과 만해사상의 계승』『만해학보』 17, 2017.

로 관리할 형편이 아니라는 것이 알려진 1950년대 중반 무렵부터였다. 국가에서 독립유공자를 선정하여 일정한 예우를 하기 시작한 1962년까지는 독립운동가 후손의 생활은 대부분 빈곤하였고, 만해 유족의 생활도 어렵기는 마찬가지였다.

만해의 유족은 만해의 부인 유숙원과 외동딸인 한영숙이다. 만해의 또 다른 혈족인 아들인 한보국은 홍성에서 중도좌파의 독립운동을 하다가, 6·25 때 자진 월북하였다.[4] 유숙원은 해방 직후에는 특별한 직업이 없었고, 그의 딸은 학교에 다녔다. 그래서 만해 유족의 삶은 빈곤한 것이 당연하였을 것이다. 유족은 해방공간에는 만해와 함께 살았던 심우장(尋牛莊)에 살았지만,[5] 6·25전쟁 기간에 심우장을 유지하지 못하고 타인에게 팔았다. 1953년, 생활이 어려워 심우장을 팔았다가 곧 후회하고 다시 인수하려고 하였으나 여의치 않았다. 1962년에 가서야 다시 인수할 수 있었다. 매매의 전후 경과를 보도한 〈동아일보〉 기사(1962. 7. 20)의 「오늘의 화제: 주인 못 찾는 심우장」 전문이다.

기미 독립선언의 민족대표 三三인의 한 분인 고 한용운 씨의 장녀 한영숙 (28, 경남 부산시 부산진구 진포동 517) 씨는 지난 16일 고인의 유일한 재산인 심우장(서울 성북구 성북동 222)을 "억울하게 빼앗겼다"고 최고회의를 비롯한 관계 요로에 진정서를 내어 화제를 모으고 있다.

삼십여 평의 기와집 두 채와 대지 1백여 평으로 이루어진 심우장(현 시가 오십만 원가량)은 성북동 산중에 자리 잡아 한용운 씨가 일제 말엽의 우울한 마음을 안정시키며 말년의 집필을 하던 곳. 한 씨의 미망인 유숙원(70) 여사는 그간의 경위를 다음과 같이 말하고 있다.

---

4) 김광식 「한보국의 삶」 『한용운연구』 동국대출판부, 2012.
5) 〈연합신문〉 1949. 2. 24, p. 3, 「三一運動의 巨星, 遺家族 訪問記: 다만 딸 하나를 爲해 犧牲, 싸릿대문 尋牛莊의 兪淑元女史」.

해방되기 전해인 1944년 초 여름 한 씨가 별세하자 유 씨 모녀만 심우장을 지켜왔으나 6·25동란 후 생활이 극도로 곤란해져 52년 12월 초순 별장을 당시 종로구 동숭동 129에 살던 박봉근 씨에게 400여만 원(제1차 화폐개혁 전)에 팔기로 결정하였다. 매매계약에 따라 계약금 1백만 원을 받았으나 잔금 300만 원은 지불치 않고 박씨가 그 후 십여 년 동안 별장을 관리해왔다. 6·25전란 중에 매매된 것이라 값도 헐했을 뿐만 아니라 고인이 마지막 집필하던 인연 깊은 별장이었기 때문에 53년 수복 후 여러 차례 계약금을 반환하고 매매계약을 취소하자고 하였으나 박 씨 측에서 불응해왔기 때문에 부득이 진정서를 내게 된 것이라 한다.

지금 심우장에는 박씨가 보낸 관리인 황학래(45) 씨의 가족 십여 명과 세들어 사는 김 모 씨 등 이십여 명이 살고 있는데 동란 때 폭격 맞은 자리를 한 번도 수리한 적이 없고 정원에는 잡초만 우거져 황량하기 그지없는 형편이다. 한용운 씨의 장녀 영숙 씨는 모 회사원인 정택근 씨와 결혼 부산에서 살고 있으며 미망인 유숙원 여사는 그동안 친구인 정자영(성북구 돈암동 23) 씨 집에 신세를 지고 있는데 만성 위장병을 앓고 있다.

*한용운 씨와 생전에 친교가 두텁던 박광 씨의 말: 돈이 문제가 아니라 고인이 말년을 지내던 곳이라 기념물로 영구 보존하고자 여러 번 교섭해 왔다. 계약금을 반환하고 해약을 하려 해도 박 씨 측에서 응하지 않았다.

*미망인 유숙원 여사 말: 6·25 동란 중의 일이라 총망중에 팔게 된 것이었으나 고인의 유물인 만큼 오래 지켰으면 하는 마음뿐이다.

*집을 산 박봉근씨의 말: 그동안 여러 번 사람을 보내와 해약을 하자고 했으나 '브로커'들의 말인지라 미덥지가 않았다. 지금이라도 한영숙 씨 본인이 찾아온다면 해약 여부를 가리지 않고 아무런 조건 없이 즉시 집을 비워 주겠다. 한씨에게 친구를 통해 연락을 취해 보았으나 기별이 없었다.

위의 보도기사에 그 전후 사정이 상세하게 드러난다. 이 내용 중에서 한영숙이 국가재건최고회의를 비롯한 관계 요로에 진정서를 냈다고 하는데, 그 진정서를 작성해 준 당사자는 문교부 장관과 동국대 총장을 역임한 김법린이었다. 김법린은 만해 제자로서 만해와의 인연이 돈독하다.[6] 이런 우여곡절을 거쳐 만해 유족은 심우장을 인수하였다. 그래서 1962년 중반부터 1970년대 초반까지는 만해 유족이 심우장에 살았다.

만해 유족의 빈곤했던 생활 형편을 보도한 1953년 〈경향신문〉의 기사 내용이다.

독립선언서에 서명한 33인의 한 사람인 한용운 씨의 유가족은 시내 돈암동 (467-11)에서 유숙원 여사(61)와 딸 영숙(19) 양이 거주하고 있다. 유 여사는 오랜 신병으로 6·25 사변 이래 피난조차 갈 길이 없었고 아직도 병색이 창연한 얼굴로 전기 주소에서 셋방살이를 하여 가며 담 밑에 궤짝을 서너 개 버리고 아이들에게 과자를 팔고 있다. 궤짝 속에는 꽈배기 사탕 비스킷 등이 하나둘 셀 수 없을 정도로 근근한 생활비를 이렇게 해서 얻고 있다 한다. 영숙 양은 여의대 병원에서 간호원으로 근무하고 있으며 여가를 얻어 때때로 어머니인 유 여사의 간병을 하고 있다.

시인이면서 소설가이었던 한 씨의 모습을 그리면서 3·1운동 당시를 회상하며 유 여사는 울음에 젖인 눈으로 다음과 같이 말했다. "그때는 남녀노유가 방방곡곡에서 독립 만세를 부르고 악독한 왜놈에게 찢겨죽고 하여도 굴복할 줄을 몰랐습니다. 남편이 66세로 떠날 때까지 왜놈들은 남편을 못살게 굴고 우리

---

6) 김광식 「불교청년들을 단련시킨 용광로: 한용운과 김법린」『우리가 만난 한용운』 참글 세상, 2010. 필자는 이런 사정을 김법린의 둘째 아들인 김인봉(동국역경원 국장, 출판사 원음각 대표)을 통하여 확인하였다. 김법린은 최고위원회에 보내는 진정서의 초고는 자신이 쓰고 미농지에 정서하는 것은 김인봉에게 쓰게 하였다. 김인봉이 당시 〈동아일보〉 기자인 김진현(과기처 장관 역임)에게 전후 사정을 설명하여 보도되었다. 한영숙이 심우장을 되찾자, 〈동아일보〉의 주필에게 감사 편지를 보냈는데 그것도 김법린이 작성하고, 자신이 대신 썼다고 고백하였다.

가족을 박해했으나 우리는 기어코 해방을 맞고야 말았습니다. 나라는 것을 생각지 말고 국민이 다 같이 3·1운동 당시의 정신으로 공산군을 무찌르기를 기원합니다."[7]

3·1운동 당시 33인의 한 사람이었던 한용운 선생의 유가족이 시내 돈암동 (467-11)에서 곁방살이를 하여 가며 질환과 빈곤으로 곤경에 빠져 있다는 것을 기보하자, 본지 애독자인 차칠선(군산시 백운동 4번지) 씨는 전기 사실을 알게 되자 유지들로부터 일만육천 환의 위로금을 모아 그날 본사에 기탁하여 전달을 의뢰하였다. 그런데 유 여사는 아직도 병석에 사뭇친 얼굴에 위문금을 받는 두 손은 감격에 떨고 있었으며 눈물 어린 어조로 다음과 같이 말하였다.

"여러분이 우리들을 이렇게까지 생각하며 주시니 어떻게 감사의 말씀을 드려야 좋을지 모르겠습니다. 그러나 지하에 계신 고인이 여러분에게 이처럼 폐를 끼치는 것을 알면 얼마나 분격할지 모르겠습니다. 다만 고인의 뜻대로 하루 바삐 남북통일이 되고 평화가 깃들기를 기원합니다."[8]

이처럼 만해 유족인 유숙원은 곤궁한 생활(구멍가게, 셋방살이 등)을 유지하는 중에도, 만해 유족이라는 자존심을 버리지 않고 만해의 독립정신을 구현하려고 노력하였다. 1950년대 후반, 만해의 딸은 취직하였다.

유숙원 여사(67세, 고 한용운 선생 부인) "딸 영숙(25)이와 같이 돈암동 48-44에서 셋방살이를 하고 있습니다. 생활은 동국대학교에 사무원으로 있는 딸의 월급으로 살아나고 있습니다. 유족회의 보조라니요(?) 없습니다. 무엇이

7) 〈경향신문〉 1953. 3. 1, 「故 한용운 씨 유족을 찾아」.
8) 〈경향신문〉 1953. 5. 5, 「선열에 받치는 민족의 丹誠 – 故 한용운 씨 유족에 군산 유지들 거액의 위문금 거출」. 이 기사에는 당시 서울여의대 부속 간호학교에 재학 중이던 만해 딸의 감사 발언이 나온다.

라 감상을 말해 좋을지 모르겠습니다."[9]

1958~1962년 무렵 만해 유족의 경제적인 삶은 조금 향상되었다고 볼 수 있다. 만해의 딸인 한영숙이 동국대 직원(도서관 근무)으로 취직하였기 때문이다. 그래서 그가 받는 월급으로 생활하였지만, 셋방살이를 면하지는 못했다. 정부는 1962년에 독립유공자를 선정하는 사업을 시작하였다. 그 무렵 만해 유족의 삶은 다음과 같이 신문들에 보도되었다.

조국(祖國)을 님에 비기고 지루한 『님의 침묵(沈默)』을 읊다가 침묵(沈默)이 깨뜨려지기 바로 한 해 앞두고 숨을 거둔 만해(萬海) 한용운 선생 미망인(韓龍雲 先生未亡人)은 성북동(城北洞) 골짜기 '연못집'이라고 불리는 한 별장(別莊)의 별장지기 단칸방을 세로 얻어 외딸 내외 그리고 갓 돌이 지난 외손자와 어렵게 살고 있었다.[10]

韓龍雲 氏 未亡人 유숙원(72, 무직, 서울 성북동 32): 주택 셋집 생활상태. 여식이 1명 있어 그간에는 여식의 근소한 수입으로 생활하여 왔으나 근자에는 그것조차 끊어지고 현재 생활은 말할 수 없이 극히 하류.[11]

기사의 내용에서 '하류'라는 표현이 그 삶을 대변한다. 딸이 취직하였던 1950년대 후반보다 더욱 어려워졌다.[12] 이런 형편이었기에 만해 묘소의

---

9) 〈경향신문〉 1958.3.2, 「화려한 式典 뒤에 숨은 한숨-생활난에 허덕이는 33인 유가족들」.
10) 〈조선일보〉 1961.8.7, p.4, 「故人回憶 ④ 萬海 韓龍雲 未亡人」. 〈조선일보〉 1968.3.1, p.3, 「32 유족의 현황」에는 한영숙(만해의 딸)이 성북동 222번지에서 셋방살이를 하고 있다고 나온다.
11) 〈동아일보〉 1962.2.20, p.3, 「올해도 3.1절은 다가오지만 33인 遺族 거의 가난과 病故」.
12) 혹시 그가 근무하던 동국대에서 사직하였는지는 알 수 없다. 1961년 5·16 직후 당시

관리, 비석의 건립 등은 고려할 여건이 되지 않았을 것이다. 1962년 3월 무렵, 만해 비석에 대한 정황은 아래의 글에서 찾을 수 있다.

거리에서는 경축 일색이던 1일 철 아닌 눈이 내리는데 망우리의 32인 묘지도 찾아가 보았다. (중략) 무덤이란 흔적만 겨우 남아 있는 한용운 씨의 묘 등… 정말 '민족대표의 무덤'이라고 부르기에는 낯이 뜨거워질 처절한 잠자리들이었다. 붉은 흙이 모래처럼 허물어져가는 한용운 씨의 묘에는 발을 디디면 그대로 구둣발이 푹푹 빠져들어 갔다. 시체를 묻는 인부들조차 비참해서 못 보겠다고 측은한 표정을 짓고 있다.[13]

민족의 울분을 「님의 침묵」 속에 쏟아부었던 만해(萬海) 韓龍雲 선생의 묘지에 비석 하나 서 있지 않았다는 이야기(28일 자 조간, 본지 "3월은 오는데" 기사)가 전해지자 저명한 여류시인 한 분이 28일 상오 현금 20만 환을 미망인 앞으로 보내 달라고 기탁해 왔다. 이 시인은 "민족의 선구자인 그의 비석이 서 있지 않았다는 것은 정말 비참한 일"이라고 말하고 꼭 그의 비석을 세워 줄 것을 동봉한 편지 속에서 밝혔다. 그는 시집(詩集)의 인세(印稅)로 받은 돈을 전부 가지고 온 것이다. 끝내 이름을 밝히지 않은 이 시인은 "萬海 선생을 뵈온 적은 없으나 그의 「님의 침묵」을 읽고 일생 동안 귀중히 마음에 간직하고 있다"고 말했다. 한편 본사에서는 이 돈을 이날 兪淑元 여사에게 전달했다. 몸이 아파 누워 있는 유 여사는 이 고마운 정을 끝내 잊지 않겠다고 말하면서 그분과 곧 상의하여 묘비를 세우도록 하겠다고 뜻을 전했다.[14]

동국대 총장이었던 백성욱은 정부에서 교수의 정년을 단축한 데다 4·19혁명이 일어나자 대학 구성원들의 원성으로 퇴직하였다. 백성욱은 만해 딸의 동국대 취직을 배려하였다고 전한다.

13) 〈경향신문〉 1962. 3. 2, 「3월은 오는데… 32인 유가족을 찾아(完)」.
14) 〈경향신문〉 1962. 3. 1, p. 3, 「韓龍雲 선생 碑建立」.

1962년 당시, 망우리 공동묘지의 허물어져 가는 데다 비석도 없는 만해 묘지의 정황이 적나라하게 나온다. 그래서 이런 사실을 알게 된 시인이 비석을 세우는 데 보탬이 되는 성금을 보내왔던 것이다. 그런데 그 성금으로 묘소에 비석을 세우려고 유족이 노력하였는지는 알 수 없다. 1960년대 중반, 만해 묘지에 한 뼘 정도(40cm)의 표석이 있었다고 하는데 이것이 성금을 받아 한 것인지는 확인이 필요한 내용이다.[15]

3. 불교계 기념사업회의 발족

만해의 묘지 문제를 불교계에서 다루기 시작한 시점은 1965년이었다. 만해가 입적한 지 21주년이 되는 시점이었다. 그 당시의 묘지 정황을 보도한 기사를 보면 1962년의 상황과 흡사하다. 즉 이는 유족에 의한 관리가 매우 부실하였음을 말해준다. 그러면 1965년 5월, 조계종단 기관지인 〈대한불교〉가 보도한 내용을 살펴보겠다.

망우리 공동묘지 한 모퉁이에 풍우에 씻겨 분묘도 없이 버려진 무덤이 하나 있다. 이것이 한용운 선생의 분묘다. 한 뼘가량 되어 보이는 초라한 碑. 그나마 깨어진 이 碑面엔 「韓龍雲之墓」라고 새겨져 있다. (중략) 이러한 가슴 아픈 사연이 전해지자 불교계에서는 선생의 묘를 옮겨 중수하자는 여론이 높아 김경봉 스님과 이범향 스님 등이 앞장서 이 일을 추진하고 있는데 12일 禪學院에서 여기에 대한 일련의 회합을 가졌다.[16]

---

15) 만해 입적 직후, 묘지에 '韓龍雲之墓'라는 一片石의 標楨'을 하였다고 만해 친구인 朴洸은 회고했다. 박광 「서문」 『만해 한용운 연구』 통문관, 1960.
16) 〈대한불교〉 1965. 5. 16, p. 3, 「移葬과 墓碑建立 뒤늦게 推進」.

이렇게 김경봉(통도사), 이범향(선학원) 등이 만해 묘지의 초라한 상황을 알고 문제 해결에 나섰다. 그 정황을 파악한 승려들은 1965년 5월 12일, 선학원에서 모임을 가졌다.[17] 그 대책 모임에서 이번 기회에 만해 묘소를 이전하고 비석도 건립하기로 결정하였다. 이 회의에서 추진위원회가 발족되었다. 이 모임 직후인 5월 31일에도 선학원에서 후속 회의가 열렸다.

고 만해 한용운 스님 묘 이장 및 비 건립 추진위원회에서는 5월 31일 저녁 7시 안국동 선학원에서 사업 착수에 대한 제반 토의를 하였다. 강석주 양청우 이범향 스님을 위시한 다수의 위원들은 지난번 발기한 집행기구를 강화하는 한편 원활한 사무 추진을 위하여 2명(청년, 학생)의 상임간사를 두고 각 단체와의 횡적 유대로 모집 운동에 청년과 학생들이 일선에 나서기로 하였다. 전번 발기회 때 후원 단체와 산하 신도단체들이 빠진 것을 추가하였고 6월 초순부터 사무실을 선학원에 두고 추진위원회가 사무 관장을 한다고 한다.[18]

위의 신문기사에 추진위원회의 활동이 잘 나오는데, 집행기구 강화 차원에서 상임간사 2명을 추가하고, 선학원에서 본격적인 사무를 시작하고, 후원 단체들의 연결도 모색하였다. 위원으로 김경봉, 강석주, 양청우, 이범향 등이 위원에 포함된 것은 만해와 연고가 있었던 조계종단의 승려들이 공동으로 추진하는 형식을 갖춘 것으로 보인다.

이러한 움직임은 여타의 불교계 단체에 만해의 계승 문제에 관한 관심을 촉구하게 되었다. 그 대표적인 반응이 동국대의 참가였다. 동국대에서는 조계종단 승려들이 추진한 1개월 후에 움직임이 나타났는데, 그해 7월

---

17) 그때 모인 인물들의 전체 명단은 알 수 없다.
18) 〈대한불교〉 1965. 6. 6, p. 3, 「故 韓龍雲師 墓碑建立을 推進」.

12일에 기념사업회가 결성되었는데, 그 내용은 다음과 같다.

　　동국대학교 동국사상연구회에서 추진하고 있는 만해 선생 기념사업회 발기
준비위원회가 12일 동대 교수실에서 열렸다. 총무원 측에서 추진하여 현재 만
해 선생 기념사업비를 모으고 있는 기념사업회와 아직 별도로 추진 중에 있는
동 준비위에서는 이날 발기 준비위 상임위원 12인을 선출, 이들로 하여금 만해
선생 기념사업을 거족적으로 전개시키도록 하였다. 상임위원은 조명기, 손희
진, 홍정식, 이희균, 조은택, 이용조, 신종원, 이외윤, 최재구, 선진규, 박완일,
박광 씨 등인데 이들은 동일 오후 1시에 이사장실에서 따로 회합을 갖고 만해
선생의 기념 사업은 총무원 측과 거족적인 사업으로 전개시킬 것에 합의를 보
았으며 발기회는 9월 중에 갖도록 결정을 보았다.[19]

　　이렇듯이 동국대의 동국사상연구회가 한용운 기념사업회의 준비위원회
를 출범시켰는데, 준비위원회의 12명은 동국대 이사장, 총장, 교수, 이사,
신도회 간부, 졸업생 등 다양한 인물들로 구성되었다. 기존에 활동 중인
조계종 총무원과 조율하여 거족적으로 추진할 것을 결정하였다. 동국대
의 기념사업을 추진한 주체는 학생들의 이념 서클인 동국사상연구회였음
이[20] 이채롭다 하겠다.
　　그러면 이렇게 결성, 출범된 만해 한용운 기념사업회가 정상적으로 활
동하였는지 살펴보자. 추진위원회가 결성되고 6개월이 지난 1966년 2월
의 〈대한불교〉기사를 보면 그 정황을 알 수 있다.

---

19) 〈대한불교〉 1965. 7. 25, p. 1, 「韓龍雲師 記念事業會 結成準委 構成」; 〈동대신문〉
　　1965. 8. 6, 「韓龍雲師 기념사업회=결성준비위 결성」에도 보도되었다.
20) 〈동대신문〉 1964. 10. 9, 「동국사상연구회 창립」. 1964년 10월 5일 창립되었는데, 동국
　　대의 정체성을 모색하는 단체였다.

65년 여름 종립 동국대에서는 「한용운 기념사업회」란 걸 만들었다. 문집의 간행과 묘소 이장, 비석 동상 건립 등 거창한 계획을 갖고 출발했다. 그러나 결과는 龍頭蛇尾. 지도교수니 고문이니 학교 불교종단 관계 인사들이 자리를 차지하고 있으나 실무는 「동국사상연구회」라는 학생회원들에게 의존하려 했던 것. 그랬기에 지금껏 10원 하나 기부금도 모으지 못한 채 흐지부지되고 말았다. 학생들의 자발적인 열의는 가상하지만 공부하지 않고 기념사업에만 도시락을 낭비한 것인가? 뜻 있는 사람들의 빈축을 사고 있는 것도 무리가 아니라는 것이다.

또 불교 종단에서도 몇몇 스님들이 주동이 되어 작년 늦은 봄부터 이와 같은 사업을 벌였다. 그래서 비석 정도는 세울 만한 다소의 기금까지 마련했으나 동대 측에서 같이 하는 게 어떠냐고 나서 결국은 그쪽에 일임(?)하다시피 되어 역시 유산된 셈이다.

뒤늦게나마 만해 선생의 기념사업에 대한 의견이 나와 출발까지는 좋았으나 모두가 끝을 맺지 못한 것들이니 한심한 일.[21]

위의 기사에 나온 내용을 정리하면 다음과 같다. 첫째, 동국대 기념사업회는 문집의 간행, 비석 건립, 묘소 이장, 동상 건립[22] 등을 계획하고 출범하였으나 모두 흐지부지되었다. 둘째, 종단이 추진한 모금사업은 비석 정도를 세울 기금만 모았다. 셋째, 동국대와 종단이 기념사업을 공동으로 추진하자고 협의는 하였으나 성과가 없었다. 이런 상황에서 계속 추진된 사

---

21) 〈대한불교〉 1966. 2. 27, p. 3, 「後人이 저버린 3·1의 英雄: 벌거숭이 幽宅 – 韓龍雲 墓所 荒廢돼」.

22) 그런데 흥미로운 것은 불교청년인 선진규(동국대 불교과 출신)가 만해 석상(인조대리석)을 만들어 1967년 5월 28일, 경남 김해의 봉화산에서 제막한 사실이다. 그러나 이 석상은 그해 가을, 異敎徒의 손에 손상을 입어 철거하였다고 한다. 〈동아일보〉 1967. 5. 23, p. 7, 「사명대사·韓龍雲師像 및 새농민상 제막식」; 〈대한불교〉 1967. 6. 4, p. 1, 「萬海禪師像 등 除幕」.

업은 묘지 이장과 비석 건립뿐이었다. 그런 와중에 불교계에 기념사업이 알려지고, 만해 묘소의 비참한 상황이 알려지자 대중의 관심을 촉발하기도 하였다. 예컨대 개운사 대중들은 만해 묘소의 처참한 상황을 알게 되자 자발적으로 만해 묘소 정비에 나서기도 하였다.[23]

이런 상황에서 만해 묘지 이장 및 입비(立碑) 추진위원회에서는 1966년 6월 6일 자로 〈대한불교〉에 모연 취지문을 광고하였다. 그에 따르면 예산 총액은 25만 원인데, 모금을 약정한 금액은 15만 원이고 현재 현금으로 들어온 것은 4만5천 원이라고 밝혔다. 그러면서 선학원에 있는 추진위원회로 조속히 후원금을 보내줄 것을 당부하였다. 이 광고의 내용에서 흥미로운 것은 추진위원회 조직구성의 전모가 실려 있다는 것이다.

> 고문/ 이효봉 이청담 이갑성 김법룡 이효상
>
> 위원장/ 김경봉
>
> 부위원장/ 조명기 박광 박종화 이한상
>
> 총무위원/ 손경산 이행원 김운학
>
> 기획위원/ 장혜광 전관응 김규동
>
> 재정위원/ 이범행 강석주 박청하[24]
>
> 의식위원/ 박서각 김혜정
>
> 섭외위원/ 김남현 이대의 유엽
>
> 위원/ 이운허 이석호 이은상 서정주 전진한 김구용 황산덕 김한천 류시형 조병일 이종익 이재열 진무착행 이원섭 김해명 김자운 김동화 이기영 김경우 이용조 이춘성 박무룡 홍도일 장봉옥 현봉혜 조종현 김태흡 윤갑진 외 중앙 종회 의원 일동, 본사 주지 일동

---

23) 〈대한불교〉 1966. 3. 6, p. 3, 「韓龍雲師 墓所를 손질」.
24) 추후 조계사 주지였던 양청우도 재정위원으로 나온다.

위에 보이는 추진위원회 명단에는 당시 조계종단의 간부, 동국대 교수, 사회 인사, 신도회 간부, 만해 제자 등 다양한 인물들이 총망라되어 있다.[25] 추진위원장인 김경봉은 만해가 1913년 통도사에서 강사를 할 때 만해에게 배운 승려이다. 그는 통도사에서 만해와 많은 인연을 쌓은 인물로 만해의 말년까지 교분을 이어온 인물이기에 위원장에 추대된 것으로 보인다.[26]

그러면 이처럼 내로라하는 인물들이 등장하여 추진한 만해의 묘소 이장, 비석 건립 사업은 어떻게 추진되었는가? 결론부터 말하면, 비석 건립 사업만이 계획대로 진행되었다. 묘소 이장은 왜 추진되지 않았는가? 이에 대해서는, 만해의 딸이 반대하였다고 전해지기도 하거니와[27] 추후 별도로 탐구할 문제로 남겨 두고자 한다.

4. 만해 비석의 건립

만해 비석 건립은 1965년 봄부터 논의가 시작되었다. 그를 추진하는 위원회는 1966년 여름 무렵에 출범하였다. 그 직후에 건립 자금 4만5천 원이 모금되었다. 그 이후의 진행 상황, 특히 1966~1967년의 구체적 정황은 알 수 없다. 다만 비석의 제작은 1967년 10월 이전에 완료되었다.[28] 1968

---

25) 그런데 탑골공원 만해 비석 건립을 위한 추진위원회의 명단과는 약간 다르다. 즉 여기에서 누락된 인물이 상당하고, 일부는 추가되었기에 유의해야 한다. 고문은 이청담과 박광이었고, 만해 제자인 이춘성이 위원으로 추가되었다.

26) 김광식 「만해와 경봉」『우리가 만난 한용운』 참글세상, 2010.

27) 만해만 국립묘지로 이장되면 함께 살았던 모친(유숙원, 1965년 작고)은 어떻게 하느냐는 이의 제기로 알려졌다.

28) 탑골공원에 서 있는 비석의 비문 하단에 "西紀 一九六七年 丁未 十月 立"이라고 쓰여 있다.

년 3월, 〈대한불교〉 기사에 홍미로운 내용이 나온다.

조계사 뒤뜰, 갓석과 대석이 따로따로 떨어진 채 거적에 싸인 비신(碑身) 하나가 진흙 속에 뒹굴고 있다. 주위를 오가는 뭇 사람들은 그것이 언제부터 그곳에 있는지를 모른다. 알고자 하지도 않는다. 동네 아이들만이 밟고 오르내리면서 즐거운 놀이터로 삼을 뿐. 여기 이렇게 망각지대에 버려져 있는 비석의 연혁은 2년 전『萬海韓龍雲禪師立碑推進委』가 발족하면서 비롯된다. 만해 선사가 이 겨레에 기여한 업적은「불교」라는 한정된 울타리를 넘어선다. 경봉 스님을 위원장으로 하여 구성된「立碑推進委」에 참여한 인사들이 사회 각계 인사들을 망라하고 있는 데서도 만해 스님의 폭넓은 족적을 더듬어 볼 수가 있다. 그러나 거창하게 발족한「立碑推進委」가 그동안 해 놓은 일이라고는 비석을 다듬어 비문을 새겨 넣은 채 방치해 둔 것. 경봉 스님의 위촉을 받아 입비 사업을 주관하여 온 남곡 스님은「적당한 터를 얻지 못하여 일이 늦어지고 있다」고 지연 사유를 밝힌다. 현재까지 입비 기구에 협조한 단체와 인사는 東大, 東國學園, 이한상 씨, 범행 스님, 석주 스님 등 손꼽을 정도로써 전부 13만 원이 갹출되었다. 비문은 운허 스님이 기초하여 김충현 씨 글씨로 새겨졌다. 언제 세워질지 막연한 이 비석은 독지가의 부지 제공에 의존하는 수밖에 없다는 것이 남곡 스님의 말이다.[29]

위의 기사에 나오듯이 추진위원회는 13만 원을 모금하여 운허의 문장, 김충현의 글씨로 비석을 제작하였다. 운허가 지은 비문(碑文)은『한용운전집』과[30] 『운허선사 어문집』에[31] 나온다. 운허(봉선사)는 만주에서 항

---

29) 〈대한불교〉 1968. 3. 17, p. 4, 「曹溪寺 뒷뜰에 뒹구는 韓龍雲 禪師의 碑」.
30) 『한용운전집』 4권, 신구문화사, 1973, pp. 419-420. 홍미로운 것은 1967년 10월, 세운 것으로 썼다는 점이다.
31) 『운허선사 어문집』 동국역경원, 1992, pp. 342-345.

일운동을 한 이력의 소유자로 문장력이 뛰어난 승려였다.[32]

　이렇듯이 비석은 만들어졌으나, 세울 장소를 확정하지 못해 조계사 뒷마당에 뒹굴고 있던 현실은 1968년 6월 초까지 지속되었다. 1968년 6월 4일, 조계사 법당에서 만해 24주기 추도법회가 개최되었다.[33] 조계종 총무원 주관으로 열린 이 법회에는 청담(장로원장), 총무원 간부, 만해의 동지 박광,[34] 선학원 원장(범행),[35] 만해 후손 등이 참가한 가운데 대의, 석주, 남곡의 집전으로 거행되었다. 이날, 입비 추진위원인 남곡은 파고다공원에 건립 예정을 하였지만 확정 짓지 못하였다고 설명하였다.

　이렇게 1968년에도 건립 장소를 결정하지 못하였다.[36] 그런데 당시 전국신도회의 동향을 전하는 1968년 연말의 신문에는 다음과 같은 기사가 실렸다.

> 　신년도 사업으로는 제1차로 3·1운동 선구자인 한용운 스님의 비를 세우기로 한 제5차 기획회의 결정을 재다짐하는 한편(스님들과 협의, 스님들이 비를 세우지 않을 경우) 회관 건립 등 많은 생산적인 사업을 벌리기로 하고 논의, 「기획위」에서 결정하기로 했다.[37]

---

32) 신용철 「항일 독립운동가 이시열, 운허 스님」『춘원연구학보』 16, 2019; 신용철 「운허 이학수(1892~1980)의 생애와 사상-愛國과 救國의 길에서」『인문학연구』(경희대) 3집, 1999. 신용철 「운허스님, 교육의 큰 발자취」『대각사상』 15, 2011.
33) 〈대한불교〉 1968. 6. 9, p. 2, 「고 만해스님 추도법회」.
34) 김광식 「박광의 삶과 한용운」『만해학보』 19, 2019.
35) 그 무렵 그는 범향에서 범행으로 법명을 바꾸었다.
36) 『법륜』 1968년 7월호, p. 2, 「화보」에 「만해 한용운 스님의 묘비 건립」 기사 참조. 조계사에 방치된 비석 사진이 나온다. 여기에는 비석이 완성되어 조계사에 우선 옮겨 놓았는데, 이갑성(민족대표 33인의 일원)의 협조를 얻어 파고다공원에 모시게 되었다는 내용이 있다.
37) 〈대한불교〉 1968. 12. 29, p. 1, 「교법수호 협의회」.

조계종 전국신도회에서 만해 비석을 세우기로 결정했는데, 흥미로운 것은 '스님들이 비를 세울 의사'가 없을 경우에는 독자적으로 비석 건립을 추진하겠다는 것이다. 이 같은 일이 있기는 했어도 1968년에도 비석 건립에 대한 뚜렷한 진척은 없었다. 이런 현실은 1969년 3월까지 지속되었다. 당시 정황을 보도한 조계종 전국신도회의 기관지 『법륜』의 기사이다.

한 평의 땅 - 선열이 통곡한다 -

파고다공원, 누구나 이 공원을 생각할 때는 원각사 터라는 것보다는 3·1독립운동의 진원지로 다시 말해 '민족의 성지'로 기억하고 있다. 이 공원의 역사적 가치는 곧바로 삼일운동과 직결된다. 이 공원은 대일항쟁의 빛나는 투쟁을 길이 후손에 물려주기 위해 막대한 정부 예산으로 다듬어졌다.

정문을 들어서면 민족대표 33인 가운데 한 분인 손병희 선생의 동상이 우뚝 서 있다. 참으로 뜻 있는 일이다. 손병희 선생은 재정을 담당한 천도교 측에 대한 예우로 선언서의 서명 순서에 제일 위로 했다. 다음은 예수교 그리고 불교 순으로 대표 1인씩을 선정하여 서명케 하고 가나다순으로 계속 서명을 하게 된 것이다.

그런데 불교 종단에서는 불교 측 대표의 한 분인 한용운 스님의 비석을 다듬어 파고다공원에 1평의 땅을 빌리려 하였다. 그러나 관할 구청인 종로구청장은 뱃심 좋게 거절해 왔다. 33인의 한 분인 이갑성 옹이 '한 종교에 한 분씩만 모셔 세우면 되지 않겠느냐?'는 간곡한 권고에도 아랑곳없이 엉뚱한 궤변으로 거부하고 있는 것이다.

"선열이 통곡한다, 그 소리를 들어라"[38]

위의 내용에 나오듯이 추진위원회는 3·1운동의 역사성이 있는 파고다

---

38) 『법륜』 1969년 3월호, p. 3, 「권두수상」.

공원에 비석을 세우려고 하였다. 그래서 관할 구청인 종로구청과 협의를 하였으나, 거절을 당하였다. 민족대표 33인 중 생존자인 이갑성이 종교별로 한 명씩만 세우게 하자는 타협안도 배척하였다. 하는 수 없이 만해 비석은 조계사를 떠나 우이동 골짜기에 일시적으로 옮겨졌다. 필자는 언제, 어떤 연유로 우이동으로 이전되었는지는 파악하지 못하였다.[39] 수많은 우여곡절을 겪은 끝에, 마침내 1969년 6월 파고다공원에 만해의 비석이 세워졌다. 이를 전한 『법륜』의 관련 기사를 소개한다.

　　그동안 한용운 스님의 기념비 건립추진위원회(회장 경봉 스님)에서 추진해 오던 한용운 스님의 기념비가 파고다공원(3·1공원)에 세워졌다. 우이동 골짜기에 버려진 채 비바람에 씻기던 기념비가 6월 29일 파고다공원의 독립선언문 기념비 옆에 세워지게 된 것은 총무원 스님들과 처사들, 그리고 관계 요로의 협조에 의한 것이라고 한다.[40]

위의 기사에 따르면 1969년 6월 29일, 만해의 생신일을 기해 파고다공원에 비석이 세워졌다. 그 이전에는 종로구청의 강력한 반대가 있었는데 어떻게 건립될 수 있었는가? 이에 대해서는 추진위원장인 경봉이 그 당시 서울시장인 김현옥에게 부탁한 것이 주효하였다고 볼 수 있다. 김현옥의 부인은 이에 대해 다음과 같이 필자에게 증언하였다.

　　그리고 참 경봉 스님도 서울시장 할 때 우리 집에 몇 번을 다녀갔어요. 그것은 지금 서울의 탑골공원에는 민족대표 33인을 기리는 것이 많이 들어가 있어요. 그때 경봉 스님이 오셔서 김 시장에게 "자네가 신경을 써서 불교계 민족대

---

39) 그 전후 사정은 알 수 없다.
40) 『법륜』 1969년 7월호, p.38, 「토막뉴스: 한용운 스님 기념비 파고다공원에 건립」. 건립된 비석의 사진도 게재되었다.

표인 한용운의 비석이 꼭 설 수 있도록 해주게."라고 말씀했습니다.[41]

위의 오정자 증언은 필자가 직접 들은(2006. 8. 19) 내용이다. 즉 경봉이 김현옥 시장의 집으로 새벽에 몇 번을 찾아와서 비석이 건립되도록 힘을 쓰라고 강력히 권유하였다. 그 사실을 보완해주는 내용이 있다. 그 당시 경봉을 시봉한 원명(통도사, 경봉문도회 문장)의 증언이다. 원명은 경봉을 시봉하면서 그 현장을 목격한 인물이다.

— 경봉 스님은 만해 한용운과 인연이 많습니다. 만해와의 인연을 듣고 싶습니다.

▷ 왜정 때에 30본사 주지 모임을 하였는데, 한용운 스님이 주지스님들에게 독립운동을 하러 가자고 하였대요. 속가 사람들도 독립운동을 하러 가는데, 우리 스님들이 안 갈 수 있느냐 하였대요. 그때 독립운동을 하는 그것은 죽는 것이 아닙니까? 주지스님들이 반응이 없자, 한용운 스님이 그러면 나라도 자원을 해서 가겠다고 하였어요. 그런데 이런 한용운 스님의 비석을 1960년대에 만들었는데, 서울시장을 하였던 김현옥에게 부탁해서 노장님이 세운 것입니다. 통도사에 돈이 없으니, 노장님이 서울 조계사에 가서 신도들에게 법문을 하고 화주를 해서 모금을 하여 탑골공원에 세운 것입니다.

— 만해 한용운 비석을 세울 때 경봉 스님이 건립 추진위원장이었습니다.

▷ 한용운의 비석은 만들어졌는데, 세울 장소가 마땅치 않았어요. 한용운 스님이 미래에는 비구승들도 장가를 가야 한다고 말해서, 조계종의 주지 스님들이 다 반대했고, 심지어는 만해 상좌도 적극적으로 나서지 않았대요. 그래서 노장님이 서울에 가서 김현옥 서울시장에게 이야기하여 파고다공원에 세워야 하겠다고 했습니다. 그랬더니 김현옥 시장이 민족대표 33인이 아무도 공원에

---

41) 『동산대종사와 불교정화운동』영광도서, 2007, p. 331.

비석을 세운 사람이 없는데, 한용운만 세우면은 곤란하다고 하였지만, 노장님은 무조건 강력히 세워야 하겠다고 우겼대요. 그래서 한용운 비석을 밤에 갖다가 세웠다고 그래요. 몇 년 전에 내가 서울에 가서 파고다공원에를 가 보니, 한용운 스님 한 분만 서 있더라고, 그리고 비석도 크더라고. 우리 노장님이 대단한 일을 했다고 봅니다. 한용운 스님이 한국의 미래에는 일본불교처럼 스님도 결혼해야 하지 않겠냐는 한마디를 해서 종단에서 전부 반대를 하고, 협조를 안한 것이지. 그래 노장님 혼자서, 신도 화주를 받아서 세운 것이지.

　— 한용운 비석을 세울 때 원명 스님은 서울에 가 봤나요.

　▷ 나는 여기 극락암의 원주를 보면서 살림을 살아야 했기에 한 번은 가봤어요. 그러나 노장님은 여러 번 갔지요. 노장님은 중생교화도 많이 하셨지만, 그런 역사적인 일을 했어요.[42]

위와 같은 문답에서 경봉이 수행한 일의 내용을 알 수 있다. 한용운 비석을 파고다공원에 건립한 것은 추진위원장 경봉이 입비(立碑)의 마지막 과정을 단독적인 불사로 추진하여 가능하였던 것이다.

마침내 만해 비석은 1969년 6월에 파고다공원에 세워졌고, 공식적으로는 1970년 3·1절을 기해 건립된 것으로 기록되었다.

3·1독립운동의 민족대표 33인 중 한 사람인 용운당 만해대선사 碑가 거종단 인사들로 구성된 용운당 만해 대선사비 건립 추진위원회(경봉 위원장)에 의해 3·1절을 기해 파고다공원에 건립했다. 공원 동쪽에 자리 잡은 이 비석은 높이 3m, 둘레 2m 직6면체 흑색 남포석으로 만든 비엔 흰 화강암으로 깎은 갓(지붕)을 얹고 대석을 밑에 받쳤다. 비석 앞과 뒤 양쪽에는 2천여 자에 달하는 스님 일생의 행적을 새겼으며, 오른쪽엔 비 건립 추진위원들이 이름이 적혀 있

─────────────

42) 경봉 스님 증언 구술사 채록에서 인용. 2018년 4월, 통도사 비로암에서 필자가 채록하였다.

다. 에서 국한문 혼용으로 새긴 비문은 역경원장 운허 스님(봉선사)이 짓고 김충현 씨가 썼다.[43]

위의 내용에서 알 수 있듯이 1970년 3·1절을 기해 만해 비석이 건립되었다.[44] 그런데 그 비석 건립에 즈음한 행사(법회 등)를 하였는지는 알 수 없다. 추측하건대, 타 종교의 시선 및 건립 과정에 어려움 등이 있어 행사는 하지 않았으리라고 추측된다.

지금껏 살핀 바와 같이 만해 비석의 건립 과정을 기록에 의거하여 살펴보았다. 이런 역사 탐구를 통하여 우리는 불교계에서 만해에 대한 긍정적 인식과 부정적 편견 등이 혼재하는 등 다양한 측면이 존재하였음을 확인할 수 있었다. 또한 만해 비석 건립은 만해사상 계승에 시발점 역할을 한 획기적 사업이었음이 분명하다.[45] 추후, 만해사상 계승의 역사에서 적절한 평가를 해줘야 할 것이다.

1970년의 만해 비석 건립은 불교계 구성원들에게 영향도 주었다. 예컨대 대한불교청년회가 1970년 6월 20일, 불청 50주년 기념 강연회를 만해 추모의 밤으로 개최한 것도[46] 그 한 예이다. 〈대한불교〉의 사설

---

43) 〈대한불교〉1970. 3. 1, p. 1,「龍雲 萬海 대선사碑 건립-3·1절 기해 파고다공원에」. 비석 사진도 보도되었다.

44) 『법륜』1970년 3월호, p. 3,「한룡운 스님 기념비 건립」에도 관련 내용과 비석 사진이 나온다.

45) 만해 제자인 조종현은 『현대문학』1983년 4월호에 탑골공원에 건립된 비석을 소재로 한「韓龍雲碑」라는 시조를 기고하였다. 이 시는 조종현 시조집, 『거누가 날찾아』(1983, 지하철문고사, 128~131쪽)에도 수록되었다. 『조종현전집』1권, 소명출판, 2015, 394-395쪽. 조종현과 만해에 대한 내용은 김광식「조종현의 불교사상과 한용운」『불교학보』75, 2016, 참고.

46) 〈대한불교〉1970. 6. 28, p. 1,「萬海 추모의 밤 盛況 ; 佛靑 창립 50주년 기념 강연」. 양주동은 생애와 불청운동, 서정주는 문학과 의지, 김관호는 만해의 일화, 박완일은 불청운동의 회고와 사명에 대하여 강연을 하였다. 이 내용은 대한불교청년회 회보인 『佛靑』2호(1970. 6)와 『법륜』25호(1970. 8)에 나온다.

(1970. 6. 28), 「불청운동의 회고와 전망」에서 만해 비석 건립으로 대한불교 청년회의 정체성 및 진로 모색에 기여하였다고 강조했음을 주목해야 할 것이다.

5. 결어

지금까지 한용운의 추모 기념사업과 만해 비석과의 상관성을 검토하였 는바, 그 내용을 다시 정리하고, 추후 연구할 주제를 거론하겠다.

먼저 서술 내용을 요약하면 다음과 같다. 첫째, 1950년대 만해 유족의 생활이 곤궁하여 만해 묘지를 정상적으로 돌볼 수 없는 형편이 파악하였 다. 둘째, 1965년 무렵 만해 묘지의 비참한 실태가 알려지자 불교계에서 묘지 이장 및 비석 건립을 위한 기념사업회가 구성되었다. 기념사업회는 조계종단, 동국대, 사회 지도층, 제자 등 광범위한 인사들이 망라되었다. 셋째, 기념사업회는 구성되었지만 재정 모금의 빈약, 관심 부족 등으로 비 석 건립만 추진되었다. 넷째, 비석 제작은 1967년에 완료되었지만 건립 장 소를 정하지 못하여 비석은 조계사 뒤뜰에 방치되었다. 다섯째, 비석의 건 립 장소로 탑골공원을 정하였으나 종로구청의 반대가 있었다. 그러나 추 진위원장인 경봉의 노력으로 1970년 3월 1일에 비석이 건립되었다.

제3부에서 만해 기념사업 및 계승과 연관하여 연구할 주제는 다음과 같 다. 첫째, 망우리 공동묘지에 만해사상연구회(김관호)가 1982년에 주도하 여 세운 만해 비석에[47] 대한 과정과 그 의의도 정리되어야 한다.

둘째, 동국대에서 만해의 추모 및 계승에 대한 문제가 탐구되어야 한다. 만해사상의 계승을 강조한 서클인 동국대의 동국사상연구회, 동국대의 교

---

47) 〈동아일보〉 1982. 3. 1, 6면. 「한용운 묘비 제막」.

사(敎史)에 만해가 반영된 전후 사정 등이 바로 그것이다.

셋째, 만해사상의 계승을 뿌리 찾기의 정체성으로 내세운 대한불교청년회 그리고 만해사상의 구현을 강조한 대학생불교연합회에 대한 탐구도 다음 장에 이어질 것이다.

제15장_만해사상 계승을 실천한 단체

1. 『한용운전집』 간행위원회

만해사상의 계승 실천에서 만해 비석 건립 다음으로 고려되어야 할 대상은 만해전집의 기획, 발간이다. 이 사업은 만해 기념사업에서 특별한 위상을 차지하고 있다. 제일 먼저 시작되었을 뿐 아니라 만해정신 선양에 가장 큰 영향을 주었기 때문이다. 만해전집은 해방공간의 기획, 1950년대 고대문학회(조지훈)의 추진, 1970년대 신구문화사에서 발간 등으로 나누어 볼 수 있다. 여기에서는 전집 간행의 추진 개요와 간행위원회 구성부터 전집 발간에 이르는 과정을 살펴보기로 한다.[1]

1944년 6월 만해 입적 직후, 만해 자료는 이 책의 1부에서 서술하였듯, 만해의 동지 박광이 보관하고 있었다. 그런데 해방공간 만해전집의 간행

---

[1] 김광식 「한용운전집 발간과 만해사상의 계승」『만해학보』17, 2017. 필자의 이 논고를 참고하여 요약함. 1946년의 제례를 1주기라고 표현한 것은 일제 치하에서 선생의 일주기를 치르지 못했기에 1946년의 행사를 1주기로 표현한 것으로 보인다.

한용운전집 초간본(신구문화사, 1973년)

은 두 갈래로 추진되었다. 그 주된 움직임은 만해 제자 그룹에서 시작되었다. 이에 대한 전후 사정은 효당 최범술의 회고에 나온다.

1944년 선생이 돌아가시고 해방이 된 이듬해인 1946년 5월 8일 佛敎總務院 太古寺 법당에서 선생의 遺業을 기르며 一週忌를 치르게 되었다. 이 자리에서 김법린, 박광, 박윤진, 허영호, 장도환, 박근섭, 박영희, 김관호, 필자 등은 선생의 遺稿刊行會를 조직하고 당시 最長年者인 朴洸 선생이 위원장이 되었고 모든 문집은 박광 선생이 보관하기로 하고 모든 위원들은 문헌이 모이는 대로 朴 선생께 맡겼던 것이다. 이렇게 진행되는 도중 6·25로 말미암아 이 사업은 중단되고 말았다.[2]

선생의 훈도(薰陶)를 받은 문하(門下) 후학(後學)들이 선생의 대기(大朞)

---

2) 최범술 「만해 한용운 선생」 『신동아』 75호, 1970. 11.

를 끝낸 一九四八년 五月, 만해 한용운 전집 간행 추진회를 조직하는 데 뜻을 모으게 되었습니다. 그때 모인 사람은 박광(朴洸)·박영희(朴瑛熙)·박근섭(朴根燮)·김법린(金法麟)·김적음(金寂音)·허영호(許永鎬)·장도환(張道煥)·김관호(金觀鎬)·박윤진(朴允進)·김용담(金龍潭) 제씨와 본인이었습니다.[3]

이렇듯이 만해의 후학들은 1946년 만해의 제사를 마친 후, 만해전집을 간행하는 '유고간행회(전집간행추진회)'를 조직하기로 뜻을 모았다. 본격적인 추진은 1948년으로 보인다.[4] 해방공간에서 만해의 자료집 발간을 최초로 추진한 유고간행회의 회원은 대부분 만해의 후학들이었고, 만해의 영향을 많이 받은 인물들이었다. 이들의 성향은 다음과 같다.[5]

박   광: 동지, 독립운동(대동청년단, 의열단)[6]

최범술: 제자, 3·1운동, 卍黨, 교단 총무부장, 해인사 주지, 제헌의원

박영희: 제자, 중앙학림, 3·1운동, 만당, 감찰원장

박근섭: 제자, 만당, 불교청년운동

김법린: 제자, 중앙학림, 3·1운동, 만당, 총무원장, 국회의원, 동국대 총장

김적음: 동지, 선학원 중창주, 만당

허영호: 제자, 3·1운동, 만당, 동국대 초대 학장, 국회의원

장도환: 제자, 만당, 불교청년운동

박윤진: 제자, 만당, 불교청년운동

---

3) 崔凡述 「간행사」『한용운전집』 1권, 신구문화사, 1973, p. 2.

4) 추진 시점과 관련하여 1946년에 발기는 하였으나, 본격적인 출범은 1948년으로 보인다. 그러나 최범술이 1946년을 1948년으로 착오하였을 수도 있다.

5) 김광식 「조선불교청년총동맹과 만당」『한국근대불교사연구』 민족사, 1996, pp. 268-269의 '卍黨 黨員'을 분석한 내용 참조.

6) 김광식 「박광의 생애와 한용운」『만해학보』 19, 2019.

김용담: 상좌, 월북, 6·25 시 남하 총무원장

김관호: 재가 제자(10년 시봉), 만해 선양 운동

위와 같이 해방공간의 만해전집 간행에 관여된 대부분의 인물은 불교청년운동, 민족운동을 한 만해의 제자(후학) 그룹이었다. 그런데 이 그룹과는 별개로 추진한 팀이 있었다. 그 사정에 대하여 조명기(동국대 총장)는 다음과 같이 회고하였다.

문_정종: 해방 직후 萬海 선생의 全集을 발간을 위해서 박사님이 직접 관여하시던 얘기와, 그 당시의 原稿가 어떻게 사라졌는지, 그리고 원고의 행방은 어떻게 되었을 것인지에 대해서도 언급해 주시지요.

답_조명기: 해방이 되고 나니 많은 사람들이 흥분과 감격으로 기쁨을 감추지 못하였습니다. 그때 기독교에서 독립투사로 고생하던 사람들의 책을 출판하여 추앙하자는 의견이 나왔지요. 그 당시는 공산당도 대두되고 하는 혼란한 시절이었고, 이를테면 政治 과잉 시대였습니다. 그런 판국에 독립투사들의 책을 내자는 의견은 그만큼 기독교계가 살아 있다는 증거였는지도 모릅니다. 더욱이 많은 獨立투사들 중에서 제일착으로 만해 선생을 송덕하라는 얘기가 나왔고 閔泳珪 교수(당시 본교와 연대 겸직) 등이 그 일의 발기인이 되었습니다. 거기에 필요한 물자는 대체로 일제로부터 접수한 경성일보에서 나온 종이 등으로 하기로 했습니다. 그래서 나는 원고나 독립에 관한 비밀문서 등을 수집해 달라는 부탁을 받기에 이르렀습니다.[7]

조명기의 회고에 의하면 '민영규 교수(동국대, 연세대) 등'의 발기인이 나온다. 그러나 발기인의 전체 명단, 성격은 전하지 않는다. 해방공간에서

---

7) 〈동대신문〉 1979. 4. 10, 「未公開 逸話－沈의 時代에 산 강직한 一生: 대담, 조명기 박사 (전 본교 총장)와 정종 박사」

만해전집 작업이 두 갈래로 기획, 추진된 것이다. 박광·효당의 팀과 민영규 팀을 한 팀으로 볼 수도 있으나, 현재로서는 단언할 수 없다. 양측은 자료수집을 추진하였으나 소기의 성과는 나오지 않았다. 6·25전쟁으로 모든 것이 중단되었기 때문이다.

만해전집 간행의 두 번째 시도는 1958년, 고려대 교수인 조지훈에 의해 추진되었다. 조지훈은 동국대 전신인 혜화전문(1941, 졸업) 출신으로 만해를 흠모한 인물이었다. 그에 관여한 박노준(고려대 국문과 졸업, 한양대 교수 역임)의 회고이다.

지금으로부터 근 50년 전인 1958년, 나의 3학년 1학기 때의 일이다. 4월 어느 날 조지훈(작고) 선생에게서 임종국(정외과 52학번, 시인 및 평론가, 작고) 형을 통해 '고대문학회' 회원인 우리 몇 사람을 만나자는 전갈이 왔다. (중략) 서재에서 우리를 맞은 선생은 차를 몇 모금 마신 뒤 천천히 입을 여셨다. 선생의 말씀을 다 들은 우리는 전혀 예상치 못한 '사업 계획'에 놀라지 않을 수 없었다. 그 자리에서 선생이 밝힌 사업 구상은 이런 것이었다. 즉 만해(萬海) 한용운(韓龍雲, 1879~1944) 선생의 전집을 고대문학회가 책임을 지고 편찬하여 출판하자는 것, 책을 펴내서 받는 인세로는 적당한 장소에 만해 시비를 건립하여 그분을 기리자는 것, 남는 돈으로는 자금 사정으로 창간 이후 2집을 발행하지 못하고 있는 『高大文化』를 복간하자는 것 등, 학생 신분인 우리가 듣기에는 실로 거창한 것이었다. 따라서 우리가 놀란 것은 지극히 당연한 것이었다.[8]

이렇듯 조지훈은 만해전집의 간행을 고대문학회 주관으로 추진하였다. 조지훈은 발간 책임은 자신이 맡고, 편집은 고대 출신으로 『이상 전집』을

8) 박노준 「『한용운전집』과 고대문학회」『한용운연구』, 동국대출판부, 2011, pp.417-418. 박노준의 이 기고문은 〈고대교우회보〉 426호(2006.1.10)의 「교우회 100년, 남기고 싶은 이야기(1)」라는 칼럼의 글이다. 인용은 필자의 『한용운연구』에 게재한 것을 활용했다.

펴냈으며 1980년대 이후에는 친일문학 연구에 매진한 임종국을 염두에 두었다. 그 후 고려대팀은 만해 자료를 보관하였던 박광과 최범술을 만나 간행위원회를 조직하였다.

그 달(7월) 중하순 사이, 장소는 효당 댁인 계수장(桂水庄), 참석자는 남정과 효당을 비롯하여 만해 생존 시 인연이 있던 분 10명 정도. 우리 '고대문학회' 측에서는 지도교수인 지훈 선생과 임종국·이기서·인권환·이화형·박노준 등이 회합하여 앞으로의 일을 협의하자는 데 합의를 보았다. 지훈께 당일 가서 말씀을 드렸더니 그분 또한 희색이 만면하여서 그리하자고 하였다.

회합 당일 오후 1시로 기억한다. 계수장 넓은 대청마루에 팔순 노인장부터 스물한두 살 우리 젊은이들까지 모두 15명쯤의 인원이 좌정하였다. 회의는 남정·효당·지훈 선생 세 분의 인사 말씀, 그리고 고인에 대한 추모와 회고담이 한동안 이어진 뒤 이어서 '고대문학회'가 참여하여 무보수로 원고정리 및 편집 실무를 전담하는 '한용운전집간행위원회'를 정식 발족시켰다. 위원장은 당연히 남정 선생이 추대되었고 원고정리 지도는 지훈 선생이, 재정의 모든 지원과 출판에 관한 일체의 사무는 효당 선생이 맡았다. 전집이 간행되어서 들어오는 인세로는 우리가 당초 계획한 대로 만해를 기리는 시비를 건립키로 결정하였다.[9]

이렇게 고대문학회가 추진한 만해전집 사업은 급속도로 추진되었다. 고대문학회와 최범술(만해 제자, 자료 소장)과의 협의는 '한용운전집간행위원회'(2차)의 출범으로 이어졌다. 1958년 7월에 열린 모임의 장소는 최범술 자택, 참석자는 15명이었다. 간행의 조직은 위원장에 박광, 책임 편집 조지훈, 재정 및 실무는 최범술, 편집 실무는 고대문학회였다. 최범술은

9) 박노준 「한용운전집과 고대문학회」 『한용운연구』 동국대출판부, 2011, pp. 420-421.

간행위원을 문영빈, 문후근, 박광, 조지훈, 이철우, 인권환, 박노준, 서정기, 임종국, 이화연, 이기서, 변영림, 박일 등이라 회고하였다.[10]

이런 과정을 거쳐 고려대팀은 서울에서 자료수집, 만해 자료를 보관한 다솔사(사천)에서 원고 정리 작업을 하였다. 그 결과 1만 수천 매의 원고를 작성하였다. 당시 실무자였던 박노준과 인권환은 『한용운연구』(통문관, 1960)를 펴내기도 하였다. 그러나 결과적으로 고려대팀의 작업은 전집 출간에는 이르지 못했다. 편집상의 이견, 경비 문제, 4·19와 5·16 등의 정치적 격변, 최범술의 개인 사정 등이 중첩된 난관을 극복하지 못했기 때문이다.

『한용운전집』은 1973년 7월, 신구문화사에서 출간되었다. 만해전집이 발의된 시점으로부터 27년이나 지난 후였다. 수많은 우여곡절을 겪은 난산이었다. 이때는 1, 2대 추진위원장인 박광과 조지훈은 별세하였다. 최범술은 간행위원회 대표로서 다음과 같이 회고하였다.

그리하여 이번에는 민동선(閔東宣)·김관호·문후근(文后根)·이철우(李哲雨)·인권환·박노준·이화형·조위규(曺魏圭) 제씨와 본인으로 제三차 간행위원회를 조직하는 한편, 간행할 출판사를 물색하던 중 다행히도 선사(先師)의 유덕(遺德)을 흠구(欽求)하는 신구문화사 이종익(李鍾翊) 사장을 만나 근 三〇년을 끌어오던 숙원은 비로소 달성을 보게 되었습니다. 신구문화사는 간행위원회가 준비한 원고를 인수하는 동시에, 만전을 기하기 위하여 김영호(金泳鎬)씨의 협조를 얻어 누락된 원고를 수집·보충케 하고, 또한 학계의 중진으로 편집위원회를 따로 구성하여 일점익획(一點一劃)도 소홀히 하지 않고 그 완전한 모습을 재현하고자 힘썼습니다.[11]

---

10) 최범술 「만해 한용운 선생」 『효당 최범술 문집』 1권, 민족사, 2013, p. 405.
11) 최범술 「간행사」 『한용운전집』 1권, 신구문화사, 1973, p. 3.

한용운전집 수정증보판(신구문화사, 1979년)

위의 글에서 유의할 것은 제3차 간행위원회가 조직되었다는 것이다. 위원은 김관호, 문후근, 민동선, 박노준, 이철우, 이화형, 인권환, 조위규, 최범술 등 9인이었다. 이들은 제자 그룹(6명), 고려대팀(3명: 박노준, 인권환, 이화형)으로 대별할 수 있다. 신구문화사는 기존의 원고를 정해렴으로 하여금 보완케 하여 원고의 수준을 높였다. 그리고 학계 중진으로 편집위원회를 구성했는데, 이는 학계의 인사를 편집위원회에 포함함으로써 만해전집의 위상을 고양시키려 한 의도로 보인다. 그들은 최범술, 조명기(동국대), 박종홍(서울대), 서경보(동국대), 백철(중앙대), 홍이섭(연세대), 정병욱(서울대), 천관우(한국일보), 신동문(신구문화사),[12] 김영호 등 10명이다.[13] 이들은 불교, 철학, 사학, 문학 분야의 중진 학자들이

12) 신구문화사 편집주간이었다. 김판수『시인 신동문 평전』북스코프, 2011.
13) 명단은『한용운전집』(1973)의 판권에 나온 것을 인용하였다.

었다. 그런데 1973년에 출간된『한용운전집』은 완벽하지 못했다. 그래서 출간 후 지적된 오류를 수정하고 발굴된 자료를 추가하여 만해 탄신 100주년을 기해 1979년에 수정 증보판을 펴냈다.

이처럼『한용운전집』은 수많은 난관을 이겨내고 간행되어 만해 자료의 집약, 만해사상의 정립, 만해 기념사업의 태두로서 위상을 갖게 되었다. 추후에는『한용운전집』발간에 참여한 인물들의 정리와 분석이 뒤따라야 할 것이다.

2. 대한불교청년회

만해사상의 계승, 구현에서 간과할 수 없는 단체인 대한불교청년회(이하 '대불청'으로 약칭)의 활동에 대해서 살핀다. 대불청의 연원인 조선불교청년회는 1920년 6월 20일에 창립되었는데 창립의 주역들은 만해를 따르던 학승, 불교청년들이었다. 만해는 3·1운동으로 3년간 감옥에 구금되어 있다가 출옥한(1922.12.22) 이후, 민족정신 고취 활동을 하던 무렵인 1924년 1월 6일에 조선불교청년회의 초대 총재로 추대되었다.[14] 만해는 그때부터 1944년 입적할 때까지 불교청년들의 이념과 활동 노선의 지도자 역할을 하였다. 또한 일제하 불교청년 단체의 중심인 만당(卍黨, 1930)과 조선불교청년총동맹(1931)의 출범을 추동하였다. 이러한 만해의 활동과 불교사상을 존경해온 대불청 회원들은 만해정신을 계승하고 구현할 수 있는 기념사업 추진에 앞장서 왔다.

8·15 해방 이후의 대불청의 만해 인식은 1970년 3월 탑골공원에 만해 기념비가 건립되면서 시작되었다. 1970년 이전 대불련은 조계종지, 정화

---

14) 〈동아일보〉 1924.1.8, p.2,「韓龍雲氏 出陣 불교유신회 총재로」. 규정을 개정하여 간사제를 총재제로 바꾸고 만해를 총재로 추대하였다.

운동, 반공운동을 봉대하면서 화랑정신의 계승과 임진왜란 의승군(義僧軍)의 애국정신을 대불청의 이념으로 인식하였다. 이런 이념이 1970년을 기점으로 만해정신으로 전환되기 시작하였다.

그러나 본격적인 기념사업 추진은 1979년의 대불청 집행부(회장, 선진규)의 대불청 '뿌리 찾기' 운동에서 비롯되었다. 당시 대불청 회장 선진규는 대불청의 역사 찾기 차원에서 만해사상의 계승 작업을 추진하였다. 그 때는 만해 탄신 100주년 기념사업이 활발하게 준비되던 시대적 흐름이 있었다. 이를 알 수 있는 것은 1979년 1월의 〈대한불교〉 기사이다. 불교계의 만해 탄생 백 주년 사업을 다음과 같이 보도하고 있다.

여기에 창립과 함께 초대 회장을 역임했던 대한불교청년회가 역시 기념사업을 계획하고 있다. (중략) 한편 大韓佛青은 지난 6일 오후 종로 2가 소재 음식점 일억조에서 이사 및 간부 50여 명이 동참한 가운데 이사 간부 확대회의를 갖고 同會 초대회장인 만해 한용운 선사의 탄신 1백 주년을 맞아 뜻있는 기념행사를 개최키로 합의했다.

이어 집행부는 9일 오후 7시 용산 소재 음식점 미정에서 모임을 갖고 현 집행부를 '만해 탄신 백주년 기념 불청 준비위원회'로 전환, 기념행사를 범불교적으로 추진 '3·1절'을 전후해서 서울에서 기념 세미나, 지방에서는 지부 연합회가 주관하여 기념 강연회를 개최키로 했다. 또한 3월 1일에는 파고다공원에서 중·고·대학 일반이 참가한 가운데 '제1회 만해상 전국 백일장'을 개최키로 했다.[15]

위의 기사에 나오듯 대불청은 1979년 1월 6일, 만해 탄신 100주년 기념행사를 열기로 하고 백일장, 세미나, 강연회 등을 마련했다. 이와 같은 내

---

15) 〈대한불교〉 1979. 1. 21, p. 1. 「교계 대대적인 기념사업 계획 – 만해선사 탄신 1백 주년 맞아」.

서울 각황사(현 조계사)에서 열린 조선불교청년회 제1회 정기총회(1920)

용은 〈대한불교〉의 사설에서도 확인할 수 있다. 즉 대불청은 '만해의 해'로 정하고, 만해공원(가칭) 및 만해문화상 설립, 기념 학술세미나 및 백일장을 추진한다는 내용이다.[16] 백일장은 현재까지도 계승되고 있는 대불청의 대표적인 사업이다.

　　대한불교청년회(회장, 선진규)는 기미년 3·1운동 60돐과 만해 한용운 스님 탄신 1백 주년을 맞아 그 기념행사로 전국 중·고·대학생 및 일반인이 참가하는 白日場과 '1980년대와 만해정신'을 주제로 한 기념 학술세미나를 개최한다. 한국 역사상 일찍이 그 예를 볼 수 없을 정도로 위대했던 佛敎人이자 獨立運動家, 文學者였던 만해 한용운 스님의 업적을 오늘에 선양하고 다시 오늘을 진단하고 내일을 향하는 진로를 모색하고자 마련한 이번 기념행사에는 각계 인사가 참가, 그 의의를 더하게 하고 있다. 만해 한용운 스님은 대한불교청년

16) 〈대한불교〉 1979. 2. 25, p. 2, 「사설: 만해기념사업」.

회의 전신인 朝鮮佛靑의 초대 회장이었다.[17]

당시 대불청은 백일장뿐만 아니라 만해 묘소 참배, 지방 강연회도 수행하였다. 이와 같은 대불청의 만해 기념사업은 대불청의 역사와 정체성 정비에 그 의의가 컸다. 대불청의 사업은 당시 〈대한불교〉도 사설에서[18] 높게 평가, 역사탐구의 참뜻이고 온고지신의 의의가 있다고 지적하였다.

대불청의 만해사상의 계승 노력은 그 이후에도 지속되었다. 그런 단면은 1991년의 배영진 회장 재임 시절, 대불청 역사 자료의 문건에서 찾을 수 있다.

이 때문에 만해 스님의 사상과 실천을 오늘의 역사 속에서 구현하는 것이 오늘의 불자들 사명이며, 우리 대한불청은 이를 위하여 정진하는 조직이다.[19] (중략) 만해 스님의 실천이념은 우리의 사상적 조직적 뿌리일 뿐만 아니라 오늘의 불교와 민족현실이 당시 상황과 크게 달라진 부분이 없기에 스님의 삶과 사상에 대한 연구를 통하여 오늘의 우리가 수행해야 할 신앙적·역사적 사명에 가장 큰 무기를 얻을 수 있다.[20]

이렇듯이 대불청은 만해사상 연구와 실천을 통하여 대불청의 역사적 사명을 찾아야 한다고 보았다. 1994년에 취임한 이상번 회장 시절에 나온 문건에도 위와 같은 내용이 거의 유사하게 들어 있다.[21]

---

17) 〈대한불교〉 1979. 2. 4, p. 1, 「기념 백일장·학술세미나」

18) 〈대한불교〉 1979. 3. 11, p. 2, 「만해선생 탄신 백주년 기념행사를 보고, 대한불청의 활동을 격려한다」.

19) 대한불교청년회『대한불교청년회, 우리는 누구인가? – 역사와 조직, 이념과 역할에 대하여』1991, p. 27.

20) 위의 자료, p. 37.

21) 『삼소굴 법향』통도사 극락암, 2020, p. 443. 이상번은 경봉 스님에게 만해 이야기를 듣

우리 조직의 역사적 뿌리는 근세에 불교혁신과 민족자주사상으로 불교와 민족을 구원하고자 하신 만해 스님과 스님께서 1920년에 건설한 조선불교청년회이다. 만해 스님은 암울한 일본 제국주의의 식민지 아래에서 관념과 어용으로 변질된 한국불교를 현실의 역사 속에서 사회 구현의 사상으로 구체화하고 실천하시었다. (중략) 이렇게 스님은 불교와 민족의 문제를 당신의 책임으로 받아들이시어 스스로 보살의 길을 걸으시었다. (중략) 이 때문에 만해 스님의 사상과 실천을 오늘의 역사 속에서 구현하는 것이 오늘의 불자들 사명이며, 우리 대한불청은 이를 위하여 정진하는 조직이다.[22]

이처럼 1990년대 중반에는 만해사상이 대불청의 실천이념으로 확고하게 구축되었다. 이런 기반에서 대불청은 만해를 표방하는 사업(만해백일장, 심우장 가꾸기, 만해 묘소 참배 등)을 지금까지 지속하고 있다.

3. 한국대학생불교연합회

한국대학생불교연합회(이하 '대불련'으로 약칭)는 1963년 출범 직후, 신행불교 위주의 운동을 펼치던 단체였다. 그러나 1970년 3월, 탑골공원에 만해 비석이 건립되는 등 만해정신을 흠모하고 기리자는 사회 분위기에 영향을 받아 대불련 구성원들은 본격적으로 만해 계승 사업을 추진했다.[23] 대불련이 만해 계승 사업에 대해 최초로 언급한 시점은 1973년 초반으로, 2월 8~11일, 진주 연화사에서 열린 대불련 제10년차 대표자 총회

고 공부를 하여, 대불청 회장 시절, 만해 선양 사업에 주력했다.

22) 대한불교청년회『불교중흥과 청년불교; 21세기를 향한 불교비전 – 역사·조직·이념·역할·21세기 전망』 1995, pp.30-32.

23) 김광식「한국대학생불교연합회의 한용운 정신 계승」『대각사상』 34집, 2020.

대불련 최초의 수련법회(속리산 법주사, 1963.12)

및 지부장 회의에서 만해 기념사업 추진을 결정하였다. 당시 그 사실을 보
도한 신문기사이다.

11일 대회 최종일에는 卍海 스님 동상 건립 추진 취지문과 결의문을 채택하
고 제11년차를 위한 지부장 회의를 갖었다.[24)]

회의를 마치고『한용운전집』이 출간되기 5개월 전, 대불련은 〈대한불
교〉 1973년 2월 25일 자 1면에 '만해 한용운 선사 동상 건립 취지문'을 게
재하였다. 이 글을 통해 대불련의 만해에 대한 인식과 기념사업의 목적,
추진 방향을 알 수 있다.

萬海 韓龍雲 禪師!
그를 가리켜 우리는 近代 韓國의 가장 偉大한 先導者라 부른다.

24) 〈대한불교〉 1973. 2. 18, 「제10년차 代表者總會 支部長 회의」.

그는 一介 風流詩人이 아니라 차라리 人間 精神의 超絶한 發顯者자요, 一介 僧侶가 아니라 佛陀思想의 가장 透徹한 實踐家였으며, 一介 思想家였다기 보다는 民族 良心의 가장 우람찬 具現者였은즉, 이 思想과 行動의 一體로서 그는 迷妄한 近代 韓國의 가장 옳은 路線을 가장 옳게 금그어 나간 하나의 指標로서 흔들림이 없기 때문이다.

더구나 뛰어난 思想家는 가졌으되 行動이 그것을 따르지 못하고, 또 패기 찬 革命歌는 있으되 그 思想의 根底가 없었던 불행한 우리 近代史의 한 모퉁이에 萬海 한용운 선사를 發見하는 우리의 기쁨은 바로 이 뛰어난 思想에 따르는 과감한 行動이며 또한 그 행동이 빚어내는 思想의 깊이에 그 要因이 있는 것이니 이제야말로 우리의 보람을 거기 심어야 하겠기 때문이다.

그는 詩를 쓰되 永遠으로 逃避하지 않았으며 그는 念佛을 하되 自家의 祈福을 위할 줄 몰랐다. 그는 民衆運動을 펴되 결코 自利를 생각하지 않았으니 필경 그의 詩集 님의 沈默 한 권은 불붙는 靈魂의 몸부림이었다. 그의 불교는 山間佛敎 아닌 朝鮮의 大衆佛敎였으며 그의 新幹會 卍黨에서의 리더쉽은 歷史正義에 立脚한 넓은 世界로의 발돋움이었다. 이렇게 용해되고 성숙한 詩와 認識의 발전은 마침내 世界性과 民族性을 현실이라는 바탕 위에 아울러 정립한 것이니, 그것은 그의 思想이나 行動이 모두 日帝의 질곡 아래 허덕이는 民族的 現實의 나아갈 길을 그가 몸소 한발 앞서 보여준 것이다.

그가 이 땅에 生命을 영위하기 六六年 어느 하루 權力과 日帝에 빌붙은 적이 있었던가, 어느 하루 민족과 衆生의 앞날을 헤아리지 아니한 날 있었으랴. 그는 當代 退的인 氣風이 시킨 「나 혼자만」의 安逸을 粉碎하고 거기 덮친 西歐 중심의 풍조가 시킨 「나」의 고립성을 止揚하였다. 그렇다고 他者 속에다가 自我를 함몰하는 虛無主義에 빠짐이 없이 실로 이웃을 살리므로써 비로소 나를 살리는 佛陀의 慈悲行을 그대로 구현하였다. 항상 그는 民族과 衆生을 위해서는 地獄도 不辭하는 氣槪가 이 또한 민족 중생과 나를 함께 지옥에서 건지는 自他不二의 드높은 차원의 경지를 실현한 것이다.

그의 思想의 偉大함은 바로 여기에 있는 것이니 그것은 행동의 결여가 자아내는 閉塞性에서 사상의 건전성을 옹호하고 무기력한 사상의 疏外感에서 그 퇴폐성을 배제하는 유일한 통로인 것이니 실로 그가 몸소 걸어온 慈悲行의 六十 餘年은 그대로가 형극의 가시밭길일지언정 그것은 바로 민족 중생이 그 指導者와 함께 나아가야 할 가장 올바른 活路였던 것이다.

이에 이르러 우리는 祖國 近代化의 기치가 더 높이 휘날리는 가운데 우리가 지금 무엇을 생각해야 하며 또 우리가 무엇을 어떻게 行動해야 할 것인가 自問할 때 歷史가 가르치는 바에 充實할수록 萬海 韓龍雲 禪師를 따라야 한다는 結論에 선 것이다.

그러나 안타깝게도 님은 一九四四年 祖國 光復을 한 해 남겨두고 涅槃에 드셨으니 우리가 어려울 때 님에 대한 그리움은 날이 갈수록 드높은지라 여기서 우리는 뜻을 모아 초라하기 이를 데 없는 忘憂里의 墓所를 옮기고 쇠를 깎아 禪師의 立像을 세우고자 함이니 이로써 민족의 崇仰을 한 곳에 모두고 그 雄志를 永遠의 指標로써 세워 길이 後世에 전하고자 함이라 地下에 계신 禪師의 魂魄도 그때 비로소 오천만 生靈을 위해 狄狄하실지니 모름지기 江湖諸賢의 左祖 있기를 바랍니다.

목적

가치 정립의 혼돈 속에 생명을 초극한 만해 한용운 선사의 얼을 기림과 그의 구세의 사명의식을 이 사회에 널리 펴서 새 역사의 민족정기를 바르게 잡아 그 웅지를 민족 영원의 지표로 삼아 길이 후세에 전하고자 함을 목적으로 한다.

사업 내용

1. 묘지 이장(망우리 공동묘지의 묘소를 안온한 곳에 봉안한다).

2. 동상 건립(민족의 숭앙을 한 곳에 모두고 그 웅지를 영원의 지표로 세워 길이 후세에 전하고저 한다).

3. 심우장 보존(생존에 기거하시던 심우장을 복원하여 보존한다).

4. 기념관 건립(유물과 유적을 안장하고 후세의 학도들이 그분의 뜻을 펴기 위해서 연구하고 공부할 수 있는 장소를 건립한다).

5. 장학재단 설립

* 1973년도는 동상 건립과 묘지 이장을 1차년도 사업 목표로 추진한다.

1973년 2월 22일

한국대학생불교연합회 만해 한용운 선사 기념사업 추진 준비위원회

위의 글에서 주목할 내용은 다음과 같다. 첫째, 대불련에서 만해에 대한 존경과 숭앙이 대단하였다. 둘째, 만해정신의 계승 차원에서 검토한 사업은 묘지 이장, 동상 건립, 심우장 보존, 기념관 건립, 장학재단 설립 등이었다. 셋째, 1973년 대불련의 만해 기념사업은 동상 건립과 묘지 이장으로 결정되었다. 묘지 이장 문제는 만해 유족과의 협의를 거쳐야 하기에 동상 건립을 우선적으로 시행하기로 하였다.

이런 대불련의 특별한 결단은 집행부의 의지가 매우 강하였음을 추측게 한다. 거기에는 대불련을 지도하였던 이용부 간사장의 만해에 대한 숭모 의식이 작용하였다. 그는 1965년 7월 대불련 구도부에서 선지식 순례를 할 때, 통도사에서 만해 제자인 경봉을 만났는데, 그때 만해에 대한 경봉의 존경심에 깊은 인상을 받았다.[25] 이용부가 대불련의 간사장을 맡았던 1972~73년,[26] 당시 대불련 총무부장이었던 성기태는 1973년에 대불

---

25) 「구도행각기」〈대한불교〉 1965. 8. 29(1회), 9. 5(2회). 경봉은 자신을 찾아온 대학생들에게 만해의 업적을 설명하면서 만해가 공동묘지에 비석도 없이 방치되어 있음을 개탄하였다. 경봉은 학생들이 주동이 되어 만해 기념사업을 추진해 달라는 부탁을 하였다. 이런 당부에 영향을 받은 이용부는 만해 동상 건립 사업에 나섰다. 『삼소굴 법향』 통도사 극락암, 2020, p. 399.

26) 『사진으로 보는 대불련 50년사: 진리의 벗 얼빛』 대불련 50주년기념사업회, 2013, p. 259에 '역대 회장단 및 지도기구 책임자'가 나온다. 이용부는 1972~1973년의 책임자로 나온다.

런 회장이 되었다. 그래서 성기태가 만해 기념사업을 추진한 배경에는 이용부의 만해 흠모가 크게 작용하였을 것으로 추측된다.

이와 함께 대불련은 만해전집 보급 운동을 전국적으로 추진하였다. 만해전집을 판매하고, 판매 이익금을 기금으로 조성해 만해 동상을 세우려고 하였다. 『한용운전집』이 1973년 7월 25일에 출간되자 〈대한불교〉 (1973.8.5)에 『한용운전집』 출간 및 할부 판매 광고를 실었다. 광고의 후반부에 다음과 같은 내용이 눈길을 끈다.

연합회인 여러분. 본 회에서는 한용운 선사의 묘지 이장 및 동상 건립을 위한 기금을 확보하기 위하여 한 회원 한 질 보급운동을 벌이오니 회원 여러분의 적극 참여를 바랍니다. 아울러 강호제현의 협조를 바랍니다.

韓國大學生佛敎聯合會 / 萬海 韓龍雲禪師 銅像建立委員會

광고 문안에는 『한용운전집』을 판매하여 만해의 묘지 이장 및 동상 건립을 위한 기금을 확보하겠다는 계획이 들어 있다. 그래서 대불련에서는 '한 회원 한 질 보급운동'을 효과적으로 추진하기 위해 만해를 홍보하는 소책자 『만해 한용운 선사, 그 웅지(雄志)를 영원의 지표로 삼자』도 만들었다.

그러나 대불련이 추진한 만해 동상 건립은 성사되지 않았다. 만해전집을 판매한 대금으로 당시 돈 1,600만 원이 모였으나, 그 돈이 엉뚱한 곳으로 유실되었기 때문이다. 대불련 내부에서 그에 대한 비판과 항의가 있었으나 유야무야되고 말았다. 그 시절 각 대학교에서 만해 기념 강연이 개최되고, 만해전집 보급운동을 추진한 것은 역사로만 남게 되었다. 이와 함께 1970년대 초반에 잠시 떠올랐던 대불련의 만해에 대한 관심은 점차 사그라들었다. 1970년대 중반부터 만해정신을 대체하여 민중불교가 대불련 이념으로 등장하였기 때문이다.

대불련의 민중불교 운동은 1976년에 본격적으로 등장하였다. 대불련은

1976년 8월 12~17일, 송광사(전북 완주)에서[27] 제4차 화랑대회를 개최하였다. 당시 대불련 회장인 최연(중앙대)은 1975년 대원암의 민중불교 학습에 참여한 인물이었다. 제4차 화랑대회의 주제는 '민중불교운동 – 실현을 위한 전진대회'였다.

이 주제에서 알 수 있듯 민중불교의 실현을 모색한 대회였다. 대불련의 간부진은 발제 주제를 지도교수들에게 알리지 않고,[28] 행사를 진행하였다. 그러나 주제가 민중불교라는 것을 행사 도중에 알게 된 교수진(송석구, 목정배 등)의 반대로 발표는 중단되는 등, 불편한 상황이 노정되었다.[29] 그 이후 송광사에서 발표한 전재성은 원고를 보완하여 『월간 대화』(1977년 10월호)에 전서암이라는 필명으로 「민중불교론 – 한국불교의 민중성 회복을 위하여」라는 제목으로 기고하였다. 전재성은 자신의 글은 '불교의 민중화'를 주장했던 한용운의 용어를 빌려서 민중불교를 주장한 것이라 했다.[30]

위에서 살핀 바와 같이 1970년대 후반 대불련에서 민중불교가 등장하였는데, 이는 만해사상의 차용과 다름없었다. 1980년대에는 더욱더 민중불교가 대불련의 이념이 되어 갔다.

4. 동국대학교

동국대는 만해사상의 계승을 검토하는 데에 중요한 기관이다. 그러나

---

27) 행사는 완주 송광사 인근, 전북 소양캠프장에서 열렸다.
28) 〈대한불교〉 1976.8.8, 「4차 화랑대회」.
29) 최연의 증언에 의하면, 교수들이 민중불교의 교재를 회수하여 소각하라고 지시하였다. 그러나 학생들은 3, 4부만 회수하여 불태우는 시늉만 하였다고 한다.
30) 그는 『한용운전집』을 읽고 만해의 불교유신론, 개혁 사상에 영향을 받았다고 했다.

지금껏 이에 대한 자료정리, 분석이 미흡하였다. 만해와 동국대 인연, 역사는 다양하다. 그는 1회 졸업생, 동창회장, 3·1운동 당시 중앙학림 학인에게 만세운동 참가 권유, 중앙불전 교장 추대, 동국문학의 시원 등이다.[31]

그럼에도 불구하고 8·15 해방 직후부터 1960년대까지 동국대에서 만해에 대한 인식, 계승 작업은 미약하였다. 그 예증은 1958년에 시작되어 1973년 신구출판사에 발간된『한용운전집』사업에[32] 동국대 연고자들은 무관한 사실이다. 해방 직후 동국대 학장을 역임한 허영호가 해방공간에서 추진된 만해전집 작업에 참여하였을 뿐이다. 1958년에 전집 출간을 시도한 조지훈(혜화전문 출신)은 고려대학교 교수였다. 그런데 동국대의 문학도들이 만해 유업을 이으면서 시 창작을 하는 모임인 용운문학회(龍雲文學會)가 활동한 바 있었다. 이 동아리는 1960년 6월에 설립되었는데 20여 명의 회원이 회지를 발간하였고, 고문은 서정주였다.[33]

한편 1965년 5월, 만해 묘소 이장 및 만해 비석을 건립하려는 움직임이 불교계에서 생겨났다. 만해 묘소의 관리가 부실한 사정이 불교계에 알려진 것이 계기였다.[34] 당시 조계종단의 만해 비석 건립 추진위원회(회장, 경봉)가 비석 건립을 추진했다. 비슷한 시기인 1965년 6월 28일, 동국대에서는 만해기념사업회가 결성되었다.

「萬海 韓龍雲 선사 기념사업회」가 本校 東國思想研究會의 발기로 추진되고 있다는 것은 기보한 바 있거니와 지난 6월 28일 오전 11시부터 본교 교수실에서 손희진 이사장을 비롯한 종단, 문단, 학계 대표와 학생 등 60여 명이 참석하

---

31) 김광식「동국대의 한용운 기억·계승」『전자불전』22, 2020.

32) 김광식「한용운전집의 발간과 만해사상의 계승」『만해학보』17호, 2017.

33) 〈동대시보〉1961. 10. 24, p. 3,「季節의 寵兒들: 龍雲文學會」

34) 〈대한불교〉1965. 5. 16, p. 3,「移葬과 墓碑建立 뒤늦게 推進」

동국대학교 전신인 중앙불교전문학교(1931년). 만해는 중앙불전 교장으로 채용신청서가 접수되었지만 일제 당국이 승인하지 않았다.

여 동 기념사업 추진위원회를 가졌다. 이날 모임에서는 불교혁신과 고고한 詩精神으로 이 나라 독립투쟁에 몸 바치신 萬海 스님의 위업을 받들어 거족적인 기념사업을 전개하여 주어진 사명을 완수하자고 결의 각계 대표 68명을 준비위원으로 추대하여 제반 사무를 위임하고 1시경 끝맺었다. 또한 지난 7월 12일에는 本校 교수실에서 「한용운 선생 기념 사업회」發起準備委員會가 열렸는데 이날 회의에선 상임위원 12인을 선출하여 이들로 하여금 「한용운 선사 기념사업회」결성 準備를 하도록 하였다. 常任委員은 趙明基 孫喜進 洪庭植 李矢均 趙殷澤 李龍祚 申宗元 李外潤 崔載九 宣晉圭 朴元一 朴洸 氏 등인데 委員들은 이날 오후 1시 本校 理事長室에서 따로 會合을 갖고 (중략) 거족적으로 전개시킬 것에 합의를 보았으며 오는 九月 中에 발기 대회를 갖도록 결정을 보았다.[35]

이렇듯 동국대의 동국사상연구회가 발의하고, 학교 당국이 적극적으로 동참하여 한용운 기념사업회가 출범하였다. 사업회 발족을 위한 준비위

---

35) 〈동대신문〉 1965.8.6, 「韓龍雲師 紀念事業會=結成準備委 結成」. 이 내용은 〈대한불교〉 1965.7.25, p.1, 「韓龍雲師 記念事業會 結成準委 構成」에도 나온다.

원회의 위원(12명)은 동국대 이사장, 총장, 교수, 이사, 신도회 간부, 졸업생 등으로 다양한 계층의 인물들이었다. 만해 기념사업을 학생들의 동아리인 동국사상연구회가[36] 제안한 것이 흥미롭다.

이렇게 해서 결성된 동국대의 한용운 기념사업회는 정상적인 활동을 해나갔는지 살펴본다. 기념사업회가 결성된 6개월 후인 1966년 2월의 〈대한불교〉에 그 정황이 실려 있다.

65년 여름 종립 동국대에서는 '한용운 기념사업회'란 걸 만들었다. 문집의 간행과 비석 묘소 이장 동상 건립 등 거창한 계획을 갖고 출발했다. 그러나 결과는 龍頭蛇尾. 지도교수니 고문이니 학교 불교종단 관계 인사들이 자리를 차지하고 있으나 실무는 '동국사상연구회'란 학생회원들에게 의존하려 했던 것. 그렇기 때문에 지금껏 10원 하나 기부금도 세우지 못한 채 흐지부지되고 말았다. 학생들의 자발적인 열의는 가상하지만 공부하지 않고 기념사업에만 도시락을 낭비한 것인가? 뜻 있는 사람들의 빈축을 사고 있는 것도 무리가 아니라는 것이다.

또 불교 종단에서도 몇몇 스님들이 주동 되어 작년 늦은 봄부터 이와 같은 사업을 벌였다. 그래서 비석 정도는 세울 만한 다소의 기금까지 마련했으나 동대 측에서 같이 하는 게 어떠냐고 나서 결국은 그쪽에 일임(?)하다시피 되어 역시 유산된 셈이다.

뒤늦게나마 만해 선생의 기념사업에 대한 의견이 나와 출발까지는 좋았으나 모두가 끝을 맺지 못한 것들이니 한심한 일.[37]

---

36) 〈동대신문〉 1964.10.9, 「동국사상연구회 창립」. 1964년 10월 5일 창립되었는데 동국대의 정체성을 모색하는 단체였다.

37) 〈대한불교〉 1966.2.27, p.3, 「後人이 저버린 3·1의 英雄: 벌거숭이 幽宅 ─ 韓龍雲 墓所 荒廢돼」.

위의 보도기사에 나온 내용의 핵심은 동국대의 한용운 기념사업회는 유명무실하였다는 것이다. 사업회는 문집의 간행, 비석 건립, 묘소 이장, 동상 건립 등을 계획하였으나 사업은 흐지부지되고 말았다. 여기에서 유의할 것은 이런 만해 기념사업의 추진이 『동대칠십년사』(1976)에도 반영되지 않았다는 것이다. 동국대 내부에서 발의, 추진된 사업회에 대한 동국인의 몰인식이 원인이었다.

그 이후 동국대의 만해 기념사업은 동국문학의 시원으로 위상 강화, 만해 탄신 100주년 행사, 만해광장 및 만해시비 건립에서 찾을 수 있다. 1960년대 동국문학인들은 만해를 졸업생으로 보는 인식이 미약했다. 불교 강원 출신으로 동국문학의 '방계(傍系)'라고 인식한[38] 장호(동국대 국어교육과) 교수는 "한용운을 비롯한 권상로 등 초기 동국의 문예인"이라고 표현하였다.[39] 1960년대 동국대의 이런 미약한 만해 인식은 그 이후 점차 강화되어 동국문학의 시원자, 연원자로 만해를 내세웠다. 그래서 만해는 한용운 – 신석정 – 김달진 – 서정주 – 조지훈으로 이어지는 동국문학(시)의 근원이라는 위상을 부여받았다.

만해가 동국대 졸업생이라는 점이 강조된 것은 『동대칠십년사』(1976)에서였다. 즉 만해는 『동대칠십년사』에서 제1회 졸업생, 동창회장으로 확고하게 표현되어 동국대 역사에 분명하게 자리매김했다. 『동대칠십년사』 간행위원장인 이선근 동국대 총장의 간행사도 이를 뒷받침한다.

당시 明進 出身으로 己未 獨立運動에 卍海 韓龍雲 先生이 主動 役割을 擔當

---

38) 〈동대신문〉 1964. 9. 25, 「東國文學 星座記」. 장호는 이은상, 조종현, 최인욱, 최재형 등을 방계로 보았다.
39) 〈동대신문〉 1966. 5. 9, 「東國文學六十年」; 오학영 「東國文學 風土記」 『동국문학』 2호 (1966. 6), pp. 214-217. 장호는 만해에 대한 연구를 시도한 동국대 교수이기에 그의 만해 연구에 대한 탐구가 요청된다. 장호 「한용운에의 접근」 『동국문학』 5집, 1972; 장호 「한용운시론」 『양주동박사 고희기념논문집』 탐구당, 1973.

하는 등 佛敎的 護國思想을 투철하게 發揮하기도 하였습니다.

　이렇게 만해는 동국대를 대표하는 인물로 격상되었다. 만해가 동국대 역사에 편입되었지만 학내 구성원들의 인식은 박약하였다. 그래서 만해 관련 강연회가 기획되었다. 『한용운전집』 출간(1973.7) 직후 목정배(동국대) 교수는 1973년 9월 17일 대학선원(동국대)에서 '만해 한용운의 민족정신'에 대한 강연을 하였다.[40] 그리고 1973년 10월 3일, 만해의 민족정신과 문학에 대한 강연회(강사: 장경학, 염무웅)가 동국대 불교학생회 주최로 열렸다.[41] 그로부터 4년 후인 1978년 4월 29일, 동국대 법당에서 불교학생회가 주최한 만해 추도회가 열렸다. 추도회에서 목정배 교수는 문학상 제정, 시비 건립을 추진하여 만해의 민족정신을 계승하자고 주장했다.[42]

　한편, 1979년은 만해의 탄신 100주년이 되는 해였다. 그래서 만해 유관 단체에서는 1년 전부터 기획을 하고, 사업을 추진하였다. 그럼에도 동국대 내에서는 그런 움직임이 없었다. 그러자 〈동대신문〉 기자인 한만수는 만해를 제1회 졸업생으로, 동국대의 정신적 지주라고 주장하면서, 만해정신의 계승을 위하여 기념비를 세우자고 제안하였다.[43] 그때 동국대 구성원들이 제안한 만해 기념사업은 다음과 같다.

　　－ 이창배 교무처장: 만해와 지훈의 시비 건립, 공원화 추진
　　－ 불교대 교수: 묘지 이전, 동상 및 기념비 건립, 학술 강연회 등을 위한 추진
　　　　기구 결성

---

40) 〈동대신문〉 1973.9.18, 「月曜法會再開 佛敎學生會」.
41) 〈대한불교〉 1973.10.7, 「東大 佛敎學生會, 萬海 스님 思想講演會」.
42) 〈동대신문〉 1978.5.30, 「韓龍雲禪師 追悼會 29日, 正覺院서 盛況」.
43) 〈동대신문〉 1978.9.12, 「論議만 무성한 萬海記念事業 그의 誕生 1百周年이 다가오는 데」.

동국대 개교 80주년을 기념하여 세워진 만해 시비

－동국문학인회(회장 황명): 만해기념사업을 환영, 적극 참여 의사 표명

 그러나 제안이 이루어진 사업들은 추진되지 않았다. 다만 1979년 9월 28일, 만해의 탄신 백 주년을 기념하는 강연회와 불교합창단 공연이 동국대 학생회(종교부) 주최로 중강당에서 개최되었다. 탄신 기념 강연에서 동국대 홍기삼(국문학과) 교수는 '만해 시에 나타난 님과 역사의식'이라는 주제로 만해는 불교의 실천자적 행동가임을 강조하였다. 그리고 안병직(서울대 경제학과) 교수는 만해의 연보를 소개하면서 만해는 근세의 거인이었다고 칭송했다.[44]

---

44) 〈동대신문〉 1979. 10. 9, 「萬海 탄신백주년 기념강연」. 1979년 8월 29일, 동국대 교수인 서정주는 만해기념사업회가 주관한 만해 탄신 100주년 강연회(조계사)에서 '만해 禪

1980년대 동국대의 만해사상 계승 작업은 한국문학연구소가 주최한 1980년 11월 8일의 100주년 기념 학술세미나로 시작되어,[45] 1987년 8월 만해 시비(詩碑) 건립으로 고양되었고,[46] 1988년의 만해광장 조성으로 귀결되었다. 만해 시비는 개교 80주년을 기념하는 차원에서 건립되었다.[47]

5. 만해사상연구회

1980년대에 만해 기념사업을 가장 열정적으로 추진한 단체는 만해사상연구회다. 이 연구회는 만해 관련 책자 발간, 심우장에 만해기념관 개관, 만해 묘소에 묘비석 건립 등 다양한 활동을 하였다. 그러나 조직 및 활동을 전하는 기록(문헌, 구술 등)이 부족하여 그 전모를 알 수 없다. 이 글에서는 만해 계승 활동에 대한 단서를 정리하여 만해사상연구회의 이해, 연구에 도움을 주고자 한다.

필자가 조사한 바에 의하면 이 단체는 1979년에 출범하였고, 단체를 이끈 인물은 김관호(대표)와 전보삼(연구실장)이었다.[48] 김관호는 일제하의 엄혹한 시절에 만해를 존경하여 10여 년간 추종한 인물이다. 그래서 해방 이후부터 별세한(1998년) 그날까지 만해 기념사업에 헌신적으로 활동

師의 사람됨과 그 정신'이란 제목으로 강연했다.

45) 〈대한불교〉 1980. 11. 16. p. 4, 「한용운문학의 평가 학술대회」. 김장호는 시, 박항식은 시조, 이병도는 한시, 구인환은 소설을 발표하였다.

46) 높이 5m 둘레 8m이다. 동국대와 동국대 졸업생들이 재원을 부담하였고 글씨는 김충현이 썼다. 전면에 '만해 한용운 시비'라는 제목이, 후면에 '님의 침묵'의 시와 건립기(이지관 총장 지음)가 새겨져 있다.

47) 〈동대신문〉 1988. 1. 1, 「본사 선정 '87 10대 뉴스」.

48) 전보삼 『푸른 산빛을 깨치고』 민족사, 1992, 저자 약력. 전보삼은 연구실장을 거쳐 1992년에는 대표라고 나온다.

하였다.[49] 전보삼(현 만해기념관 관장)은 대불련의 만해 계승 사업을 선도한 인물로 만해의 자료수집과 연구를 주도했다. 그런데 김관호는 살아 생전에 자신의 기념사업 활동에 대한 기록을 남기지 않았다. 그래서 만해사상연구회의 개요, 성격, 내용 등에 대한 전모를 파악하기 힘들다.

만해사상연구회의 역사와 활동은 아래 전보삼의 회고에서 단서를 찾을 수 있다.

1979년 5월 20일[50] 서울 종로 청진동에 만해사상연구회를 발족하였다. 그 이유는 1979년 만해 탄생 100주년 준비를 하기 위함이었다. 재원은 1973년에 발간된 『한용운전집』의 증보 재판 발간과 판매사업이었다. 100주년 기념사업의 종잣돈을 마련하는 데 신구문화사의 이종익 회장님의 도움이 컸다. 그 재원을 바탕으로 만해 탄생 100주년 기념 논총 『韓龍雲思想研究』 발간(1980.6.29)과 6월 29일 조계사 대강당에서 뜻깊은 탄생 100주년 기념식을 만해사상연구회의 주관으로 무난히 마무리할 수 있었다.

이 사업이 마무리될 즈음, 1968년 상경 후 가끔 들르던 성북동 심우장은 여전히 전셋집으로 운영되고 있었다. 그렇다면 이 집에 전세를 들자고 생각하여 당시 전세 들었던 지현이네를 설득하여 전세금 350만 원을 내어 드리고 우리의 둥지를 심우장으로 옮기고 심우장을 만해기념관으로 꾸몄다. 처음 서울에 상경하여 가졌던 꿈을 10년 만에 성취한 것이었다. 만해 연구의 보금자리를 내 손으로 심우장에 열었다는 감격과 벅찬 감회에 빠지면서 행복을 맛보면서 더욱 만해 연구와 기념관 관리에 정성을 들이자고 다짐하기도 하였다. 1981년 10월 30일 드디어 성북동 심우장을 전세 임대하여 본격적인 만해기념관을 열고

---

49) 김광식 「한용운과 김관호」 『우리가 만난 한용운』 참글세상, 2010.
50) 잡지에는 1978년 3월 1일로 나오지만 전보삼의 증언과 만해기념관(성남)의 연혁을 참고하여 필자가 수정했다. 〈세계일보〉 2019.9.28, 「나의 삶 나의 길: 만해 알리기에 일평생… 유물 있는 곳 어디든 달려가」 참고.

망우리 공원에서 개최된 만해 묘비 제막식(1982.3.1)에서 만해의 약전을 발표하는
김관호(만해사상연구회 대표).

서 활동을 시작하였다.[51]

위의 내용에는 만해사상연구회가 만들어진 개요가 나와 있지만, 활동의
주체, 협조 인물, 구체적 활동 내용이 부족하여 자료로 활용하기에는 미흡
하다. 다만 출범 시점과 기념논총 발간이 주목된다.

필자는 만해사상연구회가 1979년 봄,[52] 신구문화사(청진동)에서 출
범하였다고 본다. 만해사상연구회의 성격에 대해서 당시 〈동아일보〉
(1980.6.25)는[53] "만해 한용운을 사숙(私塾)하는 모임"으로 보도했다. 이
기사에 회장은 김관호이고 실무책임자는 전보삼(연구실장)이라고 되어
있다.

---

51) 전보삼「북향집 심우장에 만해기념관의 문을 열다」『차의 세계』 2020년 1월호.
52) 만해기념관(성남, 남한산성)의 연혁에는 1979년 5월 20일, 만해 연보에는 1979년 6월
   29일로 나온다.
53) 〈동아일보〉 1980.6.25, p.4,「화제의 책: 만해사상 연구논문 수록『한용운사상연구』」.
   최근 이근창은 자신이 사무국장이었다고 필자에게 증언하였다.

만해사상연구회는 기존『한용운전집』의 오류를 지적하고, 증보판 작업에서 새로운 자료 추가 등 상당한 역할을 하였다.[54] 만해사상연구회에서 1980년 6월 29일에 처음으로 펴낸 책자『한용운사상연구』에 대해서는 당시 〈조선일보〉의 기사 내용이 참고된다.

卍海 韓龍雲(1879~1944년)에 대한 체계적인 연구가 만해 연구에 평생을 바친 한 연구가와 한 敎師의 힘으로 이루어져, 학계 및 종교계 안팎으로부터 관심의 대상이 되고 있다. 연구의 주인공은 만해사상연구회 金觀鎬 회장과 漢陽高의 全寶三 교사. 만해 저작물의 眞僞를 가려 주목된 바 있던 金 씨와 全 교사는 최근『韓龍雲思想硏究』라는 편저를 또다시 펴내, 만해 연구에 귀중한 자료를 제공했다.

만해는 3·1운동 당시 민족대표 33인 중 불교계를 대표하여 참가했던 지도자였을 뿐만 아니라「님의 침묵」등의 발표로도 유명해, 그의 사상과 문학에 대한 연구는 학계와 종교계의 주요 과제가 되어 왔다. 이 같은 만해에 대한 관심은 지난해 그의 탄생 1백 돌을 맞아 갑자기 높아지는 듯하더니, 시간이 흐르자 다시 구호와 공약 남발로 그치는 감이 짙다. 이러한 상황에서 이들의 끈질긴 노력이 만해 연구를 위한 길잡이가 되고 있어 쓸쓸함을 덜어 주고 있는 것이다.

이들은 4×6판 396페이지의 만해 연구 자료집인 이번 편저에 1926년 5월 31일부터 지난해 12월 31일까지 만해를 주제로 발표된 국내외 문헌 목록을 작성, 수록했다. 단행본 논문집, 계간지, 월간지, 대학교지 등을 훑어 그들이 찾아낸 만해에 관한 글은 모두 280편. 단행본 47, 논문 52, 계간지 29, 월간지 93, 대학교지 15, 기타 49편이 실려 있다(韓龍雲 자신의 글은 제외).

「님의 침묵」을 읽고 난 후의 독후감(柳光烈 26년 5월 31일 時代日報, 朱耀

---

54) 〈경향신문〉 1979. 11. 20, p. 5,「支那事變과 불교도 등 6편 만해 작품 아닌 것으로 판명」.

翰 26년 6월 22일 東亞日報)을 비롯, 미국 인디애나大 우랄 알타이語科 교수 에드워드 D 록스타인의 「님의 침묵」 평론, 姜昔珠 스님의 「만해 회고」, 閔憙植 교수의 「바슐라아르의 촛불에 비춰 본 韓龍雲의 詩」, 曺廣海 씨의 세미 다큐멘터리 「영원한 청년 韓龍雲」 등 이들이 수집, 정리한 자료는 귀중하고도 다양하다. 특히 록스타인 敎授의 「그대의 침묵－신앙의 의문(Your Silence-Doubtin Faith)」은 시인 韓龍雲과 유명한 스웨덴의 영화감독 잉그마르 베르히만의 「신(神)의 침묵」을 비교하여 흥미를 끈다. 이들은 베르히만의 「신의 침묵」을 기독교적인 시각에서 절망적으로 해석하면서 韓龍雲은 불교적인 입장에서 낙관적으로 보아 상반되게 받아들이면서도 상통하는 것이 많다고 분석했다.

金 씨와 全 교사가 수집한 자료 중 79년대 저작물이 많은 것도 특징. 그의 탄생 1백 돌이 연구 붐을 일으킨 것으로 보인다. 이들은 "자료를 수집 정리하다 보니 만해연구가 문학 일변도로 치우친 감이 있다"면서, 그의 사상 불교개혁 등에 대한 연구를 아쉬워했다.[55]

위의 기사에 책의 성격, 내용, 의의에 대해 상세하게 나온다. 그 책은 만해사상연구회(김관호, 전보삼) 편으로 나왔는데,[56] 간행사는 김관호가 쓰고, 발문은 전보삼이 작성하였다. 출판은 불교 전문 출판사인 민족사가 담당했다. 그리고 도입의 서(序)는 한국일보 논설위원인 김용구가 썼다. 책의 1부는 '한용운 사상연구'라는 주제로 16편의 논고가, 2부는 '한용운 관계 문헌연구'라는 주제로 구분되어 있었다.[57] 문헌 목록은 288편이었는데

---

55) 〈조선일보〉 1980. 7. 8, 「한용운(韓龍雲)사상연구 펴내」.
56) 〈대한불교〉 1980. 11. 2, 「광고: 한용운사상연구 발간」에는 만해사상연구회 주소가 서울 종로구 청진동 229번지(전화 72-1244)로 나온다.
57) 전보삼 『푸른 산빛을 깨치고』 민족사, 1992, 저자 약력. 전보삼은 연구실장을 거쳐 1992년에는 대표라고 나온다.

만해의 거처였던 심우장을 만해기념관으로 조성하고 개관식에서 인사말하는 전보삼(1981.10)

전보삼이 작성한 것이다. 연구회에서는 그 후 제2집을 펴냈다. 1981년 9월 10일에 펴냈는데, 그 개요는 다음과 같다.

    간행사 – 김관호/ 서 – 송지영
    1부 – 한용운사상연구, 청탁 논고 – 7편, 기존 논고 – 5편
    2부 – 逸文 수록(18편), 해제(전보삼)

한편, 제1집에서 전보삼이 쓴 발문과 제2집 김관호의 간행사에는 도움을 준 단체의 인물들 명단이 나온다.

    1집 협조: 신구문화사 – 이종익 회장, 강정희 상무, 선지식 동문 – 이근창,
        이창경, 출판사 – 민족사 사장(윤재승), 유재엽 교수, 유승미(?)
    2집 협조: 중앙대 한국학연구소 김근수 소장, 만해사상연구회 – 전보삼,
        이근창, 이병교, 단국대 김종욱

이처럼 『한용운사상연구』는 여러 기관과 인물의 협조로 기념비적인 책으로 탄생했다. 1집과 2집은 만해의 행적 및 사상에 대한 연구 성과물을 집약한 최초의 책이었으므로 독자들의 반응이 좋아 적지 않은 부수가 판매되었다.

제3집은 2집이 나온 후로부터 13년이 지난 1994년에 나왔다. 제3집은 만해사상연구회 발행으로 출간되었지만, 1980년대의 것과는 성격이 약간 달랐다. 즉 제3집은 전보삼(발행인 겸 편집인)이 단독으로 펴낸 것이다. 전보삼은 만해사상연구회 일원으로 함께 활동하다가, 독자적으로 남한산성에 만해기념관 터를 새로 마련하고,[58] 1993년 4월 10일에 기념식과 특별기획전을 개최했다.[59] 그리고 1998년 5월 20일, 만해기념관을 개관하였다. 그는 이런 과정을 통하여 독자노선을 걷게 된 것으로 보인다. 그래서 제3집은 전보삼의 기획으로 '한용운의 3·1 독립정신 연구'라는 주제로 간행되었다. 간행사는 전보삼이 썼는데 수록 논문은 4편, 자료는 만해의 「조선독립 감상의 대요」의 역문·원문과 함께 한용운의 3·1 독립운동 법정 관련 자료가 수록되었다. 부록으로는 만해기념관 1993년 일지, 회원 명단이 수록되었다. 출판사는 민족사였고, 편집위원으로 6명의[60] 이름이 나온다.

만해사상연구회가 추진한 만해 기념사업으로는 심우장에 만해기념관 설립, 운영이 있다. 이에 대한 보도기사를 참고할 수 있다.

---

58) 만해기념관 연혁에는 1990년 5월 25일에 남한산성으로 이전했다고 나온다.

59) 『만해사상연구』 3집, 1994, p.128의 일지. 전보삼은 남한산성으로 이주 후 만해사상연구회의 이름으로 백담사에 만해시비 건립(1991), 특별기획전(1991 만해의 달 기념, 덕수궁), 만해학교(1993) 등을 주최하였다. 「만해 한용운 특별기획전, 덕수궁서, 스님 생애 조명」 〈불교신문〉 1991.3. 20. 그래서 전보삼이 개인적으로 활동한 만해사상연구회까지 만해사상연구회에 포함시킬 것인지는 관련자들의 증언을 통해 검토해야 한다. 그는 자신을 만해사상연구회 대표라고 소개하였다. 『만해새얼』 창간호, 1996, p.61.

60) 김용덕, 신도철, 윤여웅, 이창경, 전길수, 전영표 등이다.

萬海사상연구회(대표 金觀鎬)는 31일 오후 3시 성북동 尋牛莊에서 만해기념관 개관식과 한용운사상연구 제2집 출판기념회를 함께 연다.[61]

만해 한용운이 만년에 기거했던 심우장(서울 성북구 성북동 222의 1)을 만해사상연구회(회장 김관호)가 인수해 연구소와 기념관을 설치키로 했다. 대지 1백22평, 건평 30평인 심우장은 1933년 만해가 직접 지은 집으로 연구회는 사랑방에 유품을 비롯한 책과 발표된 글들을 전시하고 안방은 참고자료실 및 세미나실 강좌실로 쓰기로 했다. 이와 함께 한문 강좌도 열어 일반인에게 심우장을 개방키로 했다.[62]

위의 기사처럼 1981년 10월 31일 심우장에서 만해기념관을 개관하였다. 개관식에는 만해 유족(한영숙), 범행 스님(선학원), 석주 스님(칠보사), 이관구(신간회), 관련 학자 등 120여 명의 대중이 참가하여 성황을 이루었다.[63] 기념관 개관은 대중들에게 만해사상과 만해 역사를 알리기 위함이었다. 이때 만해사상연구회의 본부도 심우장으로 이전되었다. 그 후 만해사상연구회에서 만해 묘소에 묘비석 건립을 추진하여, 1982년 3월 1일에 제막식을 가졌다.

萬海 韓龍雲 선생 묘비 제막식이 3월 1일 오후 3시 망우리 묘소에서 거행됐다. 만해사상연구회가 설립한 이 비석은 烏石(높이 1m 50cm)에 서예가 金應鉉 씨가 廣開土大王碑 글씨체로 비문을 썼다.[64]

---

61) 〈조선일보〉 1981. 10. 31, 「만해기념관 개관」.
62) 〈동아일보〉 1981. 10. 6, 「萬海 살던 尋牛莊에 연구회서 紀念館 건립」.
63) 〈한국경제신문〉 1981. 11. 3. 「서울 성북동 尋牛莊에 만해기념관 개관, 遺品 遺作 初刊本 등 공개」.
64) 〈동아일보〉 1982. 3. 1, p.6, 「한용운 묘비 제막」 ; 〈불교신문〉 1982. 2. 21, 「만해 스님 3월 1일 묘비 제막」.

만해사상연구회에서 활동한 전보삼 만해기념관장.

만해사상연구회의 만해 묘비석 건립도 역사에 남을 만한 일이다. 제막식에는 석주 스님, 행원 스님, 김관호, 보훈처장, 이종익(신구대 학장), 박완일(전국신도회 사무총장), 유족(딸, 사위) 등이 참석했다. 김관호는 만해 약력을 소개했고, 전보삼은 경과보고를 했다.

한편 만해사상연구회는 1980년 12월 20일에는 『님의 침묵』(민족사) 정본을 보급하였다. 이는 기존 유통본(58종)의 오류가 심각한 것을 보고 정본 보급의 필요성을 느낀 것에서 나온 것이다.[65] 1982년에는 『유심』의 영인 보급도 하였다.[66]

지금껏 살핀 바와 같이 1980년대 만해사상연구회는 만해 기념사업을 선도적으로 이끌었다. 그러나 그에 대한 회고와 증언, 문헌 기록이 부실하여 객관적인 서술은 후일을 기다려야 할 것이다. 그럼에도 이 연구회의 사업은 높은 평가를 받아야 마땅하다.

---

65) 〈서울신문〉 1981. 1. 18, 「한용운 님의 침묵. 3판까지 보급되었다」.
66) 〈매일경제〉 1982. 2. 17, p. 9, 「만해의 惟心지 영인본으로 보급」

6. 만해학회

만해의 생애와 사상을 중점적으로 연구하는 학회인 만해학회에 대해서 살펴보고자 한다. 만해학회의 출범이나 전개 과정 등에 대한 자료는 매우 부족하지만, 이 글이 만해학회의 역사 정립 계기가 되었으면 한다.

만해학회의 창립 배경과 그 과정에 대해서는 만해학회 초대회장을 역임한 한계전 교수(서울대)의 회고가 참고된다.

금번 본 학회의 창립이 있기까지는 정택근, 김관호, 김병국, 김정휴, 김재홍, 서괭일 등 제씨와 본인이 발기하였던 '萬海紀念事業會'(1990.9.18 결성)의 활동이 밑거름이 되었습니다. 기념사업회는 그 사업의 하나로 '만해 학술발표회'와 '만해학회 발기인 대회'를 91년 3월 30일 우당기념관에서 개최함으로써 본 학회의 창립을 위한 뜻과 후원자들을 하나로 규합할 수 있었습니다. 참고로 밝히자면 같은 날에 있었던 1회 학술발표회에서는 「만해 한용운의 문학관에 대하여」(권영민, 서울대 교수), 「만해 한용운의 독립사상」(서괭일, 한신대 교수), 「한용운과 불교」(고재석, 동국대 교수), 「일화로 본 만해 생애」(김관호), 등의 발표가 있었고, 학회 발기인 대회에서는 불교사상, 민족운동, 문학사를 전공한 30인의 연구자들이 같이함으로써 학회 창립을 발의할 수 있었습니다.

이제 기념사업회는 보다 실천적이고 구체적인 사업 추진을 위하여 '만해학회' 체제로의 전환을 꾀하고 선생의 마흔여덟 번째 기일을 기념하고자 92년 6월 30일에 만해학회 제1차 총회를 선생의 고향이자 충절의 고향인 홍성에서 열게 된 것입니다.[67]

만해학회의 출범 배경에 대한 결정적인 단서가 표현된 이 글을 유의하

---

67) 한계전 「발간사」『만해학보』 창간호, 1992.

면서 학회 출범의 역사를 대별하여 살핀다. 첫째, 만해사상 계승에 뜻을 둔 인물(정택근, 김관호, 김병국, 김정휴, 김재홍, 서굉일 등)과 한계전이 만든 만해기념사업회(1990.9.18 결성, 이사장 한계전)가 출범의 기반이 되었다. 그러나 지금으로서는 만해기념사업회의 등장 배경과 활동을 알 수 없다.[68] 이에 대한 문헌 자료와 증언이 부족한 탓이다. 둘째, 기념사업회는 1991년 3월 30일 우당기념관(서울)에서 '만해 학술발표회'와 '만해학회 발기인 대회'를 개최하였는데,[69] 그 행사가 곧 만해학회 출범으로 이어졌다.[70] 셋째, 기념사업회는 실천적인 사업 추진을 위해 만해학회로 전환을 결정하였다. 1992년 6월 30일 만해학회 1차 총회가 홍성에서 열리면서 학회는 정식 출범하였다.

1992년 6월 29~30일 수덕사 및 홍성군청에서 만해 48주기 추모회, 문학의 밤, 만해학회 창립총회, 학술세미나 등이 열렸다.[71] 창립총회가 열린 30일 『만해학보』 창간호가 발간되었다. 만해학회 회장에는 한계전이 추대되었다.

韓啓傳 서울대 교수는 충남 홍성군청 대강당에서 열린 만해학회 창립총회에서 초대 회장에 선출됐다. 사무국장은 洪廷善 한신대 교수, 운영위원에는 金相

---

68) 〈법보신문〉 1990.9.17, p.7, 「만해선사 '기념사업회' 결성」. 한계전은 고향이 홍성이었고, 만해와 같은 청주한씨로, 만해 생가터에서 20리 떨어진 곳이 그의 출생지여서 만해에 대한 관심이 많았다. 국문학을 전공한 그는 정택근, 김관호 등에게 기념사업회를 결성하자고 제안하였다. 그는 유명인, 정치가 출신을 배제하고 사업회 이사를 결성했다. 이상의 내용은 한계전이 2010년 8월 6일, 불교평론 사무실(서울, 신사동)에서 필자에게 증언하였다.

69) 〈조선일보〉 1991.3.30, 「만해學會 발기인대회 열려」; 〈불교신문〉 1991.4.10, 「만해기념사업회 첫 학술회의, 만해학회 창립 – 발기인 대회 성료」.

70) 학술발표회 후, 만해학회 준비위원장으로 한계전 교수를 추대하였다.

71) 〈경향신문〉 1992.6.25, 「만해 48주기 추모행사 다채」. 행사의 참가자는 박두진, 조병화, 고은, 한계전, 오세영, 김재홍, 유안진, 김종철, 김상현, 허우성, 고재석, 한영숙, 김관호, 설산 스님(정토사), 법장 스님(수덕사 주지), 홍주문학회 회원 등이다.

鉉 한국교원대, 金載弘 경희대, 허우성 경희대 교수 등이 선임됐다.[72]

위와 같이 만해학회 제1기 집행부가 결성되었다. 만해 연구를 왕성하게 추진하겠다는 굳센 다짐이 있었음은 물론이었다. 여기에서 학회의 발기 취지문을 소개한다.

만해 한용운 선생은 불교사상사, 민족운동사, 문학사에 걸쳐서 혁혁한 공적을 끼친 우리나라 근세사상 빼놓을 수 없는 인물이라고 할 것이다. 지금까지 만해 선생에 대한 연구는 선생의 다면적, 입체적 성격에도 불구하고 매우 부분적으로 이루어져 그 의미가 축소되는 한계성을 지녀온 것이 사실이었다. 오늘날 분단의 어려운 상황 속에서 만해 선생의 자유사상, 평등사상, 민족사상, 민중사상, 진보사상은 민족의 현실을 밝혀주는 등불이 될 것이 분명하다. 이에 만해 선생의 학문과 생애에 대한 종합적인 연구를 통해 만해정신을 기리기 위해 만해학회를 창립하고자 발기인 총회를 개최하려 하오니 뜻있는 여러분들의 많은 참여를 바라는 바이다.[73]

이와 같은 만해학회의 출범을 선도한 발기인은 30명에 달한다.[74] 만해 연구에 관심을 가졌던 전국 각처의 교수진을 망라한 것이다. 만해학회 회장은 한계전 교수가 창립 이후 1대 회장을 22년간 수행하였다. 그 후 김광

---

72) 〈조선일보〉 1992.7.16, 「만해학회 초대 회장에……」.
73) 『만해학보』 창간호, 1992, p.256.
74) 그들의 명단은 다음과 같다. 고재석(동국대), 권영민(서울대), 김병국(서울대), 김선학(동국대), 김영철(건국대), 김재홍(경희대), 김정휴(불교방송), 목정배(동국대), 박노균(충북대), 박호영(건국대), 방인태(서울교대), 서광일(한신대), 송현호(아주대), 신범순(서울대), 신상철(경남대), 윤여탁(군산대), 윤호병(육사), 이동하(서울시립대), 이승원(서울여대), 전기철(숭의여전), 전영태(중앙대), 조오현(낙산사), 조창환(아주대), 차한수(동아대), 최동호(고려대), 최두석(강릉대), 허형만(목포대), 홍희표(목원대), 한계전(서울대).

만해학회 제17회 학술세미나(2017년 8월)

식(동국대)이 2014년부터 2018년까지 맡았고,[75] 2019년부터 2020년까지는 전기철(숭의여대) 교수가 맡았으며, 2021년 현재는 한중옥이 4대 회장으로 재임하고 있다.[76]

창립 이후 30년간 만해학회에서 펴낸 『만해학보』의 개요(발간 시점, 특집 등)를 소개한다.

창간호, 1992 – 만해와 문학, 만해와 불교, 만해와 건봉사 시인들

2호, 1995 – 만해와 문학, 만해와 불교, 만해와 선시

3호, 1998 – 불교사상과 독립운동, 만해와 문학, 조지훈 시 연구

4호, 2002 – 만해와 불교개혁, 만해와 문학, 조오현론

5호, 2003 – 만해상 문학부분(당선 시인론), 균여론, 만해 자세히 읽기

75) 〈법보신문〉 2014. 11. 20, 「만해학회 2대 회장에 김광식」.
76) 〈불교닷컴〉 2020. 11. 23, 「만해학회 신임회장에 한중옥 화백」.

6호, 2003 – 만해상 수상자론(백낙청), 신돈론

7호, 2004 – 특집 대담(신용하), 불교와 사회주의, 근대 선시론

8호, 2004 – 만해상 수상자 대담(김윤식), 윤봉길 연구, 만해史 연구

9호, 2006 – 특집 대담(강만길), 오늘의 한국불교 이대로 좋은가, 우리 시대
　　　　　의 시조

10호, 2010 – 특집 대담(정진규), 21세기와 만해

11호, 2011 – 특집 대담(이근배), 만해 불교사상 계보, 상생과 평화

12호, 2012 – 아시아와 만해

13호, 2013 – 만해사상의 현대적 지평

14·15합호, 2015 – 만해 한용운과 허영호(만해사상의 계보학 1)

16호, 2016 – 만해 한용운과 조영암(만해사상의 계보학 2)

17호, 2017 – 만해와 효당 최범술(만해사상의 계보학 3)

18호, 2018 – 만해 한용운과 백성욱(만해사상의 계보학 4)

19호, 2019 – 만해와 설악 조오현

20호, 2020 – 생명과 공존의 시대『님의 침묵』다시 읽기

21호, 2021 – 석주의 생애와 만해사상

　학회의 운영은 출범 당시의 의도와 달리 초반부터 어려움을 겪게 되었는데, 그 원인은 다양한 측면에서 검토되어야 한다. 만해학회의 운영과 『만해학보』성격에 대해 문제점을 몇 가지 측면에서 살펴보고자 한다.

　첫째, 정기적인 발간 일정을 지키지 못했다. 특히 초기인 1990년대, 불규칙한 발행일자는 정상적인 학회 운영을 어렵게 하는 요소로 작용하였다. 둘째, 특집 주제가 전반기에는 3개의 주제로 하였으나 점차 단일 주제로 단순화하였다. 셋째, 특집 대담이 있었으나 일관성이 없었다. 넷째, 학회 집행부와 회원 간의 일체감이 미약하였다고 보인다. 이는 학회의 사업 부진으로 이어졌다. 다섯째, 학회의 재정 기반 및 후원처가 불안하였

다.[77] 여섯째, 학회 본부는 시와시학사, 한계전·전기철 교수 연구실, 만해사상실천선양회 서울사무소(서울, 신사동) 등으로 장소 이전이 잦았다.

그러나 만해학회가 격변의 세월을 겪으면서도 학회의 정체성을 유지하고, 30년 동안 건재한 것은 그 의미가 적지 않다.[78] 이제는 30년의 활동을 통해 축적한 경험과 성과를 바탕으로 진일보한 학회로 나아가야 할 것이다.

7. 맺는말

맺는말은 이 장의 주제인 만해사상의 실천 단체 연구를 수행하면서 필자가 느낀 미진한 측면을 제시하는 것으로 대신한다. 즉 이 분야를 연구하는 후학, 동학들을 향한 필자의 제언이다.

첫째, 만해사상의 계승·실천을 하는 단체에 대한 개별적인 심화 연구가 요청된다. 필자는 이 글에서 각 단체가 만해사상 구현을 위해 나선 사례를 적극적으로 제시하였다. 그러나 각 단체의 전모, 성격 등에 대해서는 상세하게 살피지 못했다. 이런 내용이 충실히 검토되어야 할 것이다.

둘째, 필자가 이 글에서 다루지 못했지만 만해정신의 구현 사업과 유관한 단체가 많다. 추후에는 그 단체에 대한 탐구를 해야 한다. 그 단체는 만해문학상을 1973년부터 제정·운영하고 있는 창작과비평사, 동국대의 만해사상연구회(1980년대, 진보 동아리), 전국신도회가 만해 탄신 100주년을 기해 1979년에 만든 만해기념사업회, 1996년에 출범하여 23년 동

---

77) 학회는 홍성문화원, 수덕사, 도선사, 만해사상실천선양회 등의 후원을 받았다. 특히 만해사상실천선양회를 이끈 오현 스님의 도움이 컸다.
78) 30년간 사무국장, 편집위원, 회장 등의 소임을 하면서 학회를 지킨 전기철 교수의 헌신이 컸다.

안 만해축전을 개최하고 잡지『불교평론』『유심』 등을 발간해 온 만해사상실천선양회, 홍성의 만해기념사업회(2014) 등이다.

셋째, 이 글에서는 만해사상·정신을 계승하려는 각 단체(지역, 기관 등)의 활동을 중심으로 서술하였지만, 지역별 추모 계승의 움직임도 살펴야 한다. 예컨대 이 책의 다음 장에서 서술하는 충남 홍성의 활동(만해제, 만해 생가지 복원, 만해체험관 운영 등) 외에도, 서울에 있는 선학원과[79] 심우장에서의 활동,[80] 남한산성의 만해기념관, 백담사의 만해기념관, 인제군의 만해마을과 만해문학박물관 등은 다른 단체들 못지않게 오랜 역사를 가지고 활발하게 만해사상의 선양 활동을 펼쳐오고 있다. 그리고 전국에 만해의 동상, 흉상, 시비, 어록비가 수십여 개소에 세워져 있다. 이런 것도 분석의 대상이 되어야 할 것이다.

넷째, 각 단체를 추동한 인물들의 성격, 출신, 지향 등을 종합적으로 분석하여 각 인물이 만해사상, 정신의 계승 및 실천을 강조하고 활동에 나선 연유를 파악하는 것도 매우 중요한 작업이 되리라고 생각하는 바이다.

---

79) 김광식「선학원 정체성의 재인식 – 만공과 한용운, 계승의 문제」『한마음연구』4, 2020.
80) 김광식「심우장의 어제와 오늘 – 한용운과 심우장의 정신사」『전자불전』21, 2019.

제16장_홍성 지역의 한용운 정신 계승

1. 서언

만해 한용운의 고향은 충남 홍성이다. 만해는 홍성에서 태어나, 서당에서 한문과 유학을 공부하였다. 그리고 부친(한응준)이 별세하자 삼년상을 치렀고, 결혼한 뒤 그의 아들(한보국)이 태어났다. 그리고 홍성에는 집안의 물적 토대가 있었고, 그의 집안의 가족(모친, 처자식)과 친인척들이 살고 있었다. 그러나 만해는 1897년 1차 출가(19세)를 해서 백담사 등지에서 승려의 길을 걸었다. 그러나 적응하지 못하고 고향에 돌아와서 가족과 함께 지내다가, 1904년 2차 출가(25세)를 단행하였다. 만해는 그로부터 입적할 때(1944)까지 홍성에 돌아오지 않았던 것으로 전한다. 그러나 만해의 연고지인 홍성에는 만해에 대한 기록이 여럿 남아 있고, 다양한 일화 등이 구전으로 전해져 오고 있다.

그런데 1980년대 초반부터 독립기념관 건립 운동의 영향을 받아, 홍성 주민들과 지자체(군청, 문화원 등)에서는 충청의 얼이라는 자부심과 민족정신 고취, 지역 관광 사업 추진 등 다양한 목적으로 만해기념사업을 추진하였다. 지금도 홍성에서는 홍성 출신인 만해를 높이 평가하고, 만해정신을 계승하는 행사가 이어지고 있다. 홍성에서의 만해 기념사업은 시비 (1982) 및 동상(1985)의 건립, 생가 복원(1992), 만해제(1995),[1] 민족 시비 공원(2005), 만해 체험관 건립(2007), 만해기념사업회(2014) 설립 등 다양하다. 그럼에도 지금까지 홍성에서의 만해 행적 탐구, 만해정신의 계승 작업에 관한 체계적 연구는 아직 미진한 편이다.[2] 홍성에서의 만해에 관한 연구는 만해학 차원에서뿐만 아니라, 홍성 지방사의 정리 및 만해 기념사업의 양적 질적 도약을 위한 기반 구축에도 매우 중요하다.

만해정신 계승의 문제를 앞으로의 연구 주제로 인식하는 필자는 만해와 홍성의 관련성을 중요하게 수용하였다. 그러나 관련 자료의 부족, 분석할 기회 부재 등의 요인으로 이 문제를 심층적으로 접근하지 못하였다. 그래서 이 글에서는 홍성과 만해 연구와 관련된 시비 및 동상 건립, 생가지 조성, 만해 묘소 이전 등에 대한 기초적인 사실만을 정리하고자 한다. 이와 같은 정리가 만해학, 만해정신 계승, 홍성 지방사 등의 연구에 디딤돌이

---

1) 만해제를 본격적으로 개최하기 이전, 1992년 6월 29~30일 수덕사 및 홍성군청에서 만해 48주기 추모회, 문학의 밤, 강연회, 만해학회 창립총회 및 학술세미나(30일) 등이 열렸다. 그날 『만해학보』 창간호가 나와, 만해 영전에 봉정되었다. 이날의 행사가 계기가 되어 만해제가 기획되었다. 『만해새얼』 창간호, 1996, p.43, 「만해제 준비위원회 황규철 홍성문화원장을 찾아서」 참고. 〈동아일보〉 1992.7.1, 「만해학회 창립」 ; 〈경향신문〉 1992.6.25, 「만해 48주기 추모행사 다채」 ; 〈주간불교〉 1992.7.7, 「만해스님 추모행사 활발」. 이 행사의 참가자는 박두진, 조병화, 고은, 한계전, 오세영, 김재홍, 유안진, 김종철, 김상현, 허우성, 고재석, 한영숙, 김관호, 설산 스님(정토사), 법장 스님(수덕사), 홍주문학회 회원 다수 등이다. 황규철은 고교동창인 김재홍(경희대) 교수와 협력하여 만해제를 기획, 추진하였다.
2) 한계전 「만해 한용운 사상형성과 배경」 『선청어문』 29호, 2001 ; 이번영 「한용운」 『용감했던 홍성사람들』 글을 읽다, 2006 ; 김광식 「한용운의 아들, 한보국 삶」 『한용운 연구』 동국대출판부, 2011 ; 김광식 「한용운의 불교사상과 독립정신」 『내포의 불교사상과 문화』 충청남도 역사문화연구원, 2015 ; 한건택 「홍성에서의 만해 한용운」 『홍성문화』 32권 1호, 2013 ; 한건택 「홍성에서의 만해 한용운과 한보국」 『만해학보』 16호, 2016.

되기를 기대한다.

2. 시비 및 동상 건립

　홍성에 만해 시비(詩碑) 건립이 처음으로 논의된 시점은 1980년 7월로, 당시 전국적으로 펼쳐진 선비정신 되살리기 운동에 때맞추어 홍성읍 남산공원에 건립이 추진되었다. 당시 국문학자 김동욱(연세대) 교수가 주도한 전국 시가비 건립 동호회(1978년 발족)는 선비정신 회복 차원에서 각처에 선비, 지사들의 시가비 건립 운동을 벌였는데, 그 일환으로 홍성에 만해 시비의[3] 건립을 발의하였다.[4] 이런 움직임에는 홍성 출신이었던 김동욱의 고향 사랑 정신이 밑바탕이 되었다. 제작비는 국문학을 전공하는 학자들이 십시일반 모금하여(1인당 1~2만 원) 마련했을 것이다. 만해 시비는 2년여의 준비를 거쳐 1982년 6월 26일에 제막되었다.

　　만해 한용운 시비 제막식이 오는 26일 오전 11시 충남 홍성군 홍성읍 남산공원에서 있다. 이날 제막식에 있어 시 낭송과 김관호 씨의 「만해의 독립정신과 말년」, 정한모 교수의 「만해의 시세계」 등에 관한 강연이 있다.[5]

시가비 건립 동호회가 건립한 만해의 시 「알 수 없어요」 비석의 제막식

---

3) 그런데 문헌 기록에는 만해의 어느 시를 제작하였는지는 나오지 않는다. 「알 수 없어요」가 남산 입구에 박두진의 친필로 새겨져 있는데, 아마도 이것일 것으로 이해된다.
4) 〈동아일보〉 1980.7.8, 「선비정신 되살리기 운동」. 만해 시비를 세우자는 제안한 인물은 알 수 없다. 김동욱은 홍성 출신인데, 그가 제안했을 가능성이 있다. 홍성읍 남산공원에 김동욱문학비가 세워져 있었는데, 현재는 만해 생가터의 민족시비 공원으로 이전되었다.
5) 〈동아일보〉 1982.6.24, 「한용운 시비 26일 제막」.

에는 이숭녕(학술원), 박두진(시인), 김동욱(학술원), 김선규(홍성군수), 김혜숙(시 낭송) 등이 참여하였다. 즉 홍성 지역 및 외부 인사들의 많은 관심 속에 거행되었다.

한편 홍성의 남산공원에 만해 시비가 세워진 때로부터 3년 후인 1985년 12월 2일, 그곳에 만해 동상이 건립되어 제막식을 했다.[6]

만해 한용운 선생의 동상이 세워져 2일 하오 2시 선생의 출생지인 충남 홍성군 홍성읍 남장리에서 각계 인사 2천여 명이 참석한 가운데 제막됐다. 만해동상 건립추진위원회(위원장 최창규 의원)가 지난 83년 9월 국비 8천5백만 원과 성금 7천만 원 등 모두 1억 5천5백만 원을 들여 8천3백 평방미터의 성지 한복판에 건립한 이 동상은 높이 5.2m(좌단 2m, 입상3.2m)로 이화여대 강태성 교수가 제작한 것이다.[7]

이와 같은 보도기사에서 나오듯이 2천여 명이 참가했음을[8] 고려할 때 행사는 상당히 규모가 컸음을 추측할 수 있다. 동상과 관련된 제반 개요는 동상 인근에 세워진 건립문에 상세하게 나온다. 그 건립문에는 건립 취지의 글(위원장 최창규 지음), 동상의 건립 주체(고문, 자문위원, 임원, 후원단체 등)가 명시되어 있고, 동상 하단 좌우의 기단에는 만해의 시「님의 침묵」과「독자에게」가 새겨져 있다. 다음은 동상 건립 과정을 전하는 보훈처의 설명 문건이다.

1985.12.2. 충남 홍성군 홍성읍 남장리 산43-1번지에 만해 한용운 선생 동

---

6) 동상에는 '卍海 韓龍雲 禪師 像'이라고 새겨져 있다. 그러나 동상 안내판에는 '한용운 선생 동상'이라고 쓰여 있다.
7) 〈동아일보〉1985.12.2,「만해 한용운 동상 홍성서 제막」.
8) 〈조선일보〉1985.12.3.「한용운 선생 동상 어제 제막」. 여기에는 참가자가 5백여 명이라고 하였다.

홍성 남산공원에 세워진 만해 동상

상을 건립하였다. 만해 한용운 선사의 훈업을 민족정신의 지표로 삼고 이 고
장 발전의 원동력이 되는 홍주혼의 구심점 강화에 그 건립의 목적으로 삼고자
1985.12.2. 남산 마루에 선사의 동상을 세웠다. 1983년 9월 8일 최창규 의원을
위원장으로 하여 동상 건립추진위원회를 구성한 후 1983년 12월 4일 각계각
층의 의견과 충분한 고증을 거쳐 1984년 3월 15일 동상 제작 계획을 확정하고
건립기금으로 도비 4천만 원과 군비 2천5백만 원을 지원받아 주민 부담 9천만
원 등 총 1억5천5백만 원을 들여 제작했다. 동상은 두루마기를 입은 모습에 왼
손에는 독립선언문을 들고 오른손을 높이 치켜든 40대 당시의 입상으로, 동상
의 자체 높이는 3.2m이고 무게는 1.5톤으로 이화여대 강태성이 제작을 담당하
였다. 33인 중의 1인을 나타내는 둥근 원과 좌대는 승려 시인임을 표현하고 있
다. 1985년 6월 13일 내무부장관으로부터 기부금 9천만 원의 모금 승인을 받아

공사비를 충당하게 되었으며 조경 분야에 있어서는 총부지 2,746평 중 우선 가능한 공사 부분부터 시행하여 공사를 완료하였다. 이 사업을 추진하기 위하여 96회에 걸친 총회 및 회장단 회의와 홍성주민 회장단의 680여 회 모금 활동이 있었다. 동상의 글은 동상건립추진위원장 최창규가 짓고 글씨는 한국미술협회 고문 정항섭이 썼으며 조각은 이대 교수 강태성이다.

만해 한용운 선사 동상건립추진위원회 기구는 다음과 같다.

고문에는 유태흥 대법원장을 위시하여 11명이고 자문위원에는 조광휘 군수를 위시하여 64명이었다. 그리고 추진위원회에는 최창규 위원장을 위시한 24명의 이사와 그 외 9명의 위원이 있었으며 후원단체로는 21개 단체 등이 협력하였다. 3각 날개에는 선사의 시인 「님의 침묵」이 쓰여 있다.[9]

이와 같은 설명문에서 동상에 대한 많은 정보를 알 수 있다. 이 설명에서 나온 추진의 개요에서 드러난 동상 건립의 연유를 살피겠다. 첫째, 건립의 계기는 김동욱 교수가 추도한 시비 건립이 자극이 되었을 것이라는 점이다. 둘째, 그 당시 전국적으로 추진된 독립기념관 건립 운동(1982~1987)도 추진 계기가 되었을 것이다. 동상 건립문과 동상 건립의 추진 주체들의 성향을 보면 이런 측면을 동의할 수 있다. 추진위원회 위원장인 최창규는 당시 홍성·예산·청양의 국회의원이었다. 그는 면암 최익현의 현손인 청양 출신으로 서울대 정치학과 교수를 역임했으며, 민족정신에 관심이 많은 정치인이었다. 그는 그 후에 독립기념관 관장, 성균관 관장, 순국선열유족회 명예회장을 역임하였다. 셋째, 동상 건립은 홍성군 전체가 참여하여 이루어졌다는 점이다. 이는 홍성군수가 주도하였고, 도비와 군비가 투입되었으며, 실무회의는 96회, 주민들의 모금 활동이 680회나 있었음에서 알 수 있다. 동상 건립비에 새겨진 건립문을 역사 기록의

---

9) 대전 보훈지청 홈페이지.

차원에서 전문을 소개한다.

　　無等等 呪의 禪에는 平等의 참 根源이 있었고 有國의 情熱에는 나라 위한 큰 사랑이 담겼어라. 淸淨한 禪의 光明이 나라 위한 큰 사랑으로 만나 民族思想의 위대한 불꽃으로 타오르니 그 活性은 곧 저 三·一運動의 높은 光茫이었다.

　　卍海 韓龍雲 先生

　　이 고장 洪州가 낳았고 歷史를 바르고 또 힘차게 살아주신 우리들의 영원한 님이다. 佛性을 그대로 現實 속에 꽃 피우니 高潔한 禪師요 그 禪을 웅혼한 民族의 氣魂으로 노래하니 克明한 겨레의 文士며 다시 民族代表 三十三人으로 歷史를 부둥켜안으니 民國의 毅然한 志士요 祖國 위한 그 끝없는 사랑을 不屈의 渾身 一生 하니 곧 民族史 위의 우뚝한 스승이라.

　　님은 가슴마다에 있고 우리들의 가장 큰 님은 바로 이 祖國이다. 乙巳 이후 最初의 義兵이 터졌던 忠節의 이 洪州城 산마루턱 바로 님이 出生하신 結城 고향 땅에 가까운 곳. 이제 이 고장의 卍海 님은 온 祖國 앞에 우뚝하게 올라서니 굳게 움켜쥔 獨立宣言書에는 오늘도 沈默을 깨고 들리는 警世永遠의 民族魂이 우렁차기만 하다. 이는 바로 光復 四十周年에 솟아오른 이곳 洪州城 義兵의 또 다른 民族 喊聲이니 곧 배달 겨레가 살아 있다는 生의 表象이라.

　　그래서 여기 받든 님의 精誠 속에 오늘도 우리들의 가장 큰 님인 이 民族史의 命運은 온 겨레 앞에 偉儼靑靑하기만 하다.

　　檀紀 4316년 光復 40주년 12월 2일

　　卍海 韓龍雲 先生 銅像 建立推進委員會 委員長 崔昌圭 謹撰

　　鄭恒燮 謹書 姜泰成 彫刻[10]

---

10) 건립문은 홍성군청 공무원(이민수)에게 관련 사진(건립문 비석)을 협조받아 필자가 작성하였다. 비문을 잘못 판독하여, 일부 오자가 있을 수 있다.

위의 비문에 나오듯이 최창규는 홍주 사람들을 대신하여 만해를 홍주의 별, 홍주정신을 상징하는 인물로 내세웠다. 그로부터 약 35년 후인 2011년, 홍성군은 만해 동상을 홍성 읍내 상권 중심인 명동상가 입구에 상가 활성화 차원에서 세웠다. 군은 그 일대를 '만해로'로 지정하고, 동상을 건립했다.[11] 그러나 여러 문제가 지적되자[12] 2015년 6월, 그 동상을 만해 생가지 근처 야외로 이전하였다.[13]

지금껏 살핀 홍성에서의 시비 및 동상 건립은 1980년대 전반기에 남산공원에, 그 후 2011년에는 홍성 읍내 거리에 이루어졌다. 홍성에서의 이 사업은 만해 기념사업에서 선도적인 것으로 만해정신 계승에 이바지했다.

3. 만해 생가 복원

만해 생가지(홍성군 결성면 성곡리)의 조성, 성역화 사업은 1991년부터 시작되었다. 이 사업은 당시 홍성군수인 이상선에 의해 시작되었다. 2020년 6월, 이상선이 당시 사정을 회고한 인터뷰 기사가 지역 신문에 실렸다.

홍성군 결성면 만해로 318번길 83의 만해 한용운 선사의 생가지(1989.12. 29. 충청남도기념물 제75호 지정)에 대한 성역화 사업을 위한 첫 삽을 떴던 이 상선 전 홍성군수에게 그 사연을 들어봤다. 이 군수에 따르면 "애초엔 생가지 임을 알리는 나무 팻말만이 하나 외롭게 서 있을 뿐이었다"는 게 당시의 상황 설명이다. (중략) 당시 역대 홍성군수 중에서 처음으로 홍성 출신인 이상선 군

---

11) 〈홍성신문〉 2011.2.18, 「명동거리에 '만해'가 우뚝 섰다」. 동상과 흉상이 섰다고 하는데, 필자는 동상(전신상)만 확인했다.
12) 〈홍주일보〉 2015.5.1, 「다이소 지키는 만해 선사?」.
13) 〈홍주일보〉 2015.6.29, 「만해 동상 말 많던 명동상가 떠나 생가지로」.

수가 제31대 군수로 1991년 1월 14일 부임했다. 당시 천안 출신인 한청수 충남 도지사가 홍성 발전의 중요성을 피력하면서 홍성 출신인 이상선 충남도청 초대 공보관을 발탁해 보낸 배려였다고 한다. 한 지사의 응원으로 이상선 군수는 고향 군수로 부임하자마자 '홍성 발전이 정말로 말이 아니라는 생각'에 '홍성의 변화와 발전을 위해 홍성의 대변혁을 위한 기획'을 구상했다고 한다. (중략) 생가지임을 알리는 나무 말뚝 푯말만 서 있던 만해 한용운 선사 생가지와 백야 김좌진 장군 생가지에 '생가복원 등 성역화 사업'을 시작한 것이 홍성 출신 군수로서의 첫 행보였다고 설명한다. 특히 만해 한용운 선사 생가지 복원공사는 1991년부터 전액 군비로 성역화를 위한 첫 삽을 뜨기 시작해 생가지 복원을 위한 기공식을 가졌다. 기공식에 광복회 회장과 조계종 총무원장 등을 초청했다. 기공식에 참석한 이강훈 광복회장과 조계종 총무원장을 대신해 참석한 강석주 스님은 만해 선사와의 인연을 소개하며 "정말로 의미 있는 일을 한다"는 인사를 나누며 눈물을 흘리기도 했다고 전했다. 후일 조계종 총무원장을 지낸 법장 스님은 서산의 절에서 조직한 불교합창단을 이끌고 수덕사의 큰 스님들과 함께 기공식에 참석했다고 이상선 전 군수는 회고했다.

이 자리에서 이상선 군수는 '만해 한용운 스님, 만해 한용운 선사, 만해 한용운 선생' 등으로 불리고 있는 명칭에 대해 이날 초청한 스님들과 참석자들에게 "지금까지 스님, 선생, 선사 등으로 부르던 명칭을 불교계의 의견과 고중에 입각해 이제부터 '만해 한용운 선사'로 통일해 부르자"고 제안해 참석자들이 만장일치 박수로 동의하면서 "생가지 복원 당시부터 '만해 한용운 선사'로 명칭을 통일해 명명하기로 결정했다"고 사연을 소개했다.

당시 기공식 행사에 참석했던 불교계 인사들을 비롯한 참석자들과 만해의 딸인 한영숙 등은 "서울 망우리공원 묘지의 만해 한용운 선사의 묘도 고향으로 이전해야 한다는 데 뜻을 같이하고 생가지 옆의 자리를 함께 둘러보면서 참 좋은 훌륭한 묘 자리라고 찬탄을 했던 기억인데, 아직도 이뤄지지 못하고 있어 아쉬움이 크다"며 "앞으로 만해 한용운 선사의 생가지 성역화 사업이 마무리되는 과정에서는 꼭 실천해야 할 필수적 과제"라고 강조했다.[14]

위의 기사에 만해 생가지 복원을 주도한 당시 홍성군수인 이상선의 발언이 많이 나온다. 생가 복원 사업 추진의 성격, 내용에 대한 단서를 찾을 수 있기에 상당 부분을 전재하였다. 위의 기사에서 주목할 내용은 다음과 같다.

첫째, 생가 복원의 조성을 위한 출발의 사업비는 군비로 충당하였다는 것이다. 즉 사업은 군 차원에서 추진하였다. 그 이후 도비와 국비가 투입되었지만, 출발은 홍성인들의 자주적 결단에서 시작되었다.

둘째, 생가 당시 실상은 "생가지임을 알리는 나무 팻말만이 하나 외롭게 서 있을 뿐이었다"는 회고에 나오듯이 황무지나 다름없었음을 알 수 있다.

---

14) 〈홍주일보〉 2020.7.2, 「만해 한용운 선사로 부르자」.

그런데 그 팻말이 누구에 의해 세워졌는지 의아심이 든다.[15] 복원을 시작한 1991년 3월의 〈동아일보〉 보도에 의하면,[16] 그 터는 도의 기념물로 지정되어 보호되어 왔다고 한다.[17] 현재 만해 생가터를 설명하는 입간판에도 쓰여 있는 대로 1989년 12월 24일에 충남기념물 75호로 지정되었음을 보면 그 팻말은 당국에서 세워놓은 것이라 이해된다. 그런데 1984년 5월, 예술인이 주도하여 만해 생가의 복원을 추진한다는 보도기사가[18] 있었다. 그 기사에는 그 터에 안내판이 있다고 나오거니와 그 안내판과 나무 팻말은 어떤 상관성이 있다고 이해된다. 만해 생가에 대한 학술적 자문은 손재학(향토사학자)과 전보삼(만해기념관 관장)이 담당하였다고 홍성 지역 신문에 나오지만, 이는 신중하게 다룰 문제이다.[19] 손재학은 1989년에 별세하여 생가 복원이 시작될 때는 사망 후였기 때문이다. 다만, 생가터가 충남기념물로 지정될 때 그가 자문하였을 가능성은 있다. 그는 만해 및 만해 아들과도 인연이 있는 인물이다.[20]

---

15) 이상선은 〈홍주일보〉 2020. 12. 10, 「청산리대첩 100주년의 감회를 되새긴다」의 기고문에서 그는 "서산출신 조영호 군수가 홍성에 와서 찾아 놓은 것이라 했다"고 서술했다.

16) 〈동아일보〉 1991. 3. 21, 「만해 한용운 홍성생가 복원 첫삽질」.

17) 추후, 이에 대한 내용을 파악해야 한다.

18) 〈동아일보〉 1984. 5. 3. 「한용운선생 생가 복원, 성역화 추진」. 뮤지컬 「님의 침묵」 공연이 히트를 치자, 이 공연을 주관한 '마당'측이 주도하였는데, 만해기념사업회 및 불교계와 유대를 맺고 추진하였다. 그러자 이에 대한 많은 후원이 있었다. 그러나 그 추이, 결과를 단정하여 말할 수는 없다.

19) 〈홍성신문〉 2003. 10. 24, 「"홍성의 청소년이여 21세기 만해가 되어라"」. 그러나 손재학이 담당하였다는 것은 신뢰하기 어렵다. 1900년생인 그는 1989년에 사망하였기 때문이다. 이에 대해서는 확인이 요청된다. 손재학은 만해를 결성인으로 지칭하고, 현재의 생가터에서 만해가 출생하였다고 주장하는 대표적인 향토사가이다. 고은 『한용운 평전』 향연, 2004, p. 17.

20) 고은은 그가 만해를 찾아와서 홍성에 와서 강연해 달라고 요청하였으나, 거절당하였다고 서술했다. 고은 『한용운 평전』 향연, 2004, pp. 311-312. 그리고 그는 해방공간에서 한보국과 활동하였는데, 그는 중도우파 노선을 따랐고 한보국은 중도좌파 노선이었다.

한편 생가지인 충남 홍성군 결성면 성곡리에는 만해 집안의 선산이 있었는데, 만해는 그곳에서 태어나서 살다가 유년(7~9세) 시절에 홍성 읍내로 이주하였다고 한다.[21] 그 후에는 만해의 형(한윤경)과 후손(한수만)이 살았는데, 그 후손은[22] 1974년에 인근인 광천으로 나와 살았다. 그래서 1991년 이전에는 거의 훼철되고, 팻말만 남았다.[23] 이런 내용이 홍성에서의 정설이다.

그러나 필자는 이런 정설에 약간의 재검토를 제기한다. 즉 만해 생가지로 지칭된 그곳은 만해 집안의 선산이 있었고, 만해 집안의 선산을 지켜주는 산지기 집이 있었던 곳은 분명하다. 그래서 만해도 그곳에 인연이 있었다. 그러나 그의 후손인 한수만은 "만해 할아버지는 그곳에서 살지도 않았어."라고 증언했다.[24] 물론 만해 집안에서 시제를 지냈고, 일제의 압박을 피해 만해의 형(한윤경)이 그곳에 들어가서(1919년) 살았고, 그를 계기로 만해의 조카·종손들이 살았던 곳이기 때문에, 만해 집안의 연고가 있었던 것은 사실이었다. 이 내용도 만해의 후손인 한수만의 증언이다.[25] 그런데 만해는 살아생전에 쓴 자필 이력서에 자신의 '출생지'를 홍성군(洪州郡) 주북면(州北面) 옥동(玉洞)이라고 썼으며,[26] 3·1운동 당시 일제의 신문(訊問, 1919.8.27, 고등법원) 과정에서도 '출생지'를 '충청남도 홍성군 홍성면 남문리'라고 대답하였다.[27] 즉 만해의 직접적인 기록에 의하면 홍성

---

21) 이에 대한 문헌 근거는 없다. 구전, 추측이었다.

22) 한수만은 한용운의 형 韓允敬의 아들인 韓昌國의 둘째 아들이다.

23) 팻말을 세운 주체가 누구인지는 알 수 없다. 생가 복원의 실무 작업은 만해 후손인 한수만이 관여하였을 것이다. 한건택「홍성에서의 만해 한용운과 한보국」『만해학보』16호, 2016, p.177.

24) 김광식「만해 할아버지를 이야기합니다」『우리가 만난 한용운』참글세상, 2010, pp.213-214.

25) 위와 같음.

26) 이력서는 삼성출판박물관에 소장되어 있다.

27) 『韓民族獨立運動史資料集』12권(三一運動 II) ; 三·一 獨立宣言 關聯者 訊問調書(高等

의 옥동, 남문리(오관리 212)를 출생지로 볼 수 있다. 그래서 만해가 유년 시절에 결성면에서 홍성으로 이주했다는 그간의 정설은 신뢰할 수 없다.

만해는 1940년 〈조선일보〉에 『삼국지』를 번역하여 연재하여 인기를 끌었다. 그때 〈조선일보〉에 만해의 '역자의 말'이 전하는데, 만해는 아홉 살 때 삼국지를 세 번이나 읽었던 감회가 남아 있다고 고백하였다.[28] 그렇다면 만해가 아홉 살 때 『삼국지』와 『서상기(西廂記)』(삶의 여러 이야기를 모은 중국 서적)를 읽은 곳은 어디인가.[29] 결성이었는가, 홍성이었는가? 만해의 출생처가 홍성 읍내에 있다고 1967년의 〈동아일보〉에서도 보도하면서 출생지는 옥동(玉洞)이라 하였다.[30] 만해의 회고와 현재 홍성에서 통용되는 정설 사이의 간극을 어떻게 이해해야 할 것인가? 결성면의 현재 생가지도 만해 집안의 연고지이기에[31] 광의의 만해 유적지로 볼 수는 있다. 즉 홍성에서 지역 주민들이 계승 사업을 한 30년의 노력은 인정한다. 그러나 필자는 역사적으로 근거가 정확한 사실을 발굴하여 제시하는 바이다.

셋째, 생가 복원의 기공식 행사(1991.3.21)에는[32] 불교 측 인사가 많이

法院)(國漢文),「韓龍雲 신문조서」.

28) 〈조선일보〉1940.10.20, p.2,「天下奇書 三國志 斯界의 權威 韓龍雲氏 譯筆」. "역자(譯者)의 말 ; 내가 아홉 살 날 때 삼국지를 세 번 읽고 어든 感銘은 지금도 머릿속에 기피 색여저 잇다. 현대의 조선 사람들로 하여금 삼국지를 한 번씩 읽도록 한다는 것은 다만 재미잇는 소설 한 편을 소개한다는 좁은 범위가 아니라 실로 귀중한 한 개의 사업으로 지목할 수 잇슬 것이니 소설이라면 의례히 속된 남녀관게 범위□벗어나지 못하는 요즘 세상에 잇서서 한결 더 그 뜻이 무겁다고 생각된다. 내가 마□ 번역의 잘잘못 □ 뒤로 미루고 삼국지란 이름에서 만흔 독자와 큰 기대를 미들 뿐이다."

29) 한용운,「시베리아 거쳐 서울로」『삼천리』42호(1933.9).

30) 〈동아일보〉1967.3.2,「한용운 생가와 후손 밝혀져」. 기사에는 홍성에서 만해의 '생활 기록'이 발견, 출생지를 홍성읍 오관리 591번지(당시 홍주목 주북면 玉洞)라 하였다. 그리고 며느리와 손자들은 인천에 살고 있다고 하였지만, 이는 잘못된 풍문이다. 그의 아들(한보국)과 며느리는 월북하였다.

31) 한건택은 여러 자료를 분석하여 그곳을 한용운 가문의 별서, 즉 별장으로 이해하였다. 한건택「만해 한용운 가문과 생가지에 대한 재고」『만해학보』21호, 2021. p.253.

32) 〈동아일보〉1991.3.21, p.17,「만해 한용운 홍성 생가 복원 첫 삽질」.

참여하여, 만해사상 계승의 뜻을 분명하게 밝혔다. 기공식 행사에는 광복회 회장인 이강훈, 조계종의 석주 스님(총무원장 역임, 만해 시봉)과 법장 스님(수덕사 주지, 총무원장 역임) 등 큰스님들이 참석하였다. 당시 보도된 기공식의 내용은 다음과 같았다.

> 만해(萬海) 韓龍雲 선생의 생가 복원 기공식이 21일 상오 11시께 충남(忠南) 홍성(洪城)군 結城면 城谷리 박철마을에서 韓淸洙 충남도지사 등 기관장 등 7백여 명이 참석한 가운데 있었다. 홍성(洪城)군은 3천만 원의 사업비를 들여 만해(萬海) 선생의 생가가 있던 城谷리 박철마을 밭 1천2백여㎡를 구입, 47.19㎡ 규모의 목조 초가 생가를 오는 6월 말까지 복원하며 생가 진입로 5백여m도 3천1백만 원을 들여 포장키로 했다. 한편 이날 하오 2시 홍성(洪城)군청 대강당에서는 각계각층 인사 3백50명이 참석한 가운데 韓龍雲 시인의 '님의 침묵'(구재기 홍성고 교사), '알 수 없어요'(남선옥 홍성여고 교사) 등의 시 낭독회와 문덕수 홍익대 교수의 '만해와 문학사상'이란 문학강연회가 열렸다.[33]

시낭송회 같은 부대 행사도 열렸고, 내외 귀빈 7백여 명이 참가하는 등 거창하게 거행되었다. 만해 생가지의 복원 사업은 그 이후 정상적으로 추진되어 1992년 3월 6일 준공했다. 이와 함께 민족시비 공원 조성, 만해사 건립, 만해체험관 등이 생가 주변에 들어서서, 만해 고향인 홍성에서 만해사상 계승 및 만해정신 구현을 위한 기념사업이 다양하게 추진되었다.

4. 만해 묘소 이전

홍성의 만해 기념사업에서 가장 뜨거운 감자로 떠오른 이슈는 만해 묘

---

33) 〈연합뉴스〉 1991. 3. 21, 「지방 단신」.

소의 이전이다. 현재의 망우리 공원에서 생가지 주변의 산으로 이전하자는 것이었다. 이는 만해의 고향이 홍성이라는 점, 그리고 만해사업의 주도권을 백담사(만해사상실천선양회)가 가져간 데 대한 홍성인들의 소외감 등이 복합적으로 어우러져 나온 방안이다. 홍성은 1980년대 전반기, 그리고 1991년 생가 복원까지는 만해 사업을 선도하였다. 만해 생가 복원 사업을 추진하면서 묘소 이전도 검토하였다고 하지만, 세부적인 내막은 전하지 않는다.

한편, 1996년부터 백담사에서 만해사상실천선양회가 등장하여 만해축전, 만해대상 시상 등의 행사를 대대적으로 추진하면서 홍성에서의 만해 사업(만해제)은 소외되고 위축되었다. 그래서 이후 홍성에서는 만해 관련 사업을 적극적으로 추진하려는 움직임 속에서 만해 묘소를 고향인 홍성으로 이전해야 한다는 의견이 간헐적으로 제기되었다. 2013년 7월, 만해 묘소 이전에 대한 문제점과 인식이 홍성 지역 신문에 보도되었다. 그 당시 홍성에서의 만해 묘소 이전은 홍성군, 홍성문화원이 공동으로 추진하였는데, 당시에 배포된 보도자료에서 구체적 내용을 살펴볼 수 있다.

　　홍성군과 홍성문화원(원장 유환동)은 올해(2013년, 필자 주) 축제 인물이 최영 장군·성삼문 선생으로 바뀜에 따라 그동안 만해제와 홍성내포 문화축제를 통해 마련된 만해 한용운 선사의 삶과 업적에 대한 조명 및 평가 작업을 토대로 별도의 만해 한용운 선사 관련 기념행사를 기획하고 있다. 그 일환으로 지난달 29일 홍성문화원 답사팀 30여 명은 만해 열반 69주기 추모다례재가 열린 서울 종로구 선학원과 성북구 심우장, 중랑구 망우리 묘지 공원의 만해 묘소 등을 차례로 방문, 만해 기념행사의 연계 여부와 묘소 홍성 이전 가능성을 타진하고 돌아왔다. 이날 오전 종로구 선학원에서 거행된 추모다례에서 만해의 딸인 한영숙 여사가 참석해 고향에서 온 홍성 답사팀을 맞이했다. 만해 묘소 고향 이전에 대해 한영숙 여사는 "아버님의 '만인대중과 함께하겠다'는 유지

망우리 공원에 자리한 만해 한용운 묘소

에 따라 당장 옮길 수는 없다"며 "향후 아버님의 고향으로 묘소를 이전하는 문
제에 대해서는 차근차근 상의해보자"고 말했다. 아울러 그는 "아버님의 추모다
례를 함께 지내기 위해 이렇게 먼 길을 찾아온 성의는 고맙다. 홍성에서 기념
행사가 열리면 가급적 참석하겠다. 기념행사는 일회성 행사로 끝나면 아예 하
지 않는 게 낫다. 아버님과 관련된 여러 사안에 대해 시간을 갖고 차근차근 생
각해 보자"고 덧붙였다.[34]

다음의 〈홍성신문〉 기사(사설)에서 홍성인들의 묘소 이전에 대한 강한
의지를 느낄 수 있다.

만해 한용운 선사 묘소를 고향인 홍성으로 모셔오기 위한 논의를 다시 시작
했다는 반가운 소식이다. 지성이면 감천이라 하지 않았는가. 만해를 추모하는
홍성사람들의 지극한 마음과 뜻을 하나로 모아 이번에는 꼭 성사시키도록 하

34) 홍성문화원 홈페이지, 문화 소식, 2013. 9. 25, 「보도자료」.

자. 묘소 이전은 홍성 사람들의 오랜 숙원이면서 미완의 꿈이었다. 지난 1992년 만해 한용운 선사 생가 복원 및 성역화 사업 당시 사당 건립과 함께 묘소 이전을 추진하다가 여러 가지 사정으로 그 뜻을 이루지 못한 바 있다. 결성면 성곡리 만해 추모공원에는 그 당시 묘역으로 마련해 놓은 터가 아직도 주인을 기다리고 있다. 늦게나마 묘소 이전이 성사되면 이곳은 명실상부한 항일 민족운동의 성지로 거듭나게 될 것이다. 현재 결성면 성곡리에 복원된 만해 생가에는 사당과 추모공원, 체험관 등이 건립돼 추모의 발길이 이어지고 있다. 하지만 이렇다 할 유물이 남아 있지 않아 늘 아쉬움이 남는다.

홍성문화원은 차제에 만해기념사업회를 새롭게 발족할 계획이라고 한다. 그동안 우리 지역에서는 만해 관련 추모 사업이 다양하게 추진되어 왔지만, 일관성 있게 추진되지 못한 것은 추진 주체의 잦은 변경과 부침이 있었기 때문이다. 1992년 성역화 사업 당시 전국규모의 행사로 시작된 만해추모제향, 만해문학의 밤, 만해학회지 발간, 학술대회 등도 중간에 흐지부지되고 홍성군 축제의 일환으로 편입돼 추모제향과 백일장을 여는 정도로 축소됐다. 정작 만해의 정신을 계승하고 선양하는 학술연구와 문학의 밤 등 중요한 사업은 계속 이어지지 못했다. 이렇게 된 데에는 홍성군의 일관성 없는 문화행정과 무관심 때문이라고 본다. 말로만 충절의 고장, 항일운동의 성지라며 만해와 백야 등 홍성의 인물을 내세울 일이 아니다. 만해가 홍성을 대표하는 인물이라면 홍성에 가야만 만나 볼 수 있는 만해의 유물과 사적을 발굴하고 복원하는 일에 누군가가 끈기 있게 매달려야 한다. 역사 속에 사라진 만해가 아닌 오늘 우리와 함께 살아 숨 쉬는 만해를 홍성의 곳곳에서 만날 수 있어야 한다. 시각과 이미지에 치중된 보여주기식 문화관광은 낡았다.

만해가 홍성을 떠나기 전 18세 무렵까지 홍성에서 살았던 발자취가 아직도 많이 남아 있다. 또한 홍성에서의 만해를 기억하고 증언해 줄 사람들이 아직 생존해 있다. 광천에 만해의 종손이 생존해 있다. 홍주고등학교 교정에 만해의 부모님 묘소가 있고, 홍성읍 오관리에 만해의 본가가 있던 집터가 있고, 그 집의 구조와 생김새를 기억하고 있는 사람들이 있다. 홍성의 곳곳에 흩어져 있는 이런 깨알 같은 만해의 이야기, 숟가락 하나 신발 끈 하나라도 만해의 체취가 닿았던 것이라면 무엇이라도 찾아내야 한다. 이런 깨알 같은 역사와 이야기를 엮어 전혀 새로운 홍성의 문화 콘텐츠를 개발하고, 만해의 고향을 찾아 홍성을 방문하는 사람들에게 홍성사람 만해를 만날 수 있게 해 줘야 한다.

만해의 묘소를 홍성에 모시는 일은 다름 아닌 우리 곁에 만해가 영원히 살아 있게 하는 일이다. 일제와 한 치의 타협도 없이 "최후의 일각까지" 대항했던 그 다부진 정신과 "날카로운 첫 키스의 추억"으로 연인의 심금을 울리는 시심을 동시에 가졌던 그 영롱한 영혼을 우리의 것으로 받아 안는 영광이고, 축복인 것이다.[35]

이렇게 홍성인들은 만해 묘소의 이전을 당연한 것으로 인식하였다. 그러나 현실은 간단하지 않았다.

만해가 1944년 6월에 입적하고 그 유해는 망우리 공동묘지에 묻혔다. 그러다가 1960년대부터 만해 묘소를 국립묘지로 이전하거나 혹은 만해 공원을 만들어 만해 위상에 부응하는 방법으로 추모 공간을 만들자는 여론이 있었다. 1965년 5월, 조계종단 기관지인 〈대한불교〉가 보도한 내용이다.

망우리 공동묘지 한 모퉁이에 풍우에 씻겨 분묘도 없이 버려진 무덤이 하나 있다. 이것이 한용운 선생의 분묘다. 한 뼘가량 되어 보이는 초라한 碑. 그나마 깨어진 이 碑面엔「韓龍雲之墓」라고 새겨져 있다. (중략) 이러한 가슴 아픈 사연이 전해지자 불교계에서는 선생의 묘를 옮겨 중수하자는 여론이 높아 김경봉 스님과 이범향 스님 등이 앞장서 이 일을 추진하고 있는데 12일 禪學院에서

35) 〈홍성신문〉 2013.7.5, 「사설: 만해 한용운 선사 묘소 고향으로 모시자」.

여기에 대한 일련의 회합을 가졌다.[36]

이렇게 경봉(통도사), 범행(선학원) 등이 만해 묘지의 초라한 실상을 접하고 문제 해결에 나섰다. 1965년 5월 12일, 선학원에서 열린 회합에서 만해 묘소 이전과 비석의 건립을 결정하였으나, 묘소 이전은 전혀 진척이 없었다. 그 후에도 만해 묘소를 국립묘지로 이전해야 한다는 주장은 대한불교청년회, 만해기념사업회(1979), 대학생불교연합회 등에서 제기하였으나[37] 망우리 공동묘지에 그대로 유지되었다.

이렇게 만해 묘소 이전의 문제가 나오면 만해의 딸인 한영숙 여사가 반대하였다. 그는 만해가 국립묘지로 가면, 만해 묘지 옆에 있는 만해의 부인인 자신의 모친(유숙원)은 어떻게 하냐는 것이었다. 그러다가 20년 전부터는 망우리 공동묘지의 관리 수준이 점차 나아져 높은 평가를 받으면서 만해 묘소 이전 주장은 점차 사그라들었다. 그러나 홍성에서는 생가지 주변으로 이전해야 한다는 주장이 꾸준히 있어 왔다. 2013년 6월, 홍성인들과 만해 딸(한영숙)이 이 문제를 주제로 대화를 나눴지만, 위의 홍성군 보도자료에서 밝힌 대로 한영숙은 "아버님의 '만인 대중과 함께하겠다'는 유지에 따라 당장 옮길 수는 없다"고 언급하면서 "향후 아버님의 고향으로 묘소를 이전하는 문제에 대해서는 차근차근 상의해보자"고 한 것이다. 이는 어떤 결정이 결코 아니었다. 그래서 〈홍성신문〉에서는 다음과 같이 냉정한 행보를 주문하였다.

하지만 만해 묘소 홍성 이전은 여러 가지 어려운 점이 있다. 아직 유족인 한

---

36) 〈대한불교〉 1965. 5. 16, 「移葬과 墓碑建立 뒤늦게 推進」.
37) 〈대한불교〉 1979. 2. 18, 「탄신 백주년 맞는 만해 대선사 유택이 방치돼 있다」. 이 기사에 한영숙이 "몇 사회단체에서 이장 문제를 제의해 왔으나 그분의 뜻에 어긋나는 것 같아 반대했다."고 나온다.

영숙 여사와 외손주로 2남 1녀가 있어 유족과의 이견 조율이 급선무이다. 또 만해 묘소와 나란히 있는 한영숙 여사의 어머니 유숙원 씨의 묘소도 옮겨야 하는 문제가 남아 있어 홍성 이전은 결코 쉬운 문제가 아니다. 설령 유족들을 설득해 홍성 이전이 성사된다 해도 망우리 묘지공원 내에 많은 독립운동가, 정치인, 문인, 화가 등이 안장돼 있고, 국가 등록문화재 제519호로 지정되어 묘소 이전에 대해 선뜻 응해 줄지 여부도 알 수 없다. 또 국립현충원에서도 애국지사 묘역으로 만해 묘소를 이전하자고 유족들에게 제안한 바 있다. 한영숙 여사는 지난해 2월 한 중앙 일간지와의 인터뷰에서 "망우리로 모시기도 힘들었어요. 친구분들이 어렵게 마련해주신 거거든요. 그대로 두는 게 맞다고 생각해요. 거기도 독립운동가들이나 정치인들이 많으세요. 아버지는 와글와글하고 떠받드는 걸 안 좋아했어요. 만약에 망우리가 폐쇄된다면 고향인 홍성으로 모셔야겠지요. 생가 자리도 있고 동상도 있잖아요"라고 이전 시 고향을 염두에 두고 있다고 밝히기도 했다. 지역의 역사연구가들은 "만해 묘소 홍성 이전이 다 된 것처럼 섣불리 접근해서는 안 된다. 홍성 이전 방안을 마련하고 제반여건을 갖춘 뒤 추진해도 늦지 않다"며 "홍주고 뒤편에 있는 만해 부모 묘소도 생가지 일원으로 만해 묘소 이전과 함께 추진해야 한다"고 밝혔다.[38]

위의 기사에 나오듯 만해 후손인 한영숙은 '망우리 공원에 그대로 두는 게 맞다'는 자신의 입장을 홍성인들에게 개진하였다. 망우리 공원이 폐쇄된다면 홍성으로 가겠다고 하였지만, 이는 현실성이 없는 가정이다. 그래서 2013년 이후, 홍성에서는 더 이상 만해 묘소 이전 문제로 논란을 벌이지 않았다. 홍성에 있는 만해의 부친, 부인(첫 번째), 형의 묘소를 생가지 근처로 옮기거나, 정비를 제대로 하자는 주장은 지속되었다.[39] 2014년에 결성된 홍성의 만해기념사업회의 일부 회원들이 만해 묘소를 홍성으로 이

---

38) 〈홍성신문〉 2013. 7. 5, 「만해 묘소 고향 이전 추진 … 유족 "차근차근 상의하자"」.
39) 〈홍성신문〉 2019. 2. 22, 「만해 '만해의 고장'서 잊혀 간다」.

전하자는 주장을 다시 제기하기도 했지만[40] 이슈화는 되지 못하였다.

5. 결어

이상으로 홍성에서의 만해 기념사업, 만해정신의 계승 등에 대한 문제를 검토하였다. 이 글의 여건상 모든 문제를 폭넓게 다루지는 못했지만, 이 문제의 분석을 통해 얻은 필자의 단상을 피력하고자 한다.

첫째, 만해 기념사업의 위상, 관리 등에 대한 총체적인 정비가 필요하다. 홍성에서의 만해 사업은 군청, 문화원 등이 관리하여 왔다. 최근에는 관리만을 전담하는 기관(역사문화시설 관리사업소)를 만들었지만, 만해 관련 사업의 경우 정체성을 정비해야 할 것이다.

둘째, 홍성의 만해기념사업회 재정비에 관한 것이다. 2014년 8월에 기념사업회(이사장, 수덕사 옹산 스님)가 홍성에서 출범하였지만[41] 출범 직후부터 분열, 이원화되어, 두 개의 사업회가 등장하였다.[42] 비록 민간 차원 단체이지만 이런 분열은 만해 기념사업의 동력 상실을 초래한다는 사실을 지적하고 싶다. 최근에는 분열 양상이 후퇴하였지만, 조속한 정상화가 요청된다.

셋째, 만해 관련 사업을 추진, 관리할 인재 양성에 대한 문제이다. 홍성에서의 만해 행사는 공무원이 관리, 감독, 기획을 도맡고 있다. 필자가 대안을 개진하면, 만해 사업만을 전담할 기구, 주체, 인력 양성이 요청된다. 만해 사업만을 전담시키지 못하면 문화사업을 전담할 새로운 형태의 기획

---

40) 〈홍성신문〉 2015. 8. 26, 「"만해 묘소 생가지 이전 추진"」.
41) 홍성문화원이 중심이 되어 시작되었다. 홍성문화원 홈페이지 문화소식, 2014. 2. 2, 「만해 한용운 기념사업회 만든다. 문화원 내달 준비위 구성 서거 70주기 행사 등 추진」.
42) 〈홍성신문〉 2014. 10. 7, 「기념사업회 두 개나 … 만해 행복할까」.

팀을 별도 조직해야 할 것이다. 그리고 문화사업을 전담할 인재를 인근 대학과 협력하여 교육시키고, 양성하여야 할 것이다.

넷째, 위에서 지적한 구도하에서 새로운 차원으로 특성화된 만해 행사를 기획하여 상설화해야 할 것이다. 홍성에서만 할 수 있는 차별화된 만해 행사를 만들어내야 한다. 백담사, 만해마을, 만해기념관(남한산성)과는 변별성이 있는 만해제를 만들어야 할 것이다.[43]

다섯째, 홍성의 정신적 지주로 불리는 만해정신의 복원과 계승에 홍성인들의 분발이 요청된다. 이런 내용과 관련하여 홍성인 중에서 만해와 관련이 있는 인물, 사건, 만해 기념사업 등에 대한 정리, 분석이 요청된다. 그런 인물을 필자는 한보국(만해 아들), 손재학(제헌국회 의원), 한계전(홍성 출신, 만해학회 1대 회장, 서울대 국문과 명예교수)이라고 본다.[44]

이상으로 홍성에서의 만해사업을 새롭게 추진함에 도움이 될 수 있는 의견 몇 가지를 피력하였다. 이 제안이 향후 홍성의 만해 기념사업 추진에 참고가 되었으면 하고 바란다.

---

43) 〈홍성신문〉 2005. 1. 21, 「만해제 주도권 되찾아야 한다」.
44) 한계전 「만해정신의 계승과 실천」 『만해학보』 2호, 1995. 그는 홍성 출신으로, 만해에 대한 관심이 지대하였고 만해의 비사도 다수 알고 있다.

찾아보기

:

저자 김광식

동국대학교 특임교수. 건국대 사학과 및 동 대학원 졸업(문학박사). 독립기념관 책임
연구원, 대각사상연구원 연구부장, 만해사상실천선양회 학술부장, 부천대 초빙교수 등
역임. 주요 저서로『한국 근대불교사 연구』『한국 현대 불교사 연구』『만해 한용운 평
전』『한용운 연구』『우리가 만난 한용운』등 40여 권. 유심작품상(학술부문), 불교평론
학술상 수상.

만해 한용운의 기억과 계승

초판1쇄 인쇄 2022년 7월 05일
초판1쇄 발행 2022년 7월 20일

지은이 : 김광식
펴낸이 : 김향숙
펴낸곳 : 인북스

주소 : 경기 고양시 일산서구 성저로 121, 1102-102.
전화 : 031) 924-7402
팩스 : 031) 924-7408

이메일 editorman@hanmail.net
ISBN 978-89-89449-85-0 93220

값 18,000원
잘못된 책은 바꾸어 드립니다.